倍道兼程

哈尔滨工业大学百年校庆之十年科研纪实

1920—2020

HARBIN INSTITUTE OF TECHNOLOGY

付强 主编

哈尔滨工业大学出版社

图书在版编目(CIP)数据

倍道兼程：哈尔滨工业大学百年校庆之十年科研纪实 / 付强主编. — 哈尔滨：哈尔滨工业大学出版社，2020.9

ISBN 978-7-5603-8912-7

Ⅰ.①倍… Ⅱ.①付… Ⅲ.①纪实文学—作品集—中国—当代 Ⅳ.①I25

中国版本图书馆CIP数据核字(2020)第132911号

倍道兼程：哈尔滨工业大学百年校庆之十年科研纪实

BEIDAO JIANCHENG:HAERBIN GONGYE DAXUE BAINIAN XIAOQING ZHI SHINIAN KEYAN JISHI

策划编辑　李艳文　范业婷

责任编辑　王晓丹　田若燃

装帧设计　屈　佳

出版发行　哈尔滨工业大学出版社

社　　址　哈尔滨市南岗区复华四道街10号　邮编150006

传　　真　0451-86414749

网　　址　http://hitpress.hit.edu.cn

印　　刷　哈尔滨市石桥印务有限公司

开　　本　787mm×1092mm　1/16　彩插8　印张24.5　字数575千字

版　　次　2020年9月第1版　2020年9月第1次印刷

书　　号　ISBN 978-7-5603-8912-7

定　　价　100.00元

(如因印刷质量问题影响阅读，我社负责调换)

编委会

主　　编　付　强

副 主 编　刘光惠　卜琳华

编　　委　（按姓氏音序排列）

陈瑞润　陈毅恒　崔　扬

高会军　路　洋　王　欣

吴洪兴　于　光　余　静

赵　伟　赵轶杰　朱嘉琦

20世纪50年代新调入哈工大物理教研室的25名青年教师

在哈工大,"八百壮士"既是教师群体的代名词,也是一个个鲜活的面孔;既是"规格严格,功夫到家"校训的缔造者,也是校训的践行者;既是哈工大精神的源头活水,也是一个时代精神的集中体现。"八百壮士"精神就是哈工大百年发展的力量源泉。

时任校党委书记王树权在"八百壮士"精神宣讲团成立大会上发表讲话

校长周玉为哈工大"八百壮士"精神宣讲团揭牌

哈工大代表参加 2018 年度国家科学技术奖励大会合影

刘永坦院士40年专注新体制雷达创新事业，培养出两院院士、型号总师等一大批英才，凝聚了一支"雷达铁军"，两次荣获国家科技进步奖一等奖。2019年，刘永坦院士获颁国家最高科学技术奖。

沈世钊院士获中国钢结构协会最高成就奖

中国力学学会理事长杨卫院士为杜善义院士颁发钱学森力学奖

黄志伟教授科研团队在基因编辑领域连续取得重大突破，成果先后四次发表在 Nature 上

李惠教授科研团队和加州大学洛杉矶分校在新材料领域研制中取得重大进展，相关成果发表在 Science 上。图为该材料被放置在花蕊上

王亚东教授科研团队启动中国十万人基因组计划项目，这是我国首个及世界最大的人类基因组计划

哈工大为世界最大的单口径球面射电望远镜（FAST）设计了核心的主体结构——主动反射面支撑系统。因在该工程中的突出贡献，国家天文台报请国际天文联合会批准命名一颗小行星为"哈工大星"。

"天眼"

"哈工大星"

"空间环境地面模拟设施"工程规划图

哈工大被正式确认为国家重大科技基础设施项目"空间环境地面模拟设施"牵头建设单位。其填补了我国在大型空间综合环境模拟设施、综合性空间环境与物质相互作用科学研究平台的空白。

连续 6 年 7 项成果入选中国高校十大科技进展

先进微小卫星平台技术	曹喜滨教授团队	2012 年度
空间机械臂技术	刘宏教授团队	2013 年度
星地激光链路试验	马晶、谭立英教授团队	2013 年度
快舟星箭一体化飞行器技术及应用	曹喜滨教授团队	2014 年度
激光聚变装置中的靶场光电及控制系统	梁迎春、赵航、刘国栋教授	2015 年度
高效率高比冲磁聚焦霍尔推进技术	于达仁教授团队 / 贾德昌教授团队	2016 年度
高轨同步轨道卫星星地双向高速激光通信	谭立英教授团队	2017 年度

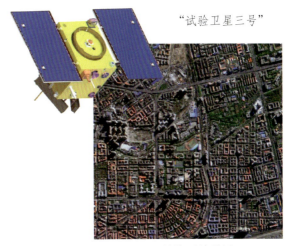

"试验卫星三号"

卫星地面效果图

哈工大微小卫星与新时代中国航天事业发展同频共振，为中国航天事业发展做出重大贡献。

由哈工大研制的我国首台空间在轨维护机械臂随"天宫二号"升空，圆满完成国际上首次人机协同在轨维修技术试验

高性能仿人型假手

哈工大深度参与国家激光聚变重大任务，研制了终端光学系统、束靶耦合系统等多台套重要装备，全面助力中国激光聚变事业在国际上从跟跑、并跑到领跑的巨大技术跨越

"长征五号"运载火箭整体涂装

整体五通件

"长征五号"LOGO

在"长征五号""长征七号"等新一代大型运载火箭的研制中,哈工大在动力系统、热防护、减振隔振等方面攻克了20余项技术难题。"长征五号"的涂装效果设计及LOGO的设计工作由哈工大完成。

2011年,成功进行我国首次星地激光通信试验;2017年,成功进行国际首次高轨星地双向高速激光通信试验,标志着我国在信息传输领城走在世界前列。

"海洋二号"卫星

马晶、谭立英两位教授荣膺"龙江楷模"称号

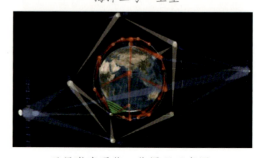
卫星激光通信工作原理示意图

大型空间环境模拟器

航天员失重训练水槽

哈工大全程参与了我国探月工程"绕、落、回"三个阶段的技术研究工作与火星探测计划。

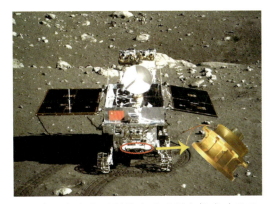

哈工大自主研制的永磁无刷电机成功用于"玉兔号"月球车机械臂关节

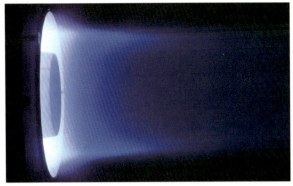

磁聚焦霍尔推力器世界首次飞行验证成功，为我国新一代长寿命航天平台提供了具有自主知识产权的新一代霍尔电推力技术

哈工大依托科研优势，在智能机器人等技术领域，取得了一批批国内首创、国际领先的重大成果，促进行业技术变革。

系列化的特种机器人

哈工大面向国家航空航天和国民经济发展对基础材料的迫切需求，在轻量化复合材料、陶瓷复合材料、金属复合材料等方向取得了一系列科技成果，成为我国先进复合材料的重要研制基地。

新材料及制备技术

哈工大积极服务国家和地方社会经济发展和生态环境保护需求，为建设美丽中国贡献了哈工大力量，取得了一系列具有重大影响力的标志性成果。

哈工大设计的 2022 年冬奥会冰雪小镇主体项目规划效果图

创建城市水系统 4.0 指导海绵城市建设

健康监测技术应用于国家游泳中心

2010—2019 年新增国家级科研创新平台

寒区低碳建筑开发利用国家地方联合工程研究中心	2011 年
宇航科学与技术协同创新中心	2013 年
先进复合材料国际联合研究中心	2013 年
海洋工程材料及深加工技术国际联合中心	2013 年
空间环境地面模拟设施(大科学工程)	2014 年
金属基复合材料国家地方联合工程实验室	2014 年
微生物资源保藏和利用国家地方联合工程研究中心	2014 年
快速响应小卫星应用技术国家地方联合工程实验室	2015 年
污泥安全处置与资源化技术国家工程实验室	2016 年
极端环境营养分子的合成转化与分离技术国家地方联合工程实验室	2016 年
空间机器人国际科技合作基地	2016 年
污染物处理及能源化国际联合研究中心	2017 年
生物能源开发利用国家地方联合工程研究中心	2018 年

快响实验室成果展览

宇航科学与技术协同创新中心工作会

"空间环境地面模拟装置"科技咨询委员会 2016 年度学术会议

获批国家机器人创新中心

获批宇航科学与技术协同创新中心

积极服务共建"一带一路"教育行动,打造"对俄引领、全球覆盖"的国际合作与交流特色,一个海纳百川、兼容并包、更加国际范儿的哈工大正以崭新的姿态屹立在世界眼前。

"一带一路"高峰论坛期间,哈尔滨工业大学与康塞普西翁大学正式签署中国-智利 ICT 联合实验室谅解备忘录

中俄工科大学联盟成立大会,哈工大校长代表中方高校担任联盟的首届执行主席

首届中俄科技论坛在哈工大举行

首届中国-乌克兰科技论坛在哈工大举行

张庆伟书记听取中国十万人基因组计划科研工作汇报

学校党委高度重视服务龙江发展，充分发挥"龙江第一技术创新源泉"的作用，谱写了校地、校企合作新篇章。

省校共建人工智能研究院

与哈尔滨市签署战略合作协议

序

　　100年春华秋实,100年不懈追求。伴随着时代风雨,历经百年倍道兼程,哈尔滨工业大学为中华民族培养和造就了大批优秀人才,为国家科技文化教育事业的发展做出了重要贡献。学校创办之初,哈工大人育才救国、兴学图强,积极投身民族独立与解放的革命斗争,将报国情怀铭刻于中华复兴的年轮中;新中国成立之后,哈工大人肩负使命、艰苦创业,"八百壮士"扎根东北拼搏奉献,把毕生的精力与才华都献给了共和国工业化事业;改革开放以来,哈工大人自强不息、开拓创新,勇立改革开放潮头,以创新添动力,以特色谋发展,在满足国家重大需求、抢占世界科技前沿、服务经济主战场上谱写了傲人华章;进入新时代,哈工大人不忘初心、牢记使命,紧跟党和国家前进脚步,赓续"红色工程师摇篮"的传统,同心同德、同向发力,奋勇投身于"中国特色、世界一流、哈工大规格"百年强校建设的新篇章。今天的哈尔滨工业大学,已经形成了由重点学科、新兴学科和支撑学科构成的较为完善的学科体系,已成为我国重要的高层次人才培养、高水平科学研究、高质量社会服务和先进文化的传承创新基地。

　　翻阅哈尔滨工业大学的历史可以发现,学校的科学研究工作一直在学校发展中占据着非常关键的地位,并已经形成了服务航天国防、引领创新发展、探索国际科技前沿、解决国家重大需求的科学研究特色和优势。2010年至今是我国决胜全面建成小康社会,开启全面建设社会主义现代化国家的关键十年,也是哈尔滨工业大学科学研究工作承前启后的关键发展时期。哈尔滨工业大学在党中央坚强领导下,在工业和信息化部党组、教育部党组、黑龙江省委省政府、哈尔滨市委市政府的领导和关怀下,一代代哈工大科研人坚守哈工大、建设哈工大,听党指挥跟党走,与党和国家、与民族和人民同呼吸、共命运,推动学校科学研究工作取得了突破性的成绩。在中国首次实现了高轨卫星对地高速激光双向通信试验,诞生了第一颗由高校学子自主设计研制管控的纳卫星,空间机械手在"天宫二号"上实现了首次人机协同在轨维修科学试验,突破了世界最大口径射电望远镜的支撑结构系统关键技术,研制成功的新一代磁聚焦型霍尔电推力器在国际上首次实现空间应用,首次揭示了艾滋病病毒毒力因子结构,成功发射的"龙江二号"成为全球首个独立完成地月转移、近月制动、环月飞行的微卫星,首次揭示了人体T细胞受体复合物的结构,正在建设中国首个用于模拟太空极端环境的大科学工程,刘永坦院士荣获2018年度国家最高科学技术奖,学校连续6年有7个项目入选中国高校十大科技进展,一大批成果助力"长征七号""长征五号"火箭首飞,神舟飞船和天宫实验室"天神对接"、载人飞行,嫦娥工程和火星探测等重大任务。

《倍道兼程——哈工大百年校庆之十年科研纪实》(以下简称《十年科研纪实》)编写团队,以学校近十年科学研究工作各领域发生的重要事件时间线为线索,在尽可能充分搜集资料的情况下,真实记录了这段在学校科学研究发展进程中非常重要的历史,并彰显其中的价值,其心情之赤诚、工作之辛苦,可想而知。《十年科研纪实》不是历史资料的简单堆砌,它所反映的内容将为后人继承大学精神、了解大学历史,激发全校师生继续苦干实干、继续创新争先、继续奋勇向前提供宝贵的资料和精神遗产,也给哈尔滨工业大学的百年校庆献上了一份重重的厚礼。我也期望由此形成传统,把学校科学研究发展情况历史概览不断续写下去。因为,值得珍藏的历史总是需要被铭记、解读与弘扬的。

"让我们的豪情永不消失,让我们的青春永远闪光。"这是《哈工大之歌》中富有深远意义的一句,是不忘初心的"宣言书",是牢记使命的"动员令",更是继续奋进的"冲锋号"。一百年进取,前沿科技争锋;哈工大精神,忠诚尽为华夏。让我们全体哈工大人继续勠力同心,秉承传统,走好"中国特色、世界一流、哈工大规格"强校之路,早日实现习近平总书记来校视察时"成就国家和民族希望"的深切嘱托,为中华民族伟大复兴、人类文明进步做出新的更大贡献!

周玉

2020年5月于哈工大

代 序

十年辉煌成就是哈工大全体科研人员撸起袖子干出来的
——哈工大百年校庆之十年科研纪实

  北国冰雪,松花江畔;科技唯先,功夫到家。哈尔滨工业大学始建于1920年,其发展跨越了两个世纪。她走过的100年,正是中国从旧中国的孱弱落后状态努力向伟大复兴的强盛国家迈进的100年。在这100年里,哈尔滨工业大学与时俱进,与中国的发展和民族的复兴紧密相连。1920年5月,哈尔滨中俄工业学校开始筹建,这是哈尔滨工业大学的最早前身,是在旧中国救亡图存的历史大背景下应运而生的,她以培养工程技术人才为首要目的,后续的中俄工业大学校、东省特区工业大学校、哈尔滨工业大学校、哈尔滨高等工业学校,直至更名为哈尔滨工业大学都与之一脉相承。新中国成立后,在党中央、国务院的高度重视和大力支持下,学校进入了大建设、大提高的全面发展阶段。也正是在这一时期,在以"八百壮士"为卓越代表的全体哈工大人辛勤耕耘、默默奉献和艰苦钻研下,学校的科学研究工作逐步向填补国内空白和追赶国际前沿迈进,为我国的国防建设、科技创新、经济发展、地方振兴贡献了无可替代的战略科技力量。

  党的十八大以来,在以习近平同志为核心的党中央坚强领导下,在学校党委团结带领下,哈尔滨工业大学围绕"加快创建世界一流大学步伐"的目标,坚持"面向国家重大需求、面向世界科技前沿、面向国民经济主战场",以创新添动力,以特色谋发展,突破了一批国家重大工程领域的核心关键技术,产出了一批获得国家科技奖励的重大标志性成果,打造了一批特色鲜明优势凸显的学科方向,带出了一批科技创新人才团队和优秀科研人才,培育了一批服务国家及地方经济发展的高新技术产业新动能,为实施创新驱动发展战略和建设创新型国家,做出了一系列新的彪炳史册的重大贡献。

  回顾成绩的取得,我们有如下重要启示:

  第一,干好科学研究,关键是依靠人才。学校以一流标准和全球化视野,培养领军人才,坚持"大师+团队"的"传帮带"特色,坚持"大力提拔、大胆使用青年教师"的优良传统,为人才营造良好的科研环境,使得我校人才高峰屹立挺拔,人才高原稳步拓展,青年人才不断涌现,创新团队加速凝聚,为科研创新提供了不竭的人才动力。

  第二,干好科学研究,根本是基础创新。基础科学是技术创新、技术革命的先导和源泉。技术科学自主创新,高新技术的发展,都植根于基础科学。可以说没有基础科学的创新,就没有技术的划时代发展。学校通过不断引导和投入,通过制度保证和政策创新,推动基础科学研究产出了一批获得国家科技奖励的重大标志性成果,国际学术地位和影响力也得到了显著提升。而基础科学的发展也为科研创新提供了坚实的保障动力。

第三,干好科学研究,重点是高端突破。学校矢志不渝地坚持"两弹一星"精神、载人航天精神,身处偏远却始终以国家发展和国防建设为己任,支撑国防建设能力不断加强,国防航天特色更加突出,在一批国家重大工程领域的核心关键技术研发上取得了重大突破。高端前沿科研领域的不断突破,也带动了一大批交叉科学研究和重点领域科技研究的发展,为学校拓展科研创新领域,抢占科研高地提供了新的发展动力。

第四,干好科学研究,方略是平台建设。高端科研平台集聚先进的实验设备、优秀的科研人员、精湛的创新团队、良好的科研项目、科学的运行管理机制和开放的学术氛围,为孕育科学灵感、催生科研创新成果提供了无法替代的优越条件。学校通过超前谋划,紧抓稍纵即逝的发展机会,积极向国家及部委申报,并在优势领域与企业紧密合作,打造各类高端科技发展平台,为科研发展提供了有力的支撑动力。

第五,干好科学研究,活力是传播交流。创新的思想只有在碰撞和交流中才能产生新的升华。学校通过走出去和请进来的方式,举办跨国大学联盟、高端学术会议、论坛、讲座,支持科研人员参加国际、国内学科科研交流,既使我校科研成就得到充分展示,也让科研人员在传播和交流的过程中吸收新思想、产生新思路、思索新问题,为科研发展提供了持续的活力、动力。

第六,干好科学研究,要务是服务发展。一方水土养育一方人民。一个地区,也必然拥有能够折射本地区区域特色的著名学府。哈尔滨工业大学与黑龙江省和哈尔滨市的发展休戚相关。因此,主动融入区域经济发展,为区域经济转方式调结构注入新资源,以贡献求支持,以实现本地产业技术人才汇聚反哺学校发展,就成为支持学科科研发展的联动动力。

为庆祝哈尔滨工业大学建校 100 周年,哈尔滨工业大学科学与工业技术研究院以"哈工大百年校庆之十年科研纪实"为主题,以习近平总书记对科技发展的重要指示为指引,采取以哈工大科学技术成果展示哈工大辉煌发展成就的方式,以时间发展为序,通过对科技精英风采、科研创新成果、国防经济贡献、科研平台建设、国际国内声誉、服务地方发展等的集中展示,系统反映 2010 年以来,特别是党的十八大以来哈尔滨工业大学取得的重大科技创新成果和科研发展成就。

一百年薪火赓续,哈工大与乾坤共庆;新起点逐梦进取,铸重器为民族复兴。谨以此书向党和人民汇报,并致敬为国家和人类科技进步做出卓越贡献的一代又一代哈工大科研人。同时,还要向多年来关心支持我校科技事业发展的国内外有关组织和各界人士表示由衷的感谢!

目 录

第一编　青蓝相聚卓育菁莪　大师引领人才辈出 /1

　　2010 年　科研领军人才风采大事记　/5
　　2011 年　科研领军人才风采大事记　/11
　　2012 年　科研领军人才风采大事记　/17
　　2013 年　科研领军人才风采大事记　/24
　　2014 年　科研领军人才风采大事记　/30
　　2015 年　科研领军人才风采大事记　/35
　　2016 年　科研领军人才风采大事记　/42
　　2017 年　科研领军人才风采大事记　/47
　　2018 年　科研领军人才风采大事记　/54
　　2019 年　科研领军人才风采大事记　/61

第二编　创新驱动挑战前沿　基础研究硕果累累 /67

　　2010 年　基础科学研究创新大事记　/71
　　2011 年　基础科学研究创新大事记　/78
　　2012 年　基础科学研究创新大事记　/84
　　2013 年　基础科学研究创新大事记　/91
　　2014 年　基础科学研究创新大事记　/96
　　2015 年　基础科学研究创新大事记　/105
　　2016 年　基础科学研究创新大事记　/112
　　2017 年　基础科学研究创新大事记　/121
　　2018 年　基础科学研究创新大事记　/129
　　2019 年　基础科学研究创新大事记　/139

第三编　聚焦特色协同发展　行稳致远双轮驱动/153

2010 年　服务国家战略大事记　/157
2011 年　服务国家战略大事记　/161
2012 年　服务国家战略大事记　/166
2013 年　服务国家战略大事记　/170
2014 年　服务国家战略大事记　/173
2015 年　服务国家战略大事记　/175
2016 年　服务国家战略大事记　/179
2017 年　服务国家战略大事记　/184
2018 年　服务国家战略大事记　/188
2019 年　服务国家战略大事记　/194

第四编　布局前瞻交叉融合　构筑科研平台高地/195

2010 年　科研平台建设大事记　/199
2011 年　科研平台建设大事记　/202
2012 年　科研平台建设大事记　/207
2013 年　科研平台建设大事记　/212
2014 年　科研平台建设大事记　/218
2015 年　科研平台建设大事记　/221
2016 年　科研平台建设大事记　/227
2017 年　科研平台建设大事记　/232
2018 年　科研平台建设大事记　/239
2019 年　科研平台建设大事记　/246

第五编　深化交流广泛合作　扩大国际学术声誉/251

　　2010年　交流与合作大事记　/255
　　2011年　交流与合作大事记　/258
　　2012年　交流与合作大事记　/264
　　2013年　交流与合作大事记　/269
　　2014年　交流与合作大事记　/272
　　2015年　交流与合作大事记　/274
　　2016年　交流与合作大事记　/285
　　2017年　交流与合作大事记　/297
　　2018年　交流与合作大事记　/307
　　2019年　交流与合作大事记　/319

第六编　聚势赋能服务地方　助力龙江全面振兴/341

　　2010年　服务龙江发展大事记　/345
　　2011年　服务龙江发展大事记　/349
　　2012年　服务龙江发展大事记　/352
　　2014年　服务龙江发展大事记　/356
　　2015年　服务龙江发展大事记　/359
　　2016年　服务龙江发展大事记　/362
　　2017年　服务龙江发展大事记　/365
　　2018年　服务龙江发展大事记　/371
　　2019年　服务龙江发展大事记　/376

第一编

青蓝相聚卓育菁莪 大师引领人才辈出

哈尔滨工业大学
HARBIN INSTITUTE OF TECHNOLOGY
1920-2020

千秋基业,人才为本。高水平的科研人才是科研发展的关键,也是创建世界一流大学的关键。哈尔滨工业大学的科研发展历史,从根本上说,就是群贤毕至,各方面人才不断聚集、不断奋斗的历史。从"八百壮士"艰苦创业、拼搏奉献、勇攀科学高峰;到"大师+团队"攻坚克难、追求卓越、不断追求创新;再到秉承"人才自古要养成,放使干霄战风雨"的精神,"大力提拔、大胆使用青年教师"。学校科研人才队伍建设形成了以哈工大精神引领人才、以机制创新选育人才、以优势学科吸引人才、以专家团队聚拢人才的科研人才培育和发展的良性发展局面。

十年来,特别是党的十八大以来,学校深刻认识到没有人才优势,就不可能有创新优势、科技优势、发展优势。因此,学校始终坚持把科研人才队伍建设作为发展的重中之重来抓,努力打造科研人才聚集高地,坚持在科研实践中识别人才、在科研创新中培育人才、在科研事业中使用人才。

在科研实践中识别人才。哈工大建校至今,学校科研实力实现了整体跃升,已成为享誉国内外的科研名校。近十年,学校在建设科研名校过程中,始终牢牢抓住科技人才是决定发展的第一要素,坚持在科研实践中识别人才。因为,只有找到真正的科研人才,才能推动科研事业顺利开展和有效实施;因为只有实践才是检验真人才的唯一标准。学校通过建立健全选人用人机制,将真正优秀的科研人才选出来、用起来。同时,学校还打破选人用人常规,通过在"大师+团队"的科研攻坚中识别人才,通过在"大力提拔、大胆使用青年教师"进行科研实践中识别人才。此外,学校还在对外科研交流合作中识别人才,为吸引校外人才制定了积极、开放、全面支持的科研人才引进政策,以汇聚世界科研人才资源。

在科研创新中培育人才。近十年,世界范围内的科技革命和产业革命正在孕育兴起,这对哈工大的科研创新驱动发展提出了新的更高要求。一方面要求学校在传统科研优势领域要继续保持创新优势,在非传统科研优势领域创新要加速追赶;另一方面,在新兴科技领域和交叉科学领域,要求学校科研创新必须及时跟进甚或实现弯道超车。而科研创新驱动实质是人才驱动,人才的作用在科研创新中是第一资源。学校为了加快形成有利于科研人才成长的培育机制,保持学校科研发展优势,在新兴科学领域占据前排位置,必须保证优秀科研人才不断涌现。因此,学校不断建立健全创新型科研人才培育机制,努力实现创新型科研人才培育体系化、科学化,不断优化创新型科研人才考核评价机制,探索建立多层次、广覆盖的创新型科研人才培育模式。如此,学校在近十年间,培养和造就了一批适应时代发展的科技领军人才、青年科技精英及科研创新团队。

在科研事业中使用人才。学校通过"大师+团队"、打造科研发展特区等方式,加大对青年人才持续的支持力度,结合杰青、长江学者等各层次人才计划进行超前培育,依托重大科技任务和前沿科学方向,助推骨干教师成为领军人才。学校还围绕重大项目,在大团队试点增加专职科研岗配比,设立科研助理岗位,探索科研辅助队伍发展模式,为科研人才提供最适合自己的研究岗位、研究平台、研究条件、研究政策,不断激发科研人才的科研斗志和热情,让他们的研究优势和特点充分发挥,以支持科研人才加速成长。使科研人才人尽其才,才尽其用。

　　正是始终坚持"以人为本、着力创新、高端引领"的科技人才发展战略;正是通过坚持在科研实践中识别人才、在科研创新中培育人才、在科研事业中使用人才等方式;正是不断改革和完善科研人事管理制度,建立"高准入、高投入、高产出"的创新人才建设体系;正是拥有一支高素质、职业化的科研辅助队伍,学校快速培养和引进了一批活跃在国际学术前沿、满足国家重大战略需求的一流科学家、学科领军人物和创新团队,把党内和党外、国内和国外、省内和省外各方面优秀人才集聚到建设"中国特色、世界一流、哈工大规格"强校名校的伟大进程中,形成人人渴望成才、人人努力成才、人人皆可成才、人人尽展其才的科研人才发展新局面。学校现有两院院士39人,"长江学者"特聘教授52人、青年学者19人,国家杰出青年科学基金获得者53人,国家自然基金委优秀青年基金获得者49人,国家"万人计划"领军人才46人、青年拔尖人才23人,"百千万人才工程"国家级人选32人,"973计划"首席科学家12人,创新人才推进计划40人;国家自然科学基金委创新群体7个,教育部科技创新团队12个,科技部重点领域创新团队5个。"功以才成,业由才广。"①现在的哈工大,科研名家云集、人才辈出,科研事业青蓝相继、薪火相传。

---

①《三国志·蜀志·董允传》裴松之注引《襄阳记》。

2010年 科研领军人才风采大事记

一、媒体聚焦

【一月】

11日 工业和信息化部网站刊登《哈尔滨工业大学获7项国家科学技术奖》的报道。报道介绍,1月11日上午,中共中央、国务院在北京人民大会堂隆重举行国家科学技术奖励大会,党和国家领导人胡锦涛、温家宝、李长春、习近平、李克强出席大会。哈尔滨工业大学喜获7项奖励,获奖代表谈和平教授、韩杰才教授、姚郁教授、马晶教授赴京领奖。哈工大牵头的4个项目荣获国家技术发明奖和国家科技进步奖。谈和平教授等负责的"红外热辐射光谱特性与传输机理研究"荣获自然科学奖二等奖;韩杰才教授等负责的一项目、马晶教授等负责的一项目分别荣获国家技术发明奖二等奖;姚郁教授等负责的一项目荣获国家科技进步奖二等奖。另外,哈工大参与完成的3个项目获国家科技进步奖二等奖,其中包括韩洪军教授等参与的"SBR法污水处理工艺与设备及实时控制技术"、张兰威教授等参与的"功能性益生乳酸菌高效筛选及应用关键技术"和哈工大参与的"聚烯烃材料的化学与生物改性及其大规模应用"。

【三月】

7日 中国日报网刊登《杜善义:中国有能力制造比西方国家更好的大飞机》的报道。报道介绍,全国人大代表、中国工程院院士、哈尔滨工业大学教授杜善义教授在两会期间接受记者采访时认为:"生产大飞机是我国发展的需要,同时我们有实力和能力生产出自己的大飞机。"他进一步分析说,生产能够乘坐150人以上的大飞机是我们国家

杜善义院士

市场的需求;其次,我国的科技水平已经达到了这个阶段,我们中国人无论从经济上还是科技上都有能力和实力去研究制造大飞机;第三,大飞机虽然说是一个巨大的科技工程,但同时更是一个巨大的产业工程,它的生产及运营必将会带动其他产业的发展。因而我们应该有自己的大飞机目标:首先,我们制造出来的大飞机要比现在同类正在运营的飞机性能好;第二,我们要建立好两个市场,包括国内和国际市场;第三,我们要实现三减——减排、减重、减噪;第四,我们还要确保四性——确保安全性、提高经济性、改善舒适性、注重环保性。目标很宏伟,任务很艰巨。他最后认为:"我们中国人可以把卫星放上天,把人送上天,我们一定可以让我们中国人制造的大飞机在祖国的蓝天和世界的蓝天上翱翔!"

【四月】

9日 中国金属加工在线刊登《吴林教授讲述现代焊接技术 真情二十字勉励哈工大学子》的报道。报道介绍,吴林教授是"中国焊接终身成就奖"获得者,我校焊接教研室主任、现代焊接生产技术国家重点实验室主任、博士生导师。吴林教授认为:"现代焊接已经逐渐变成为一种连接,而且具有广泛的优点和极高的可靠性。"之后吴林教授从焊接起源于中国讲述了焊接技术发展的三个阶段。他还着重从水利、电力、建筑、道桥、造船、锅炉、宇航、核工业等方面介绍了改革开放以来中国焊接取得的重大成就。他还特别介绍了三峡大坝发电机组中定子和转子涉及的主要焊接技术。继而他认为"工业发展处处都离不开焊接",而"焊接如果出了问题将是致命性的"。吴林教授认为国际交流是促进现代焊接技术快速发展的一个重要因素,世界上每个国家都非常重视焊接。吴林教授还对我校焊接技术研究进行了介绍,他觉得哈工大在上述很多方面还是很有优势的,我们的一些技术国外也都普遍采用。讲座之后,吴林教授回答了在场同学的提问并题词勉励:"高尚的理想,辩证的思维,精深的学问,博大的胸怀。"

吴林教授为同学们讲解现代焊接技术的发展

吴林教授在讲座结束时题词勉励哈工大学子

【六月】

1日 《中国教育报》刊登《建设国家级高水平科技创新人才基地——哈尔滨工业大学人才培育工作聚焦》的报道。报道介绍,从新中国成立以来我校就非常重视科研人才培育,其成绩的取得得益于当年"八百壮士"创建的师生群体竭诚科技创新,以科研、育人成果为国奉献的大学精神。几十年来,哈工大精神代代相传,已形成了一支以为国家培养高质量人才为己任,以院士、长江学者、国家教学名师为代表的整体素质高、学术实力强、结构合理、团结协作,育创新型人才,出高水平成果,能打硬仗的师资队伍。进入新的历史发展时期,哈工大不断积累的实力呈现出勃勃生机,仍坚守着人才培养的立校之本。报道还分别介绍了我校老校长、中国工程院院士黄文虎教授,中国工程院院士秦裕琨教授、中国工程院院士王光远教授、全国模范教师何钟怡教授、中国工程院院士杜善义教授,我校校长、中国工程院院士周玉教授等的科研育人事迹。报道最后着重介绍了我校在本科生和研究生培养中形成的一套以大学不同阶段逐步实现培养目标的阶梯式教育。该方法以课内教育与课外培训相结合;以创新教育为核心,多元化培养为手段,名师名课为主线,质量监督为保障,素质培养和个性发展相结合,是具有工程类特色的研究型大学人才培养模式,这种培养模式使得我校成为国家级高水平科技创新人才的培养基地。

《中国教育报》相关报道

秦裕琨院士（右）与课题组的研究生在一起

"电吸引电离纯水再生离子交换树脂装置"
获香港国际科技发明博览会金奖

【十月】

12日　工业和信息化部网站刊登《哈工大7项目获第十九届全国发明展览会金银铜奖》的报道。报道介绍，由中国发明协会主办的第十九届全国发明展览会于近日在西安市举行，哈尔滨工业大学获得1项金奖、4项银奖和2项铜奖，获奖总数居黑龙江省第一、全国第三。哈尔滨工业大学理学院孙秀冬等发明的"光束扫描器性能检测装置"获得金奖，电气学院寇宝泉等发明的"基于交流电流直接控制的永磁同步电机弱磁控制系统"、材料学院徐实谦等发明的"牙齿正畸矫治弓丝与托槽槽沟间摩擦力仿真模拟机"、电气学院郑萍等发明的"轴向磁通－轴向磁通复合永磁电机"和市政学院田禹等发明的"MBR联合蠕虫附着型生物床对城市污水污泥减量的设备"获得银奖，航天学院沈毅等发明的"基于混合小波编码的医学超声图像压缩方法"和能源学院吴少华等发明的"一种用于燃煤锅炉中低氮氧化物燃烧的方法"获得铜奖。

【十一月】

9日 《生活报》刊登《哈工大杜善义院士被授予香港理工大学"杰出中国访问学人"》的报道。报道介绍，我校杜善义院士出席了2010年度香港理工大学杰出学人成就表扬典礼活动，被授予"杰出中国访问学人"称号。这是哈工大获此殊荣的第一人。杜善义院士是我国著名力学和复合材料学家。今年与杜善义院士同获殊荣的其他5位学者均为中国科学院或中国工程院院士。据悉，香港理工大学自1994年推出"杰出中国访问学人"计划以来，每年在内地选出4~6位著名学者，向他们授予"杰出中国访问学人"称号。

【十二月】

31日 《哈工大报》刊登《我校获"钱伟长中文信息处理科学技术奖"》的报道。报道介绍，中文信息学会2010年度"钱伟长中文信息处理科学技术奖"颁奖大会在中国科学院软件研究所隆重举行。我校计算机学院信息检索研究中心刘挺教授主持研制的"语言技术平台LTP"获得一等奖。我校计算机学院信息检索研究中心车万翔获得了"钱伟长中文信息处理科学技术奖"之"汉王青年创新奖"一等奖。自2006年LTP正式对外发布以来，LTP一直本着开放的精神，向学术界免费共享，截至目前已有包括美国、英国、日本在内的近400家国内外研究机构签署协议共享该平台。众多学者在LTP基础上做出了卓有成效的科研成果，目前基于LTP发表的论文近百篇，产生了很大的影响力。同时，LTP已授权百度、华为等企业付费使用，产生了一定的商业价值。企业对LTP的认可给深层语言处理的研究者带来了信心。

二、领军站位[①]

（一）国家杰出青年基金（含外籍）获得者

序号	获得者姓名	研究领域	所在学部
1	沈军	粉末冶金与粉体工程	工程与材料科学部
2	胡清（合作者：冯玉强）	管理信息系统	管理科学部
3	王印海（合作者：安实）	交通工程	工程与材料科学部
4	王子栋（合作者：高会军）	网络化系统分析与控制	信息科学部

---

① 本书同类数据均来源于哈工大官网。

(二)"教育部新世纪优秀人才支持计划"入选者(排名不分先后)

序号	姓名	序号	姓名	序号	姓名	序号	姓名
1	高海波	6	梁大鹏	11	王健	16	朱嘉琦
2	关新春	7	马杰	12	王金忠	17	左德承
3	郭安薪	8	宋朝晖	13	姚宝权		
4	金明河	9	孙澄	14	张立宪		
5	金鹏	10	孙建敏	15	张宇民		

(三)国家自然科学基金委创新研究群体

项目名称	学术带头人	主要成员	资助经费
多功能防热陶瓷基复合材料研究	周玉	冯吉才、贾德昌、叶枫、欧阳家虎、温广武、张杰、何鹏、王玉金、王亚明	500万元
航天飞行器的鲁棒控制理论与应用	段广仁	王子才(顾问)、姚郁、曹喜滨、高会军、周荻、沈毅、杨明、荆武兴、宋申民	500万元

(四)教育部"创新团队发展计划"

批注年度	研究方向	团队带头人
2010	海量数据计算理论与技术	樊文飞

2011年 科研领军人才风采大事记

一、媒体聚焦

【一月】

13日 工业和信息化部网站刊登《哈工大4项科技成果获国家科学技术奖》的报道。报道介绍,1月14日上午,国家科学技术奖励大会在北京人民大会堂举行。哈尔滨工业大学4项科技成果获国家科学技术奖。苑世剑教授代表获奖人员上台领奖。王黎钦教授等负责的一项目获国家技术发明奖二等奖;苑世剑教授等负责的"轻量化整体构件内高压成形技术"项目,王爱杰教授、任南琪院士等负责的"有机废水碳氮硫同步脱除技术及工程应用"项目,王仲奇院士合作完成的"弯扭叶片关键技术研究及在大型汽轮机中的工程应用"项目获得国家科技进步奖二等奖。

【三月】

1日 《黑龙江日报》刊登题为《校企联手攻关摘科技进步奖》的报道。报道介绍,哈尔滨汽轮机厂有限责任公司与哈尔滨工业大学技术人员联合研制开发的"弯扭叶片关键技术研究及在大型汽轮机中的工程应用"技术获得国家科技进步奖二等奖。专家一致认定,此项技术达到国际先进水平,填补了我国在这一领域的空白。同时获二等奖的

哈汽自主研发的"超超临界100万千瓦火电重大装备研制与产业化"项目,标志着该公司自主开发和创新的能力正在大幅提升。

14日 中国教育网刊登《哈工大一项目获2010年度高校科学研究优秀成果奖》的报道。报道介绍,从教育部获悉,在不久前由教育部发布的2010年度高等学校科学研究优

秀成果奖（科学技术）授奖项目中，全部授奖项目共计 296 项，其中自然科学奖 128 项。由哈尔滨工业大学威海校区数学系魏俊杰教授牵头的研究课题"无穷维动力系统中的分支理论及应用"，荣获教育部 2010 年度高等学校科学研究优秀成果奖自然科学奖二等奖，项目组成员有：魏俊杰、蒋卫华、衣凤岐、范德军。

【五月】

26 日 《光明日报》刊登《俞大光：心血凝成惊世响》的报道。报道先是详细回顾了两弹功勋俞大光院士的求学经历和成长历程。俞大光院士毕业于武汉大学、任教于哈尔滨工业大学电机系。来到哈工大后，在"规格严格，功夫到家"的校训下，他任教守持敬慎，深受学生敬重。他翻译苏联的电工基础教材，从零开始学俄语；编写适合中国国情的《电工原理》，一气呵成。哈工大原副校长、老同事周长源回忆他写书的特点："整部书稿几乎完全是默写出来的，包括烦琐复杂的数学推导。"1963 年春天，他被任命为二机部九所设计部副主任兼十五研究室主任。研究核武器的引爆控制系统和无线电遥测系统，全程参与了我国"两弹"的研制开发工作，并做出了卓越贡献。后又被任命为某武器核战斗部总设计师，通过不懈努力，使该型号战略武器成功定型。之后报道关注了俞大光院士对"核"研究的不懈追求，以及他对中国拥有核武的看法。

爆炸时的火球
1964 年 10 月 16 日，中国第一颗原子弹在新疆罗布泊引爆，举世震惊。

俞大光院士
价值和信仰不被艰难人生所残损，相反，在时代漩涡中张弛，仍旧不失本心，这就是君子俞大光。

27 日 东北网刊登《光之骄子——马祖光》的报道。报道介绍，马祖光院士于 1928 年 4 月 11 日出生于北京，1946 年进入青岛山东大学物理系学习。1950 年 9 月毕业来到哈工大工作，同时攻读研究生课程。他是解放后哈工大党组织在研究生中发展的第一个共产党员。在学习期间，他被抽调到物理教研室任副主任、讲师。1958 年 8 月至 1970 年，他创办了核物理专业，任主任、副教授。1970 年，在没有资金、没有设备、没有资料，甚至没有桌椅板凳的条件下创办了哈工大光电子技术专业（原激光专业）。1980 年，他到德国汉诺威大学做访问学者。通过几个月的刻苦攻关,他首次在世界上实现钠双原子分子第一——三重态跃迁发射谱,同时发现近红外四个新谱区。汉诺威大学研究所所长写下了这样的证明:"发现新光谱,这完全是中国的马祖光一人独立做出来的。"他回国后,任光电子教研室主任、教授,同时担任哈工大光电子技术研究所所长。从1986年6月开始,他任哈工大物理电子学博士点博士生导师,培养了大批优秀的学生。1994年,他在哈工大创建了国家级重点实验室(可调谐激光技术重点实验室),任实验室主任。根据国家发展的需要,不断致力于发展具有国防应用前景的新型可调谐激光及电子研究,并取得了重大进展。在马祖光的领导和带动下,哈工大光电子技术学科得到了较大发展。功劳面前马祖光院士淡泊名利,高风亮节。他1997年、1999年、2001年主动拒绝学校为他申报院士,直到校领导亲自出面做工作,他才在申报材料上签了字。

马祖光为中国的光学事业做出了重大贡献。为此,党和国家给予他很高的荣誉。1960年,马祖光被评为哈工大大红旗手,从1982年至1988年,他被连续评为校优秀共产党员,曾获黑龙江省优秀共产党党员称号。1984年和1986年他两次获黑龙江省特等劳模。1986年,他获全国优秀教育工作者称号并获五一劳动奖章。同年,荣立航天部一等功,被评为航天部预研先进工作者。1987年,他又出席了党的十三大代表大会。

2003年7月15日,马祖光教授因病逝世于北京,享年75岁。

马祖光逝世后,中央领导先后做出批示,把马祖光作为"新时期高级知识分子楷模"大力宣传。中宣部、中组部、国防科工委联合组织记者团来哈工大集中采访,随后全国各大媒体、网站以各种形式报道了马祖光院士的事迹。马祖光院士事迹报告会在人民大会堂举行。中央及省有关部委、中央电视台在哈工大联合举办了"激情广场"特别节目——《永恒的烛光》主题互动歌会,摄制了纪录片《一位科学家的24小时》,并出版了《光之骄子——马祖光》一书。

马祖光院士

【七月】

20日 哈尔滨新闻网刊登《哈工大周玉院士全省首获"桥口隆吉奖"》的报道。报道介绍,2010年度"桥口隆吉基金奖"颁发仪式在哈工大举行,哈工大周玉院士和中国科学院金属研究所韩恩厚获此殊荣。周玉院士成为我省获此殊荣的第一人。据了解,周玉院士现任哈尔滨工业大学副校长、中国工程院院士、中国机械工程学会理事、材料分会理事长。他长期从事先进陶瓷及陶瓷复合材料的教学与研究工作,在陶瓷相变与韧化、航天防热陶瓷基复合材料及其应用等方面取得了显著的研究成果。桥口基金会:是利用已故日本学士院院士、东京大学名誉教授、日中科技交流协会会长桥口隆吉先生捐赠给中科院的个人资金设立的非官方、非盈利性社会团体。桥口隆吉基金奖励在材料科学领域中做出突出成就和贡献的中国科学家和技术专家,每两年评选一次,每届评出两位获奖者,目前已完成七届的评选。

【九月】

7日 《哈工大报》刊登《四院士作报告关注新材料》的报道。报道介绍,作为"新博会"重要活动之一的"新材料产业发展院士报告会"在哈召开。中国工程院院士、哈工大教授周玉等四名院士做了报告。周玉院士的报告题目为"先进陶瓷材料的研究与应用进展"。他在报告中说,先进陶瓷材料在航空航天、冶金、能源等各个行业发挥着越来越大的作用。为适应工业技术的迅猛发展,先进陶瓷材料的研究及应用重点发展方向是加强原子层面的设计、成分设计、微观结构设计以及成型和烧结方面的研究,以达到预期的结构和性能。在先进陶瓷材料应用方面,应加强在电子陶瓷、高温结构陶瓷、能源与环境陶瓷等方面的研究工作。

7日 《黑龙江晨报》刊登《我校杜善义院士在"新材料产业发展院士报告会"上作报告》的报道。根据报道,杜院士介绍,先进的复合材料因为其轻量性、抗腐蚀性、降低成本等特性,应用范围不仅在航天航空领域进一步扩大,还逐步拓展到陆地、海洋、信息等各个领域。"在战斗机中,从机翼到机身等部位都用到了复合材料。超大、超轻的复合材料结构技术更是提高无人机持续能力、生存能力、可靠性和有效载荷能力的关键。"杜院士还介绍,我省作为最早在我国进行复合材料研究和应用的省份,技术水平一直在国内处于优势。

7日 《哈工大报》刊登《我校3项目获第二十届全国发明展览会金银奖》的报道。报道介绍,由中国发明协会主办的第二十届全国发明展览会于近日在威海市举行。我校获得1项金奖、2项银奖,获奖总数居黑龙江省第一、全国第六。电气学院谭久彬等发明的"基于双光纤耦合的微小内腔体尺寸测量装置与方法"获得金奖,电气学院寇宝泉等发明的"具有线性输出和PWM输出的混合式功率变换器"和机电学院曲建俊等发明的"位移叠加式压电啮合马达"获得银奖。

26日 中国教育网刊登《哈工大两项成果获国家技术发明奖》的报道。据报道,2011年度国家科学技术奖评审工作结束,国家科技部科学技术奖励工作办公室公布评审通过的国家技术发明奖通用项目41项,其中哈尔滨工业大学的"月球车移动系统关键技术"和"纤维/树脂浸润增效关键技术及工程化应用"两项科技成果被评为国家技术发明二等奖。

【十二月】

20日 中国政府网刊登《哈工大获"中国载人航天工程突出贡献集体"荣誉称号》的报道。据报道,中共中央、国务院、中央军委在人民大会堂隆重举行"庆祝天宫一号与神舟八号交会对接任务圆满成功"大会。哈尔滨工业大学获得"中国载人航天工程突出贡献集体"荣誉称号,成为全国获得"突出贡献集体"荣誉称号的35个单位中唯一一所高校。哈工大科学与工业技术研究院常务副院长付强代表学校参加表彰大会并上台领奖。

二、领军站位

(一)新当选两院院士

序号	姓名	两院院士	当选学部	所在学院
1	高文	中国工程院院士	信息与电子工程学部	计算机科学与技术学院
2	吕跃广	中国工程院院士	信息与电子工程学部	理学院

(二)"长江学者奖励计划"入选者(特聘教授)

序号	姓名	设岗学科名称
1	高会军	控制理论与控制工程
2	王爱杰	环境工程
3	甄良	材料学

(三)国家杰出青年基金(含外籍)获得者

序号	获得者姓名	研究领域	所在学部
1	冯玉杰	环境工程	工程与材料科学部

(四)国家"万人计划"入选者

序号	姓名	入选类型	序号	姓名	入选类型
1	高会军	青年拔尖人才	3	马坚伟	青年拔尖人才
2	闫永达	青年拔尖人才	4	邢德峰	青年拔尖人才

(五)"教育部新世纪优秀人才支持计划"入选者

序号	姓名	序号	姓名	序号	姓名	序号	姓名
1	丁杰	7	胡庆雷	13	王长国	19	翟长海
2	杜明	8	黄志伟	14	吴爱国	20	张化宇
3	范晓鹏	9	冷红	15	肖淑敏	21	周彬
4	韩宝国	10	马坚伟	16	徐成彦		
5	何祝斌	11	邵路	17	薛小龙		
6	贺强	12	孙晔	18	闫永达		

(六)国家自然科学基金委创新研究群体

项目名称	学术带头人	主要成员	资助经费
热辐射传输与流动控制	谈和平	刘林华、于达仁、孙绍增、周裕、夏新林、李争起、陆慧林、秦裕琨、王仲奇	600万元

(七)教育部"创新团队发展计划"

批准年度	研究方向	团队带头人
2011	激光空间信息技术与应用	吕志伟

2012年 科研领军人才风采大事记

一、媒体聚焦

【一月】

19日 工业和信息化部网站刊登《哈工大高会军教授荣获首届陈嘉庚青年科学奖》的报道。报道介绍,2012年度陈嘉庚科学奖和首届陈嘉庚青年科学奖于1月17日在北京揭晓,共4个项目获得陈嘉庚科学奖、6人获得首届陈嘉庚青年科学奖。哈尔滨工业大学高会军教授因在网络化控制方面提出了一套理论与方法,对分布式、复杂系统的控制具有重要意义,而获得陈嘉庚青年科学奖信息技术科学奖。陈嘉庚科学奖和陈嘉庚青年科学奖是以对我国科教事业发展做出杰出贡献的著名爱国侨领陈嘉庚先生命名的科技奖励。分别设立6个奖项:数理科学奖、化学科学奖、生命科学奖、地球科学奖、信息技术科学奖和技术科学奖。陈嘉庚科学奖设立于2003年,奖励具有中国自主知识产权的重要原创性科学技术成果;每个奖项获奖人数一般为一人,最多不超过三人。陈嘉庚青年科学奖设立于2010年,奖励具有中国自主知识产权的原创性成果的青年科技人才;每个奖项评选一人。陈嘉庚科学奖自成立以来,已在我国科技界和海内外产生了崇高声誉和广泛影响,对促进我国科学技术的创新与发展起到了激励与推动作用。

【二月】

14日 工业和信息化部网站刊登《哈工大7项目获国家科学技术奖》的报道。据报道,2011年度国家科学技术奖励大会在北京隆重召开,共有374个项目和10位科技专家获奖,其中包括国家最高科学技术奖2人,国家自然科学奖36项,国家技术发明奖55项,国家科学技术进步奖283项,中华人民共和国国际科学技术合作奖8人。哈尔滨工业大学牵头和参研的7项科研成果获国家科学技术奖;邓宗全、黄玉东、朱嘉琦(代表韩杰才教授)三位教授赴京领奖。7项科研成果包括:邓宗全教授负责的"月球车移动系统关键技术"、黄玉东教授负责的"纤维/树脂浸润增效关键技术及工程化应用"和韩杰才教授负责的一项研究成果分别获国家技术发明奖二等奖;哈工大与其他单位合作完成的"L-

乳酸的产业化关键技术研究与应用""固体废弃物循环利用新技术及其在公路工程中的应用"以及"复杂钢结构施工过程时变分析及控制关键技术研究与工程应用"等4个项目获国家科技进步奖二等奖。

15日　威海市政府网刊登《哈工大(威海)一项目荣获国家科技进步奖二等奖》的报道。据报道,从国家科学技术奖励大会上传来喜讯,由哈工大(威海)与河南某公司合作完成的"L-乳酸产业化关键技术研究与应用"项目入围国家科学技术进步奖名单。作为课题完成单位之一和主要完成人,哈工大(威海)和该校教授任秀莲分别获得"国家科学技术进步奖二等奖"。"L-乳酸产业化关键技术研究与应用"项目,开发出耦合吸附法分离提取L-乳酸的新技术。2008年,耦合吸附法分离提取L-乳酸的新技术应用于生产,彻底打破了L-乳酸生产技术国外垄断局面,为聚乳酸规模化生产提供了质优价廉的原材料,加快了聚乳酸行业的产业化进程,为解决"白色污染"开辟了新途径。

26日　人民网刊登《中国工程院秦裕琨院士:老骥伏枥　志在千里》的报道。报道介绍,在哈工大工作快60年,已经79岁高龄的哈尔滨工业大学教授、中国工程院院士秦裕琨依然工作在学校科研、教学一线,精力充沛、思维敏捷,憧憬筹划着未来。秦裕琨院士为2008年我校"燃煤污染物减排国家工程实验室"获得国家发展与改革委员会的批复建设做出了重要贡献。报道还详细介绍了秦裕琨院士在科研、教学领域的杰出贡献。他精心编写的《蒸汽锅炉燃料、燃烧理论及设备》讲义,成为我国锅炉专业第一本教材,并在国内首次提出热水锅炉可采用自然循环方式的学术思想,设计制造了我国第一台自然循环热水锅炉。随后,他又成功将燃用烟煤的手烧炉改成烧褐煤的工业流化床锅炉。这两个项目由于技术路线先进、应用价值重大,均在20世纪80年代初被列为国家"六五"攻关课题,并获国家科技进步奖。年届60岁时,秦裕琨又带领着两位年轻老师开始了一个全新的方向——煤粉燃烧技术的探索。这个新方向,现在为社会创造年均直接经济效益数亿元,于2000年获得国家技术发明奖二等奖。除此以外,报道还介绍了秦裕琨院士本人生活简朴,却对学生和同事有求必应的高尚品格。

【六月】

2日　《哈工大报》刊登《哈工大沈世钊院士获国际空间结构领域最高奖》的报道。报道介绍,5月21—24日,在韩国首尔举办的国际薄壳与空间结构协会(IASS)2012年年会上,我校沈世钊院士被授予"名誉会员"称号。据悉,"名誉会员"称号是为表彰在空间结构领域做出突出贡献的个人而设立的最高荣誉奖励,由执行委员会投票选出,每年不超过2人,迄今为止全球获此殊荣的学者仅有16位。

IASS(International Association for Shell and Spatial Structures)是目前国际空间结构领域最权威的学术组织,自1959年成立以来,每年都举办一次大型学术交流会,每次会议都吸引来自世界各地的著名专家和学者参会。沈世钊院士率领我校土木学院空间结构研究中心的10余名成员参加了今年的会议,多人在会上做了主题报告。

【七月】

17日 工业和信息化部网站刊登《哈工大教授韩洪军课题组获国际水协会项目创新奖》的报道。报道介绍,2012年国际水协会(IWA)项目创新奖(东亚和亚太地区)颁奖典礼7月3日在新加坡举行。哈尔滨工业大学市政学院教授韩洪军团队的"煤气化废水投加甲醇的厌氧共代谢技术项目"获得应用研究领域项目创新奖。长期致力于煤化工废水处理技术研究的韩洪军团队,注重理论创新与实际应用结合,其研究成果先后在2009年全国化工环境保护及煤化工环境污染治理技术论坛、全国煤化工项目废水零排放研究专题研讨会、2011年国际煤炭循环经济峰会上作为专题研究报告,引起国内外专家强烈反响。该团队先后与荷兰艾维迪斯签订了中荷研发计划,与美国阿奎特签订了中美煤化工废水零排放研发项目。该团队研究成果先后获得了2011年国际埃尼奖提名奖、2011年华夏建设科技进步一等奖、2010年黑龙江省科技发明奖一等奖、2009年国家科技进步奖二等奖等多个奖项。

【八月】

27日 人民网刊登《哈工大星地激光通信研究团队:甘愿一生的追求》的报道。报道介绍,今年3月2日,北京,"海洋二号"卫星在轨交付使用。对卫星在轨工程遥测数据的判读和分析表明,我国首次自主创新研发、具有自主知识产权的星地激光通信星上终端性能优于国际同类产品水平,星地激光通信链路性能达到国际领先水平。这标志着我国卫星激光通信技术的应用取得了重大突破,是卫星高速实时激光通信技术发展的里程碑。我国的星地激光链路终端因此直接跨入国际先进终端行列,在卫星激光通信领域达到国际领先水平,为我国下一代高速卫星激光通信奠定了基础。而承担星地激光通信试验项目的是哈尔滨工业大学空间光通信技术研究中心的马晶、谭立英教授领衔的星地激光通信研究团队。马晶担任"海洋二号"卫星副总设计师,负责星地激光通信试验系统;谭立英任该系统总指挥。报道详细介绍了团队主要成员谭立英教授、马晶教授以及第二梯队的于思源教授、韩琦琦副教授和第三梯队成员进入此研究领域的经历和在团队中的重要贡献。在研究过程中该项目得到了航天部有关负责同志以及航天五院的姜昌老先生大力支持,并得到了我国卫星测量、控制技术的奠基人之一、"两弹一星功勋奖章"获得者陈芳允院士的肯定与支持。

27日 工业和信息化部网站刊登《哈工大教授梅洪元入选当代中国百名建筑师》的报道。报道介绍,哈尔滨工业大学教授梅洪元日前入选由中国建筑学会组织评选的"当代中国百名建筑师";哈工大建筑设计研究院同时入选"当代中国建筑设计百家名院"。为进一步发展和繁荣中国建筑文化,提高中国建筑师和建筑设计机构的国内外影响力,推进中国建筑师和建筑设计机构走向世界,中国建筑学会组织开展了此次"当代中国建筑设计百家名院"和"当代中国百名建筑师"宣传推介活动。评选范围为中国建筑学界成绩显著、具有影响力的设计机构和建筑师。最终入选单位和个人汇聚了中国建筑设计研究院、上海现代建筑设计集团、清华大学建筑设计院等当代中国知名设计机构和吴良镛、何镜堂、王澍等当代中国著名建筑师。

【九月】

19日 《哈工大报》刊登《我校4位教师入选中组部首批青年拔尖人才支持计划》的报道。报道介绍,中组部首批青年拔尖人才支持计划名单揭晓,我校4位教师榜上有名。航天学院高会军教授(信息科学领域)、机电学院闫永达教授(工程材料领域)、理学院马坚伟教授(地球科学与环境领域)、市政学院邢德峰副教授(地球科学与环境领域)入选中组部首批青年拔尖人才支持计划。据悉,青年拔尖人才支持计划是国家人才发展规划确定的12项重大人才工程之一,由中央组织部牵头实施,重点培养支持国内35周岁以下的优秀青年人才。该计划从2011年起实施,主要在自然科学、哲学社会科学和文化艺术等重点学科领域,每年重点扶持一批青年创新人才,把他们培养成为本专业领域品德优秀、专业能力出类拔萃、综合素质全面的学术技术带头人,形成我国各领域高层次领军人才的重要后备力量。

【十月】

25日 《人民日报》刊登对我校首席国际学术顾问马尼安教授的专访。报道先是介绍了在今年中国政府颁发"友谊奖"的50位外国专家中,我校首席国际学术顾问、海外博士生导师、教育部"长江学者"讲座教授马尼安的基本情况。马尼安教授是国际医学图像领域的领军人物,在心脏及心血管成像、三维断层图像重建、核磁共振及射频超声、虚拟生物人等新技术科研方面颇有建树,多年来一直担任欧洲最大的医学图像实验室——法国国家医学信号与图像应用技术研究中心主任。之后,报道回顾了马尼安教授来我校工作的基本情况。她于2004年在其培养的中国留法博士后刘宛予教授诚挚邀请下,加盟哈工大生物医学图像学科的建设工作,而且一来就是8年。在此过程中,她将一些西方科研理念和实验室模式植入中国,将最好的资源整合。目前,在她的不懈努力下,哈工大在心肌纤维成像技术和医学图像网格平台技术方面已进入世界先进行列。法国国家科学院医学图像与信号处理国际实验室落户哈工大,同时她还推动建立了一个人力、物力和财力资源多机构共享的开放平台——"无墙实验室"。另外,报道还介绍了她对中法教育文化交流贡献的情况。

【十一月】

9日 华夏经纬网刊登《哈工大机器人"奥林匹克大赛"夺魁》的报道。报道介绍,第二届中国智能博览会仿人机器人奥林匹克大赛日前在杭州举行,哈工大机器人以惊人的成绩,在舞蹈类、对抗类、作业类3大类12个项目比赛中,以绝对优势获得冠军。据介绍,本次大赛由中国人工智能学会主办,以学会理事长李德毅院士提出的"智能体验"与"智慧生活"为主题。哈尔滨工业大学、西北工业大学、苏州大学、武汉工程大学等10余所大学纷纷派队参赛。经过一番比试,哈工大机器人舞蹈队将机器人舞蹈发展成机器人打击乐与舞蹈混合的高难度、高艺术性的3D机器人艺术,给现场观众留下深刻印象。比赛期间,中国人工智能学会还举办了2012年第二届吴文俊人工智能科学技术奖颁奖典礼。哈工大洪炳镕教授荣获"中国人工智能重大贡献奖",他带领团队历时10余年研究开发的"机器人足球技术及其应用系统",获创新奖二等奖。

30 日　新华网刊登《哈工大教授李庆春获得"中国铸造终身成就奖"》的报道。报道介绍,日前在苏州市举行的首届"中国铸造终身成就奖"和"中国铸造杰出贡献奖"颁奖典礼中,我国著名铸造专家、哈工大的教授李庆春荣获"中国铸造终身成就奖"。李庆春教授,1926 年生,1952 年毕业于哈工大机械系。国家重点学科哈尔滨工业大学铸造专业创建者,教授、博士生导师。航空航天部有突出贡献专家,国务院政府特殊津贴获得者。由他创建并主编的《铸件形成理论基础》,作为中国高等院校第一本铸造专业基础理论教科书,不仅是铸造专业大学生的必修课教材,更是铸造专业科技人员理论支持的重要参考书。他先后获得国家、省、部级科技成果奖 25 项,获得荣誉多项。主编全国通用教材 2 部、专著 3 部、译著 5 部,主编论文集 8 部。共发表论文 550 余篇。先后培养博士 32 名、硕士 29 名。李庆春在年逾八旬高龄时,主编出版了哈工大有史以来第一部专业发展史——《哈工大铸造专业发展历程》一书,同时该书的编著成为中国铸造史的重要组成部分。

李庆春教授接受中国铸造终身成就奖的奖杯和奖牌

二、领军站位

(一)"长江学者奖励计划"入选者(特聘教授)

序号	姓名	设岗学科名称
1	赵杰	机械电子工程
2	李立毅	电气工程
3	张幸红	力学

（二）国家杰出青年基金（含外籍）获得者

序号	获得者姓名	研究领域	所在学部
1	冷劲松	大变形智能复合材料的力学行为	数理科学部
2	贾德昌	先进陶瓷与陶瓷基复合材料	工程与材料科学部
3	李立毅	特种电机系统	工程与材料科学部
4	谭忆秋	沥青路面结构与材料	工程与材料科学部
5	王爱杰	污染物定向生物转化及资源化	工程与材料科学部
6	叶强	社会媒体背景下的电子商务研究	管理科学部
7	彭华新（合作者：耿林）	金属基复合材料	工程与材料科学部

（三）国家自然科学基金委优秀青年科学基金获得者

序号	获得者姓名	研究领域	所在学部
1	马力	轻质多功能复合材料及其结构力学	数理科学部
2	朱嘉琦	碳素材料与超硬材料	工程与材料科学部
3	郭安薪	地震工程、城市与生命线工程防灾	工程与材料科学部
4	闫永达	微纳米机械加工工艺与装备	工程与材料科学部
5	肖淑敏	光学波段超材料的研究	信息科学部
6	谢晖	微纳机器人	信息科学部
7	吴立刚	复杂动态系统的滑模控制理论及应用	信息科学部
8	黄磊	阵列信号处理、多维信号处理、信源数检测	信息科学部

(四)国家"万人计划"入选者

序号	姓名	入选类型	序号	姓名	入选类型
1	贾德昌	科技创新领军人才	4	赵杰	科技创新领军人才
2	冷劲松	科技创新领军人才	5	纪延超	科技创业领军人才
3	许国仁	科技创新领军人才			

(五)科技部创新人才推进计划入选者

序号	姓名	入选类型	序号	姓名	入选类型
1	贾德昌	中青年科技创新领军人才	4	赵杰	中青年科技创新领军人才
2	冷劲松	中青年科技创新领军人才	5	纪延超	科技创新创业人才
3	许国仁	中青年科技创新领军人才			

(六)"教育部新世纪优秀人才支持计划"入选者

序号	姓名	序号	姓名	序号	姓名	序号	姓名
1	史雷	5	王勇	9	陈瑞润	13	高小建
2	郭熙铜	6	左旺孟	10	谢晖	14	武岳
3	邱剑彬	7	刘挺	11	张丽霞	15	李宜彬
4	刘正君	8	谭建宇	12	陈志强	16	隋解和

(七)教育部"创新团队发展计划"

批准年度	研究方向	团队带头人
2012	流体压力成形理论与技术	苑世剑

2013 年 科研领军人才风采大事记

一、媒体聚焦

【一月】

18 日 《哈工大报》刊登《我校 8 项科技成果获国家科学技术奖》的报道。据报道，中共中央、国务院在北京人民大会堂隆重举行 2012 年度国家科学技术奖励大会。胡锦涛、习近平、温家宝、李克强、刘云山出席大会并为获奖代表颁奖。我校牵头的 5 个项目和参与合作的 3 个项目获得国家科学技术奖。获奖教师赴京领奖。赫晓东教授负责的"含超薄金属内衬轻量化复合材料压力容器设计与制备技术"项目、单德彬教授负责的"微型构件微成型技术与装备"项目、曹喜滨教授负责的一项目、我校牵头的另一项目、罗守靖教授等参与合作的"液固高压成形轻质合金及其复合材料工艺与控制技术"项目共 5 项成果获国家技术发明奖二等奖。张中兆教授负责的一项目、陈彦宾教授参与合作的一项目、韩洪军教授参与合作的"城市污水连续流脱氮除磷工艺与过程控制技术及应用"项目共 3 项成果获国家科技进步奖二等奖。

【二月】

8 日 光明网刊登《哈尔滨工业大学教授李建中：优秀导师该是什么样》的报道。报道介绍了我校"973"项目首席科学家李建中教授在科研育人中的经验和做法。李建中教授认为在博士培养过程中，作为导师首先我们必须要强调导师的责任。一名导师要时刻记住，自己是以学生培养为最主要任务。其次，在具体培养过程中，李建中教授认为导师有责任为学生建立一个良好的培养环境。这主要包括，首先是良好的实验环境，要为学生创造一片可以安心做研究的天地；另一层含义则是学术环境和氛围。再次，李建中教授谈到了他对高校教授申请项目与培养学生关系的看法。他认为获得科研项目的同时，导师也要考虑该成果是否适合培养研究生。以基础应用型为主的研究比较适合培养博士生；以工程应用型为主的项目则比较适合硕士生培养。再次，他认为要培养高质量的博士生，导师必须要立足于学科前沿。最后，他还特别强调在处理导师与学生的关系时，应避免两种误区,即雇佣关系和"放羊式"关系。

【四月】

16日　人民网刊登《高会军:用学习改变人生》的报道。报道介绍了我校高会军教授的科研成长路程。他始终坚持学习,从中专到自考本科,再到硕士、博士,他用学习改变了自己的人生轨迹。在哈尔滨工业大学读博期间,他就在国内外权威期刊上发表了几十篇高水平的学术论文,博士学位论文被评为全国百篇优秀博士学位论文。2005年博士毕业成为哈尔滨工业大学历史上唯一一位由讲师直接破格晋升为教授的学者,之后又到加拿大埃尔伯塔大学从事博士后研究工作,并获得了埃尔伯塔创新基金和Killam博士后基金两项著名研究基金的资助。在这期间,先后在《IEEE自动控制汇刊》《中国科学》等国内外权威期刊上发表文章。他的研究成果被多国著名学者引用,并获得了包括国家自然科学奖二等奖在内的多项奖励。国外学成归来,他建立起自己的实验室,建立了一支年轻的团队,相继开展了高超声速飞行器方面的研究工作,研究了航天器自主交会对接和编队飞行中的关键问题,他针对航天测试转台的精度瓶颈,采用鲁棒滤波思想提出了提高惯性测试系统精度新方法,他用努力为航天事业添上自己的一笔,也用努力改变着自己的人生。

【五月】

6日　东北网刊登《哈工大李伟光教授入选2012年度"中国水业人物"》的报道。报道介绍,2012年度"中国水业人物"颁奖大会在京举行。经过网站投票及专家评选,哈工大市政学院李伟光教授获2012年度"中国水业人物"教学与科研贡献奖。据了解,此次"中国水业年度人物"评选活动旨在表彰给水排水行业涌现出的杰出代表。此次评选活动由中国土木工程学会水工业分会、

李伟光教授在颁奖大会上

全国高等学校给水排水工程学科专业指导委员会、中国建筑学会建筑给水排水研究分会和全国给水排水技术信息网联合主办,《给水排水》杂志社承办,共评选出"工程与技术贡献奖""教学与科研贡献奖""运营管理贡献奖"各3名,"中国水业终身成就奖"1名。

【七月】

3日　工业和信息化部网站刊登《哈工大两位教授获"科学中国人年度人物"称号》的报道。报道介绍,由《科学中国人》杂志主办的"科学中国人(2012)年度人物颁奖典礼"日前在北京举行,哈尔滨工业大学市政学院马放教授、机电学院姜洪洲教授荣获年度人物大奖。马放教授现任哈工大城市水资源与水环境国家重点实验室副主任,同时担任中国国家环境应急专家。其主要研究方向为水污染控制、绿色净水剂的开发与应用研

究、工程菌的构建及生物增强技术、固定化生物活性炭技术、污染环境的生物修复、污水处理全流程资源化等,近年来在科技成果转化方面做出了突出贡献。姜洪洲教授是机电学院流体控制及自动化系副主任,主要研究方向包括液压控制系统理论与应用研究、并联机构设计与控制、电液伺服仿真与试验技术、流体驱动仿生机构等;因提出了液压驱动六自由度并联机构模态空间控制、发明了基于超冗余串并联变刚度仿生摆动推进装置而受到关注。创办于2002年的"科学中国人年度人物"是我国科技界具有专业品质和重要影响力的一项评选活动,由中国科协主管的《科学中国人》杂志社主办,目前已成功举办10届。

【十月】

31日　工业和信息化部网站刊登《哈工大获17项"艾景国际园林景观规划设计大赛"奖》的报道。报道介绍,哈尔滨工业大学在近日举行的"艾景奖2013第三届国际园林景观规划设计大赛"取得优异成绩,共获得17个奖项。其中由建筑学院董禹等三位教师指导的本科组获得1项金奖、3项银奖、5项铜奖、6项优秀奖;由赵晓龙教授指导的研究生组获得2项银奖。获奖总数名列前茅,同时获大赛优秀组织奖。哈工大、清华大学等在内的170多所国内高等院校和10余所国际院校参与了以"绿色生态·低碳生活·美丽中国"为主题的此次大赛。艾景奖(IDEA-KING)是在中国住房和城乡建设部、中国国家林业局推动下,由国际园林景观规划设计行业协会(ILIA)发起主办、设立和打造的具有世界影响的专业大奖。

31日　人民网刊登《哈尔滨工业大学3人获国家杰出青年基金7人获优秀青年基金》的报道。报道介绍,国家自然科学基金委公布了2013年度国家杰出青年科学基金资助名单,哈尔滨工业大学3位教师荣获资助,获资助数量居全国高校第8位。同时该校还有7位教师获得国家自然科学基金委优秀青年科学基金资助,居全国高校第11位。哈尔滨工业大学航天学院梁军教授、化工学院杨春晖教授、电气学院郑萍教授获得国家杰出青年基金资助。航天学院果立成、张立宪、周彬,材料学院孟祥龙,能源学院何玉荣,土木学院翟长海,经管学院张紫琼7位青年教师获得优秀青年基金资助。

【十一月】

5日　国家科技成果网刊登《哈工大第三次获得国际埃尼奖提名》的报道。报道介绍,国际埃尼奖科学委员会信函通知,我校城市水资源与水环境国家重点实验室成员、市政学院副教授陈志强与温沁雪发表于国际权威期刊《生物能研究》的科研论文《小球藻利用酸化有机废水产生物柴油的研究》受到国际能源与环境界的关注,获得2014年度国际埃尼奖候选提名。目前该奖项正在评审中。陈志强课题组长期致力于环境生物技术的研究,其研究成果注重理论的创新与实际应用的结合,在废弃碳源产油、废弃碳源产生物可降解塑料及污染物生物强化处理方面开展相关的研究,近年来发表SCI收录论文20余篇,获得国家发明专利10余项,研发的强化污泥过滤技术在寒冷地区的城镇得到工程应用和技术示范。

5日　工业和信息化部网站刊登《哈工大任南琪院士获2013年度"何梁何利奖"》的

报道。报道介绍,2013年度"何梁何利奖"评选结果日前揭晓,哈尔滨工业大学城市水资源与水环境重点实验室主任、中国工程院院士任南琪获得"何梁何利基金科学与技术进步奖"奖。"何梁何利奖"是一项通过奖励取得杰出成就的科技人才,促进国家科技发展的奖项,由香港爱国金融实业家何善衡等人于1994年创立。

15日　工业和信息化部网站刊登《哈工大教授马军获国际顶级刊物年度优秀评审奖》的报道。报道介绍,环境领域国际顶级刊物《环境科学与技术》日前为30余位该期刊评阅人授予2013年度优秀评审奖,哈尔滨工业大学市政学院马军教授榜上有名。这些获奖者是从全球5 000多名参与该期刊评审的评阅人中选出的。美国化学学会《环境科学与技术》期刊是涉及水处理、水环境、大气污染、固体废物、土壤、有害污染物、环境健康、环境化学、环境生物、环境地理、环境物理、气候变化等的综合性学术刊物,也是生态环境领域最有影响的国际性刊物。马军主要研究方向是饮用水预处理和深度处理。他先后开发出多项具有自主知识产权的关键性技术,获70多项发明专利,发表SCI收录论文60多篇,研究成果较广泛地应用于饮用水净化工程中,并多次在饮用水重大污染事件应急中发挥了重要作用。

19日　凤凰网刊登《周玉院士、苑世剑教授入选国家"973计划"领域咨询专家》的报道。报道介绍,科技部日前发布了关于成立第四届国家重点基础研究发展计划("973计划")领域咨询专家组的通知,我校材料学院周玉院士入选材料领域咨询专家,苑世剑教授入选制造和工程领域咨询专家。根据"973计划"管理办法,科技部设立了领域专家咨询组参与项目组织实施的过程管理。领域专家咨询组的主要职责是跟踪了解项目执行情况,定期向科技部提出咨询工作报告;对项目实施中存在的问题向科技部提出咨询意见和建议;受科技部委托主持项目中期评估工作;承担科技部委托的其他相关工作。

20日　工业和信息化部网站刊登《哈工大教授获IEEE工业电子学会戴维欧文青年事业奖》的报道。报道介绍,2013年IEEE工业电子学会戴维欧文青年事业奖11月12日在奥地利维也纳揭晓。哈尔滨工业大学航天学院教授高会军获此殊荣。据知,这是该奖项自2006年设立以来首次颁发给中国大陆学者。IEEE工业电子学会是国际上重要的工业电子与自动化研究专业组织之一,汇集着世界各国工业电子与自动化领域的专家学者,引领着工业电子与自动化学科的发展方向。戴维欧文青年事业奖是IEEE工业电子学会设立的重要奖项,用于奖励在国际工业电子领域做出杰出贡献的青年学者。

25日　《哈工大报》刊登《空间机械臂技术、星地激光链路试验入选中国高校十大科技进展》的报道。据报道,12月25日,由教育部科学技术委员会组织评选的2013年度"中国高等学校十大科技进展"在京颁奖。我校机电学院刘宏教授主持的"空间机械臂技术"和航天学院马晶、谭立英教授主持的"星地激光链路试验"项目榜上有名。这是我校历史上首次同一年度两个项目同时入选。至此,我校已有5项科技成果获此殊荣。刘宏教授主持完成的具有六维空间精确定位和手爪精细操作能力的空间机械臂是航天器在轨维护的核心装备,安装在航天器外侧,能够适应恶劣的工作环境,填补了我国在该领域的空白,为空间机械臂在我国空间站建设、行星探测等领域的应用奠定了坚实基础。马晶、谭立英教授主持完成的星地激光链路试验，在国际上第一次成功进行了双向多种数据率在轨激光通信，奠定了我国空间激光高速实时动态网基础，使我国摆脱了空间信息传输面临的数据下不来、反应不及时的困境，对我国空间战略的发展具有重大意义，将引发空间信息传输领域的革命。据介绍，"中国高等学校十大科技进展"评选自1998年开展以来，至今已举办16届，这项评选活动对提升高等学校科技的整体水平、增强高校的科技创新能力发挥了积极作用，并产生了较大的社会影响。

马晶教授（左）、刘宏教授（右）领奖

二、领军站位

（一）"长江学者奖励计划"入选者（特聘教授）

序号	姓名	设岗学科名称	当选时间
1	苏彦庆	材料加工工程	2013、2014
2	单德彬	材料加工工程	2013、2014
3	杨春晖	应用化学	2013、2014
4	谭忆秋	道路与铁道工程	2013、2014
5	郑萍	电机与电器	2013、2014

（二）国家杰出青年基金（含外籍）获得者

序号	获得者姓名	研究领域	所在学部
1	梁军	先进复合材料力学	数理科学部
2	郑萍	新型特种电机的理论及工程应用技术	工程与材料科学部
3	杨春晖	光电功能晶体生长与应用研究	工程与材料科学部

(三)国家自然科学基金委优秀青年科学基金获得者

序号	获得者姓名	研究领域	所在学部
1	果立成	非均匀材料损伤与断裂力学	数理科学部
2	孟祥龙	形状记忆合金及其薄膜	工程与材料科学部
3	何玉荣	多相流热物理学	工程与材料科学部
4	翟长海	地震工程	工程与材料科学部
5	张立宪	切换系统控制	信息科学部
6	周彬	约束与时滞系统的控制理论及其应用	信息科学部
7	张紫琼	互联网情感分析与用户创造内容挖掘	管理科学部

(四)科技部创新人才推进计划入选者

序号	姓名	入选类型	序号	姓名	入选类型
1	王爱杰	中青年科技创新领军人才	5	孟松鹤	中青年科技创新领军人才
2	朱嘉琦	中青年科技创新领军人才	6	王荣国	科技创新创业人才
3	刘钢	中青年科技创新领军人才	7	左洪波	科技创新创业人才
4	张幸红	中青年科技创新领军人才			

(五)"教育部新世纪优秀人才支持计划"入选者

序号	姓名	序号	姓名	序号	姓名	序号	姓名
1	郭海凤	5	刘铁军	9	田艳红	13	张紫琼
2	李君宝	6	吕海宝	10	汪国华	14	赵雷
3	梁恒	7	帅永	11	王玉金		
4	刘明	8	宋波	12	肖峰		

2014年 科研领军人才风采大事记

一、媒体聚焦

【一月】

2日 中国建筑学会刊登《哈尔滨工业大学建筑学院城市规划系教师再获一项国家发明专利》的报道。报道介绍,我院城市规划系薛滨夏副教授、市政学院讲师魏利、建筑学院博士研究生李同予等人申请的发明专利"双层潜流人工湿地景观水池及其回收处理城市屋面雨水的方法",近日获得国家知识产权局专利授权,这是继"立体式景观蓄水池及其回收利用城市屋面雨水的方法"之后,城市规划系教师获得的第二项发明专利。该发明利用双层潜流池和工程菌剂技术处理屋面雨水,通过立体水池的分层温度控制,实现一年四季连续进行雨水净化和处理的目标,有效提高冬季低温期净化效果,降低了冲击负荷。本发明解决了北方寒地城市雨水回收与处理系统无法在一年四季持续运行的瓶颈问题,对于在北方寒地城市推行中水回用和雨水收集举措具有重大意义。该专利将现行分散的城市雨洪管理设施纳入城市规划体系,进行分区、分级、分类管理,拓展了雨水利用的潜在应用范围。

7日 工业和信息化部网站刊登《哈工大55人入选青年拔尖人才选聘计划》的报道。报道介绍,日前召开的哈尔滨工业大学第三届人力资源委员会第一次会议公布的该校优秀教育人才选拔情况显示:2013年全校共有55人入选青年拔尖人才选聘计划,13人聘为教授,42人聘为副教授;4人入选教学拔尖人才计划,聘为教授;学校组织国家重大科研项目突出贡献人才评审,4人聘为研究员,13人聘为副研究员;通过海内外人才招聘计划,选聘教授2人、特任研究员5人、副教授4人、讲师13人。该校在海内外招聘中淡化了传统人才引进概念,构建了包括顶级学术媒体、驻外使领馆和校留学教师三位一体的全方位招聘宣传平台。

10日 《哈工大报》刊登《我校徐晓飞教授当选2013年度中国计算机学会(CCF)会士》的报道。报道介绍,近日,中国计算机学会(CCF)2013年度会士名单正式公布,我校徐晓飞教授榜上有名。中国计算机学会(CCF)设立会士制度,用于表彰对计算机科学与技术的发展做出卓越贡献或为CCF服务做出突出贡献的CCF会员。今年全国共有10人当选为 CCF 会士。据了解，截至目前 CCF 共评选出 63 位会士。我校教师和校友共有 9 人名在其中。

13 日　工业和信息化部网站刊登《哈工大 4 项科技成果获国家科学技术奖》的报道，报道介绍，今年 1 月 10 日在北京举行的国家科学技术奖励大会上，哈尔滨工业大学获得 4 项奖励。其中包括谭久彬、杨春晖教授牵头的项目获国家技术发明奖二等奖；欧进萍院士、李惠教授牵头的"结构振动控制与应用"项目获科技进步奖二等奖；谭忆秋教授等参与完成的"环保型路面建造技术与工程应用"项目获科技进步奖二等奖。

【四月】

30 日　工业和信息化部网站刊登《哈工大教授张自杰获"中国水业人物"终身成就奖》的报道。报道介绍，2013 年度"中国水业人物"评选结果日前揭晓并在北京颁奖。哈尔滨工业大学离退休教授张自杰荣获此次评选设立的最高奖项"终身成就奖"。旨在表彰为我国给水排水行业做出杰出贡献的各界人士的"中国水业人物"评选活动始于 2011 年，由中国土木工程学会水工业分会、高等学校给排水科学与工程学科专业指导委员会、中国建筑学会建筑给水排水研究分会、全国给水排水技术信息网联合主办。该评选分别设立"工程与技术贡献奖""教学与科研贡献奖""运营与管理贡献奖"和"中国水业终身成就奖"。其中"终身成就奖"每年评选一人，要求入选者年龄在 80 周岁以上，从事水行业工作 30 年以上，在行业内德高望重，是行业某一领域的主要开创者，拥有公认的标志性成就和创新性成果，对水行业的进步和发展做出卓越贡献。张自杰教授 1953 年毕业于哈工大工民建专业并留校任教，1955 年他被派往苏联列宁格勒建工学院研究生院学习，获技术科学副博士学位。他主编的教材《排水工程》印刷了 22 次，已成为学科经典，他成为学术界公认的中国废水生物处理科学研究的前辈之一。

【六月】

30 日　工业和信息化部网站刊登《哈工大教授高会军入选世界最具影响力科学家》的报道。报道介绍，全球权威情报信息提供商汤森路透近日发布 2014 年世界最具影响力科学家榜单。哈尔滨工业大学航天学院教授高会军成为该榜单 17 位入选者中唯一一位中国学者。汤森路透的文献计量学专家对全球学者的学术表现进行了综合评估，追踪了近两年在各自领域高引用排名前 1% 的热门论文，以此为依据评选出了全世界 17 位最具影响力科学家。入选者的研究工作被科学界认定为最具影响力和最有价值的研究成果。高会军教授因在网络控制的计算与滤波等方面做出的突出贡献，以 15 篇高水平热门论文入选世界最具影响力科学家榜单。其他 16 位入选者分别来自麻省理工学院、哈佛大学、斯坦福大学等世界顶级科研机构，高会军教授是 17 位入选者当中唯一来自计算与工程领域的科学家。高会军是教育部长江学者特聘教授、国家杰出青年科学基金获得者，曾获陈嘉庚青年科学奖、IEEE 工业电子学会戴维欧文（J. David Irwin）青年事业奖，2013 年因在网络化控制领域的重要贡献当选为 IEEE 会士（IEEE Fellow）。

【七月】

4日 科学网刊登《陈清泉院士获英国皇家工程院"菲利普亲王勋章"》的报道。报道介绍,7月2日在伦敦皇家歌剧院举行的英国皇家工程院颁奖典礼上,世界电动汽车领域的杰出专家、哈工大陈清泉院士获得英国皇家工程学院最高个人奖"菲利普亲王勋章"。安妮公主为陈清泉院士颁授勋章,以表彰他在工程实践、创新和教育领域做出的卓越贡献。陈清泉院士长期致力于电动汽车领域的发展,发表300余篇学术论文。作

安妮公主为陈清泉院士颁授勋章

为世界电动汽车协会的联合创始人和会长,他一直致力于技术推广和教育工作,他出版11本著作,包括影响深远的《现代电动汽车技术》,这是电动汽车领域第一本综合性教材,在工业和学术界被广泛使用。"菲利普亲王奖"(Prince Philip Medal)始于1991年,由英国皇家工程学院主办,专门奖给在工程技术领域敢于创新和做出突出贡献的个人。据了解,2013年9月,联合国教科文组织下属世界工程组织联盟(WFEO)为陈清泉院士颁发了优秀工程奖(Medal of Engineering Excellence),以表彰他在电动汽车理论、实践与产业化,以及创新工程学教育方面的突出贡献。该奖项设立于1989年,每两年颁发一次,旨在引起全世界对工程实践、理论和社会贡献的关注。获奖人为在实践、理论方面都有突出成就的工程师。

【九月】

22日 工业和信息化部网站刊登《哈工大教授获全国优秀城市规划科技工作者称号》的报道。报道介绍,在刚刚结束的中国城市规划学会2014中国城市规划年会上,哈尔滨工业大学建筑学院教授徐苏宁荣获"全国优秀城市规划科技工作者"称号。徐苏宁是哈工大博士生导师、城市设计研究所所长、城乡规划学学科带头人,历任建筑设计教研室主任、建筑系副主任、建筑学院副院长兼城市规划系主任,兼任中国城市规划学会理事、城市设计专业学术委员会副主任委员、中国城市科学研究会理事、国家一级注册建筑师,完成30余项科研项目和课题,获得黑龙江省建设厅各类优秀设计奖10余次,在国内外期刊、学术会议上发表学术文章90余篇,出版专(译)著12部。全国优秀城市规划科技工作者评选由中国城市规划学会组织,是中国科协"全国优秀科技工作者"表彰活动的一部分,旨在表彰多年从事城市规划工作并做出突出贡献的专家、学者。评选工作每两年进行一次,今年为第三届,共有8人获此殊荣。

二、领军站位

(一)"长江学者奖励计划"入选者(特聘教授)

序号	姓名	设岗学科名称	当选时间
1	苏彦庆	材料加工工程	2013、2014
2	单德彬	材料加工工程	2013、2014
3	杨春晖	应用化学	2013、2014
4	谭忆秋	道路与铁道工程	2013、2014
5	郑萍	电机与电器	2013、2014

(二)国家杰出青年基金(含外籍)获得者

序号	获得者姓名	研究领域	所在学部
1	苏彦庆	高活性合金熔炼与铸造	工程与材料科学部

(三)国家自然科学基金委优秀青年科学基金获得者

序号	获得者姓名	研究领域	所在学部
1	吕海宝	智能材料与结构力学	数理科学部
2	黄志伟	艾滋病病毒 Vif 与宿主相互作用的结构与功能研究	生命科学部
3	易红亮	半透明介质能量输运学	工程与材料科学部
4	邢德峰	污水处理与能源化	工程与材料科学部
5	刘铁军	工程材料与结构的动力时变	工程与材料科学部
6	肖峰	事件驱动群体系统协同控制	信息科学部

(四)国家"万人计划"入选者

序号	姓名	入选类型	序号	姓名	入选类型
1	张立宪	青年拔尖人才	4	陈冠英	青年拔尖人才
2	吴立刚	青年拔尖人才	5	王飞	青年拔尖人才
3	吕海宝	青年拔尖人才	6	姜再兴	青年拔尖人才

(五)科技部创新人才推进计划入选者

序号	姓名	入选类型	序号	姓名	入选类型
1	李兵	中青年科技创新领军人才	3	郑萍	中青年科技创新领军人才
2	杨春晖	中青年科技创新领军人才	4	高海波	中青年科技创新领军人才

2015年 科研领军人才风采大事记

一、媒体聚焦

【八月】

3日 工业和信息化部网站刊登《哈工大教授荣获国际计算语言学学会终身成就奖》的报道。报道介绍,近日,在北京举行的国际计算语言学大会(ACL)2015年年会上,中国中文信息学会理事长、哈尔滨工业大学计算机学院李生教授凭借数十年来在机器翻译等研究方向上的成就和贡献,荣获ACL终身成就奖,成为中国获此殊荣第一人、亚洲获此殊荣第二人。李生教授先后主持了10余项包括原航天工业总公司、"863"计划、国家自然科学基金等科研项目,获得7项部级科技进步奖。他自1985年开始研究汉英机器翻译,是我国最早从事该方向研究的学者之一。他带领团队所研制的汉英机器翻译系统CEMT-I于1989年成为我国第一个通过技术鉴定的汉英机器翻译系统,并获得部级科技进步奖。他在机器翻译领域深耕多年,在机器翻译技术及其相关的句法、语义分析等自然语言处理方向成就卓著,为机器翻译在中国的发展做出了开拓性贡献。作为中国改革开放以来最早从事自然语言处理研究的学者之一,为中国计算机领域培养了一批成就卓著的青年专家,为中国计算机技术一代又一代的发展贡献了力量。

15日 《哈工大报》刊登《杜善义院士获得国际复合材料委员会世界学者奖》的报道。报道介绍,在丹麦哥本哈根举行的第二十届国际复合材料大会上,中国复合材料学会理事长、航天学院教授杜善义院士获得国际复合材料委员会(International Committee on Composite Materials, ICCM)世界学者奖(World Fellows),是首位获得该荣誉的中国科学家。世界学者奖是国际复合材料委员会旨在表彰复合材料领域中做出突出学术贡献,为推动复合材料国际合作、学术交流以及人才培养取得了世界公认的成绩,并享有国际盛誉科学家的一项终身荣誉。从2001年至今,共有19位国际复合材料领域的专家获此殊荣,其中包括杜善义院士在内的华裔科学家共计只有4位。美国特拉华大学Tsu-Wei Chou教授等在提名推荐信中提到,杜善义院士是中国复合材料科技领域发展和教育的先驱者之一,特别在先进材料与应用力学等领域的成就尤为突出。

杜善义院士自1982年回国后,在国内较早开展先进复合材料与结构的研究、应用和人才培养工作。鉴于他在复合材料领域的突出学术贡献,从2001年起他连续两届当选国际复合材料委员会执委,第十三届(ICCM-13)和第十八届(ICCM-18)国际复合材料大会副主席并受邀做大会特邀报告。另外,他作为中国复合材料学术带头人之一,积极推进先进复合材料在航空航天、国防装备、海洋工程与舰船、基础设施及现代交通方面的应用;作为复合材料学会理事长,积极开展复合材料领域的国内外学术交流和合作,并率领中国复合材料团队,成功获得了第二十一届国际复合材料大会(ICCM-21)的举办权,该会将于2017年召开,是继2001年之后又一次在中国召开的国际复合材料领域规模最大、水平最高的学术盛会,对推动中国复合材料的国际影响做出贡献。同时杜善义院士为中国复合材料领域的人才培养做出了突出贡献,在他指导下培养的70余名博士生已在中国复合材料的研究发展中发挥着重要的领导作用。

【九月】

8日 《哈工大报》刊登《李惠教授荣获2015"国际结构健康监测年度风云人物"》的报道。报道介绍,由斯坦福大学主办的"第十届国际结构健康监测研讨会"在美国旧金山圆满落幕,我校土木工程学院李惠教授荣获2015"国际结构健康监测年度风云人物"。"国际结构健康监测年度风云人物"由结构健康监测领域权威期刊《结构健康监测》编委会组成评审委员会,每年在全世界范围内评选出不超过2名在结构健康监测理论、分析、应用和教育等方面做出杰出贡献的学者。李惠教授荣获2015年度"国际结构健康监测年度风云人物",成为中国大陆结构健康监测领域第一位获此殊荣的学者,也是国际结构健康监测领域迄今为止唯一获此殊荣的女性学者。我校结构健康监测与控制研究中心是泛亚太平洋国际智能监测研究中心6家发起单位之一,在结构健康监测传感技术、数据采集与传输技术、结构监测系统设计与集成技术、数据分析与学习及建模算法、结构健康状态与安全评定理论、结构健康监测技术工程应用与教育等方面取得丰硕研究成果,发表论文500余篇,获得专利20余项,获国家科技进步奖二等奖3项,教育部自然科学奖一等奖和发明奖一等奖各一项,研究中心形成了在国内外有重要影响的研究方向。

颁奖

【十月】

28日 工业和信息化部网站刊登《哈工大教授获得"王选奖"》的报道。报道介绍，2015年10月24日，在安徽合肥举行的中国计算机大会上，哈尔滨工业大学李建中教授获得中国计算机学会颁发的"王选奖"。本年度共有2人获此殊荣。

【十二月】

7日 工业和信息化部网站刊登《哈工大韩杰才当选中国科学院院士》的报道。报道介绍，12月7日，中国科学院公布了2015年新当选的院士名单，我校韩杰才教授当选中国科学院院士。韩杰才生于1966年，教授、博士生导师，现任我校副校长、特种环境复合材料技术国家级实验室主任、总装备部科技委兼职委员、先进材料技术专家组成员，是国家杰出青年科学基金获得者、"高超声速飞行器防热复合材料的热力耦合问题"国家自然科学基金创新研究群体带头人、国家"863"主题专家组副组长、国家重大专项材料专家组副组长、中国复合材料学会常务理事、中国力学学会副理事长。他长期从事超高温防热复合材料、防热/红外透波材料等宇航材料研究；作为第一获奖人，获2014年国家自然科学奖二等奖、2009年和2011年国家技术发明奖二等奖；发表学术论文350余篇、被引用7 000余次（其中SCI他引3 000余次）、入选TOP25热点论文9篇，授权国家发明专利65项；获全国青年科技标兵、第13届全国十大杰出青年提名奖、教育部首届青年教师奖、全国国防工业系统先进工作者称号；已培养博士25名、硕士27名。

韩杰才院士

11日 《经济日报》刊登《整合技术和市场优势推动产业突破——访哈尔滨工业大学副校长韩杰才》的报道。报道中，韩杰才副校长对比了我国机器人产业与发达国家的优势与劣势，他认为产业国内市场巨大，这是我们的突出优势。但是，从技术层面看，我国国产机器人产业依然以低端为主，上游的核心技术和发达国家相比还有很大差距。从产业布局来看，我国机器人产业现在主要定位是做下游的整合集成，整个产业还处于散乱状态，产业发展还处于需要整合的过程。谈到国产机器人主要的技术瓶颈，他认为主要的技术瓶颈是基础零部件，并给出了产生瓶颈的原因及解决建议。最后他还对我国机器人产业的整合提出了自己的看法。他认为，整合的途径可以分为市场端整合和技术端整合。而在两者整合上，哈工大机器人集团走出了一条很好的道路。哈工大机器人集团，既有30年来累积的技术端优势，同时又有不断强化的市场端优势，创新、研发和产业形成有机结合在一起，这样就给平台以及技术试错提供了充分的空间，在提升技术水平的同时又提升了市场整合能力。

19日　工业和信息化部网站刊登《在生命之海徜徉——哈尔滨工业大学黄志伟事迹》的报道。黄志伟教授生于江苏南通。1999年，就读于兰州理工大学攻读化学工程与工艺专业，在本科期间他就对生命科学非常感兴趣，下决心转读生命科学专业。2003年，他成功考取北京生命科学研究所和中国农业大学联合培养的直博研究生，选定普林斯顿大学留学归国的柴继杰教授为导师并一起做科研。博士期间，黄志伟以第一作者发表了两篇高水平论文，并申请到去哈佛大学做博士后的机会。博士后期间，黄志伟决定到哈工大发挥自己的才能，在学校、学院领导重视下，学校按教授引进黄志伟。不仅如此，2011年，学校还为他申请到了教育部"新世纪优秀人才支持计划"。在学校的大力支持下，黄志伟教授在执着的探索后，于2014年1月9日，在国际顶级学术杂志《自然》(Nature)发表了《艾滋病病毒Vif"劫持"人CBF-β和CUL5 E3连接酶复合物的分子机制》的研究论文，该文章被选为精选文章在同期《自然》杂志《新闻与视点》栏目中重点推荐。短短一年多时间，他带领着新建团队第一次揭示了世界顶级结构生物学家们一直以来梦寐以求的艾滋病病毒毒力因子(Vif)的结构，破解了这一领域30余年求解的谜团，并为理性设计靶向该复合物的全新艾滋病药物提供了结构基础。该项研究标志着哈工大在艾滋病结构生物学研究领域走在了世界最前沿。报道还对黄志伟教授科研育人的情况进行了介绍。

黄志伟教授

二、领军站位

(一)新当选中国科学院院士、中国工程院院士

序号	姓名	两院院士	当选学部	所在学院
1	韩杰才	中国科学院院士	技术科学部	航天学院
2	吴伟仁	中国工程院院士	信息与电子工程学部	航天学院

(二)"长江学者奖励计划"入选者

1. 特聘教授

序号	姓名	设岗学科名称
1	田禹	环境工程
2	朱嘉琦	飞行器设计

2. 青年学者

序号	姓名	设岗学科名称
1	黄志伟	生物化学与分子生物学
2	张丽霞	材料加工工程
3	张立宪	控制理论与控制工程
4	翟长海	防灾减灾工程及防护工程

(三)国家杰出青年基金(含外籍)获得者

序号	获得者姓名	研究领域	所在学部
1	张幸红	超高温陶瓷基复合材料	工程与材料科学部
2	范峰	大跨空间结构抗震研究	工程与材料科学部
3	张钦宇	空天通信理论与技术	信息科学部
4	吴立刚	非连续控制系统的分析与设计	信息科学部

(四)国家自然科学基金委优秀青年科学基金获得者

序号	获得者姓名	研究领域	所在学部
1	张丽霞	新材料及异种材料连接	工程与材料科学部
2	田艳红	微纳连接理论与技术	工程与材料科学部
3	帅永	泛尺度热辐射传输	工程与材料科学部
4	王高林	交流永磁电机驱动系统先进控制策略研究	工程与材料科学部
5	梁恒	膜法水处理技术与原理	工程与材料科学部
6	谷延锋	遥感图像处理	信息科学部
7	邱剑彬	模糊动态系统的分析与综合	信息科学部

(五)国家自然科学基金委创新研究群体

项目名称	学术带头人	主要成员	资助经费
机器人基础理论与关键技术	刘宏	蔡鹤皋、邓宗全、孙立宁、赵杰、王黎钦	1 200万元

(六)科技部创新人才推进计划入选者

序号	姓名	入选类型	序号	姓名	入选类型
1	于思源	中青年科技创新领军人才	5	张钦宇	中青年科技创新领军人才
2	刘挺	中青年科技创新领军人才	6	高会军	中青年科技创新领军人才
3	杜志江	中青年科技创新领军人才	7	鲍文	中青年科技创新领军人才
4	李垚	中青年科技创新领军人才	8	翟长海	中青年科技创新领军人才

2016年 科研领军人才风采大事记

一、媒体聚焦

【六月】

2日 新浪网刊登《"中专生"博导高会军：回国是双赢的选择》的报道。报道介绍了我校高会军教授的科研事迹。由于家庭条件不好，高会军选择了中专毕业后进入工厂工作，之后的二十年中，他通过了自学考试获得了本科学历，并先后获得沈阳工业大学硕士学位，及哈尔滨工业大学（简称"哈工大"）博士学位。他还被破格由讲师直接晋升为哈工大历史上最年轻的教授，前往海外研究后，最终选择回国，成为一名海归科研工作者、高校教授、博士生导师，是国际权威机构汤姆森路透发布的"2014年17位世界最具影响力科学家"中唯一的中国人。目前，高会军在哈工大从事网络化控制理论，以及光机电一体化装备研制方面的研究工作。高会军教授还谈到了对在国外求学的留学生们的期望，他认为如今国内有越来越多的好机会、好平台，可以让优秀留学生建功立业、实现价值。另外，他还分享了他作为海归科研工作者回国后开展科研工作的经验，他给出的建议是，选准合适的行业领域，保持自己国际化优势，与国外高水平学者或研究机构开展学术合作，以国家需求为导向，以国际化科研平台为依托，再加上自己的不懈努力，一定会取得突出的成果，为中国相关行业的发展做出重要贡献。

20日 《哈工大报》刊登《赵军明教授获爱思唯尔/雷蒙德·维斯坎塔青年科学家奖》的报道。6月9日，在土耳其召开的第八届国际辐射传递研讨会上，爱思唯尔出版集团颁发了本年度爱思唯尔/雷蒙德·维斯坎塔青年科学家奖。我校能源学院赵军明教授成为两位获奖者之一，也是首位获此殊荣的中国青年学者。爱思唯尔/雷蒙德·维斯坎塔奖是以美国工程院院士、美国普渡大学教授雷蒙德·维斯坎塔名字命名的奖项，以此来纪念维斯坎塔自20世纪50年代以来在辐射传热领域所做的重要贡献。赵军明主要从事复杂介质辐射传热的基础研究，包括传热及测量过程的复杂介质内先进辐射传

赵军明教授获奖

输模型及数值方法、表面及粒子热辐射特性、微纳尺度辐射传递、应用于能量利用及热管理过程的近场辐射换热及表面辐射特性调控。他是国际传热传质(中心)联合会科学理事会成员及多个国际刊物审稿人,在应用物理和传热领域权威学术期刊上发表学术论文30余篇,出版专著一本;曾获哈工大优秀博士学位论文、全国优秀博士学位论文提名奖;入选我校基础研究杰出人才培育计划及青年拔尖人才选聘计划。

【七月】

4日　工业和信息化部网站刊登《哈工大9人入选2015年创新人才推进计划》的报道。报道介绍,近日,2015年创新人才推进计划入选名单公布。哈尔滨工业大学9人入选,于思源、刘挺、杜志江、李垚、张钦宇、高会军、鲍文、翟长海等8人入选中青年科技创新领军人才,李惠教授作为负责人的"智能土木工程创新团队"入选重点领域创新团队。

【九月】

22日　工业和信息化部网站刊登《哈工大教授荣获中国侨联第六届侨界贡献(创新人才)奖》的报道。报道介绍,中国侨联第六届新侨创新创业成果交流暨中国侨联新侨创新创业联盟成立大会在京举行。会上,哈尔滨工业大学理学院院长、智能控制与系统研究所所长、黑龙江省侨联常委高会军教授获得"中国侨界贡献(创新人才)奖"。为表彰侨界高层次人才所做出的突出贡献,中国侨联于2003年设立"中国侨界贡献奖",每两年评选一次。高会军教授此次获奖是在继马军教授、刘宏教授之后,哈工大第三位获此殊荣的教师。

23日　工业和信息化部网站刊登《哈工大教授当选国际结构控制与监测学会(IASCM)理事长》的报道。报道介绍,经国际结构控制与监测学会(International Association for Structural Control and Monitoring,英文简称为IASCM)理事会投票,哈尔滨工业大学土木学院李惠教授全票当选国际结构控制与监测学会理事长。这是该学会成立以来第一次由华人学者担任理事长。国际结构控制与监测学会成立于1990年,经过20多年发展,该学会在国际结构振动控制与监测领域享有很高声誉,是土木工程领域权威的国际学术组织,设有美国分会、中国分会、欧洲分会、日本分会、韩国分会和澳洲分会等6个分会,拥有《结构控制与健康监测》会刊,每4年举办一次世界大会和研讨会,对相关领域学术研究和学科发展具有极大的影响力。

【十月】

27日　中国网刊登《哈尔滨工业大学教授马晶获何梁何利奖》的报道。报道介绍,2016年度"何梁何利奖"评选结果日前在北京揭晓,哈尔滨工业大学航天学院教授马晶获得"何梁何利基金科学与技术进步奖"。马晶教授瞄准国际学术前沿,开拓我国卫星激光通信研究领域,实现了星地激光链路快速捕获、稳定跟踪和高质量通信,标志着我国在空间高速信息传输这一航天高技术尖端领域走在了世界前列。该技术获得国家技术发明奖一等奖,并于2015年在黑龙江省进行转化,具有带动卫星激光通信产业形成千亿元规模的潜力。

【十一月】

25日 工业和信息化部网站刊登《哈工大2人获国家杰出青年基金6人获优秀青年基金》的报道。报道介绍,国家自然科学基金委公布2016年度国家杰出青年科学基金资助名单,哈尔滨工业大学2位教师榜上有名,同时6位教师获得国家自然科学基金委优秀青年科学基金资助,居全国高校前列。哈工大理学院马坚伟教授、航天学院朱嘉琦教授获得国家杰出青年科学基金资助。哈工大材料学院隋解和、曹健,机电学院刘英想,电信学院王勇,航天学院王雨雷,经管学院郭熙铜6位青年教师获得优秀青年科学基金资助。近5年,哈工大共16人获得国家杰出青年科学基金资助,居全国高校第9位;共34人获得国家自然科学基金委优秀青年科学基金资助,居全国高校第10位。

二、领军站位

(一)"长江学者奖励计划"入选者

1. 特聘教授

序号	姓名	设岗学科名称
1	范峰	结构工程
2	李垚	材料学
3	孙澄	建筑设计及其理论
4	吴晓宏	化学工艺
5	叶强	管理科学与工程

2. 青年学者

序号	姓名	设岗学科名称
1	邱剑彬	系统工程
2	帅永	工程热物理

（二）国家杰出青年基金（含外籍）获得者

序号	获得者姓名	研究领域	所在学部
1	马坚伟	勘探地球物理学	地球科学部
2	朱嘉琦	红外增透保护薄膜及金刚石单晶	工程与材料科学部

（三）国家自然科学基金委优秀青年科学基金获得者

序号	获得者姓名	研究领域	所在学部
1	隋解和	热电转换能源材料	工程与材料科学部
2	刘英想	压电驱动理论与技术	工程与材料科学部
3	曹健	异种材料连接	工程与材料科学部
4	王勇	逆合成孔径雷达成像	信息科学部
5	王雨雷	受激布里渊散射效应及应用	信息科学部
6	郭熙铜	电子健康	管理科学部

（四）国家"万人计划"入选者

1. 领军人才

序号	姓名	入选类型	序号	姓名	入选类型
1	王爱杰	科技创新领军人才	8	曹喜滨	科技创新领军人才
2	刘钢	科技创新领军人才	9	李兵	科技创新领军人才
3	张幸红	科技创新领军人才	10	杨春晖	科技创新领军人才
4	孟松鹤	科技创新领军人才	11	郑萍	科技创新领军人才
5	王荣国	科技创新领军人才	12	高海波	科技创新领军人才
6	左洪波	科技创新领军人才	13	朱嘉琦	科技创新领军人才
7	韩杰才	科技创新领军人才	14	徐奉臻	哲学社会科学领军人才

2. 青年拔尖人才

序号	姓名	入选类型	序号	姓名	入选类型
1	曹健	青年拔尖人才	4	李隆球	青年拔尖人才
2	刘明	青年拔尖人才	5	郭熙铜	青年拔尖人才
3	尹珅	青年拔尖人才			

(五)科技部创新人才推进计划入选者

序号	姓名	入选类型	序号	姓名	入选类型
1	马坚伟	中青年科技创新领军人才	4	何鹏	中青年科技创新领军人才
2	刘丽	中青年科技创新领军人才	5	陈明君	中青年科技创新领军人才
3	吴立刚	中青年科技创新领军人才			

2017年 科研领军人才风采大事记

一、媒体聚焦

【一月】

11日 哈工大新闻网刊登《哈工大牵头的4项科技成果获国家科技奖》的报道。据报道,中共中央、国务院在北京人民大会堂隆重举行2016年度国家科学技术奖励大会。哈尔滨工业大学牵头的4项科技成果获国家科技奖,其中国家技术发明奖二等奖3项、国家科技进步奖二等奖1项,获奖教师赴京领奖。此次共评选出国家自然科学奖42项,其中一等奖1项、二等奖41项;评选出国家技术发明奖66项,其中一等奖3项、二等奖63项;评选出国家科技进步奖171项,其中特等奖2项、一等奖20项(含创新团队3项)、二等奖149项。

【四月】

5日 工业和信息化部网站刊登《哈工大8人入选2016年度"长江学者奖励计划"》的报道。报道介绍,近日,教育部公布了2016年度"长江学者奖励计划"入选名单。哈尔滨工业大学8人入选,其中范峰、李垚、孙澄、吴晓宏、叶强为"特聘教授",汉斯(Hans Ågren)为"讲座教授",邱剑彬、帅永为"青年学者"。按照"长江学者奖励计划"有关要求,经各学校推荐、通讯评审、会议答辩、人选公示、评审委员会审定、聘任合同签订等程序,教育部确定440人入选2016年度"长江学者奖励计划",其中"特聘教授"159人、"讲座教授"52人、"青年学者"229人。

【五月】

15日 工业和信息化部网站刊登《哈工大一研究所荣获"全国工人先锋号"称号》的报道。报道介绍,中华全国总工会下发通知,对荣获全国五一劳动奖、全国工人先锋号的先进集体和先进个人进行表彰。哈尔滨工业大学复合材料与结构研究所荣获"全国工人先锋号"称号。哈工大复合材料与结构研究所于1989年成立,先后获得教育部创新团队、国家"111"引智团队、国家自然科学基金委创新群体和国防科技创新团队支持,获评

2014年度"全国专业技术人才先进集体",先后获得国家技术发明奖二等奖4项、国家科技进步奖二等奖1项、国家自然科学奖二等奖2项、国家教学成果奖二等奖1项,发表高水平学术论文2 000余篇,获批授权发明专利200余项。

【九月】

11日 工业和信息化部网站刊登《哈工大教授获国际复合材料委员会世界学者奖》的报道。报道介绍,由哈尔滨工业大学杜善义院士任大会主席、冷劲松教授任大会执行主席的第21届国际复合材料大会在西安落下帷幕,冷劲松教授获2017年度世界学者奖,当选国际复合材料委员会副主席。世界学者奖(World Fellow)由国际复合材料委员会颁发,表彰在复合材料领域研究或工业发展方面做出突出贡献的学者,杜善义院士2015年成为我国首位获得这一殊荣的科学家。国际复合材料大会每两年一次,是全球规模最大、学术水平最高、影响力最广的复合材料学术会议。本届大会以"先进复合材料的创新和发展"为主题,旨在通过复合材料领域各个学科方向的探讨,促进各国复合材料专家的交流,展示国际复合材料领域最新研究与产业化成果,推动各国复合材料专家的合作和发展。来自全球48个国家和地区的2 000余名学者参加大会。

【十月】

13日 人民网刊登《哈工大博士张楠入选"未来女科学家计划"》的报道。报道介绍,哈尔滨工业大学理学院2015级博士张楠入选2017年"未来女科学家计划",并成为我国唯一候选者,将参加"世界最具潜质女科学家"评选。"未来女科学家计划"由中国科学技术协会于2015年设立,是联合国教科文组织设立的"世界最具潜质女科学家"奖在中国的发展和延伸。今年,经67个单位和5名专家推荐,提名85名候选人参加"未来女科学家计划",最终4人入选。而张楠成为我国唯一候选者,将进一步参加"世界最具潜质女科学家"评选。作为中国优秀的女性科技人才,在读博士期间,张楠以第一作者发表SCI论文8篇,均为国际顶级期刊。她还作为主要成员参与"高量子效率有机钙钛矿基微腔激光器"研究,该项目是哈工大理学院宋清海教授申请的深圳市知识创新计划项目,目前已取得阶段性突破进展。

【十一月】

2日 工业和信息化部网站刊登《哈工大教授获2017年度何梁何利奖》的报道。报道介绍,何梁何利基金2017年度颁奖大会在京召开,哈尔滨工业大学机电学院刘宏教授获得"科学与技术进步奖"。何梁何利基金是由香港爱国金融实业家何善衡、梁銶琚、何添、利国伟于1994年成立的公益性科技奖励基金,专门奖励我国取得杰出成就和重大创新的科学技术工作者。何梁何利基金科学与技术奖,以其公正性和权威性,在我国科技界及社会各界享有盛誉,国际影响与日俱增。

16日 《哈工大报》刊登《黄志伟教授获"中源协和生命医学奖"》的报道。报道介绍,11月11日,"第二届中源协和生命医学奖"在北京颁奖,13位中外科学家分别凭借其在生命医学领域所做出的杰出成果和突出贡献摘得"国际合作奖""成就奖""创新突破奖"三项大奖。我校生命学院黄志伟教授荣获"创新突破奖"。"中源协和生命医学奖"是由中国科学院大学与中源协和细胞基因工程股份有限公司、深圳市中源协和生物治疗公益基金会于2016年9月28日共同设立的生命医学领域权威奖项。旨在奖励在生命医学领域取得突破性创新成果的国内外杰出科学家及有潜力的创新人才,为推动国内及全球生命科技产业化发展贡献力量。评审委员会由徐冠华院士担任主席,多位院士及专家担任委员。该奖设"国际合作奖"1名,"成就奖"2名,"创新突破奖"10名。作为中国生命医学领域最具权威性和影响力的奖项之一,"中源协和生命医学奖"秉承"鼓励人才创新,推动生命医学产业发展"的宗旨,遵循科学、客观、公平、公正的原则,获得业内外高度认可。

17日 《哈工大报》刊登《沈世钊院士获中国钢结构协会最高成就奖》的报道。报道介绍,在萧山召开的2017中国钢结构大会暨浙江省钢结构论坛上,我校沈世钊院士被授予"中国钢结构协会最高成就奖",以表彰其对推动钢结构产业发展做出的突出贡献。中国钢结构大会是钢结构行业的年度盛会。作为我国钢结构领域著名专家,沈世钊院士一直致力于大跨空间结构新兴领域的开拓,从早期为亚运会体育场馆设计的组合网壳,到为500米口径射电望远镜研发的可变位索网体系,为空间结构体系创新做出了重要贡献。他在"悬索结构体系及其解析理论""网壳结构非线性稳定""大跨柔性屋盖风振动力响应"和"网壳结构在强震下的失效机理和动力稳定性"等前沿研究中取得一系列重要成果。他密切联系工程实践,结合重大工程创造性地设计了多项具有典型意义的大型空间结构,曾参与设计北京奥运会"鸟巢"和水立方、亚运会石景山和朝阳体育馆、亚冬会黑龙江省速滑馆、吉林省滑冰馆、威海体育场、哈尔滨国际体育会展中心等重大体育工程。

领奖

获奖证书

18日 《哈工大报》刊登《我校叶强教授获2017年中国信息经济学乌家培奖》的报道。报道介绍,日前,经过中国信息经济学乌家培奖评选委员会评选,我校经管学院院长叶强教授获得2017年度中国信息经济学乌家培奖。中国信息经济学乌家培奖,是由我国著名经济学家,数量经济学、信息经济学的创始人乌家培发起,旨在继承和发扬老一代中国信息经济学家和信息管理学家追求学术、守护真理的精神,积极培育中国信息经济学理论创新能力和创新群体。该奖项是专门奖励对互联网环境下信息经济与信息管理理论的创新性探索有杰出成就的中青年学者。本次评奖共有两人入选。为表彰叶强教授在社会媒体及其影响机制领域做出的重要贡献，中国信息经济学乌家培奖评选委员会特授予其该奖项。

22日 《哈工大报》刊登《梅洪元受邀担任中国绿色校园设计联盟学术委员会主任委员》的报道。报道介绍，11月20日，第二届中国绿色校园发展研讨会暨中国绿色校园设计联盟学术委员会成立大会在北京举行。来自我校、清华大学等全国近百所高校的代表齐聚一堂，共同探讨新时期中国绿色校园设计发展新征程。全国工程勘察设计大师、我校建筑学院和建筑设计研究院院长梅洪元受邀参加会议并担任新成立的中国绿色校园设计联盟学术委员会主任委员。据悉，未来教育创新周以"新时代的教育创新发展"为主题，旨在深入学习贯彻党的十九大精神，加快教育现代化，推动新时代教育创新发展，积极探索面向未来的教育新形态。梅洪元在成立大会上表示，学术委员会将引领绿色校园建设领域的学术发展、提供绿色校园建设领域的技术服务、培养绿色校园建设领域的后备人才，积极推动绿色校园的工程实践，为绿色校园建设和教育事业发展做出积极的学术贡献。

28日 《黑龙江日报》刊登《哈工大邓宗全谭久彬入选中国工程院院士》的报道。报道介绍，中国工程院正式公布2017年院士增选结果。今年新当选的中国工程院院士67位，哈尔滨工业大学邓宗全和谭久彬两位教授入选。邓宗全教授是9名机械与运载工程学部新增院士之一，谭久彬是8名信息与电子工程学部新增院士之一。

邓宗全教授，国防"973项目"首席科学家。是国内最早从事月球车研究的学者之一，提出了月球车移动系统设计理论，与航天科研院所长期合作，在"嫦娥二号"等重大科技工程中做出了突出贡献，受到国家表彰。他还建立了空间折展机构构型生成与模块组网设计理论，为我国首个60米大型空间伸展臂的研制提供了核心技术。曾多次获国家技术发明奖和省部级科技奖项。

谭久彬教授，是仪器科学与技术国家重点学科带头人，长期从事超精密仪器工程与超精密加工/测量一体化装备技术方向的研究，突破一批关键技术，掌握了构成大型超精密仪器和专用超精密装备的主要核心技术，带领研究团队自主研制成功系列大型超精密测量仪器和专用加工/检测装备，并成功应用于航天和国防工业部门。曾获国家技术发明奖一等奖、国家科技进步奖三等奖、部级科学技术奖一等奖等多个奖项。

【十二月】

15日 工业和信息化部网站刊登《哈工大教授获国际地面车辆学会青年科学家奖》的报道。报道介绍，国际地面车辆系统学会(ISTVS)第19届国际大会及第14届欧非区域大会在匈牙利首都布达佩斯召开，哈尔滨工业大学机器人技术与系统国家重点实验室丁亮教授获索恩·哈特·朱雷卡青年科学家奖。国际地面车辆系统学会从1996年举行的第12届国际大会开始评选青年科学家奖，每3年评选1次，至今仅有8位青年科学家或工程师获奖(40岁以下)。丁亮教授成为我国首位获得国际地面车辆系统学会个人学术奖励的学者。

二、领军站位

(一)新当选中国科学院院士、中国工程院院士

序号	姓名	两院院士	当选学部	所在学院
1	邓宗全	中国工程院院士	机械与运载工程学部	机电工程学院
2	谭久彬	中国工程院院士	信息与电子工程学部	仪器科学与工程学院

(二)"长江学者奖励计划"入选者

1. 特聘教授

序号	姓名	设岗学科名称
1	刘钢	材料加工工程
2	刘丽	化学工程
3	吴立刚	控制理论与控制工程

2. 青年学者

序号	姓名	设岗学科名称
1	鲍跃全	防灾减灾工程及防护工程
2	李隆球	机械设计与理论
3	隋解和	材料物理与化学
4	宗影影	材料加工工程

(三)国家杰出青年基金(含外籍)获得者

序号	获得者姓名	研究领域	所在学部
1	吕海宝	智能材料与结构力学	数理科学部
2	郭安薪	桥梁多灾害及控制	工程与材料科学部

(四)国家自然科学基金委优秀青年科学基金获得者

序号	获得者姓名	研究领域	所在学部
1	宋波	宽禁带半导体材料	工程与材料科学部
2	常军涛	超燃冲压发动机流动失稳机理及其控制	工程与材料科学部
3	陈文礼	桥梁风工程及其风振控制	工程与材料科学部

(五)国家"万人计划"入选者

序号	姓名	入选类型	序号	姓名	入选类型
1	刘丽	科技创新领军人才	9	刘挺	科技创新领军人才
2	李垚	科技创新领军人才	10	吴立刚	科技创新领军人才
3	何鹏	科技创新领军人才	11	鲍文	科技创新领军人才
4	冯玉杰	科技创新领军人才	12	马坚伟	科技创新领军人才
5	杜志江	科技创新领军人才	13	李惠	科技创新领军人才
6	陈明君	科技创新领军人才	14	翟长海	科技创新领军人才
7	高会军	科技创新领军人才	15	张钦宇	科技创新领军人才
8	于思源	科技创新领军人才			

（六）科技部创新人才推进计划入选者

序号	姓名	入选类型	序号	姓名	入选类型
1	吴晓宏	中青年科技创新领军人才	4	梁恒	中青年科技创新领军人才
2	谷延锋	中青年科技创新领军人才	5	王振波	中青年科技创新领军人才
3	张立宪	中青年科技创新领军人才	6	陈瑞润	中青年科技创新领军人才

2018 年 科研领军人才风采大事记

一、媒体聚焦

【一月】

10 日 工业和信息化部网站刊登《哈工大牵头的 3 项成果获国家科技奖》的报道。据报道,中共中央、国务院在北京隆重举行国家科学技术奖励大会。党和国家领导人习近平、李克强、张高丽、王沪宁出席大会并为获奖代表颁奖。李克强代表党中央、国务院在大会上讲话。哈尔滨工业大学牵头的 3 项成果获国家科技奖,其中国家自然科学奖二等奖 1 项、国家技术发明奖二等奖 2 项。获奖教师代表赴京领奖。吴林志教授负责的"先进功能材料及其结构的断裂力学研究"项目获国家自然科学奖二等奖。吴晓宏教授负责的项目、凌贤长教授负责的"水库高坝/大坝安全精准监测与高效加固关键技术"项目获国家技术发明奖二等奖。

【三月】

2 日 工业和信息化部网站刊登《哈工大 22 人入选第三批国家"万人计划"》的报道。报道介绍,近日,中共中央组织部办公厅印发了第三批国家"万人计划"入选人员名单,哈尔滨工业大学 22 人入选,刘丽、李垚、何鹏、冯玉杰、杜志江、陈明君、高会军、于思源、刘挺、吴立刚、鲍文、马坚伟、李惠、翟长海、张钦宇(深圳)入选"科技创新领军人才",孙毅、宋宝玉入选"教学名师",曹健、刘明、尹珅、李隆球、郭熙铜入选"青年拔尖人才"。"国家高层次人才特殊支持计划"(简称"国家'万人计划'")是国家层面实施的重大人才工程,旨在重点遴选一批自然科学、工程技术和哲学社会科学领域的杰出人才、领军人才和青年拔尖人才,给予特殊支持。第三批国家"万人计划"共遴选科技创新领军人才 720 人、科技创业领军人才 367 人、哲学社会科学领军人才 215 人、教学名师 195 人、青年拔尖人才 189 人。其中,科技创新领军人才、科技创业领军人才从"创新人才推进计划"入选者中遴选产生,哲学社会科学领军人才从文化名家暨"四个一批"人才工程入选者中遴选产生。

7日　工业和信息化部网站刊登《哈工大教授荣获教育部青年科学奖》的报道。报道介绍,近日,教育部科技发展中心公布了2017年度高等学校科学研究优秀成果奖(科学技术)奖励获奖名单。哈尔滨工业大学环境学院邢德峰教授荣获青年科学奖。教育部青年科学奖旨在引导、鼓励青年学者胸怀远大学术抱负、淡泊名利、潜心科学研究,在黄金年龄段取得重大学术研究成果。该奖项2015年起开始评选,每年授予名额不超过10名。

29日　《晶报》刊登《哈工大(深圳)教授滕军获广东省科技奖一等奖》的报道。报道介绍,哈尔滨工业大学(深圳)近日传出喜讯,该校土木工程学科带头人滕军教授荣获广东省科学技术奖一等奖,其科研成果在建筑结构健康监测和结构控制技术方面达到国际领先水平,成果和重大工程应用在国内外形成重要影响。滕军获奖项目为他牵头申报的"复杂高层结构抗震设计理论与工程应用"项目。滕军目前担任哈工大(深圳)土木与环境工程学院教授、博士生导师,深圳市城市与土木工程防灾减灾重点实验室主任。他是哈工大(深圳)土木工程学科学术奠基者和带头人,创新性地提出基于最优失效模式的抗震结构体系及设计理论,建立了成套的结构抗震分析及评价平台和系统的结构灾害监测和控制的理论、技术和方法,其科研成果密切结合重大工程实践,有效助推多个省市重点工程建设,为深圳设计水平跻身全国领跑行列做出了重要贡献,业界人士和学校师生都称他为"建筑结构守护者,工程安全捍卫人"。值得一提的是,滕军创下哈工大(深圳)的多项第一,此次获奖是该校首次作为第一完成单位获得这一大奖。他同时是哈工大(深圳)第一位国家基金会评审专家、唯一拿到2个国家重点项目的学术主持人、第一位综合教研室主任、第一任土木与环境学科部主任、第一位教师党支部书记。

滕军教授获奖

滕军教授生活照

【四月】

3日　工业和信息化部网站刊登《哈工大教授获"第七届中国建筑设计奖·建筑教育奖"》的报道。报道介绍,近日,"第七届中国建筑设计奖·建筑教育奖"评选活动落下帷幕,哈尔滨工业大学建筑学院周立军教授获此殊荣。"中国建筑设计奖·建筑教育奖"是我国建筑教育工作者的最高荣誉奖,以表彰在建筑教育方面做出重大贡献的建筑教育工作者和对建筑教育事业起过重大推动作用的人士。自2004年该奖项设立以来,得到了国内外的广泛认可。本届共有17人获奖。

25日 《黑龙江日报》刊登《融合航天技术助力龙江振兴——访中国科学院院士孙家栋》的报道。报道介绍,4月24日,作为"中国航天日"的主要活动之一,"航天技术助力龙江振兴"座谈会在哈尔滨举行。孙家栋这位从哈尔滨工业大学走出去的院士,是两弹一星元勋、北斗导航工程首任设计师。他也是中国第一颗人造卫星、第一颗遥感探测卫星、第一颗返回式卫星、第一颗探月卫星的总设计师。孙家栋院士结合卫星应用谈了切身体会。他说:"要想推动航天数据应用发展,除了搞航天专业的人积极介绍、宣传、普及航天信息之外,更重要的是和其他专业进行融合。航天信息落地以后,实际上是带有服务性的,为各种专业提供服务。通过有效的运用,才会转型升级,进一步发展。"他还对黑龙江发展航天技术应用提出看法,他建议,航天技术的应用要取得长足发展,一方面要从航天的角度出发,主动进行宣传推广;另一方面要靠其他不同专业主动接收、主动了解、主动与航天技术相融合,两方面结合起来才能产生更大的经济效果。

孙家栋院士

【五月】

4日 工业和信息化部网站刊登《哈工大教授入选全国十大"创新女性"》的报道。报道介绍,在4月26日世界知识产权日当天,由中国知识产权报社主办的"寻找创新的她"创新女性评选活动在京正式揭晓获奖名单。哈尔滨工业大学谭立英教授因在卫星光通信方面的卓越成就而成功当选。为广泛宣传报道女性在推动我国创新发展中的重要作用,发掘我国女性创新者的生动案例,树立女性创新的典范,在全社会营造尊重女性、尊重创新的良好氛围,围绕今年世界知识产权日的主题"变革的动力:女性参与创新创造",中国知识产权报社启动了主题为"寻找创新的她"的创新女性评选活动。在为期一个半月的评选活动中,近30个省区市推荐了100名女性创造者。最终,经过材料初筛、人物推选并综合计算网络投票和专家评审环节的得分,中国知识产权报社确定了10名"寻找创新的她"获奖者名单。

21日 工业和信息化部网站刊登《哈工大教授荣获2018年度"项海帆杰出桥梁青年奖"》的报道。报道介绍,第23届全国桥梁学术会议在贵州开幕。会上颁发了由桥梁教育和研究发展基金设立的3大奖项("李国豪原创桥梁技术奖""项海帆杰出桥梁青年奖""范立础优秀桥梁图书奖"),哈尔滨工业大学交通学院张连振教授榜上有名,荣获2018年度"项海帆杰出桥梁青年奖"。"项海帆杰出桥梁青年奖"由同济桥梁教育和研究发展基金会面向全国桥梁学科和相关专业组织评选,旨在表彰在桥梁科技和教育事业发展中做出突出成绩的杰出青年。该奖项每两年评选1次,通过专家提名、通讯评审和会议评审产生,每次在全国评选1人,并在中国土木工程学会全国桥梁学术年会上颁发。

【六月】

29日 工业和信息化部网站刊登《哈工大教授荣获IEEE工业应用学会杰出成就奖》的报道。报道介绍,哈尔滨工业大学徐殿国教授荣获2018 IEEE工业应用学会杰出成就奖(2018 IEEE IAS Outstanding Achievement Award),成为该奖项自1969年设立以来中国大陆第一位获奖者。IEEE工业应用学会是IEEE(电气和电子工程师协会)下属最大的学会之一,致力于满足工业和商业领域中特别的需求。IEEE工业应用学会杰出成就奖是为了表彰在工业应用电力等领域做出杰出贡献的个人。获奖的学者均为该领域国际知名科学家,很多曾担任IEEE工业应用学会主席、IEEE电力电子学会主席或者这两个学会所属期刊的主编。

【七月】

4日 工业和信息化部网站刊登《哈工大教授荣获第七届"中国侨界贡献奖"一等奖》的报道。报道介绍,中国侨联在京举办"第七届新侨创新创业成果交流系列活动"并颁发"中国侨界贡献奖",哈尔滨工业大学航天学院吴立刚教授获一等奖,系本届黑龙江省唯一获奖者。全国人大常委会副委员长白玛赤林,全国政协副主席、民盟中央常务副主席陈晓光,中国侨联党组书记、主席万立骏等出席并为获奖者颁奖。"中国侨界贡献奖"由中国侨联于2003年设立,在中央组织部、人力资源和社会保障部、中国科学院、中国科协等单位的支持下,至今已成功举办七届。

【八月】

29日 东北网刊登《哈工大为"复兴号"车头提出的新技术获金奖》的报道。报道介绍,第四届中国"互联网+"大学生创新创业大赛黑龙江赛区决赛暨国赛选拔赛在哈尔滨工业大学落下帷幕,哈工大"复兴号"高铁关键零部件快速超塑成形技术获得金奖。"复兴号"时速可达350 km/h,车头是整车设计生产中的重中之重,该项工艺采用工业态铝板,在高温下成形出具有较高表面质量和成形精度的车头棱线蒙皮。目前,经过检验,蒙皮性能要求完全符合欧标EN485-2标准,已正式投入批产。此次大赛共有373项作品入围省级决赛,哈尔滨工业大学、哈尔滨工程大学、东北农业大学等14所高校获得"优秀组织奖"。

【九月】

5日 工业和信息化部网站刊登《哈工大在第十七全国大学生机器人大赛机器人

创业赛上获一等奖2项》的报道。报道介绍,由共青团中央、黑龙江省政府主办,哈尔滨工业大学和黑龙江省工业技术研究院承办的第十七届全国大学生机器人大赛机器人创业赛在哈工大举行。哈工大超声波焊接3D打印技术"普诺斯机器人"定制与推广、基于无限射透传技术的模块化轻量级格斗机器人两个项目获得一等奖。团中央学校部副部长宋来、哈工大校长助理彭远奎在闭幕式上致辞。团省委副书记孙亮出席会议。本次比赛自今年4月份启动以来,共有来自清华大学、浙江大学、天津大学和哈工大等50余所高校的123件作品报名参赛,参赛人数超过700人。经过大会评委评审,共有63件作品入围决赛,其中创业实践类作品13件,创业计划类作品50件。哈工大还获得2项二等奖和优秀组织奖。

【十一月】

28日 《人民日报》刊登《哈工大教授董永康:给"智慧城市装上神经网络"》的报道。报道介绍了我校董永康教授的科研事迹。董永康教授是哈工大2018年度首届"立德树人先进导师"、2017年国家重大科学仪器设备开发专项"分布式光纤应变监测仪"项目首席科学家,他带领团队研发出高空间分辨率分布式布里渊光纤传感分析仪,成功实现了技术反超,并因此获得首届中国光学工程学会科技创新奖。报道对董永康教授发明的"分布式布里渊光纤温度和应变分析仪"、光纤传感技术新应用以及开拓"后建筑时代"新市场进行了详尽的介绍。"分布式布里渊光纤温度和应变分析仪"的诞生,打破了我国使用此类产品的国外垄断,在我国石油天然气管道和储存罐的温度和变形检测、海底或陆地电缆的温度和应变监测等多个领域发挥着重要作用;探索光纤传感技术新应用,提出了差分脉冲对布里渊光时域分析技术(DPP-BOTDA),技术中两项指标均超越了国际领先水平;另外,作为董永康教授团队科研产品市场化的先锋,睿科光电公司的产品在智慧城市的建设中也取得了非常好的市场口碑。

哈工大教授董永康:给"智慧城市装上神经网络"

二、领军站位

(一)国家杰出青年基金(含外籍)获得者

序号	获得者姓名	研究领域	所在学部
1	黄志伟	病毒与宿主免疫系统相互作用的分子机制	生命科学部
2	刘绍琴	无机非金属类生物材料	工程与材料科学部
3	陈瑞润	电磁冷坩埚熔炼与凝固	工程与材料科学部
4	翟长海	强地震动特征及结构抗震设防	工程与材料科学部

(二)国家自然科学基金委优秀青年科学基金获得者

序号	获得者姓名	研究领域	所在学部
1	江朝伟	太阳爆发数值模式	地球科学部
2	黄陆军	非连续增强钛基复合材料组织调控与强韧化机理	工程与材料科学部
3	丁亮	机器人地面力学及应用方法	工程与材料科学部
4	李隆球	微纳结构设计与控制	工程与材料科学部
5	尤世界	废水电化学处理理论与方法	工程与材料科学部
6	蒋庆华	复杂疾病的生物信息处理与分析	信息科学部
7	吴爱国	基于矩阵方程的控制系统分析与设计	信息科学部
8	刘滨	生物信息学	信息科学部

(三)国家"万人计划"入选者

1. 领军人才

序号	姓名	入选类型	序号	姓名	入选类型
1	陈瑞润	科技创新领军人才	5	张立宪	科技创新领军人才
2	姜生元	科技创新领军人才	6	王振波	科技创新领军人才
3	吴晓宏	科技创新领军人才	7	赵丽丽	科技创业领军人才
4	赵九蓬	科技创新领军人才			

2. 青年拔尖人才

序号	姓名	入选类型	序号	姓名	入选类型
1	胡鹏程	青年拔尖人才	3	徐成彦	青年拔尖人才
2	唐亮	青年拔尖人才			

(四)科技部创新人才推进计划入选者

序号	姓名	入选类型	序号	姓名	入选类型
1	刘俭	中青年科技创新领军人才	3	闫永达	中青年科技创新领军人才
2	赵九蓬	中青年科技创新领军人才			

2019年 科研领军人才风采大事记

一、媒体聚焦

【一月】

8日 东北网刊登《哈工大刘永坦院士荣获2018年度国家最高科技奖》的报道。报道介绍,中共中央、国务院在北京隆重举行国家科学技术奖励大会。记者从哈尔滨工业大学获悉,刘永坦院士获得2018年度国家最高科学技术奖,并获颁奖章、证书。刘永坦教授,1936年12月生于江苏南京,中共党员,著名雷达与信号处理技术专家,对海探测新体制雷达理论与技术奠基人和引领者,中国科学院院士,中国工程院院士;1958年毕业于哈尔滨工业大学后留校工作至今,1991年和2015年两次获得国家科技进步奖一等奖;曾任第八、九、十、十一届全国政协委员,哈尔滨工业大学研究生院院长,哈尔滨工业大学电子工程技术研究所所长。40年来,刘永坦教授领导和培育的创新团队,率先在国内开展了新体制雷达研究,技术成果"领跑"世界,成功实现工程应用,为我国筑起"海防长城"做出了卓越的贡献,在保卫祖国海疆中发挥着不可替代的强大作用。也正因为如此,他才能当之无愧地被尊为"挺起中国脊梁的国宝级人物"。

9日 《光明日报》刊发刘永坦院士事迹——《"情怀与理想才是最重要的"》。报道对刘永坦院士的新体制雷达攻关发展进行了全程回顾。刘永坦院士致力于我国海防科技事业40年,成功研制了我国第一部对海探测的新体制雷达,实现了我国对海探测能力的跨越式发展,是我国对海探测新体制雷达理论奠基人,对海远程探测技术跨越发展的引领者。在新体制雷达的研制过程中,系统地突破了海杂波背景目标检测、远距离探测信号及系统模型设计等基础理论,创建了完备的新体制理论体系,并于1989年建成了中国第一个新体制雷达站,成功研制出我国第一部对海新体制实验雷达。1990年4月3日,刘永坦团队首次完成了我国对海面舰船目标的远距离探测实验,标志着新体制雷达技术实现了我国对海探测技术的重大突破。1991年,新体制雷达研究成果荣获国家科技进步奖一等奖。2011年,他们成功研制出我国具有全天时、全天候、远距离探测能力的新体制雷达,与国际最先进的同类雷达相比,系统规模更小、作用距离更远、精度更高、造价更低,总体性能达到国际先进水平,核心技术处于国际领先地位,标志着我国对海远距离探测技术的一项重大突破。2015年,团队再次获得国家科技进步奖一等奖。报道最后评价刘永坦院士,信念里藏着科学与家国,藏着理想与情怀。他守着信念,跟一切困难"没完"。

9日 《哈工大报》刊登《刘永坦院士荣获2018年度国家最高科技奖 我校牵头4项成果获国家科技奖》的报道。据报道,中共中央、国务院在北京隆重举行国家科学技术奖励大会。中共中央总书记、国家主席、中央军委主席习近平为获得2018年度国家最高科学技术奖的我校刘永坦院士颁发奖章、证书。40年来,刘永坦领导和培育的创新团队,率先在国内开展了新体制雷达研究,技术成果"领跑"世界,成功实现工程应用,为我国筑起"海防长城"做出了卓越的贡献,在保卫祖国海疆中发挥着不可替代的作用。2018年我校牵头完成的4项成果获国家科技奖,其中技术发明奖二等奖3项、科技进步奖二等奖1项。另外,我校还有4项合作完成的项目获得二等奖。冷劲松教授负责的一项目、王常虹教授负责的一项目和谭忆秋教授负责的项目"寒区抗冰防滑功能型沥青路面应用技术与原位检测装置"获国家技术发明奖二等奖。李惠教授负责的项目"大型桥梁结构健康监测数据挖掘与安全评定关键技术"获国家科技进步奖二等奖。

《光明日报》文章

9日　新浪网刊登《哈工大首获中国专利金奖》的报道。报道介绍,由中国国家知识产权局和世界知识产权组织共同主办的第二十届中国专利奖颁奖大会在北京举行。哈尔滨工业大学6项发明专利获中国专利奖,其中1项金奖、1项银奖、4项优秀奖,是全国唯一一所同时获得金奖、银奖和优秀奖的高校。这也是哈工大首次获得中国专利金奖。

22日　工业和信息化部网站刊登《哈工大荣获2018年中国优秀工业设计金奖》的报道。报道介绍,2018年中国优秀工业设计奖揭晓,哈尔滨工业大学机器人与工业设计团队完成的自主变形机器人作品荣获中国优秀工业设计金奖。哈工大为唯一一所获得2018年中国优秀工业设计奖金奖的高校。2012年,为了推动工业设计产业发展、提高工业设计创新能力,我国设立了"中国优秀工业设计奖",是我国工业设计领域首个经中央批准设立的国家政府奖项。2018年评奖工作经过各地组织申报,专家初评、复评、终评等环节,共评选出10个金奖项目。获奖项目广泛涵盖日用消费品、电子信息产品、交通工具及机械装备等领域。

【四月】

4日　深圳新闻网刊登《哈工大(深圳)项目获广东省科学技术奖自然科学奖二等奖》的报道。报道介绍,记者从哈工大(深圳)获悉,由该校作为唯一完成单位的"高维复杂数据的子空间挖掘方法研究"项目荣获广东省科学技术奖自然科学奖二等奖。据悉,2018年度广东省科学技术奖共评选出22项自然科学奖,在信息科学组中,由深圳市单位主持的获奖项目仅此1项。该项目由哈工大(深圳)计算机科学与技术学院叶允明教授牵头申报,李旭涛副教授、张海军教授和张晓峰副教授等共同完成。据介绍,该项目重点依托叶允明教授课题组负责的国家"863计划"项目"主题驱动的Blog社区发现与博客特征提取技术"和国家自然科学基金项目"特定主题社会化媒体内容的动态识别关键技术研究",主要解决超高维复杂数据的聚类和分类两个关键科学问题,提升了我国在超高维复杂数据聚类和分类方面的研究水平和国际影响力。

【六月】

29日　东北网刊登《哈工大黄志伟荣获中国青年科技奖》的报道。报道介绍,第十五届中国青年科技奖颁奖仪式暨青年科技人才论坛在哈尔滨工业大学举行,哈工大生物医学工程学科博士生导师黄志伟获奖。报道介绍了黄志伟教授在哈工大工作期间的科研贡献。2012年初,黄志伟教授作为海外拔尖人才从哈佛大学免疫与感染系被引进到哈尔滨工业大学生命学院,从零开始组建研究团队,在艾滋病的致病机制及其药物开发和基因编辑技术机制研究方面取得了一系列重要的原创性成果。承担国家杰出青年科学基金、优秀青年基金等科研项目,并于2017年在国内率先成立了工业和信息化部"基因编辑系统与技术"重点实验室。在 Nature(2014,2016,2017)、Cell Research(2017,2019a,2019b)和 NSMB(2019)等高影响因子杂志上发表SCI通讯作者论文11篇。入选新世纪优秀人才计划、长江学者奖励计划"青年学者",先后获黑龙江省科学技术一等奖(第一完成人)、谈家桢生命科学创新奖、中源协和生命医学创新突破奖,并入选2017年中国医学十大科技新闻。报道还介绍了黄志伟在病原与宿主免疫系统互作机制方面做出的具体贡献。

【九月】

4日 工业和信息化部网站刊登《哈工大教授荣获第二届钱学森力学奖》的报道。报道介绍,中国工程院院士、哈尔滨工业大学教授杜善义荣获第二届钱学森力学奖。钱学森力学奖由中国力学学会在2014年开设,每4年评选一次,每次授奖1人,旨在弘扬钱学森的学术理念、创新精神和教育思想,奖励在工程科学领域有重大贡献的中国力学工作者。

24日 今日哈工大刊登《哈工大屠振密教授荣获中国表面工程行业"功勋人物"荣誉称号!》的报道。报道介绍,2019年9月19日,中国表面工程行业"功勋人物"颁奖仪式在哈尔滨工业大学举行。会上,中国表面工程协会科技委副主任欧忠文宣读颁奖决定,中国表面工程协会为表彰对表面工程行业建设、发展、壮大过程中做出过杰出贡献,长期致力于行业事业,在行业内威望较高,影响广泛的老专家、老学者,特授予哈尔滨工业大学屠振密教授表面工程行业"功勋人物"荣誉称号。中国表面工程协会副理事长兼秘书长马捷发表讲话:"屠振密教授作为中国表面工程行业科研带头人,在长期致力于表面工程领域科研的同时,积极推动行业的发展和进步,潜心治学,以极强的创造精神和奉献精神,为我国表面工程行业的发展做出巨大成就,激励着青年学者及行业同仁在表面工程行业的创新道路上不断前行。"屠振密教授随后发表获奖感言,并决心将会继续为表面工程行业培养出更多的脊梁和奉献者,为中国表面工程做出更大的贡献。

26日 《哈工大报》刊登《刘永坦院士入选"最美奋斗者"》报道。报道介绍,9月25日上午,"最美奋斗者"表彰大会在京举行,全国278名个人、22个集体被授予"最美奋斗者"称号。我校刘永坦院士榜上有名。此次受表彰的个人和集体,是新中国成立70年来各个时期的先进分子、各行各业的杰出代表。他们忠诚于党、报效祖国、扎根基层、奉献人民,在各自岗位上做出了非凡业绩,赢得了人民广泛赞誉。刘永坦院士是我国对海探测新体制雷达理论的奠基人、对海远程探测技术跨越发展的引领者,曾获2018年度国家最高科学技术奖,两次获得国家科技进步奖一等奖。他领导和培育的创新团队,率先在国内开展了新体制雷达研究,技术成

刘永坦院士入选"最美奋斗者"

果"领跑"世界,成功实现工程应用,为我国筑起"海防长城"做出了卓越的贡献,在保卫祖国海疆中发挥着不可替代的强大作用。

【十月】

25日 《哈工大报》刊登《我校获2019中国钢结构协会科学技术奖一等奖》的报道。

报道介绍,2019中国钢结构协会第八次会员代表大会在贵阳落下帷幕,由我校土木学院金属与组合结构研究中心王玉银教授牵头,刘昌永副教授、耿悦副教授、张素梅教授作为主要完成人共同完成的"大跨度钢管混凝土拱桥精细化分析与设计理论及施工关键技术"项目荣获科学技术奖一等奖。项目完成单位为哈尔滨工业大学、中国铁建大桥工程局集团有限公司、哈尔滨工业大学(深圳)。金属与组合结构研究中心在钟善桐教授和张素梅教授的指导下,取得了系列创新性成果:出版专著1部,在国内外著名刊物及学术会议上发表学术论文60余篇(SCI检索论文20余篇),多项研究成果被《钢管混凝土结构技术规范》(GB50936—2014)、《钢－混凝土组合结构施工规范》(GB50901—2013)等国家标准或行业标准所采纳。

获奖证书

【十一月】

22日　今日哈工大刊发《哈工大段广仁教授当选2019年中国科学院院士!曹喜滨和马军教授当选中国工程院院士!》的报道。11月22日,中国科学院和中国工程院先后公布新增院士名单,其中中国科学院2019年新增院士64位,中国工程院2019年新增院士75位,两院外籍院士名单一同公布。哈尔滨工业大学段广仁教授当选2019年中国科学院(信息技术科学部)院士;哈尔滨工业大学曹喜滨教授当选2019年中国工程院(机械与运载工程学部)院士;哈尔滨工业大学马军教授当选2019年中国工程院(土木、水利与建筑工程学部)院士。

二、领军站位

新当选中国科学院院士、中国工程院院士

序号	姓名	两院院士	当选学部	所在学院
1	段广仁	中国科学院院士	信息技术科学部	航天学院
2	曹喜滨	中国工程院院士	机械与运载工程学部	航天学院
3	马军	中国工程院院士	土木、水利与建筑工程学部	环境学院

第二编

创新驱动挑战前沿 基础研究硕果累累

哈尔滨工业大学
HARBIN INSTITUTE OF TECHNOLOGY
—— 1920-2020 ——

"新故相推,日生不滞"①。新旧更迭是世间万物发展的基本规律。习近平总书记指出:"创新是引领发展的第一动力。"②党的十八大以来,党中央把创新摆在国家发展全局的核心位置,高度重视科技创新,实施创新驱动发展战略,将科技创新视为提高社会生产力、综合国力和国际竞争力的战略支撑。以科技创新为引领的全面创新,是"两个一百年"奋斗目标和中华民族伟大复兴中国梦的核心要素。"基础研究是整个科学体系的源头,是所有技术问题的总机关。一个国家基础科学研究的深度和广度,决定着这个国家原始创新的动力和活力。"③当今世界科学探索加速演进,学科交叉融合日益紧密,新一轮科技革命和产业变革的蓬勃兴起有待于一些基本科学问题实现重大突破。因此,切实加强基础研究,提升原始创新能力,使基础研究发挥战略引擎作用,就成为全体科研工作者们迫切需要解决的问题。

面对新形势、新任务,哈尔滨工业大学切实加强基础研究,提升原始创新能力,着力解决长期存在于学校基础研究发展过程中的问题,在提出原创科学思想、探索重大科学前沿、解决国家战略需求和产业共性技术基础等重大科学问题以及引领重大国际科学合作等方面取得了一系列显著成果,也为打造一支一流的基础研究人才队伍,推进学校基础研究实现从量变向质变的跃升奠定了坚实的基础和提供了强大动力,充分彰显了一流大学的时代担当。

坚持把加速赶超引领作为发展重点,基础科学创新技术硕果累累。学校通过加强原创导向,鼓励基础科研人员勇于提出新概念、新构思,试验新方法、新工具;学校还进一步加大对好奇心驱动基础研究的支持力度,加大对非共识创新研究以及可能重塑重要科学或工程概念、催生新范式或新学科新领域的研究的支持力度。学校继续全面支持发展数学、物理学、化学等学科开展基础理论创新与学科交叉创新研究;继续全面支持生物科学、信息科学、能源科学、材料科学、空间科学、工程科学等与国家科技战略密切相关的重大基础性科学研究。学校努力突出理工兼备的科研优势与特色,坚持重大项目与基础研究并重,前沿研究与应用研究并重,聚焦未来产生变革性技术的基础科学领域开展了一系列重大原创性、前沿交叉性研究,更取得了一系列显著的成绩。

坚持把扶持申获重大科技项目作为发展抓手,基础科学创新项目成绩斐然。创新是硬目标,项目是顶梁柱。学校始终把科研项目,特别是重大项目作为推动基础科学创新高质量发展的重要抓手。学校通过加强宣传、精准辅导、畅通渠道、重点支持等方式,切

---

① 王夫之. 尚书引义·太甲二[M]. 北京:中华书局,1976.
② 习近平. 在十八届中央政治局第九次集体学习时的讲话[EB/OL]. 人民网. http://theory.people.com.cn/n1/2016/0311/c402884 – 28192542. html,2013 – 9 – 30.
③ 科学技术部,教育部,中国科学院. 国家自然科学基金委员会,"十三五"国家基础研究专项规划.

实提高重大基础科研项目的谋划能力、策划水平和完成质量,凝聚形成以重大科技项目促进基础科学创新发展的强大动力。近十年,学校在基础科学研究重大项目立项上的成绩卓著,一批批科技重大专项、国家"973"计划、"863"计划、科技支撑计划以及国家自然科学基金项目、省部级和地厅级项目等获得立项。通过项目的带动,产出了大批的优秀科研成果。在打造基础研究、关键技术攻关、重大工程实施、成果转化和产业化的完整链条,解决事关产业核心竞争力、整体自主创新能力和国家安全的战略性、基础性、前瞻性重大科学问题,提升服务国家经济社会发展的能力方面发挥了重要推动作用。

坚持把取得创新成果作为发展核心,基础科学创新奖励捷报频传。学校主动对接国家重大需求,紧密围绕国家重大科技计划,充分发挥科研特色优势,针对事关国计民生、产业核心竞争力、整体自主创新能力和国家安全的领域,重点开展科技研发;同时,围绕战略性、基础性、前瞻性重大科学问题,对科学和技术发展有很强带动作用的基础研究进行重点部署,产出大量具有影响力的高水平成果。近十年,哈尔滨工业大学的科研创新团队和科研工作者们获得了多项国家级奖项和省部级奖项。获得了一系列国家自然科学奖;在产品、工艺、材料及其系统等方面做出了一系列重大技术发明,获得了多个国家技术发明奖;在技术研究、技术开发、技术创新、推广应用先进科学技术成果、促进高新技术产业化,以及完成重大科学技术工程、计划等过程中做出了创造性贡献,取得了多项科学技术进步奖。同时,哈尔滨工业大学在国内外各学科学会、行业协会评奖中彰显了强大的科研实力,获得了高度的社会认可,产生了广泛且持续的社会影响。

近十年,正是通过毫不动摇地坚持在基础科学研究领域的执着探索,哈尔滨工业大学的基础研究得到了持续快速发展,学科布局进一步优化,科研力量和基础条件建设进一步加强,整体科研实力和原始创新能力显著提高,取得了一批具有重大影响的原创成果,学校基础研究领域整体上呈现从量变到质变的加速发展态势,学校在基础研究领域的国际影响力也得到了稳步提高,成为我国基础研究领域的重要创新高地之一。

2010年 基础科学研究创新大事记

【一月】

8日 江门新闻网刊登《哈工大数字化焊接实验室落户深圳》的报道。据报道,由哈尔滨工业大学现代焊接生产技术国家重点实验室与深圳市瑞凌实业股份有限公司联合共建的"数字化焊接实验室"近日落户深圳。哈工大现代焊接生产技术国家重点实验室响应学校提出的"走出去,服务经济建设主战场"的号召,与深圳市瑞凌实业股份有限公司联合组建了数字化焊接实验室。双方将发挥各自的优势,开展新技术研发、人员培训等合作,还将在哈尔滨工业大学材料学院设立奖教金及奖学金。揭牌仪式当天,同时举行了"现代焊接技术"学术研讨会,校企双方与会人员围绕焊接新工艺和焊接电源的发展做了7个报告并进行了讨论。

12日 《哈工大报》刊登《苑世剑主持的国家杰出青年基金项目结题验收获优秀评价》的报道。报道介绍,国家自然科学基金委员会工程与材料科学部在重庆对2005年获资助的"国家杰出青年基金"项目进行了结题验收和学术交流。我校国家杰出青年基金获得者、材料学院苑世剑教授获资助的"内高压成形机理及塑性变形规律"项目以优秀的成绩通过结题验收,并得到评审专家组的高度评价。通过国家杰出青年基金和国家有关计划项目的连续支持,我校液压成形工程研究中心培育了一支基础理论扎实、工程化能力强、老中青结合的科研团队,2007年被评为首批国防科技创新团队,成为世界上内高压成形技术领域三大研发基地之一;主办了第三届内高压成形国际会议,苑世剑担任了大会主席,还多次在国际会议上做大会报告,其团队成员参加国际会议10余次。苑世剑于2007年被聘为长江学者特聘教授,当选中国塑性工程学会副理事长和国际塑性加工会议常务理事,成为我国塑性加工领域新一代学科带头人和国际塑性加工领域知名学者。

15日 《哈工大报》刊登《化工学院邵路在分离膜研究上取得系列成果》的报道。报道介绍,化工学院邵路副教授在能源与环保用分离膜研究上取得系列成果:在国际期刊上发表系列关于氢气纯化分离膜的文章有3篇影响因子大于3,其中发在权威期刊《膜科学》的文章为该期刊2009年发表的792篇文章中被引用最多的文章,从2009年2月发表到现在SCI引用共8次,还有两项美国专利正在申请中。邵路主要从事膜分离技术、新型功能高分子材料和纳米复合材料的研究。他先后在《大分子快讯》《膜科学》《国际氢能》国际期刊发表了系列文章,影响因子都超过3。其中发表在《大分子快讯》的文章为该期刊封面推荐文章。他正在进行新型二氧化碳选择性分离膜(反向选择性膜)的开发,此膜可进行氢能纯化的同时也可用于温室气体的捕捉,其在具有高选择性的同时气体渗透通量也极高。

苑世剑教授(左二)和团队成员在一起

【三月】

19日 《哈工大报》刊登《材料制备新方法及性能研究项目通过验收》的报道。报道介绍,由黑龙江省科技厅作为项目依托部门,我校作为项目第一承担单位,耿林教授作为项目协调人的国家"973计划"前期研究专项"材料制备新方法及性能研究"顺利通过课题验收。该项目是我省第一次作为项目依托部门来承担此项目。项目研究期限两年,总经费为764万元,共包括14个课题,由我校和清华大学等14个单位联合完成。该项目经过两年的研究,获得了创新性研究成果:具有先进的磁性能、光电性能和压电性能的功能材料;具有高比强度和耐高温性能的先进结构材料;具有特种物理性能和力学性能的一体化材料以及在材料微观结构分析和性能测试方面的进展。该项目共发表论文143篇,其中影响因子3.0以上的22篇,SCI检索98篇,EI检索14篇;共申请国家发明专利39项,其中已授权14项;在重要学术会议大会做特邀报告32个;共培养了博士后7名,博士生41名,硕士生74名;组织国际会议2次,国内会议2次;有22人次参加国际会议。

26日 光明网刊登《〈激光器动力学〉凝聚院士理论与实验研究重要成果》的报道。报道介绍,哈尔滨工业大学出版社出版的《激光器动力学》(航天科学与工程丛书之一)是"十一五"国家重点图书,主要介绍在各种泵浦方式下,激光介质中通过各种反应和途径获得激光上能级粒子数布居的机理,介绍了动力学研究的方法和成果。该书内容最初是马祖光院士为学生开出的激光器动力学课程大纲,经过拓展最终根据作者20多年来为研究生讲课的讲义撰写而成,它也是马祖光院士在本领域的学术成果及作者在国内外重要期刊上发表的学术论文内容的集成。

【四月】

2日 黑龙江新闻网刊登《哈工大2010年度国家自然科学基金申报首破千项》的报道。报道介绍,2010年度国家自然科学基金申报集中受理工作全部结束,在此期间,哈尔滨工业大学申报国家自然科学基金项目首次破千,合计达1 045项,比去年同期增长近100项。其中,面上项目599项、青年科学基金项目352项、重点项目和重大研究计划项目38项、国家杰出青年科学基金项目(含海外及港澳学者)31项、创新研究群体科学基金项目2项、重大国际合作项目2项、专项基金和联合资助基金项目21项。近年来,哈尔滨工业大学持续加大国家自然科学基金的申报力度,科工院通过采取召开一校三区视频直播的申报动员会、聘请专家讲座、广泛发放申报通知材料、免收项目管理费等措施,积极动员全校具备申报资格的教师参与基金申报,为哈尔滨工业大学国家自然科学基金项目和经费的持续增长奠定了良好的基础。在哈尔滨工业大学总体师资规模增长幅度不大的情况下,实现了10%以上的申报增长幅度。2010年,哈尔滨工业大学的国家自然科学基金申报通过严谨、高效、有序的工作已圆满完成,下一阶段将力争在今年的国家自然科学基金立项中再创佳绩。

15日 《哈尔滨日报》刊登《国内首部量子优化算法著作面世》的报道。报道介绍,国内第一部量子优化算法方面的学术著作——《量子计算与量子优化算法》一书由哈尔滨工业大学出版社出版。该书作者是哈工大"控制科学与工程"国家一级重点学科教授、博士生导师李士勇等。创立了一个世纪的量子力学随着20世纪90年代与信息科学交叉融合诞生的量子信息学,已成为量子信息时代来临的重要标志。该书在简要综述国内外该领域研究成果的基础上,提出了17个定理和14种新量子优化算法等一批创新性研究成果,特别是对目前国际学术权威Grover提出的搜索算法进行了改进,使其更具先进性,达到国际先进水平,对于该领域的研究具有前瞻、引领意义。

24日 《哈工大报》刊登《机电学院在纳米机械加工领域获得重要突破》的报道。报道介绍,我校机电学院精密工程研究所董申教授课题组与美国南卡罗莱纳大学李晓东教授课题组共同合作,在国际杂志 *Small* 上发表了一篇题为《采用原子力显微术自上而下纳米机械加工三维纳米结构》的文章。该杂志2008年SCI影响因子6.525。该文章采用原子力显微镜的金刚石针尖结合精密工作台,利用纳米机械刻划方法在20微米范围内,加工出了三维人脸、正弦阵列、三角阵列等复杂结构,高度方向小于200 nm。今年3月26日,美国著名的纳米技术网在新闻聚焦栏目中对此研究工作进行了积极的评价。研究结果表明采用自上而下的机械加工方法加工纳米尺度结构是可行的。董申教授认为此项工作具有重要的理论和应用意义。在此基础上,我校正开展更加深入的研究工作。

【五月】

25日 科学网刊登《哈工大甘阳教授发现纳米刷子可清除AFM探针污染》的报道。报道介绍,美国材料研究学会官方网站的"材料研究当前新闻"栏目,以"光栅刷子能清洁原子力显微镜的探针针尖"为题,报道了哈尔滨工业大学化工学院甘阳教授发表在 *Ultramicroscopy* 上的原创性研究成果(合作者为墨尔本大学的Franks教授)。这是甘阳教授继2009年受邀在《表面科学报告》上发表独立署名特邀综述后,又一引起国际关注的成果。这一方法,不但能用来无损、高效地去除有机和无机污染物,而且可以实现污染物去除和探针研究的一步完成。此外,该方法既可用来清洁胶体/颗粒探针,也可以用来清洁标准AFM针尖。作为一种新型的表面污染物"定点"清除方法,该方法的应用远不限于清洁原子力显微镜探针,更有望在广泛的表界面研究、微电子等领域中得到广泛的应用。

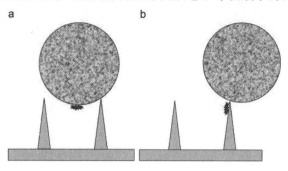

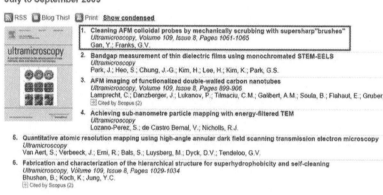

甘阳教授在 *Ultramicroscopy* 上发表文章

【六月】

23 日 《科学时报》刊登《铁磁形状记忆合金或可实现工程应用》的报道。报道介绍,哈尔滨工业大学材料学院副教授张学习与美国西北大学合作开展的具有大磁感生应变性能的泡沫镍锰镓合金的制备过程与组织性能研究,首次在泡沫材料中发现大的磁感生应变。《自然-材料学》杂志近期刊登这一研究成果并给予高度评价。《自然-材料学》杂志封面报道了镍锰镓泡沫材料孔棱中的孪晶结构,同期杂志对镍锰镓泡沫材料研究予以专题评述,认为该研究"获得了可与镍锰镓单晶材料媲美的磁感生应变性能,使铁磁形状记忆合金的工程应用成为可能。泡沫材料中发现大的磁感生应变是铁磁形状记忆合金领域的一个突破"。该研究受到中国国家留学基金与哈工大"1+1"留学资助项目和美国国家自然科学基金的资助。在美国访问研究期间,张学习还成功合成了直径小于100 微米的铜铝镍形状记忆合金纤维材料,并通过西北大学与麻省理工学院合作,发现该一维形状记忆合金具有高达 6.8% 的超弹性,研究论文发表在《应用物理快报》上。

【九月】

29日 《哈工大报》刊登《我校周玉院士、段广仁教授团队获批国家创新研究群体》的报道。报道介绍,国家自然科学基金委公布了2010年新入选的创新研究群体,我校以周玉院士为学术带头人的"多功能防热陶瓷基复合材料研究"群体和以段广仁教授为学术带头人的"航天飞行器的鲁棒控制理论与应用"研究群体入选。至此,我校获批的国家自然科学基金创新研究群体已达4个。"多功能防热陶瓷基复合材料研究"创新研究群体由10名骨干组成,分别为周玉、冯吉才、贾德昌、叶枫、欧阳家虎、温广武、张杰、何鹏、王玉金、王亚明,其中有工程院院士1人、国家杰出青年基金获得者2人、教育部长江学者特聘教授1人、洪堡学者2人、跨/新世纪优秀人才支持计划获得者7人。研究团队先后被评为哈工大首批"校优秀科技创新团队"、"先进高温陶瓷材料及其应用技术"省级研究生优秀导师团队以及国防科工委"优秀科技创新团队"。群体主要从事先进多功能防热陶瓷基复合材料设计-制备-评价与应用研究,在陶瓷复合材料强韧化机制、抗热震、耐烧蚀性能及在航天器关键部件的应用等方面取得了多项创新性成果。

国家基金委专家组考察周玉院士创新研究群体

段广仁教授创新研究群体研讨科研工作

"航天飞行器的鲁棒控制理论与应用"创新研究群体以"鲁棒控制理论及其在航天控制中的应用"教育部创新团队为核心,面向航天重大发展需求,在鲁棒控制理论及航天器控制领域开展研究,通过长期的密切合作,自然形成了创新力强且相对稳定的年轻学术团队及其理工结合、交叉渗透的科研方向。群体由10名骨干组成,分别为段广仁、王子才、姚郁、曹喜滨、高会军、周荻、沈毅、杨明、荆武兴、宋申民,其中包括中国工程院院士、国家杰出青年基金获得者、教育部长江学者特聘教授、教育部新世纪优秀人才支持计划入选者等。

【十月】

13日 中国教育网刊登《哈尔滨工业大学沈军教授获国家杰出青年基金》的报道。报道介绍,哈尔滨工业大学接到国家自然科学基金委员会通知,哈尔滨工业大学材料学院教授沈军荣获"国家杰出青年基金"资助。沈军教授长期从事非晶合金及纳米材料方向的基础研究,取得了一系列重要研究成果。他近5年发表SCI收录论文96篇,其中16篇影响因子大于3,论文被SCI他引461次,H因子14,申请国家发明专利11项,授权6项。他作为第一获奖人获教育部国家科学技术奖自然科学二等奖和黑龙江省高校科学技术一等奖各1项,曾入选教育部"新世纪优秀人才支持计划"和黑龙江省杰出青年基金。他还作为大会主席主持召开第五届先进材料与加工国际会议。11次在高水平国际会议上作邀请报告。

【十一月】

26日 中国教育与科研计算机网刊登《2009年度哈工大SCI论文数量首次跃居全国第七》的报道。报道介绍,中国科技论文统计结果发布会在北京举行,根据中国科学技术信息研究所公布的2009年中国科技论文统计结果显示,2009年度哈尔滨工业大学SCI论文数量首次跃居全国高校第七位,"表现不俗"论文居全国高校第六位。近年来,学校通过制定科技管理政策、资助学术交流经费和适时调整评价指标等措施,积极引导师生面向国际学术前沿和国家需求开展高水平科学研究,注重科技论文产出的数量和质量结合,营造浓郁的学术氛围,大力组织召开国际、国内学术会议,启动"基础研究振兴计划",对青年人才的创新性研究、理工医学科交叉研究、国际科技合作等项目进行校内扶植和培育,在推动学校科技论文数量和质量上快速增长的同时,提升了学校的国内外学术影响力。

【十二月】

9日 《哈工大报》刊登《2010年我校获批国家自然科学基金315项 经费1.1亿》的报道。报道介绍,2010年国家自然科学基金委管理工作会议召开,根据统计数据显示,2010年,我校申报国家自然科学基金项目首次突破1 000项,获批准资助国家自然科基金合计315项,创历史新高,较去年的增长幅度高达42%。今年获批准资助经费超过1.1亿元。今年由周玉院士和段广仁教授为学术带头人的两个国家创新研究群体,历经校内整合,中国科协推荐选拔,基金委函评、答辩和现场考察等多个环节最终成功获批并立项建设,每个创新研究群体获资助经费500万元。沈军教授获国家杰出青年科学基金资助。今年我校共获国家自然科学基金面上项目154项,青年基金项目113项,重点项目和重大研究计划13项,国际合作与交流17项,联合基金和专项基金11项。我校在工程与材料科学部、信息科学部、管理科学部获资助的项目稳居全国高校前列,其中工程与材料科学部位居全国第二,仅次于清华大学。

16日 《哈工大报》刊登《杜善义院士论文入选2005至2009年"中国百篇最具影响国内学术论文"》的报道。报道介绍,中国科技信息研究所发布了2010年度期刊引证报告。该文发布了2005年至2009年"中国百篇最具影响国内学术论文"和"百种中国杰出学术期刊"的统计评选结果。杜善义院士的论文《先进复合材料与航空航天》被评为"中国百篇最具影响国内学术论文"之一(根据论文的各项综合指标,从2005—2009年中国科技论文与引文数据库收录的论文中选出100篇)。杜善义于2004年至2008年间担任《复合材料学报》主编,现任该杂志名誉主编。在杜善义等复合材料领域广大专家、学者及编辑部的共同努力下,该刊质量不断提高。据中国科技信息所《中国科技期刊引证报告》2009年度统计,《复合材料学报》的影响因子目前为0.955,其影响因子在材料类期刊中排名第1位,综合评分在材料科学类期刊中列第2位,并入选为"百种中国杰出学术期刊"(在统计源科技期刊1 946种中根据各项综合指标评选出100种)。该刊今年还荣获了工业和信息化部的"优秀期刊"奖。

2011年 基础科学研究创新大事记

【一月】

24日 《科技日报》刊登《哈工大网络智能输入法获最佳创新》的报道。报道介绍,由哈尔滨工业大学语言技术研究中心网络智能研究室自主研发的面向苹果产品的网络智能输入法(WI输入法)近日荣获2010中国互联网创新产品评选的最佳技术创新提名奖,是此次参评的全国唯一一款高校自主研发的移动互联网产品。据介绍,WI输入法是面向苹果公司iPhone /iPod touch/ iPad平台的智能拼音语句级输入法。它支持目前ios的各个版本,主要特色包括流畅的输入效果、高精度的语句级句输入、全拼智能误按键纠错、模糊音输入、简拼输入、多种双拼输入方式等,极大提升了用户输入文字的效率。

【二月】

23日《黑龙江晨报》刊登《突破了传统制氢技术的温度限制》的报道。报道介绍,哈工大城市水资源与水环境国家重点实验室任南琪院士和邢德峰副教授带领的生物制氢研究组,基于最新的微生物电化学辅助产氢技术,通过改进系统启动策略率先实现了低温(4 ℃)生物制氢,突破了传统制氢技术的温度限制。据悉,这一成果近日发表在英国皇家化学学会主办的国际著名期刊《能源与环境科学》。这项研究基于MEC技术证实了低温条件产生氢气的可行性,为寒冷地区生物制氢技术开发应用提供了一个崭新的思路。

【三月】

18日 搜狐网刊登《哈工大在城市水循环研究领域取得成果》的报道。报道介绍,由哈工大任南琪院士负责的国家自然科学基金重点项目"城市水循环过程中污染物转化规律与安全保障基础研究"于3月12日通过国家自然科学基金委组织的验收。课题组围绕城市水系统中典型有毒物质的分布、迁移转化、高效去除等关键科学和技术问题进行系统研究,历时4年,取得了具有学术价值和应用意义的创新成果。据悉,该项目是哈工大城市水资源与水环境国家重点实验室完成的第一个国家自然科学基金重点项目。在项目执行过程中,项目组成员开展了国际合作交流活动,组织了4次双边国际交流会议,与美国宾夕法尼亚州立大学、加拿大艾伯塔大学等建立了长久稳定的实质性的国际合作。

【四月】

6日 中国焦点新闻网刊登《哈工大计算机学科进世界大学学术百强》的报道。报道介绍,上海交通大学研究机构公布了2010年世界大学学术排行榜,哈尔滨工业大学计算机学科入围世界百强。据介绍,今年中国内地22所高校入围500强名单,较去年增加了4所。其中清华大学和北京大学双双进入200强,美国哈佛大学此次连续第8年居榜首。此外,有8所中国内地大学单学科入围世界百强,他们分别是北京大学和兰州大学的数学学科,清华大学、哈尔滨工业大学、上海交通大学、浙江大学的计算机学科,南京大学、南开大学和北京大学的化学学科。

19日 生物通刊登《哈工大教授癌症研究新成果登Nature子刊亮点》的报道。报道介绍,来自哈尔滨工业大学、北京大学第三医院的研究人员研制出一种新型复合微胶囊,可将癌症的诊断和治疗两个过程融为一体,通过超声造影成像确定肿瘤的部位与尺寸后,用近红外激光对肿瘤进行定点加热实施清除,避免对正常组织的损伤,同时提高疾病诊治效率。这项研究成果公布在 *Angewandte Chemie International Edition* 上,并且 *Nature Materials* 以"Locate and Kill"进行了亮点推荐。这篇文章的通讯作者是哈尔滨工业大学戴志飞教授。戴志飞教授研究组主要从事药物靶向传递和缓控释、生物材料表面修饰、分子影像技术以及纳米生物传感器等方面的研究。先后负责主持国家"863计划"、国家自然基金、教育部重大培育项目、省科技攻关以及归国留学基金等多个项目。这项研究不仅得到了 *Nature Materials* 的亮点推荐,而且德国 Wiley – VCH 出版社也对此进行了报道,除此之外,美国超声世界(Sonoworld.com)、德国纳米工作(Nanowerk.com)、美国创新报告(innovations – report.com)等多个国际著名专业网站转载。

【五月】

13日 机电商情网刊登《我国研发出新型纳米天线 助力安全检测》的报道。报道介绍,一组国际等离子体研究人员——其中包括来自中国哈尔滨工业大学的孙凯博士——已经研制出一种终将推动用于毒品和爆炸物检测的安全应用发展的新型纳米天线。由斯威本科技大学的 Saulius Juodkazis 教授、北海道大学的 Lorenzo Rosa 博士和孙凯博士共同撰写的相关调查报告已经发表在科学杂志 *Physica Status Solidi-Rapid Research Letters* 上。

17日 《光明日报》刊登《计算机学科进入ESI前1%》的报道。报道介绍,基本科学指标数据库ESI(Essential Science Indicators)2011年5月的数据显示,哈尔滨工业大学计算机学科在过去11年被ESI系统收入论文582篇,累计被引用1 023次,进入了全球计算机学科前1%的行列。ESI是一个基于ISI引文索引数据库SCI和SSCI建立的计量分析数据库,是专门收集和反映世界各主要学科的论文被引情况的权威检索工具。近年来,哈工大计算机学科通过一系列学术队伍建设、人才培养与国际交流与合作等学科建设措施,提升了哈工大计算机学科在国内、国际的学术地位和学术影响力。

【六月】

17日 中国教育和科研计算机网刊登《哈工大召开"973计划"及重大科学研究计划

申报会》的报道。据报道,国家"973计划"及重大科学研究计划组织申报动员会在哈尔滨工业大学科学园召开,杜善义院士、赵连城院士、副校长韩杰才、校长助理徐晓飞和各院系领导及相关教师参加了会议。会议由科学与工业技术研究院常务副院长付强主持。科学技术研究院院长王晓红首先详细介绍了国家"973计划"及重大科学研究计划的基本定位、申报要求、申报流程及评审程序等情况,并介绍了哈尔滨工业大学近年来承担的国家"973计划"和重大科学研究计划项目情况以及2011年哈尔滨工业大学组织申报情况和项目目前的评审状态,重点分析了哈尔滨工业大学在国家"973计划"及重大科学研究计划项目申报方面存在的问题和解决办法。科学技术研究院副院长于光介绍了国防"973计划"项目的申报程序,并对国防"973计划"项目申报的注意事项进行了讲解。国防"973计划"项目负责人、材料学院院长苑世剑为大家介绍了国防"973计划"项目的申报情况。杜善义院士、赵连城院士在讲话中希望大家解放思想,勇于挑战,精心准备,提早谋划,并加强优势资源整合,积极参与"973计划"及重大科学研究计划项目的申报。

会议现场

21日 《哈工大报》刊登《材料学科最权威的综述性期刊之一发表我校学术论文》的报道。报道介绍,应材料学科最权威的综述性学术期刊之一《材料科学进展》(*Progress in Materials Science*;SCI五年影响因子18.713)邀请,我校航天学院复合材料与结构研究所杜善义院士、冷劲松教授等撰写了关于形状记忆聚合物及其复合材料研究方面的综述性论文。该论文是我校在材料领域发表的影响因子最高的文章之一,同时也是我校首次在该期刊上发表高水平学术论文。该综述就形状记忆聚合物的合成、表征、本构关系建模、多功能形状记忆复合材料的驱动方法研究,及其在空间展开结构、可变形机翼结构等航天航空、仿生医学、微电子、纺织等领域的应用进展进行了详细介绍,并对已发表的相关研究成果做了全面深入的总结和分析,引用相关参考文献300余篇。《材料科学进展》是国际材料科学研究领域的顶级权威综述性学术期刊,主要刊登在材料科学与工程某一研究领域最新研究进展的权威性评述论文,每年出版6~8期,每期1~3篇文章。

【七月】

12日 《哈工大报》刊登《环境能源领域权威的综述性期刊发表我校学术论文》的报

道。报道介绍,应环境能源生物技术领域权威的综述性学术期刊《生物技术近期述评》(Current Opinion in Biotechnology,当前影响因子7.82;SCI五年影响因子7.984)邀请,我校城市水资源与水环境国家重点实验室任南琪院士、郭婉茜、刘冰峰博士等撰写了关于生物制氢规模化研究方面的综述性论文。该论文是我校在环境能源领域发表的影响因子最高的综述性文章,也是我校首次在该期刊上发表高水平学术论文。该综述从规模化生物制氢过程中生物反应器的发展和参数优化、工艺模型和CFD模拟、廉价原料的使用、光暗发酵的耦合等方面对国内外研究进展进行了详细介绍,全面深入地总结和分析了已有的相关研究成果,提出了规模化生物制氢中面临的问题,并对前景进行了展望。《生物技术近期述评》是国际环境能源生物技术研究领域的顶级权威综述性学术期刊,主要刊登涉及生物技术的某一研究领域最新研究进展的权威性评述论文,每年出版6期,每期约20篇文章。

【八月】

1日 新华网刊登《哈工大科学家研制出"水上漂"微型机器人》的报道。报道介绍,哈尔滨工业大学的科学家近日报告说,他们开发出一种可以在水面上行走的微型机器人,在军事侦察、水污染监测等领域具有广阔应用前景。有关研究成果已经刊登在美国《应用材料与界面》杂志上。领导这项研究的潘钦敏教授告诉新华社记者,他们的研发大致可分为两个阶段。首先是从水黾腿部的"羽毛状"微纳米结构获得灵感,研发了一种"超级浮力材料",这种新材料的水上载重能力惊人。在研发的第二阶段,中国科学家利用已经取得的新材料制造出微型仿生水上机器人。机器人由10条支撑腿和2条螺旋状驱动腿组成,动力由微型马达提供。这种微型机器人的重量相当于大约390只水黾,虽然比所模仿的生物重很多,但机器人轻松站在了水面上,而且还能自由行走和转弯。

23日 中国教育与科研计算机网刊登《哈尔滨工业大学首批牵头民品"973计划"立项》的报道。据报道,由哈尔滨工业大学李建中教授(项目名称:海量信息可用性基础理论与关键技术研究)和刘晓为教授(项目名称:微纳惯性器件运动界面纳米效应基础问题研究)分别作为项目首席科学家牵头承担的两个项目过关斩将,历经科技部组织的几轮评审后脱颖而出,最终获得科技部批准立项资助。这两个项目是哈尔滨工业大学有史以来作为项目首席科学家承担的第一个科技部民品"973计划"项目和第一个科技部"重大科学研究计划"项目。哈尔滨工业大学本次入选的这两个"973计划"项目符合国家重大需求,具有重要的科学意义、良好的研究基础和队伍构成,因此列入哈尔滨工业大学2010年学校首批资助的培育项目之中。2011年,哈尔滨工业大学科工院提前启动"973"申报动员工作,并计划在"十二五"期间在材料、制造、能源、资源环境、信息、纳米等领域开展重点培育,力争为哈尔滨工业大学基础研究乘势聚力快速发展做好前期储备。

【九月】

6日 工业和信息化部网站刊登《哈工大在功能性天然色素加工关键技术上取得突破》的报道。报道介绍,由哈尔滨工业大学食品学院王振宇教授主持的哈尔滨市重大科技招标攻关项目"功能性天然色素加工关键技术及系列产品开发"通过了哈尔滨市科技局组织的专家验收。该项目攻克了天然食用色素分离纯化系统及花色苷类色素稳定化技术,解决了以往天然食用色素加工过程中提取率低、稳定性差及纯度不达标等一系列技术难题。2008年,哈尔滨市科技局面向全社会对功能性天然色素加工关键技术进行技术攻关招标,由王振宇领衔的食品学院生物化工系科研团队联合东北林业大学、黑龙江省农科院园艺分院成功中标。经过3年多的努力,该团队在天然色素的加工方面取得了三大技术突破。目前,该项目已研究开发出了系列花色苷类产品,包括高稳定性天然食用红色素以及抗辐射、美容、解酒、保肝、明目等功能制剂,这些系列花色苷类色素产品不但可应用于食品领域,还可应用于保健品、医药、生物化工、化妆品等领域,使浆果花色苷类色素资源的开发利用向多元化方向发展,开辟了功能性食用色素产品开发利用的新途径。

15日 《哈工大报》刊登《"热辐射传输与流动控制"团队获批国家自然科学基金委创新研究群体》的报道。报道介绍,以我校能源学院谈和平教授为学术带头人的"热辐射传输与流动控制"团队正式获批国家自然科学基金委创新研究群体,成为我校第五个获此批复的科研团队。该群体以教育部创新团队和"燃煤污染物减排国家工程实验室"为依托,面向国家安全和可持续发展重大需求,围绕热辐射超光谱特性与泛尺度传输、高温弥散介质内热辐射传输与气固两相流、多效应耦合下流动控制与诊断等热辐射传输与流动控制领域的核心问题开展研究,形成了创新力强且相对稳定的学术团队及理工结合、交叉渗透的科研方向。该群体将面向国家重大需求、面向国际学术前沿,进一步深入研究多场耦合下气固两相流动、燃烧和辐射传热问题,旨在解决红外辐射传输及流动控制中的科学问题,为我国重大科技专项的自主创新提供理论指导和技术支撑。

【十一月】

29日 工业和信息化部网站刊登《哈工大刘北东博士研究成果在〈细胞〉杂志发表》的报道。报道介绍,最新一期《细胞》杂志(Cell,影响因子31),以哈尔滨工业大学为共同作者单位,刊载了生命科学学院合约研究员刘北东博士关于SIR2基因(一个生命周期长短影响基因)的最新研究成果"聚集蛋白的分离与肌动蛋白和极化体相关"。论文的共同作者还有哈工大博士研究生宋佳和杨晓雪。这项研究是在酵母菌细胞内发现了一个对生物体衰老及后代衰老时钟重新设定起重要作用的崭新生物过程,对研究人类衰老和神经细胞退化性疾病具有重要意义。美国麻省理工大学生物学系衰老研究的权威罗纳尔多·哥伦特教授在同期《细胞(Cell)》期刊上撰文,给刘北东的论文以高度评价。加拿大皇家学院院士、加拿大阿尔伯塔大学细胞生物学系理查德·莱求宾斯基教授在国际学术网站(Faculty of 1000 Biology)上,将该文推荐为必读文章。

【十二月】

5日 《哈工大报》刊登《我校SCI论文数量全国第八 "表现不俗"论文全国第六》的报道。报道介绍,12月2日,中国科技论文统计结果发布会在北京举行,2010年度我校 SCI 论文数量居全国高校第八位,EI 和 ISTP 论文居全国高校第二位,"表现不俗"论文居全国高校第六位。2010 年度我校科技论文的数量和质量均取得稳步增长,各项指标继续居全国高校前列。其中,我校 SCI 论文数达 1 883 篇,居全国高校第八位;EI 论文数达 3 645 篇,居全国高校第二位;ISTP 论文数达 1 687 篇,居全国高校第二位。2010 年度我校发表"表现不俗"论文 484 篇,占全部 SCI 论文的 25.7%,比上一年度提高了 6.3 个百分点,论文数量继续荣居全国高校第六位,"表现不俗"论文占全部论文的比例位居全国高校第三位。近年来,学校通过制定科技管理政策和适时调整评价指标等措施,积极引导师生面向国际学术前沿和国家需求开展高水平科学研究,注重科技论文产出的数量和质量结合,营造浓郁的学术氛围,大力组织召开国际、国内学术会议,启动"基础研究振兴计划",在推动学校科技论文数量和质量快速增长的同时,提升了学校的国内外学术影响力。

12 日 《哈工大报》刊登《2011 年我校获批国家自然科学基金 410 项 经费 2 亿元》的报道。报道介绍,12 月 9 日,2011 年度国家自然科学基金委管理工作会议在北京召开。我校喜获 2006 年—2010 年国家自然科学基金管理"先进地区联络网"称号。根据基金委统计数据显示:2011 年我校基金申报量再次刷新历史纪录,首次突破 1 400 项;获批准资助项目同时再创历史新高,达到 410 项,其中创新研究群体 1 项,杰出青年基金 1 项,面上项目 178 项,青年基金项目 192 项,重点项目、重大研究计划项目 9 项,其他专项及联合基金项目 15 项,国际合作与交流项目 14 项,获批总数比去年增加近 100 项,在全国高校排名上升到综合类高校第九位,工科高校第二位;获批准经费超过 2 亿元,较去年增长 82%。能源学院谈和平教授为学术带头人的"热辐射传输与流动控制"国家创新研究群体,历经校内整合,中国科协选拔推荐,以最高票数一次通过基金委工材学部的会议答辩,资助经费 600 万元。至此我校累计获批的国家创新研究群体达到 5 个。市政学院冯玉杰教授获得国家杰出青年科学基金资助,批准经费 200 万元,她是我校第二位获此殊荣的女性学者。

20 日 和讯网刊登《"硅质体"效果神奇 抗击癌症又添利器》的报道。报道介绍,哈尔滨工业大学国家重点实验室戴志飞课题组在纳米药物载体方面的研究,取得一系列重要进展。据介绍,脂质体是当前医药领域中最热门的药物载体,它可以增加药物与癌细胞的亲和力,提高疗效,降低毒性,但是它的最大缺点是稳定性较差,在到达肿瘤位点之前过早释放药物,从而产生严重的毒副作用。戴志飞教授课题组在脂质体中引入无机成分以使其稳定性显著提高,得到一种新型的有机/无机复合脂质体,被命名为"硅质体"。"硅质体"具有很好的生物相容性,可以生物降解。它不仅可以包埋各种水溶性和脂溶性药物,还可包埋两亲性药物,不易泄漏,载药量和包封率均高于传统脂质体,具有很好的药物缓释效果。利用"硅质体"可望将一批已知高毒性的药物安全有效地应用于疾病治疗,包括抗癌药、抗生素类药、抗真菌类药或多肽类药物等。

2012 年 基础科学研究创新大事记

【一月】

13 日 《哈工大报》刊登《我校首个国家重大科学研究计划项目启动会召开》的报道。据报道，以我校为项目牵头单位、刘晓为教授为首席科学家的"微纳惯性器件运动界面纳米效应基础问题研究"国家重大科学研究计划项目启动会在校召开。启动会由科学技术研究院院长王晓红主持。科技部基础研究司重大科学研究计划处处长傅小锋就科技部"十二五"基础研究发展规划的背景、目标和计划管理机制改革思路进行了介绍，就基础研究与国家需求、学校发展的结合，项目启动实施后各个课题组之间的学术沟通与交流，科研数据的管理和共享，项目的中期评估和目标等问题提出了建议，对项目组今后的发展寄予了厚望。刘晓为教授对"微纳惯性器件运动界面纳米效应基础问题研究"项目进行了详细介绍，并对项目前期的组织实施工作、项目课题研讨会工作和项目管理办法进行了汇报。项目课题负责人清华大学机械工程学院院长尤政教授代表课题组表示，项目承担单位一定全力配合首席工作，完成项目任务。中国工程院院士王玉明教授、项目责任专家北京大学薛增泉教授、国家重大科学研究计划"纳米研究"专家组成员王琛教授和专家组成员、课题负责人和研究骨干共 40 余人参加了启动会。

15 日 《黑龙江日报》刊登《哈工大项目团队成教育部创新团队》的报道。报道介绍，教育部公布了 2011 年度"长江学者和创新团队发展计划"入选团队名单。哈工大航天学院吕志伟教授带领的"激光空间信息技术与应用"项目研究团队成功入选。据悉，该团队依托于哈工大物理电子学、光学两个国家级重点学科和可调谐激光技术国家级重点实验室、非线性光学信息处理国家重点专业实验室。"激光空间信息技术与应用"是该团队所在学科在上世纪 90 年代中期凝练出来并树立为主攻方向的一个新的综合性研究方向。目前，团队开展了一系列创新研究，在基础科学理论和创新技术应用方面均取得了标志性成果。在过去 5 年，该团队荣获国家级、省部级奖项 7 项，申请国家发明专利 80 余项，授权 50 余项。

合影留念

【三月】

2日 《哈工大报》刊登《两教授担任国家安全重大基础研究项目技术首席》的报道。报道介绍,我校特种环境复合材料技术重点实验室赫晓东教授、空间光学中心张伟教授分别作为技术首席,获批2项国家安全重大基础研究项目。同时,以我校为主联合航天院所又获批1项国家安全重大基础研究项目,特种环境复合材料技术重点实验室孟松鹤教授作为课题负责人。这是我校今年基础研究工作的一次突破,标志着我校在国内相关技术领域中已经具备了相当的基础研发能力和地位。国家安全重大基础研究项目是具有战略性、基础性和前瞻性的项目,是国家级重点基础研究项目,由多家单位合作进行。

20日 工业和信息化部刊登《哈工大学术论文在化学著名期刊〈化学学会评论〉发表》的报道。报道介绍,哈尔滨工业大学基础交叉科研院微纳米技术研究中心贺强教授课题组撰写的综述性论文 Complex Polymer Brush Gradients Based on Nanolithography and Surface – initiated Polymerization(《基于纳米印刷术和表面引发聚合的复杂聚合物刷梯度》)于近日在国际著名综述性期刊《化学学会评论》(Chemical Society Reviews)(2011年SCI影响因子为26.58)上发表(DOI:10.1039/c2cs15316e)。该论文是哈工大目前化学学科发表的影响因子最高的学术论文,也是哈工大首次在该期刊上发表论文。《化学学会评论》是由英国皇家化学会(Royal Society of Chemistry)出版的重要学术期刊,是目前化学学科最具权威性的综述性学术期刊之一。

20日 工业和信息化部网站刊登《哈工大建筑学院喜获美国摩天楼设计竞赛一等奖》的报道。报道介绍,美国著名建筑杂志 eVolo 官网公布了2012年 eVolo 美国摩天楼设计竞赛获奖名单,唯一的一等奖由哈尔滨工业大学师生团队获得。获奖作品名为"喜马拉雅水塔",由哈工大建筑学院四年级学生郑植、赵洪川、宋东白共同设计,建筑系教师陆诗亮副教授辅导完成。据悉,这是中国建筑师首次突破欧美国家对此项世界顶尖建筑竞赛大奖的垄断,一举获得纪念奖以外的最高奖项。作为高水平、国际性设计竞赛,eVolo 美国摩天楼设计竞赛每年都会吸引各国建筑师及著名设计机构参赛。今年共有95个国家的714个作品参赛,评委团最终选出了3个优胜者和22个特别奖。"喜马拉雅水塔"以其新颖的设计理念获得了评委团的一致认可。该作品创意在于引起人们关注世界范围内的气候变化对高原环境的影响。设计者利用摩天楼技术,根据季节及气候变化服务蓄水,并帮助调节水资源合理利用。设计创造性地提出通过收集水净化后,冻结成冰,根据气候情况,使其在冰与水间合理转化,以便存储供将来使用。

【四月】

4日 《中国科学报》刊登《仿生修饰延长磁性纳米粒子体内循环时间》的报道。报道介绍,哈尔滨工业大学研究人员在研究中发现,仿生修饰后的氧化铁纳米粒子具有优异的胶体稳定性和血液相容性,可明显延长其在人体内的循环时间,有望给癌症和其他重大疾病的早期诊断与治疗带来突破性进展。该项目为黑龙江省杰出青年科学基金项目,于近日通过验收。材料科学与工程学院蔡伟小组采用仿生设计思想,应用原子引发转移自由基聚合方法,在磁性氧化铁纳米粒子表面原位生成磷酸胆碱聚合物,模拟细胞膜的结构,磷酸胆碱聚合物在生理条件下与生物分子(如血浆蛋白等)有高度的匹配灵活性,可有效抑制血浆蛋白的吸附,几乎不激活任何排异反应,对维持氧化铁纳米粒子不被网状内皮系统吞噬起了决定性的作用。该项目实施期间,共发表SCI收录论文15篇,2项国家发明专利获授权。

14日 中国日报网刊登《全球摩天大楼设计获奖作品公布 中国囊括前两名》的报道。报道介绍,英国《每日邮报》14日报道,著名设计杂志 *eVolo* 日前公布了2012年度全球摩天大楼设计大赛的获奖作品。由世界顶级设计师带来的这些科幻般的大楼,通过新技术、新材料、新规划和新的灵活性,给摩天大楼下了一个崭新的定义。由世界一流的设计师和建筑师组成的评选委员会,从来自世界95个国家和地区的714件作品中,评选出了3个最佳设计奖和22个荣誉奖。中国哈尔滨工业大学本科四年级的学生团队获得此次比赛一等奖,他们作品名字是"喜马拉雅水塔"。它建在高海拔地区,可以储存部分水资源,同时对水源的分配加以管理和调整。二等奖仍是来自中国的作品,名为"山区创可贴",创作者希望该方案帮助无家可归的苗族人重返家园,并恢复云南山区的生态环境。三等奖作品的名字是"垂直垃圾场",该大楼装配了一个可以把垃圾转化为能源的发电厂。

设计获二等奖的"山区创可贴"

设计获一等奖的"喜马拉雅水塔"

【五月】

22日 《哈工大报》刊登《科技部国际科技合作计划项目"焊接结构缺陷检验、服役可靠性评估及延寿技术研究"通过验收》的报道。据报道,受科技部国际合作司委托,黑龙江省科技厅组织专家对我校先进焊接与连接国家重点实验室承担的科技部国际科技合作计划项目"焊接结构缺陷检验、服役可靠性评估及延寿技术研究"进行了验收。专家组通过审阅项目验收材料、听取汇报和质询,一致同意项目通过验收。专家组认为,项目通过合作研究开发了噪声抑制新

刚铁教授、方洪渊教授与阿廖申院士团队在俄方实验室一起工作

技术、合成孔径聚焦缺陷检测技术、缺陷三维成像检测技术、缺陷信息的自动判别技术及各向异性材料焊缝的超声波场可视化的模拟仿真技术,解决了结构焊接缺陷定量化检测可靠性低的技术难题,并在缺陷自动识别、揭示缺陷特征与信号内在联系规律方面取得了重要进展。这些技术及产品对推动国内工业领域重要工程与装备的可靠性评估技术的发展,保障潜在危险工业对象的安全使用和延长其使用寿命具有重要意义。

【六月】

1日 《哈工大报》刊登《仿细胞膜结构的新型纳米材料的制备及其理化特性研究项目顺利通过验收》的报道。报道介绍,我校承担的省自然基金面上项目"仿细胞膜结构的新型纳米材料的制备及其理化特性的研究"通过验收。该项目创新之处是融合了纳米技术、有机化学、微生物学、分子生物学和生物化学各学科知识,设计合成了一种新型的有机/无机复合脂质,并以此构建高稳定性的有机/无机复合人造细胞纳米颗粒。据悉,该项目共发表研究论文7篇,SCI收录的有4篇,申请发明专利3项。

2日 《中国科学报》刊登《碳纳米管弹簧有望用于制备电子器件》的报道。报道介绍,国际期刊《先进材料》5月30日以封底配图形式,报道了哈尔滨工业大学航天学院复合材料与结构研究所赫晓东研究小组制备的碳纳米管弹簧,审稿人对这一成果给予高度评价,称其是一种非常迷人的结构。这种新型的碳纳米管纺丝结构具有广阔的应用前景,有望应用于可伸缩导体/电极、微型应变传感器、超级电容器、光伏、场发射、能量耗散纤维等领域,并且可以发展成具有多功能的碳纳米管纤维增强复合材料加以利用。

7日 《深圳特区报》刊登《深圳教师论文被国际顶尖期刊收录》的报道。报道介绍,从哈尔滨工业大学深圳研究生院获悉,该院电子信息工程学院教授宋青海的论文收录国际物理学领域排名第一的期刊《物理评论快报》。这是该期刊首次收录以深圳的教学科研机构为第一单位、以深圳科研工作者为第一作者的文章。宋青海此次获收录的论文题目为《引导混沌漫射进入光波导——一种有效地采集微腔出射的方法》,即将发表在《物

理评论快报》6月22日期刊上。

【七月】

20日 《哈工大报》刊登《国际专业期刊〈碳〉封面报道哈尔滨工业大学科研成果》的报道。报道介绍，航天学院复合材料与结构研究所赫晓东教授团队在多尺度复合材料方面有了重大突破。科研团队在国际上首次提出采用化学方法将碳纳米管接枝到碳纤维上，并利用纳米操纵技术定量地测试出单根碳纳米管和单根碳纤维之间的接枝强度，从而为多尺度复合材料的界面增强机制找到了直接的证据。这一创新性成果在国际期刊《碳》(Carbon)2012年第12期上发表，并且以封面形式报道。审稿人对这一研究成果给予高度评价，评价该工作具有很强的原创性，为解释多尺度复合材料的界面增强机理找到最为直接的证据。《碳》是

封面文章

碳材料领域的国际专业期刊，2011年该杂志影响因子为5.38。该团队利用纳米操纵技术将碳纳米管和碳纤维的接枝强度定量地测量出来，为多尺度复合材料的界面增强机理找到了最为直接的证据，实验结果证实了碳纤维和碳纳米管之间的接枝力是化学键，并非是范德华力。这一创新性成果被国际专业期刊《碳》以封面形式报道，也标志着哈尔滨工业大学在这一方面的基础研究又迈向了一个新台阶。

【九月】

12日 工业和信息化部网站刊登《哈工大教授论文在国际学术期刊〈化学学会评论〉发表》的报道。报道介绍，哈工大基础交叉科研院有机化学所史雷和夏吾炯教授撰写的综述性论文"光催化下的氮原子邻位官能团化"在国际著名综述性期刊《化学学会评论》(Chemical Society Reviews)上发表。《化学学会评论》是由英国皇家化学会出版的重要学术期刊，是目前化学学科最具权威性的综述性学术期刊之一。夏吾炯教授课题组一直致力于紫外光和可见光催化下的光化学反应研究，获得6项国家自然科学基金的支持，在《化学通讯》《有机化学快报》《有机化学》等国际著名学术刊物上发表论文20余篇。该论文是哈工大首次以独立单位在该期刊上发表的论文。

【十月】

17日 凤凰网刊登《哈尔滨工业大学黄哲钢教授在〈科学〉上发表研究论文》的报道。报道介绍，研究论文《搏动的纳米管》(Pulsating Tubules from Noncovalent Macrocycles)在《科学》(Science)上发表。论文第一作者黄哲钢教授为我校理学院化学系2012年引进人才。据悉，这是我校教师第一次在《科学》上发表文章。黄哲钢教授等研究人员利用一侧是疏水性，另一侧是亲水性的卷曲大分子构建了能在水溶液中自叠加，构建纳米管的

环状结构,这些纳米管能感知温度的变化扩张和收缩。这项突破性技术促进了动态纳米结构研究向前迈进了一大步,也将可能用于癌症治疗等药物传输中。

【十一月】

23日　新华网黑龙江频道刊登《哈工大研制仿真手　重量轻功能丰富》的报道。报道介绍,哈尔滨工业大学机器人技术与系统国家重点实验室研制的仿人型假手,实现了多自由度、多运动模式识别和控制功能,并成功实验于多例肢残患者。据悉,此型重量小于500克的机械手,具有拟人化外观和尺寸,每个手指有3个活动指节,5个手指可独立运动,有位置和力量感知功能,且机构、传感、驱动和控制系统高度集成。在医学领域具有广阔的应用前景。

27日　《哈工大报》刊登《韩晓军教授课题组最新研究成果在国际著名期刊上发表》的报道。报道介绍,我校化工学院韩晓军教授课题组以哈工大为唯一署名单位在国际著名期刊 Advanced Functional Materials 最新一期上发表了题为《空间受限等离子体氧化法制备表面化学梯度及其在液滴自发流动方面的应用》的研究论文。该项研究的新颖性和重要性得到审稿人充分肯定,并被评为 Top 15%,该论文在未做任何修改的情况下直接被接收并发表。2012年该期刊影响因子为10.179。韩晓军教授是我校海外引进人才,主要从事生物功能化界面等领域研究,尤其在仿生膜领域有较深造诣,目前主持国家自然科学基金、教育部新世纪优秀人才基金等科研基金6项。发表SCI论文40篇,影响因子总和大于160,被引用近700次、SCI高因子(H - index) = 14,其研究成果引起国际同行的广泛关注。

【十二月】

8日　黑龙江新闻网刊登《哈工大研制出"无线充电"技术　手机1米内隔空充电》的报道。报道介绍,记者在哈工大电气工程及自动化学院实验室看到,一个家用电饭煲在没有电源线和电源插座的情况下正常工作;一个半米高的圣诞树上放着霓虹灯正闪闪发光,它们也没有电源线。原来在实验室不远处的一个笔记本大小的"盒子"在给这些用电器输送电源。副院长朱春波告诉记者,这些不用电线就能工作的家电神奇之处在于使用了他们研制的无线电能传输技术。朱春波介绍,手机隔空充电仅仅是一个很小的方面,这一技术还可应用于家庭。未来只需要在家中建立一个现代化橱柜即安装一个小型无线电能传输系统,所有的家用电器都可以实现无线用电,通过临床试验研究表明,磁共振产生的磁场不会对人体有辐射。

18日　工业和信息化部网站刊登《2011年度哈工大学术论文数量稳中有增　质量再创新高》的报道。报道介绍,中国科技论文统计结果发布会在北京国际会议中心召开,2011年度中国科技论文统计与分析结果揭晓。哈工大发表论文的数量和质量在全国高校名列前茅。在论文收录方面,哈工大2011年度发表论文被SCI收录文献2 053篇,论文2 013篇,居全国高校第十一位;被EI收录期刊论文3 234篇,居全国高校第三位;被CPCI - S(原ISTP)收录论文917篇,居全国高校第一位。2011年度哈工大发表"表现不俗"论文692篇,占全部SCI论文的34.38%,比上一年度提高了8.68个百分点,比我国平均水平(29.8%)高出4.58%,居全国高校第十位。哈工大2011年度发表在SCI学科影响因子前1/10的期刊论文401篇,居全国高校第五位,较去年上升4位,数量增加222篇;哈工大作为第一作者发表的国际合著论文388篇,居全国高校第五位,较去年上升3位,数量增加114篇。

2013年　基础科学研究创新大事记

【三月】

7日　《哈工大报》刊登《航天学院博士生李玲研究成果被〈德国应用化学〉选为热点文章》的报道。据报道，航天学院微电子科学与技术系博士生李玲的研究论文在国际著名学术期刊《德国应用化学》(Angew. Chem. Int. Edit., SCI影响因子13.455)上发表。其研究成果被多位审稿人评价为继石墨烯之后二维纳米材料领域的重大突破，并因此受到主编的高度重视，被选为热点文章(Hot Paper)。据悉，该项研究是刘晓为教授团队与澳洲迪肯大学陈英教授的合作成果，李玲是双方联合培养的博士生。近年来，刘晓为教授领导的科研团队在微纳器件与系统、MEMS微能源等基础前沿方向开展了深入研究，相关成果已在《德国应用化学》《应用物理快报》《电源技术》《物理化学期刊C》《国际氢能》等国际权威学术刊物上发表了一系列高水平论文。团队基础研究实力和学术影响力不断提升，2010年以来承担国家自然科学基金6项，发表SCI检索论文30篇（影响因子总和100以上）。刘晓为教授牵头的"微纳惯性器件运动界面纳米效应基础问题研究"是我校作为项目首席科学家承担的第一个科技部"重大科学研究计划"项目。

【五月】

6日　工业和信息化部网站刊登《哈工大数学学科进入ESI全球前1%》的报道。报道介绍，根据今年5月ESI平台最新数据显示，哈工大数学学科在过去10年被ESI系统收入论文668篇，累计被引用2 150次，进入全球数学学科前1%的行列。

21日　中国商务新闻网刊登《哈工大生物学与生物化学学科进入ESI全球前1%行列》。报道介绍，基本科学指标数据库ESI今年5月的最新数据显示，哈尔滨工业大学生物学与生物化学学科在过去10年被ESI系统收入论文618篇，总被引数5 569次，篇均被引数9.01次，进入ESI全球前1%的行列。截至目前，哈工大已有8个学科领域进入ESI全球前1%行列，分别为材料科学、工程学、物理学、化学、计算机科学、环境科学与生态学、数学、生物学与生物化学学科。

【八月】

10日　《哈工大报》刊登《我校牵头承担的科技部民品"973计划"项目取得重要进展》的报道。报道介绍，8月9日至10日，我校牵头承担、计算机学院李建中教授作为首席科学家的"973计划"项目"海量信息可用性基础理论与关键技术研究"中期总结会在哈召开。该项目是我校教师有史以来作为项目首席科学家承担的第一个科技部民品"973计划"项目,也是我国数据库研究领域的首个"973计划"项目。副校长韩杰才在会上致辞,李建中教授及课题组成员汇报了整个项目的进展情况和取得的成果。与会专家对各个课题的工作状态、研究内容与前景、实施方案等进行了现场提问和集中讨论与评议。专家组在对课题取得的成果给予充分肯定的同时,也提出了中肯的建议,希望项目组在接下来的3年多时间里,进一步凝练科学方向,做出高水平的研究成果。来自中国科学院、香港科技大学、香港城市大学、北京大学、中国科技大学、上海交通大学和我校等近20家研究机构和高校的30余位专家、学者参加会议。

会议现场

20日 工业和信息化部网站刊登《哈工大石墨烯表面组装及其应用研究获重要进展》的报道。报道介绍,国家自然科学基金委和"973"项目资助的"石墨烯表面组装及其应用研究"取得重要进展。由哈尔滨工业大学基础交叉科研院微纳米技术研究中心胡平安教授带领课题组撰写的研究成果论文,近日在国际著名学术刊物《先进功能材料》上刊出。论文第一作者为2011级博士生王晓娜,哈工大为唯一署名单位。有机有毒气体是室内环境及空气中的重要污染源,发展应用于有机污染物的简易而灵敏的检测方法对人体健康保护具有重要的意义。课题组在此项研究中发展了一种以石墨烯为载体的石蕊试纸类的色变传感器,可以方便而灵敏地检测生活环境中的气态有机污染物。雷圣宾教授课题组也参与了该项研究,采用扫描探针技术(STM)协作揭示了聚丁二炔分子在石墨烯表面上的色变机制。胡平安教授课题组在研究过程中首次报道了基于类石墨烯硫化镓超薄片的新型刚性及柔性光电器件。其器件性能大大超过了目前文献报道的其他二维材料(如石墨烯、二硫化钼等)。其研究成果曾在国际著名期刊《纳米快报》上发表,哈工大为第一署名单位。

25日 《哈工大报》刊登《我校在二硫化钼纳米片功函数及载流子浓度调控研究方面取得进展》的报道。报道介绍,我校材料学院甄良教授课题组在二维二硫化钼(MoS_2)纳米片功函数及载流子浓度调控研究方面取得进展,研究成果论文《通过自组装单分子层控制MoS_2纳米片的载流子》发表于国际著名期刊《美国化学会·纳米》(ACS Nano,影响因子12.06)。我校为该论文的唯一署名单位。该研究工作得到了学校基础杰出人才振兴计划的资助。

29日 工业和信息化部网站刊登《哈工大纳米研究论文在国际著名期刊发表》的报道。报道介绍,哈尔滨工业大学基础与交叉科学研究院微纳米技术研究中心雷圣宾教授课题组开展的"二维共价有机网格(类石墨烯)结构的制备研究"取得重要进展,其研究论文《通过表面席夫碱耦合反应来制备二维共价有机网格》,被国际著名期刊《美国化学会·纳米》采用。该文第一作者为2011级博士生许丽荣。雷圣宾教授2002年获中科院化学所博士学位,2006年7月至2009年8月在比利时鲁汶大学从事博士后研究,2009年9月起任哈工大教授、博士生导师,获教育部新世纪优秀人才计划支持。他主要从事二维聚合物的表面反应制备、超分子组装、纳米检测与表征研究,目前已发表SCI收录论文90余篇,论文被引用2 200余次。

【九月】

10日 工业和信息化部网站刊登《国际著名期刊〈自然·光子学〉发表哈工大青年教师论文》的报道。报道介绍,哈尔滨工业大学理学院物理系副教授丁卫强日前在国际著名期刊《自然·光子学》发表了题为《介质交界面上的光子动量放大及负向光力》的科研论文。丁卫强为该论文的理论建模和数值模拟主要完成人。该研究成果提出利用不同特性的背景介质实现特殊光学微操控的全新手段,将光学微操控从均匀介质内部拓展到介质交接面上。此外,介质中光子动量大小及其与物体运动动量之间的传递规律在学术界还存在一些争议,该研究对进一步澄清这一争议有极大的促进作用。丁卫强先后于2001和2006年在哈工大物理系获理学学士和博士学位,博士毕业后留校任教,其中2011年1月至2012年7月在新加坡国立大学从事博士后研究,目前已在《物理评论A》《应用物理快报》《光学快报》《光学快讯》等国际著名期刊发表SCI论文30余篇。

10日 人民网刊登《哈工大校旗随"神十"遨游太空后今返母校》的报道。报道介绍,哈尔滨工业大学校旗及"学子寄语"信件在搭乘"神舟十号"飞船遨游太空后,今日返回母校并永久保存在哈工大博物馆内。据了解,"神舟十号"飞行任务的圆满完成,是中国创新科技、自强不息航天精神的完美诠释,中国航天事业又迈出重要的一步;而在"神十"遨游太空所搭载的货物中,就有哈尔滨工业大学校旗、学子寄语信两样物品,这是中国对哈工大长期立足航天、服务航天、奉献航天的充分肯定。多年来,哈尔滨工业大学从

"神舟一号"到"神舟十号"都参与了相关研究工作,到目前为止已有50余项研究成果应用到了载人航天各个领域,该校前后有500多名教师和技术人员参与其中。"'神舟十号'飞船发射前,我校研究生会、学生会向全校同学发出了倡议信。"聂海胜、张晓光、王亚平三位航天员在信上亲笔签名。

【十月】

17日 《哈工大报》刊登《基金项目获得国家自然科学基金委优秀结题项目》的报道。报道介绍,在第十五届国际制造会议(IMCC)上,我校材料学院先进焊接与连接国家重点实验室何鹏教授和超精密光电仪器工程研究所刘俭教授承担的国家自然科学基金委面上项目和青年基金项目被评为机械工程学科国家自然科学基金委优秀结题项目。何鹏教授负责的面上项目"形成金属间化合物颗粒增强钎缝的钛铝基合金连接方法及其机理研究",开发出了具有自主知识产权的适合于TiAl基合金自身以及与其他结构材料的钎焊新方法。该方法也对易形成脆性的界面金属间化合物层的其他同种及异种材料的钎焊提供了一种新的思路及实用方法。刘俭教授负责的青年基金项目"抗非均匀反射扰动复色差动超分辨共焦显微传感机理研究",解决了存在发射率跳变的复杂表面微米及亚微米尺度大台阶三维立体测量高轴向位置分辨力与抗反射扰动的光学共焦传感机理问题。

【十一月】

1日 《哈工大报》刊登《国际学术期刊〈环境科学与技术〉以亮点文章刊出我校学术论文》的报道。报道介绍,在国家自然科学基金和我校水资源与水环境国家重点实验室基金项目支持下,我校市政学院马军教授课题组在水环境中二氧化锰胶体迁移研究方面取得重要进展。研究成果《二氧化锰胶体在水溶液中的团聚动力学:腐殖质和生物大分子的影响》作为亮点文章在国际环境类学术期刊《环境科学与技术》(*ES&T*)上刊出。论文的第一作者为2010级博士生皇甫小留,我校为该论文的唯一署名单位。据悉,市政学院副教授江进对该研究课题指导和规划方面做了很多工作,2012级硕士研究生王雅安对该研究实验部分的内容也有较大贡献。

【十二月】

27日 光明网刊登《哈工大两项目入选中国高校十大科技进展》的报道。报道介绍,由教育部科学技术委员会组织评选的2013年度"中国高等学校十大科技进展"12月25日在北京颁奖。哈尔滨工业大学机电学院刘宏教授主持的"空间机械臂技术"和航天学院马晶、谭立英教授主持的"星地激光链路试验"项目获奖,是该校首次同一年度入选两个项目。至此哈工大已有5项科技成果获此殊荣。刘宏教授主持完成的空间机械臂精准的定位和操作能力,填补了我国在该领域的空白,为空间机械臂在我国空间站建设、行星探测等领域的应用奠定了基础。马晶、谭立英教授主持完成的星地激光链路试验,在国际上第一次成功进行了双向多种数据率在轨激光通信,使我国摆脱了过去空间信息传输方面的问题,对我国空间战略发展具有重大意义。"中国高等学校十大科技进展"评选自 1998 年开展以来,至今已举办 16 届。

27 日 《哈工大报》刊登《任南琪院士团队在污泥减量领域取得创新性成果》的报道。报道介绍,我校任南琪院士团队在污泥原位减量化工艺的综述性论文近日发表在国际著名期刊《生物技术进展》(5 年影响因子为 11.850、2012 年度影响因子为 9.599)上。据悉,该论文是目前我国在污泥减量领域发表的最高影响因子的学术论文。该论文的第一作者为城市水资源与水环境国家重点实验室成员、市政学院青年教师郭婉茜。近年来,在团队负责人任南琪的指导下,郭婉茜作为剩余污泥处理及资源化科研项目的技术骨干,面向国家对强化污水污泥同步原位处理的重大需求,致力于构建可持续发展的强化污水处理与原位污泥减量耦合系统,并深入探索其内在机制,开展剩余污泥减量化、能源化的尝试,取得了创新性成果。污泥减量化技术的研究和开发为未来我国污水厂新建和改造提供了参考。

31 日 《哈工大报》刊登《科学研究持续发展 多项重要成果获突破》的报道。报道介绍,2013 年,我校以第一完成单位获得国家级科技奖励 3 项,省部级奖 34 项;"863 计划"和科技支撑计划新增课题 19 项,总经费超 6 000 万元;国家自然科学基金申报达 1 240 余项,获批 370 项,经费突破 2.3 亿元,在工程与材料科学、信息领域获资助的青年基金项目数居全国高校第一;SCI 居全国高校第十,EI 居全国高校第二,CPCI-S 居全国高校第一;3 篇论文入选中国百篇最具影响国际学术论文,居全国高校第五。先进复合材料国际联合研究中心、海洋工程材料及深加工技术国际联合研究中心被科技部认定为 2013 年度国家级国际联合研究中心。空间光通信技术研究中心被评为全国工人先锋号集体。我校与丁肇中教授研究团队签署了关于空间粒子物理研究合作备忘录。"嫦娥三号"月球车行走月球,我校作为月球车移动系统副总设计师单位,攻克了月球车移动系统及月面转移等多项关键技术难题,助力"嫦娥三号"任务圆满实施。

丁肇中教授来校交流(冯健 摄)

2014年 基础科学研究创新大事记

【一月】

6日 工业和信息化部网站刊登《哈工大获批国家自然科学基金370项》的报道。报道介绍,哈尔滨工业大学近年来基础研究实力得到提升,已获批国家自然科学基金370项,突破2.3亿元人民币,实现10%以上的增长;在工程与材料科学、信息领域获资助的青年基金项目数均居全国高校第一位;3位教师获得国家杰出青年基金资助,7位教师获基金委优秀青年基金资助,160位教师获青年基金资助,项目资助率高达37.6%,远超全国平均资助率25.2%,居全国高校第四位。2013年该校发表SCI论文2 345篇,EI论文3 069篇,CPCI–S论文825篇,分居全国高校第十、第二及第一位;3篇论文入选中国百篇最具影响国际学术论文,入选ESI热点论文24篇,被引论文174篇,分居全国高校第五、第三及第九位;周玉院士和苑世剑教授入选"973计划"咨询专家组。2013年哈工大承担对俄项目4项,经费1 500万元,并有6个项目验收结题;新增2个国家级国际联合研究中心;作为第一作者单位国际合著论文434篇,居全国高校第七。

9日 《哈工大报》刊登《破解艾滋病病毒研究30年谜团 黄志伟研究组在〈自然〉发表论文》的报道。报道介绍,我校生命学院黄志伟教授研究组在《自然》在线发表了题目为《艾滋病病毒Vif"劫持"人CBF–β和CUL5 E3连接酶复合物的分子机制》的研究论文。该项研究第一次揭示了艾滋病病毒研究领域一直关注的艾滋病病毒毒力因子(Vif)的结构,破解了这一领域30余年的谜团;阐明了Vif如何"劫持"人CBF–β以及CUL5 E3连接酶复合物的分子机制;为理性设计靶向该复合物的全新艾滋病药物提供了结构基础。该项艾滋病研究领域里程碑意义的研究成果对人类最终攻克艾滋病具有非常重要的科学意义和临床应用价值,也标志着我校在艾滋病结构生物学研究领域走在世界最前沿。该文章被选为精选文章在同期《自然》杂志《新闻与视点》栏目中撰文重点推荐。该文章的发表实现了我校在《自然》(影响因子38.60)杂志上发表研究论文零的突破。黄志伟教授为本研究论文的通讯作者,黄志伟教授实验室的博士研究生郭莹莹、硕士研究生董立永和邱小林3位同学为该论文的并列第一作者。

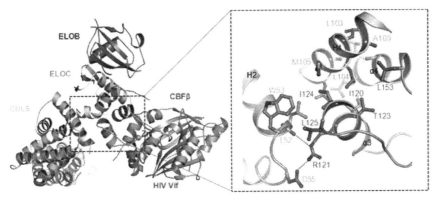

结构图

【三月】

3日 工业和信息化部网站刊登《哈工大化学系共轭聚合物应用研究获进展》的报道。报道介绍,哈尔滨工业大学化学系韩喜江教授课题组在基于共轭聚合物的表面增强拉曼光谱基底研发方面取得进展,其课题组综合论文《由共轭聚合物直接化学还原制备多功能聚合物-金属纳米复合材料》近期在国际著名期刊《化学会评论》上发表。该文阐述了利用共轭聚合物的化学还原特性,通过调节掺杂状态和表面化学性质,在聚苯胺、聚吡咯、聚噻吩等共轭聚合物表面一步法构筑形貌、粒径和结构可控的金属纳米材料。该文得到审稿人的高度评价,认为是制备功能性聚合物-金属纳米复合材料的一种新方法,无须添加其他还原剂和表面活性剂来控制金属纳米材料的生长,制备的复合材料在表面增强拉曼光谱、催化和能源方面具有良好的应用前景。

【四月】

9日 网大论坛刊登《国际著名期刊〈化学评论〉发表哈工大白羽教授论文》的报道。报道介绍,在国家自然科学基金和哈尔滨工业大学引进人才计划的支持下,我校基础与交叉科学研究院化学与能源材料研究所白羽教授在国际著名期刊《化学评论》(*Chemical Reviews*)上发表了题为 *Titanium Dioxide Nanomaterials for Photovoltaic Applications* 的综述论文。*Chemical Reviews* 是公认的世界化学化工领域影响力最高的学术期刊,2013年影响因子为41.298。该文对近五年内二氧化钛纳米材料在光伏器件中的应用进行了全面的评述,以崭新的视角,从二氧化钛纳米结构构筑、纳米界面修饰及微尺度电荷转移等方面深入分析了获取高光电转化效率太阳电池的关键科学问题。阐明了基于纳米二氧化钛光伏器件的发展趋势及广阔的应用前景,对该领域的研究具有重要意义。本工作由我校基础与交叉科学研究院、中国科学院长春应用化学研究所、西班牙海梅一世大学、意大利佩鲁贾大学合作完成,白羽教授为第一作者。

29日 工业和信息化部网站刊登《哈工大"脱水污泥生物产电同步脱盐"研究获进展》的报道。报道介绍,由国家自然科学基金项目和城市水资源与水环境国家重点实验室课题资助,哈尔滨工业大学市政学院赵庆良教授课题组开展的"脱水污泥生物产电同步脱盐"研究取得重要进展,青年教师姜秋协助赵庆良教授指导的博士生孟繁宇的研究论文——《以脱水污泥为燃料的微生物脱盐电池的生物电化学脱盐和产电》被国际著名期刊《生物资源技术》发表。该论文获得期刊主编和评审专家的高度评价,被选为2014年第4期的封面文章,哈工大为第一署名单位。据介绍,该研究以脱水污泥为底物的生物阴极微生物脱盐电池,同时实现脱盐、产电和污泥稳定。实验结果表明:以脱水污泥为燃料的微生物脱盐电池启动期缩短到3天,阳极底物的pH值始终维持在6.6至7.6之间,系统稳定运行的天数和有机物的去除率均有较大幅度的提高。这表明,脱水污泥可以作为一种适宜的阳极底物以提高微生物脱盐电池脱盐和产电效能的稳定性,而经过一定程度稳定化的脱水污泥可用于进一步的资源化利用。

【五月】

14日 《哈工大报》刊登《韩晓军教授课题组在仿生膜研究领域取得重要进展》的报道。报道介绍,在国家自然科学基金支持下,我校化工学院韩晓军教授课题组在仿生膜研究领域取得重要进展,研究成果《利用叉指电极上方空间调制的电场制备磷脂纳米管》以我校为唯一署名单位发表于国际著名期刊《美国化学会·纳米》(ACS Nano,影响因子12.06)上。据了解,该项研究具有极强的学术价值和应用价值,可以用于癌症药物等控缓释放的载体,也可用作一维纳米材料的模板,同时作为生物膜的模型,还可以用来研究生物膜生物物理性质以及物质在细胞间的传输。课题组研究项目的新颖性和重要性得到审稿人充分肯定,并被评为Top 15%。该课题组近年来在仿生膜领域取得了一系列进展,研究成果先后被发表在《材料化学杂志A》和《欧洲化学》等期刊上,并获得授权国家发明专利2项。韩晓军教授在英国工作多年,2009年通过人才引进来到我校工作,主要从事生物功能化界面等领域研究,主持国家自然科学基金、教育部新世纪优秀人才基金等科研项目8项,在国际一流刊物上发表SCI论文50余篇。

16日 中国航天科技集团公司网刊登《航天科技集团与哈工大共商筹建国家重大科技项目》的报道。据报道,中国航天科技集团公司总经理雷凡培、副总经理吴燕生会见了到访的哈尔滨工业大学党委书记王树权和副校长韩杰才、郭斌一行。双方就联合申报的"空间环境地面模拟装置"国家重大科技基础设施项目筹建工作进行了商讨。据了解,项目旨在建设国际领先水平功能完备的空间综合环境模拟平台,揭示和发掘空间多环境因素对材料、器件和生命体作用的物理本质和规律,为我国航天诸多效应的测试、评价和设计提供最基础的理论依据。自2009年国家发改委启动国家重大科技基础设施建设中长期规划工作以来,集团公司与哈工大现已形成了明确的科学目标,完成了建设方案构架下的详细内容论证,打造了具有国际一流水平的咨询专家队伍,发展了覆盖欧洲、美洲和亚洲15个国家的百家著名研究机构在内的设施用户群体,基本落实了需要配套的土地资金等条件,立项申报条件已经具备。

22日 工业和信息化部网站刊登《哈工大在复合电极材料制备研究方面取得新成果》的报道。报道介绍,在国家留学基金委、国家自然科学基金委的支持下,哈尔滨工业大学交通学院青年教师杨丽丽副教授在美国宾夕法尼亚大学访学期间,与该校研究人员杨澍教授开展合作,在复合电极材料制备研究方面取得新成果。日前,双方以共同通讯作者的方式在美国化学学会主办的著名期刊《材料化学》(Chemistry of Materials)上发表题为《单壁碳纳米管/聚苯胺纳米带气凝胶的原位制备并用于自支撑、柔性储能器件》的研究文章(影响因子8.238)。该文章受到研究人员、编辑的极大关注,其当月被下载次数排在期刊前三位,并得到期刊官方推特的重点推荐。该研究制备的单壁碳纳米管与超薄、超长聚苯胺纳米带形成的复合气凝胶,具有导电材料与活性物质形成的双连续、互穿网络结构,不仅有利于离子/电子的高效传输,而且三维连通纳米孔结构利于电解质离子的快速渗透。该研究成果为提高储能材料的存储性能提供了新的研究思路,同时还可以应用于道路传感系统、可穿戴电子产品、生物医学器件等相关设备,为其提供高性能柔性储能电极。

【六月】

3日 中国日报网刊登《哈工大研究人员发现新菌种 被定名为"哈尔滨不动细菌"》的报道。报道介绍,在黑龙江省杰出青年基金和国家自然科学基金的支持下,哈尔滨工业大学市政学院李伟光教授课题组在采用生物法去除低温水源水中氨氮的研究方面取得突破性进展。课题组采用低温筛选方法,发现了可在2 ℃低温下生长的1株新型异养硝化细菌。根据国际命名法则,并参考国际菌种分类学专家意见,这一新菌种名称正式定名为"哈尔滨不动细菌"。该发现对于低温水源水氨氮处理新技术的开发具有重要的理论意义和实用价值。该项研究成果的应用价值在于,针对氨氮自身性质的特殊性及低温时特殊的水质条件,李伟光教授课题组所发现的新型异养硝化细菌为解决低温水源水氨氮去除难的问题提供了新的途径。近年来课题组在采用基于异养硝化细菌生物法去除低温水源水中氨氮的研究中取得了一系列进展,研究成果先后被发表在《生物资源技术》《国际生物退化和生物降解》等期刊上,并获得了两项国家授权发明专利。

5日 工业和信息化部网站刊登《哈工大在多功能多尺度复合材料领域取得重要成果》的报道。报道介绍,国际著名期刊《先进材料》(Advanced Materials)5月28日刊登哈尔滨工业大学航天学院复合材料与结构研究所赫晓东教授团队的重要研究成果《碳纳米管海绵原位化学切割制备石墨烯纳米带气凝胶》。该论文由博士生彭庆宇在赫晓东教授和李宜彬教授共同指导下完成。该复合材料具有优异的力学性能,拉伸强度、模量与断裂韧性跟基体相比分别提高2.5倍、5.4倍和10倍之多。同时这种骨架结构还具有独特的力学性能、电学性能和吸附性能。据悉,这种新型多孔骨架结构不但可以作为多功能一体化复合材料的增强体,还可以用来制作超级电容器电极等,在多个领域具有广阔的应用前景。

26日 工业和信息化部网站刊登《国际学术期刊〈材料科学进展〉发表哈工大论文》的报道。报道介绍,在国家"973计划"项目和国家自然科学基金支持下,哈尔滨工业大学理学院凝聚态科学与技术研究所教授曹文武课题组撰写的综述性论文《弛豫基铁电单晶：生长、畴工程、表征与应用》日前在国际著名期刊《材料科学进展》上发表。课题组成员、哈工大青年教师孙恩伟为该论文第一作者。《材料科学进展》是材料科学领域的著名综述性学术期刊，主要邀请材料领域内的权威科学家撰写综述，对该领域的现状和未来进行评述，在材料学术界具有重要影响，2013年影响因子为23.194。

【七月】

14日 中国新闻网刊登《中国学者全球首次实现对"纳米火箭"停起控制》的报道。报道介绍，哈尔滨工业大学对外发布消息称，该校基础与交叉科学研究院微纳米技术研究中心的研究人员成功实现了对"纳米火箭"的多次开关运动。这将有助于实现人为地控制纳米机器的启动或停止，以便开启一些实际应用，如帮助在人体内递送药物等。此项成果是在该校机器人技术与系统国家重点实验室的资助下，由基础与交叉科学研究院微纳米技术研究中心贺强教授团队在人工合成自驱动纳米机器研究方面取得最新进展。有关研究成果《近红外光触发的聚合物多层纳米火箭开关运动》，近日发表于国际著名期刊《美国化学会·纳米》（影响因子12.06）。第一作者为2011级博士生吴志光，哈工大为该论文的唯一署名单位。

25日 哈工大新闻网刊登《世界最大望远镜骨骼来自哈工大 可穿百亿光年寻"都教授"》的报道。据报道，世界最大单口径射电望远镜在贵州完成第一根主索安装，它的表面积有30个足球场大。这个望远镜英文名叫FAST。哈工大空间结构研究中心主任、土木工程学院院长范峰，他的团队不到20人，却研发了FAST的"骨骼"。为表彰哈工大的杰出贡献，2010年，我国将一颗发现于1993年的小行星命名

FAST鸟瞰效果图

为"哈工大星"。FAST口径500米，比世界第二大的美国Arecibo望远镜精度高10倍。口径与技术均超美国。哈工大空间结构研究中心的大跨空间技术，是全国最牛的。FAST采用主动反射面技术，整个反射面由2 000多块可运动的等边球面三角形叶片组成，实现了毫米级的动态定位精度。FAST建成后，木星、土星的数据，我们也能测控。哪怕是110亿光年距离之外的微弱信号，FAST都能捕捉。看遥远的奇异星、脉冲星，探索地外文明，监听可能的星际通信。FAST将在未来20年至30年保持世界一流地位，它将与国外其他的射电望远镜组成一个系统，相当于在太空中建一个口径100米的望远镜。而目前，最大的太空望远镜"哈勃"口径只有2.4米。

【九月】

12日 《哈工大报》刊登《我校在染料敏化太阳能电池研究方面取得新进展》的报道。报道介绍，从城市水资源与水环境国家重点实验室获悉，我校理学院化学系李欣教

授课题组与澳大利亚莫纳什大学利昂·斯皮西亚教授合作开展了染料敏化太阳能电池的研究,相关工作近期取得重要进展,最新研究成果《十八烷基三氯硅烷表面改性调控基于水系染料敏化太阳能电池的电子复合》于近日发表在国际著名期刊《德国应用化学》上。论文第一作者为李欣教授与利昂·斯皮西亚教授指导的中澳联合培养博士研究生董存库。该研究得到了城市水资源与水环境国家重点实验室自主课题和高等学校博士学科点专项科研基金的资助。是李欣教授课题组继 2012 年在《先进能源材料》、2013 年在《欧洲化学》、2014 年在《纳米尺度》相继发表有关染料敏化太阳能电池研究的一系列论文以来,在化学学科著名期刊发表的又一篇重要论文。

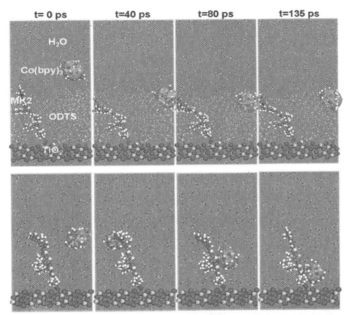

17 日 《哈工大报》刊登《化工学院本科生梁彩云在英国化学会〈材料化学 A〉发表封面文章》的报道。报道介绍,化工学院大四本科生梁彩云为论文第一作者在国际著名期刊《材料化学 A》(*Journal of Materials Chemistry A*,影响因子 6.6)发表了学术论文《$SiC-Fe_3O_4$ 介电-磁性异质复合纳米线可控制备、表征和电磁波吸收性能》,王志江副教授为通讯作者。该研究

利用有机物裂解的方法在介电材料 SiC 表面上负载了粒径为 10 纳米左右的 Fe_3O_4 磁性粒子,使 $SiC-Fe_3O_4$ 复合材料与自由空间达到阻抗匹配的状态,扩大了吸收波频的范围和吸波效率,并对 $SiC-Fe_3O_4$ 复合材料的吸波机理进行了深入分析。该研究通过改变 Fe_3O_4 的负载量,最终实现了电磁波最佳吸收波段的可控调节。该研究的新颖性和重要

性得到审稿人充分肯定,很快被《材料化学A》接收并被选为期刊封面。

【十月】

10日 工业和信息化部网站刊登《哈工大新型光催化燃料电池研究获重要进展》的报道。报道介绍,在国家杰出青年基金和城市水资源与水环境国家重点实验室课题的资助下,哈尔滨工业大学冯玉杰教授课题组在光催化燃料电池方面取得重要进展。该课题组的研究成果《一种实现同步电能回收和污染物去除的生物阴极耦合光催化燃料电池》最近被环境领域著名国际期刊《环境科学与技术》发表。该论文的新颖性和重要性得到审稿人充分肯定,被期刊选为亮点文章重点推荐。冯玉杰教授课题组独辟蹊径,将具有电化学活性的好氧生物膜作为阴极催化剂,构建了新颖的生物阴极耦合光催化燃料电池系统。该好氧生物阴极可以从废水中富集得到,并以污染物为营养物质增殖,在生长代谢的同时催化阴极反应,具有廉价、稳定、可再生的特点,而且利用微生物的代谢过程实现污染物质的转化和去除。与此同时,该课题组在研究过程中还首次发现,光电路的介入,可以有效提高微生物催化燃料电池阴极点位,从而使得阳极生物催化效率提高近两倍,为该技术应用于生物难降解物质的转化提供了又一新思路。

22日 工业和信息化部网站刊登《哈工大微生物燃料电池研究获重要进展》的报道。报道介绍,在国家重大水污染专项课题和城市水资源与水环境国家重点实验室课题的资助下,哈尔滨工业大学陈志强教授课题组在微生物燃料电池深度脱盐和去除重金属方面的研究日前取得重要进展。该课题组的3篇相关研究成果《微生物燃料电池耦合膜电容去离子技术提高脱盐效率的研究》《新型微生物燃料电池同步脱盐和去除铜离子的研究》《一种能够同步脱盐和除六价铬的微生物燃料电池研究》今年陆续发表于环境领域国际著名期刊《脱盐》上。这3篇论文的新颖性和重要性受到了审稿人的充分肯定,哈工大为论文的唯一署名单位。课题组针对传统微生物脱盐燃料电池对低浓度盐水脱盐效率较低的问题,创新性地提出将微生物脱盐燃料电池与膜电容去离子技术耦合处理盐水的思路。该技术成果可望实现特殊环境下(如缺少电)的海水淡化。

【十二月】

9日 《哈工大报》刊登《国际著名期刊〈化学会评论〉发表化工学院教师陈冠英特邀论文》的报道。报道介绍,在国家自然科学基金、哈工大青年拔尖人才计划和哈工大基础研究杰出人才培育计划等项目支持下,化工学院教授陈冠英作为第一作者和通讯作者应邀撰写的综述论文《光子上转换核壳纳米结构:纳米光子学调控对其前沿应用的研究》在国际著名期刊《化学会评论》(2013年影响因子30.425)上在线发表。陈冠英教授长期从事上转换发光的材料设计及其应用研究,实现了诸如高效超微尺寸上转换氟化物纳米晶的构筑以及发光动力学机制的可控调制,高对比度近红外–近红外斯托克斯生物成像,异质核壳结构极大增强上转换纳米晶发光效率等。《化学会评论》发表的都是相关领域权威专家撰写的评论性综述,对作者资历的认可及审稿过程都极为严格。该文章在酝酿、撰写、投稿、修改过程中不断地更新和完善。据介绍,该文章的发表标志着我校在上转换发光材料设计及应用方面已经步入国际前列,受到国际学者的认可和关注。

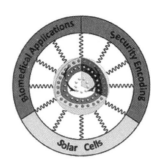

Nanophotonic control of light upconversion in the hierarchical core–shell nanostructures, their biomedical, solar energy and security encoding applications were reviewed.

文章网络截图

10日 工业和信息化部网站刊登《哈工大科研论文在国际期刊〈纳米快报〉发表》的报道。报道介绍,哈尔滨工业大学理学院物理系副教授张耀辉12月4日以第一作者身份在国际著名学术期刊《纳米快报》在线发表了题为《具有自取向纳米结构的无枝晶金属锂的电沉积》的科研论文。该研究论文阐释了在液态电解液中实现无枝晶光亮金属锂电极的电沉积的问题;同时首次发现液态电解液体系中电沉积的金属锂电极实际上具有紧凑型纳米棒结构。此结果与之前人们认为无枝晶的金属锂应为致密结构的预测不同。该结构的发现有助于正确理解金属锂电极的沉积/溶解机理,进而促进金属锂枝晶抑制这一研究方向的深入。通讯评议审稿人认为:"该文中呈现的金属锂电极的均匀性及光滑程度非常高,报道了一个重要的研究成果。"

29日 工业和信息化部网站刊登《哈工大正渗透膜技术研究取得突破性进展》的报道。报道介绍,哈尔滨工业大学市政学院马军教授课题组日前在正渗透膜技术研究方面取得突破性进展,有望应用于海水淡化、污水处理等领域。其研究成果《阳离子NH_4^+和Na^+在正渗透膜中的双向扩散:膜材料表面官能团和电荷的影响》在环境领域国际著名期刊《环境科学与技术》刊出。哈工大是该论文的第一署名单位和第一通讯作者单位。该研究成果在以往研究的基础上,进一步加深了正渗透技术中离子传质机理的理解,突破了正渗透膜技术应用的瓶颈问题,并提出了一种方便、快捷的改性方法,有效地抑制了阳离子的双向传质,从而提高了膜材料的选择性,对于促进正渗透膜技术向实际应用转化具有十分重要的意义。该论文的第一作者为哈工大2010级博士生吕兴霖。该研究工作是在马军教授及耶鲁大学迈纳谢姆·艾利默李奇教授的共同指导下完成,得到了国家自然科学基金委创新研究群体基金和美国能源部环境研究和发展战略项目的资助。

30日 工业和信息化部网站刊登《哈工大出版社数字项目连续3年获国家资助》的报道。报道介绍,2014年度国家文化产业发展专项资金资助项目评选结果近日揭晓。哈尔滨工业大学出版社"传统出版业务全流程平台数字化再造"项目入选,获中央财政资助

700万元人民币。这是继"材料科学研究与工程技术系列图书出版"和"数学数字出版综合应用一体化平台"后,该出版社项目连续3年获该项资助。三个项目资助总额达1800万元,位居黑龙江省出版社首位,在全国大学出版社中名列前茅。此次获资助的项目是针对哈工大出版社数字化转型升级需求而设计开发的,包括资源加工、资源生产、资源管理、发布运营、按需印刷五大系统。该项目运用最新的数字出版技术优化出版流程、节省出版成本、提高出版效率、达到资源增值,对哈工大出版社传统出版与新媒体技术的融合发展起到了推动作用,也为其他专业出版社提供了一种标志性的转型模式。"文化产业发展专项资金"由中央财政设立,专项用于提高文化产业整体实力,促进经济发展方式转变和结构战略性调整,推动文化产业跨越式发展。

2015年 基础科学研究创新大事记

【三月】

3日 中国高校之窗刊登《哈尔滨工业大学20位学者入选爱思唯尔2014年中国高被引学者榜单》的报道。报道介绍,世界著名出版公司爱思唯尔(Elsevier)近日发布2014年中国高被引学者(Most Cited Chinese Researchers)榜单。哈尔滨工业大学共有20位学者上榜。入选的20位学者分别为数学领域魏俊杰、王明新,电气和电子工程领域高会军,能源领域尹鸽平、李争起、王振波,计算机科学领域徐勇、邬向前,环境科学领域任南琪、李一凡、冯玉杰,材料力学领域周振功,工业和制造工程领域程凯、王永章,控制和系统工程领域吴立刚、张立宪、刘国平,通用工程领域王晓丽、王铀,化学工程领域陆慧林。该榜单研究数据采集自爱思唯尔旗下全球最大的同行评议学术论文索引摘要数据库(Scopus数据库),基于对海量的、与科研活动有关的文献、作者和研究机构数据的系统分析而成,旨在对中国学者的世界影响力进行科学分析和评价。

25日 工业和信息化部网站刊登《哈工大靳辰飞在激光非视域成像领域取得新成果》的报道。报道介绍,科技刊物《新科学家》(New Scientist)以《透过钥匙孔发射激光以绘制房间地图》为题报道了哈工大物理系赵远教授课题组的靳辰飞副教授在激光非视域成像领域取得的新进展。靳辰飞介绍,他们对现有技术进行了比较分析,提出了一种建立在小孔成像理论之上的激光多次散射三维成像方法,利用时间相关单光子计数技术,实现了对几乎全密闭空间内的隐藏物体的激光三维重建。相关研究成果以《利用三次激光散射实现穿孔透视三维成像》为题在《光学快报》(Optics Letters)上发表。该方法基于现有成熟的商用器件,大大降低了系统的体积、重量和成本,为该技术进一步的实际应用提供了必要的前提。该技术经过进一步的研究和完善后,有望在火场救援、地震救灾、地质勘探、医疗诊断等领域得到广泛的应用。

25日 工业和信息化部网站刊登《哈工大李惠教授课题组研制出世界最轻的磁弹性体材料》的报道。报道介绍,哈尔滨工业大学土木学院李惠教授课题组成功研制出了一种新型智能石墨烯气凝胶材料,该材料为已报道的目前世界上最轻的磁弹性体材料,可广泛应用于多个领域。相关研究成果近期发表于国际期刊《美国化学会·纳米》(ACS Nano,2014年影响因子为12.03)。课题组成员、青年教师徐翔为第一作者,李惠教授为共同通讯作者,哈工大为第一署名单位。李惠教授课题组采用改进水热法,通过在大片氧化石墨烯的自组装过程中原位沉积超顺磁纳米四氧化三铁颗粒,率先研究并实现了石墨烯气凝胶在外部定向磁场诱导下的可恢复大变形及压阻效应等智能特性,研制出的智能石墨烯气凝胶材料为磁弹性体材料的研究提供了新的思路。该材料可广泛应用于自感知柔性驱动器,微纳米开关、阀门、油品及重金属离子的遥控吸收和能量储存与耗散等领域。

【四月】

14日 《中国科学报》刊登《介电弹性材料让关节更灵活》的报道。报道介绍,中国哈尔滨工业大学威海分校和美国加州大学洛杉矶分校的研究者们最近发现,用介电弹性体材料制造而成的人造关节能够实现负角度弯曲,即能够上下扇动,这使得人造关节就像鸟类的翅膀一样灵活。这一研究成果日前发表在美国物理联合会的《应用物理快报》上。在实验中,研究者们用交变方波电压激发人造关节的转动。通过在实验中测试不同的参数,如调整所加电压值和频率、改变人造关节的质量,研究人员发现了一个新的振动现象:当人造关节的转动惯量或者所施加的电压大到一定程度的时候,它能够实现超过90度的负角度弯曲,如鸟类的翅膀一样上下扇动。此外,介电弹性材料因其柔软轻质的内在特点和优秀的电动机械性能,而被认为是最接近人类肌肉的材料,近几年广受科学家们的青睐。

【五月】

22日 工业和信息化部网站刊登《哈工大在新型微纳米颗粒电动驱动领域取得新成果》的报道。报道介绍,在哈工大机器人技术与系统国家重点实验室的资助下,哈工大机电学院机械设计系教授姜洪源团队在新型微纳米颗粒电动驱动方面取得新进展。研究成果《诱导电荷-电渗的颗粒聚集》发表于微流控芯片领域的著名期刊《芯片实验室》,并被推选为封面文章。文章第一作者为机电学院青年教师任玉坤副教授,哈工大为该论文的第一署名单位,这也是哈工大首次以第一通讯单位在该期刊发表论文。该论文提出了一种基于诱导电荷电渗的、全新的、位置可灵活控制的颗粒聚集手段,这一技术开拓了微流控研究领域的一种新型颗粒操纵方法,对于基于微流控的快速免疫检测、便携式细胞计数器开发等领域具有非常重要的意义。基于这一方向的前期研究基础,任玉坤获得国家自然科学基金、黑龙江省博士后青年英才计划以及哈工大青年拔尖人才计划等多项支持。

【六月】

12日 《科技日报》刊登《哈工大制成世界上第一个碳纳米管弹簧 受国际赞叹》的报道。报道介绍,从哈尔滨工业大学获悉,国际知名期刊《先进材料》日前以封底配图形式,报道了哈尔滨工业大学航天学院复合材料与结构研究所赫晓东教授的研发团队在碳纳米管纤维方面的重大突破。该团队采用两步法制备出国际首个碳纳米管弹簧。《先进材料》审稿人高度评价了这一研究成果,称其是一种非常迷人的结构。这种碳纳米管弹簧直径可以达上百微米,而长度可以达几厘米,其纺丝结构具有广阔的应用前景,有望应用于可伸缩导体、柔性电极、微型应变传感器、超级电容器、集成电路、太阳能电池、场发射源、能量耗散纤维等领域,为制备出肉眼可见的碳纳米管电子器件提供了可能,还有望应用于医疗器械,比如拉力传感绷带等。这种新型结构还可以发展成具有多功能的碳纳米管纤维复合材料加以利用。

19日 中国商务新闻网刊登《哈尔滨工业大学在电子封装互连技术领域取得突破性进展》的报道。报道介绍,哈尔滨工业大学材料学院王春青教授课题组成功实现了以金属间化合物纳米颗粒为连接材料的金属薄膜间高可靠冶金连接,巧妙解决了电子封装互连领域低温连接与高温服役两种技术需求之间的矛盾,为第三代半导体功率/高温器件封装、超细间距柔性器件封装以及三维立体封装制造提供了新型互连技术。题为《低温烧结铜锡金属间化合物纳米颗粒以实现超塑性超均匀高温服役电路互连》的相关研究论文发表在材料领域国际著名期刊 Small(影响因子7.514)上。纳米金属间化合物互连材料不仅可以实现低温连接高温服役,还具备温度区间选择多样、成本低、易实现致密烧结、可实现超塑性、与基板匹配度高等优势,有望成为电子封装互连材料领域新的研究热点。

【七月】

10日 《哈工大报》刊登《国际著名期刊〈美国化学会·纳米〉发表孙克宁教授研究成果》的报道。报道介绍,在国家自然科学基金的支持下,我校基础与交叉科学研究院孙克宁教授研究成果在国际著名期刊《美国化学会·纳米》(ACS Nano,2014年影响因子12.881)上发表。研究论文题为《极限的提高:三维层层自组装复合材料实现160C倍率放电的锂离子电池正极》。孙克宁教授创新性地使用层层自组装的方法制备了三维石墨烯材料,研究了利用此材料作为导电基材并负载磷酸铁锂后锂离子电池正极性能。利用层层自组装的方法制备三维石墨烯相较于传统的物理或化学气相沉积成本更低、效率更高,更适于未来的大规模应用。该研究中,磷酸铁锂正极材料利用三维石墨烯的高导电性和高稳定性,实现了160C条件下还能释放56 mA·h·g^{-1}的容量。该项研究由我校基础与交叉科学研究院和美国密歇根大学合作完成,孙克宁教授为第一通讯作者。

17日 中国商务新闻网刊登《国际著名期刊〈材料科学与工程-报告〉发表哈工大论文》的报道。报道介绍,在国家"973计划"项目的支持下,哈尔滨工业大学课题组撰写的综述论文《铁电材料中的损耗》在国际学术期刊《材料科学与工程-报告》上发表。本论文对众多铁电体系的不同能量损耗进行了归纳总结,对损耗机理、表征手段等进行了详细的评论和解释,并提出了一个理论模型。该论文的发表标志着哈工大在相关方面的研究得到国际学者的高度认可和关注。

24日 《哈工大报》刊登《化工学院韩晓军教授课题组在微流控领域取得新进展》的报道。报道介绍,在国家自然科学基金支持下,韩晓军教授课题组近期在微流控领域取得系列进展。研究成果《基于微流控技术的阴阳微米马达的制备及其在可控药物释放方面的应用》发表在 Small 杂志上(影响因子8.368),《基于微流控技术的形貌可控聚邻苯二胺-银纳米粒子复合物的合成》以封面论文发表在另一化工领域国际期刊上。韩晓军教授为化工学院生物分子与化学工程系主任,城市水资源与水环境国家重点实验室成员。他在英国工作多年,于2009年作为引进人才到我校工作,主持了国家自然科学基金、教育部新世纪优秀人才基金等科研项目10项,迄今在多家国际权威刊物上发表SCI

论文69篇。

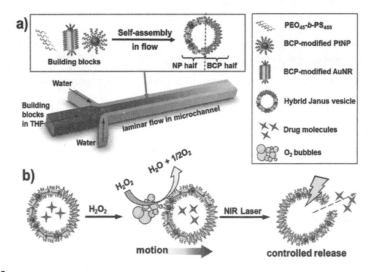

【九月】

15日 《哈工大报》刊登《刘晓为教授课题组在微电子国际著名期刊发表论文》的报道。报道介绍,航天学院刘晓为教授指导的博士生徐宏林近日在微电子学与集成电路领域国际著名期刊《美国电子和电气工程师协会固态电路杂志》(JSSC,vol. 50,2101—2112)上发表研究成果。研究论文题为《一种高 Q 值、200 ng·$Hz^{\frac{1}{2}}$ 微机械电容式闭环加速度计 $\Sigma-\Delta$ 接口电路》。据悉,JSSC 的 SCI 影响因子为3.0,在国际微电子领域排名最高。该论文研发了一种高精度数字 MEMS 加速度计接口 ASIC 芯片技术,实现了超低噪声亚 μg 加速度信号的测量能力,成果有着广阔的应用前景。该论文的发表体现了我校在微弱信号检测、数模混合集成电路领域,尤其是在 MEMS 惯性器件接口集成电路芯片领域所具备的国内领先自主研发实力。近年来,刘晓为及其团队在惯性器件接口电路、MEMS 微能源、微纳器件与系统、物联网等领域开展了深入广泛的研究,取得了一系列的高水平研究成果,已发表 SCI 检索论文60多篇。其中,ASIC 芯片及物联网技术应用已开始产业化。

15日 《哈工大报》刊登《我校在基于聚合物微胶囊的活体肿瘤光热治疗方面取得最新进展》的报道。报道介绍,基础与交叉科学研究院微纳米技术研究中心科研人员在基于金纳米棒修饰聚合物微胶囊的活体肿瘤光热治疗研究方面取得最新进展。研究成果《近红外光照射微胶囊产生蒸汽泡用于活体癌症治疗》发表在最新出版的国际著名学术期刊《德国应用化学》(Angew. Chem. Int. Ed.,影响因子11.261)上。第一作者为2012级博士生邵婧鑫。微纳米技术研究中心科研人员运用层层自组装方法构筑了生物界面化的金纳米棒掺杂天然聚合物微胶囊,通过组装层数及金纳米棒的组装密度实现了微胶囊机械性质的有效调控。小鼠实验表明在血液环境下微胶囊展示了类似红细胞的形变能力,能够在活体内有效循环并穿越机体的生物屏障在肿瘤部位富集。同时近红外光照射下可快速激发胶囊壁内的金纳米棒产生光热效应并形成气泡,而气泡的破裂可造成肿瘤组织的不可逆物理损伤和瓦解。该研究成果将会进一步促进层层组装微胶囊在肿瘤治疗领域的应用研究。

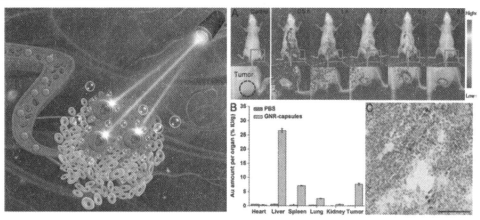

18日 《哈工大报》刊登《我校在碳纳米材料可控组装研究方面取得系列进展》的报道。报道介绍,在国家自然科学基金青年基金的资助和长江学者特聘教授李惠的指导下,我校土木学院青年教师钟晶针对碳纳米材料的修饰、组装中存在的亟待解决的界面表面科学问题与力学问题展开了系统研究,取得了一系列创新性的研究成果。我校研究人员首先提出了利用碳纳米管泡沫的三维自支撑多孔结构作为超级电容器的集流体,制备了柔性可弯折、可压缩的具有极高单位储能能力的超级电容器。研究成果于2013年发表在纳米能源领域著名期刊《纳米能源》上,我校为第一作者单位。在此基础上,我校研究人员进一步探索了利用可控化学裁剪技术将碳纳米管局部剪开,通过控制冷冻梯度方向,实现了对剪开碳纳米管气凝胶孔隙排布方向的控制,并研究了其内在规律和机制。研究成果以封面的形式发表在碳材料领域著名期刊《碳》上。在前期工作基础上,我校研究人员利用湿纺法制备了具有超高拉伸能力的形状记忆聚合物复合材料纤维,并将该纤维作为基底,分别通过层层静电组装和自限制化学沉积手段,实现了多尺度的复合电极的制备。该研究成果近日在纳米能源领域著名期刊《纳米能源》刊出。我校是该论文的第一署名单位和唯一通讯作者单位,钟晶为该论文的第一作者和通讯作者。

25日 《哈工大报》刊登《〈美国化学会·纳米〉发表哈工大教师研究成果》的报道。报道介绍,哈尔滨工业大学研究团队在饮用水消毒与安全保障研究方面取得新成果。研究成果《高效磷捕获剂的构建及饮用水"营养断粮"杀菌消毒》发表在国际著名期刊《美国化学会·纳米》(*ACS Nano*,影响因子12.881)上。哈工大为第一署名单位和唯一通讯单位。控制饮用水微生物污染是饮用水安全保障的一个重要课题。哈工大研究人员结合界面化学知识,开发了高效的能捕获水中超低浓度营养物质的捕获剂。该捕获剂具有双重结构,在保障结构稳定和高效捕获能力的同时,能有效控制纳米结构剥离和离子溶出。该研究对饮用水生产、输送及储存具有重要意义。

【十月】

23日 《哈工大报》刊登《我校研究团队在自驱动微纳米马达领域开展系统研究》的

报道。报道介绍,在我校机器人技术与系统国家重点实验室的资助下,微纳米技术研究中心贺强教授研究团队最近应邀为国际著名期刊《先进材料》(影响因子17.493)撰写了题为《基于可控组装结构的自驱动微纳米马达》的综述性论文。第一作者为林显坤副教授。2012年,贺强教授研究团队在国际上率先运用"自下而上"的层层组装技术可控构筑了化学催化阴阳型聚合物多层胶囊马达,文章发表在《美国化学会·纳米》(影响因子12.881)上。此后,该团队进一步研究了可控组装纳米马达在抗肿瘤药物的装载、细胞靶向运输及外界刺激下的药物快速释放,首次提出了集智能药物载体和自驱动马达为一体并且能快速靶向肿瘤细胞的新型化学自组装纳米马达。目前,该团队已经在微纳米马达的自组装、功能调控及其生物医学应用方面开展了较系统的研究,已累计发表SCI论文20余篇(包括3篇封面文章),获5项国家发明专利授权。

23日 工业和信息化部网站刊登《哈工大在微生物燃料电池研究领域取得新成果》的报道。报道介绍,哈尔滨工业大学尤世界教授的研究成果"基于有机金属框架结构的非贵金属氧还原催化剂强化微生物燃料电池性能的研究"在国际著名期刊《先进能源材料》(2014年影响因子16.146)上发表。该研究由哈工大与新加坡南洋理工大学合作完成,得到审稿人和编辑的高度评价。

23日 《哈工大报》刊登《我校2014年度科技论文数量与质量居全国高校前列》的报道。报道介绍,10月21日,2014年度中国科技论文统计结果发布会在北京召开,全国及各科研机构发表的SCI、EI、CPCI-S和专利等数据揭晓。我校发表科技论文的数量和质量均在全国高校中名列前茅。近年来,学校通过强化目标导向,引导科技论文实现"质""量"并重的内涵式增长,科技论文数量连年稳定增长,论文质量持续提升,特别是高影响力论文的产出在全国高校中名列前茅。2015年学校修订了《科技论文奖励办法》,持续完善科技论文影响力评价体系,实行分层奖励制度,加大一批高影响力学术论文的奖励力度,推进了我校国际学术影响力的提升。

【十一月】

1日 《中国日报》刊登《哈工大微生物燃料电池研究取得新成果》的报道。报道介绍,哈尔滨工业大学城市水资源与水环境国家重点实验室尤世界教授的研究成果"基于有机金属框架结构的非贵金属氧还原催化剂强化微生物燃料电池性能的研究"在国际著名期刊《先进能源材料》上发表,为设计高效、廉价的微生物燃料电池提供了新的思路和方法。据了解,为了克服传统颗粒态贵金属催化剂效率低、造价高、易中毒等缺陷,哈工大研究人员使用金属有机框架作为前驱体构筑具有三维多级孔结构催化剂。该催化剂能够在微生物燃料电池中产生比传统铂碳催化剂高近40%的功率密度,稳定性大幅度提高,且造价大大降低。

11日 《哈工大报》刊登《我校在纳米三氢化铝制备方法研究方面取得重要进展》的报道。报道介绍,材料学院胡连喜教授课题组在纳米三氢化铝的制备方法上取得重要进展,在《绿色化学》期刊(影响因子8.02)发表题为《固相合成纳米三氢化铝及其放氢性能研究》的研究论文。该项研究的新颖性和重要性得到审稿人充分肯定,并获得优先发表权。课题组近期还发表了上述研究成果的关联论文3篇,分别发表在《物理化学化学物理学》(影响因子4.49)、《道尔顿汇刊》(影响因子4.20)、《皇家化学进展》(影响因子3.84)期刊上。上述文章的第一作者均为材料学院2012级博士生段聪文,通讯作者为指导教师胡连喜教授,我校为唯一署名单位。胡连喜教授课题组开发的机械力固相合成法制备纳米三氢化铝材料新技术,可以采用价格低廉的金属氢化物为原料,制备过程无须添加任何有机溶剂,且能得到纳米三氢化铝产物,在100~200 ℃条件下具有良好放氢性能(实际放氢量可达9.7%)。与传统的液相合成法相比,新方法具有低成本、短流程和绿色环保等优势,具有很好的产业化前景。

13日 《哈工大报》刊登《我校在过硫酸盐高级氧化技术研究方面取得新成果》的报道。报道介绍,市政学院马军教授课题组的研究成果《苯醌活化过一硫酸盐:一种新型非自由基氧化过程》作为亮点文章在环境领域国际著名期刊《环境科学与技术》(影响因子5.330)上刊出。我校为该论文的第一署名单位和通讯作者单位。马军教授课题组最新研究发现,有机化合物苯醌也能够活化过一硫酸盐氧化降解有机微污染物。课题组利用相关检测发现,苯醌活化过一硫酸盐并未产生羟基自由基和硫酸根自由基,而是生成了另一种氧化活性物质——单线态氧;单线态氧是一种活性较高的选择性氧化剂,与羟基自由基和硫酸根自由基相比具有受水体干扰小、相对稳定、降解环境中有机微污染物效率更高的优势。该研究成果对于开发利用基于过一硫酸盐活化产生单线态氧的高级氧化技术具有十分重要的意义。同时,课题组还提出了一种新型的非自由基催化反应机理,根据这一机理提出的反应动力学模型可以很好地描述苯醌与过一硫酸盐的反应过程。这一研究得到了国家科技支撑计划、国家自然科学基金、城市水资源与水环境国家重点实验室自主课题、全国优秀博士论文作者专项基金、校青年拔尖人才基金的资助。

科研相关成果

2016年 基础科学研究创新大事记

【一月】

28日 工业和信息化部网站刊登《哈工大在三维石墨烯超材料研究方面取得重要突破》的报道。报道介绍,由哈尔滨工业大学李惠教授指导的2012级博士研究生张强强以第一作者身份在国际著名期刊《先进材料》(Advanced Materials,2014年影响因子为17.49)上发表题为《双曲形貌3D石墨烯超材料负泊松比和超材料研究》的科研论文。该论文在国际上首次研究了三维石墨烯材料中存在的负泊松比效应和超弹性特征,受到了审稿人高度评价。李惠教授和青年教师徐翔为共同通讯作者,哈工大为第一署名单位。

【二月】

2日 工业和信息化部网站刊登《哈工大在[Fe]–氢化酶模拟研究领域取得重要进展》的报道。报道介绍,在国家自然科学基金等项目支持下,哈尔滨工业大学陈大发研究员课题组与德国、瑞士相关课题组合作,在[Fe]–氢化酶模拟研究领域取得重要进展。研究成果发表在《自然》子刊《自然·化学》杂志上(Nat. Chem. 2015,7,995.,影响因子25.325)。

【三月】

1日 工业和信息化部网站刊登《哈工大在W火焰锅炉燃烧技术研究方面取得新成果》的报道。报道介绍,哈尔滨工业大学李争起教授课题组的研究成果《改进的多次引射分级燃烧技术在600 MW超临界W火焰锅炉上的工业应用》作为亮点文章在环境领域国际著名期刊《环境科学与技术》(影响因子5.330)上刊出。哈工大为论文第一署名单位和通讯作者单位。

11日 工业和信息化部网站刊登《哈工大研究人员在Small发表研究成果》的报道。报道介绍,哈尔滨工业大学研究人员,利用3D打印技术制备出具有复杂微观结构的超轻石墨烯气凝胶,这一研究成果发表在最新一期的微纳米材料领域著名期刊Small上,由哈工大土木学院李惠教授课题组成员、2012级博士生张强强和来自纽约州立大学布法罗分校的周驰博士、堪萨斯州立大学的林栋博士等人共同完成。哈工大为第一署名单位。

15日 工业和信息化部网站刊登《哈工大在高性能纤维研究方面取得进展》的报道。报道介绍,哈尔滨工业大学在超高韧性纤维制备和机械力调控纤维极化发光方面的研究取得重要进展。相关的研究成果以题为《多尺度变形机制导致同时具有螺旋和仿贝壳结构的纤维的高韧性和圆偏振发光》发表于《自然·通讯》（Nature Communications）期刊上（影响因子11.47），论文的第一作者为哈工大机电学院青年教师张甲，哈工大为该论文的通讯单位。

16日　中国网刊登《哈工大"三高"纤维填补国际空白》的报道。报道介绍，哈工大研发团队在世界权威科学期刊《自然·通讯》上发表一篇论文，在国际上首次论证了"三高"纤维的可能，研发者制造的具有高伸长率、高强度和高韧性的复合纤维，填补了国际空白。经过三年研究，该校微系统与微结构制造教育部重点实验室胡平安教授和王振龙教授带领的团队基于跨尺度制造理念，创造性地构建出多级结构的纤维，纤维表现出高断裂伸长率、高强度和高韧性。据了解，研发团队已将这种纤维应用于人体防护、高灵敏度力学传感器、可编织及穿戴设备等领域：如特警执勤时的装备——防刺手套；利用太阳能转化成电能的可穿戴充电装置，让人体自带电源给手机、IPAD充电的理想生活变为现实。

16日　《哈工大报》刊登《我校在生物统计方法研究工作中取得进展》的报道。报道介绍，我校在生物统计方法研究工作中取得进展，在统计学顶级期刊《美国统计协会杂志》上在线发表了题为《带有纵向盲评信息的临床试验中处理效应与安慰剂效应的联合估计方法》的论文。理学院数学系青年教师刘伟为论文的第一作者。

20日　人民网刊登《哈工大利用3D打印技术制备出世界最轻材料》的报道。报道介绍，从哈尔滨工业大学得知，该校土木学院教授李惠课题组成员张强强等人以及美国部分大学研究者利用3D打印技术制备出世界上最轻的材料——超轻石墨烯气凝胶。该材料具有复杂微观结构，密度低至每立方米0.5千克，大致相当于常规环境中大米密度（约每立方米800千克）的1/1 600，不到空气密度（约每立方米1.2千克）的1/2。研究人员经反复试验，在国际上首次实现了具有悬空复杂拓扑纯三维石墨烯结构可剪裁设计。通俗地说，就是利用石墨烯氧化物与水的混合物作为"墨水"，通过滴落的方式，在 -25 ℃ 的温度下将其3D打印到一个表面上。这样每打印出来的一层都会被冰冻住，然后在冰的支持下再打印下一层，从而构建由冰作为悬空空间"支架"的三维气凝胶结构。研究人员称，通过这一方法制备出的石墨烯材料，在多功能材料、柔性电子器件、储能单元、传感器件、生物化学催化载体、超级电容器等领域具有广阔的应用前景。

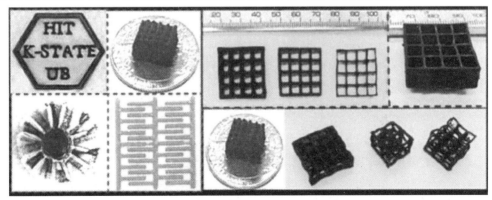

3D打印出的超轻材料

31日　《哈工大报》刊登《我校学者为老年性痴呆症研究提供新思路》的报道。报道介绍，生命学院青年教师蒋庆华教授在神经退行性疾病研究方面取得进展，在《美国科学院院报》

PNAS 上以快报形式发表题为《阿尔茨海默病 CD33 基因变异 rs3865444 与人类认知功能无显著相关》的研究论文。我校为论文第一作者和通讯作者唯一单位。生命学院 2016 级博士生刘桂友为论文的第一作者,蒋庆华为论文的通讯作者。该研究结果表明,CD33 基因附近可能存在其他的突变位点能够保护认知衰退,进而抵御神经退行性疾病,这为神经退行性疾病后续研究提供了新思路和新线索。《美国科学院院报》是被引用次数最多的综合学科文献之一,是公认的世界四大名刊(《细胞》《自然》《科学》《美国科学院院报》)之一。该刊 2014 年影响因子为 9.674,近 5 年影响因子为 10.563,在 SCI 综合性期刊类排名第三位。

【四月】

12 日 工业和信息化部网站刊登《哈工大教授担任国际期刊〈光学快讯〉助理编辑》的报道。报道介绍,哈尔滨工业大学刘树田教授被聘为国际期刊《光学快讯》(Optics Express)助理编辑(Associate Editor)。

20 日 《哈工大报》刊登《黄志伟团队在〈自然〉发表论文揭示 CRISPR – Cpf1 识别 crRNA 以及剪切 pre – crRNA 的机制》的报道。报道介绍,我校生命学院黄志伟教授团队在《自然》(*Nature*)在线发表了题目为《CRISPR – Cpf1 结合 crRNA 的复合物晶体结构》的研究论文。该项研究通过结构生物学和生化研究手段揭示了 CRISPR – Cpf1 识别 CRISPR RNA (crRNA)以及 Cpf1 剪切 pre – crRNA 成熟的分子机制,这对认识细菌如何通过 CRISPR 系统抵抗病毒入侵的分子机理具有十分重要的科学意义,而且为成功改造 Cpf1 系统,使之成为特异的、高效的全新基因编辑系统提供了结构基础,使战胜癌症和艾滋病等疾病成为可能。黄志伟为本研究论文的通讯作者,该团队的硕士研究生董德、大四本科生任宽和博士生邱小林 3 位同学为该论文的并列第一作者。清华大学生命科学学院高宁教授实验室、王佳伟教授、范仕龙博士参与该研究的部分工作。上海同步辐射中心为晶体数据收集提供了及时有效的支持。本项目受到国家自然科学基金委、哈工大青年科学家工作室等基金的资助。值得一提的是,这是我校本科生第一次在该顶级期刊参与发表研究论文,该文章也是黄志伟团队在我校成立实验室以来在病原与宿主相互作用领域发表在《自然》杂志上又一项研究成果。

黄志伟教授和课题组成员在实验室

29日 《哈工大报》刊登《化工与化学学院陈刚教授团队在锂离子电池负极材料领域取得新进展》的报道。报道介绍,化工与化学学院陈刚教授带领的能量转换材料化学研究团队在锂离子电池负极材料研究方面取得新进展。研究成果分别发表在能源及材料化学领域的著名期刊《纳米能源》(Nano Energy,2015年影响因子10.325)及《先进功能材料》(Adv. Funct. Mater.,2015年影响因子11.805)上,两篇论文的第一作者均为2013级博士生闫春爽。《刃型位错表面修饰:一种全新有效的实现高锂电性能的策略》发表于《纳米能源》。该论文提出了一种全新的基于刃型位错修饰晶面的策略,用以有效地缓解充放电过程中的体积膨胀。《基于模板法设计合成碳掺杂的Co_3O_4空心纳米纤维锂离子电池负极材料》发表于《先进功能材料》。该论文采用非金属碳掺杂的方式实现了材料电导率的本征改变,为改善氧化物负极材料的电化学性能及其实用化提供了新思路。该项技术将来一旦能够实用化,将大幅缩减智能手机的充电频率。

【五月】

10日 工业和信息化部网站刊登《哈工大教授获英国皇家化学会"可持续发展水奖"》的报道。报道介绍,英国皇家化学会经过全球范围的提名遴选,公布了2016年"可持续发展水奖"的获奖人,哈尔滨工业大学市政学院马军教授榜上有名,成为首位获得该奖项的中国学者。

11日 《哈工大报》刊登《化工与化学学院黄鑫教授在原细胞仿生构筑研究方面取得进展》的报道。报道介绍,化工与化学学院青年教师黄鑫提出了一种构建多级蛋白质胶囊的方法,在原细胞仿生构筑研究方面取得进展,相关成果在线发表于《德国应用化学》(影响因子11.26),并被编辑部评为"热点文章"。由于在该领域的系统工作,课题组也与德国合作者布丽吉特·林沃特教授一起受邀撰写专题综述并发表在《化学评论》(2015年影响因子46.56)上。黄鑫等人通过研究,提出了一种利用聚合物蛋白质耦合体为构筑基元的多室蛋白质胶囊构建方法,成功实现了对其内室数目和尺寸的调控,进而通过靶向引入多酶串联体系到该多室结构的指定区域并调控膜化学性质,实现了多种物质不同空间的精确装载与可控释放。该方法的提出,为人工细胞朝向更高级行为的模拟构筑奠定了基础,该结构也被视为下一代人工细胞模型,引领了该领域的发展。

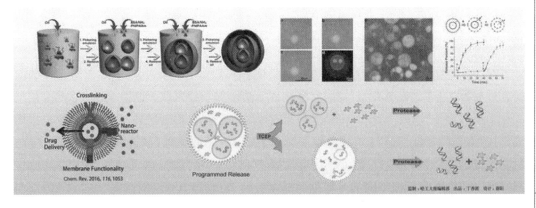

18日 《哈工大报》刊登《光驱动纳米马达有望应用〈美国化学会志〉发表贺强团队研究成果》的报道。报道介绍,我校基础与交叉科学院微纳米研究中心贺强教授团队在国际上首次合成了尺寸100 nm以下、近红外光驱动的金功能化阴阳型介孔硅纳米马达。由于介孔硅纳米粒子突出的药物装载能力,这种无须化学燃料的纳米马达有望应用于开发下一代智能药物输运平台。该研究成果《近红外光驱动的阴阳型介孔硅纳米马达》发表于国际著名期刊《美国化学会志》($JACS$,影响因子12.113)。该项工作得到我校机器人技术与系统国家重点实验室和国家自然基金委面上基金的支持。

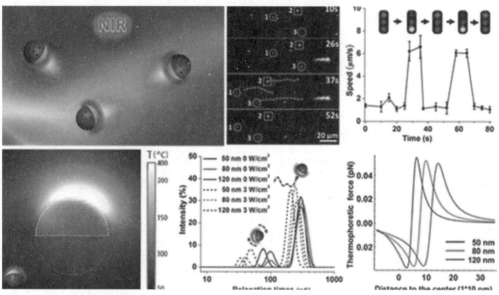

30日 工业和信息化部网站刊登《哈工大出版社5个项目362种图书入选"十三五"国家重点图书出版规划》的报道。报道介绍,"十三五"国家重点图书、音像、电子出版物出版规划评选结果揭晓。哈尔滨工业大学出版社5个项目362种图书入选,项目品种居黑龙江省出版单位前列,图书品种居黑龙江省首位,材料、数学学科项目和图书品种均名列全国第一。本次入选的5个项目分别为"材料科学研究与工程技术系列图书""现代土木工程精品系列图书""中国数论名家著作选""俄罗斯数学精品译丛""影响数学世界的猜想与问题纵横谈"。在材料学科领域,有1项100种图书入选,图书品种占该类别总量的73%;在数学学科领域,有3项210种数学类图书入选,图书品种占该类别总量的89%。

【六月】

22日 《哈工大报》刊登《化工与化学学院青年教师王博在电化学混合储能领域取得新进展》的报道。报道介绍,在国家自然科学基金和学校科研创新基金的支持下,化工与化学学院青年教师王博在电化学混合储能领域的研究取得新进展,提出了一种构建多级结构"双连续活性通道"(离子与电子)混合储能材料的策略,研究成果发表于能源与材料领域著名期刊《先进能源材料》(影响因子15.23)和《能源与环境科学》(影响因子25.43)。研究人员根据不同活性物质的储能特性,成功设计了一系列混合储能材料,实现了不同活性物质的原位复合和储能过程中的高效协同,并通过理论研究进一步揭示了电化学混合储能的机理,为电化学混合储能领域的发展提供了重要的理论依据和研究方法,具有广泛的学术指导意义和应用价值。依照该策略合成出的磷酸铁锂/碳纳米管及石墨烯多级结构混合储能材料具备优异的电化学性能,快速充电 200 秒充电率达 90%,有望实现以其为正极材料的电动汽车的快速充电。

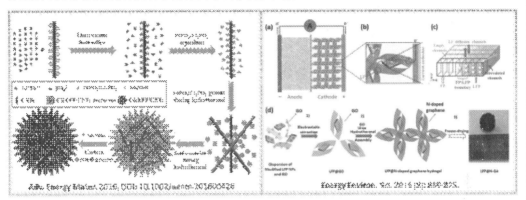

14 日　光明网刊登《哈工大利用烤焦的面包制成碳泡沫材料》的报道。报道介绍,碳泡沫材料由于重量轻及高性能等特点,而成为一种在航空航天领域极具前景的新绝缘材料。此前研究人员曾利用香蕉和西瓜等食物制备碳泡沫材料。近日哈尔滨工业大学的研究人员却以烤焦的面包为材料制造出碳泡沫材料,同样具有隔热、电磁屏蔽等性能。研究人员首先将面包放入烤箱烘干,并将温度设定在 80 ℃ (176 ℉),整个过程持续 18 小时。随后面包被放入一个使用氩气的特殊熔炉中,将其煅烧成碳泡沫。利用这种方法得到的碳泡沫材料与其他的碳泡沫具有相同的性能。此外,这种碳泡沫材料比现有的材料阻燃性更好,成本也更低。这项研究结果发表在美国化学学会主办的 ACS Applied Materials & Interfaces(《美国化学会:应用材料与界面》)期刊上。

21 日　《哈工大报》刊登《哈工大在纳米医疗研究方面取得进展》的报道。报道介绍,哈尔滨工业大学微系统与微结构制造教育部重点实验室刘绍琴教授课题组和生命学院发育生物实验室吴琼教授课题组合作设计合成了一种新型纳米胶束。与传统抗肿瘤药物顺铂相比,该纳米胶束具有更好的抑瘤率,对正常细胞的毒副作用极低。相关研究成果发表在国际著名期刊《先进材料》(Advanced Materials,影响因子 18.96)上。论文第

一作者为哈工大生命学院博士研究生孙铁东和崔巍。

【九月】

19日 中国教育在线刊登《哈尔滨工业大学在纳米光子学方面研究取得新进展》的报道。报道介绍,哈尔滨工业大学在纳米光子学方面研究取得新进展,理学院物理系青年教师刘建龙博士以第一作者身份在国际期刊《光:科学与应用》(Light:Science & Applications)上发表题为《交错光学石墨烯中赝自旋引发的手性》的研究论文。该论文从理论上证明了光的自旋和赝自旋的耦合,使得赝自旋成为一个可以被直接激发、测量并有效利用的物理量,为未来基于赝自旋的新型光子器件的研究开启了一扇新的大门。《光:科学与应用》杂志是自然出版集团(Nature Publishing Group,NPG)旗下的英文光学学术期刊,每年收录50篇左右在光学及相关领域高质量的原创或综述性论文,2015年度影响因子为13.600,在全球光学类学术期刊影响因子排名中位列第二,仅次于《自然-光子学》(Nature Photonics)。

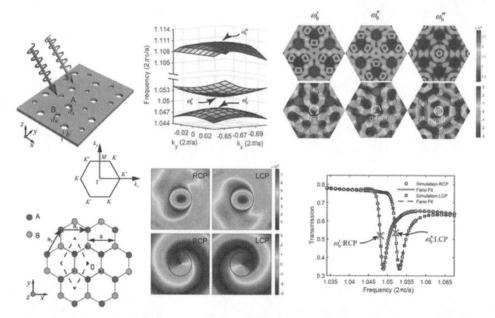

20日 科学网刊登《哈工大研制出长寿命宽范围高温储能的形状记忆聚酰亚胺》的报道。报道介绍,哈尔滨工业大学化工与化学学院肖鑫礼课题组制备的分子链为螺旋状扭曲的聚酰亚胺在折叠形状记忆次数超过1 000次时依然保持接近100%的固定率和恢复率,是关于长循环寿命形状记忆聚合物的首次报道。该材料具有较宽的形状转变范围(230~300 ℃),可适应多种高温环境,在20秒内可实现100%的形状恢复。在250 ℃时该材料的临界应力为2.78 MPa,形状恢复过程可产生0.218 J/g的能量,其输入/输出能量转换效率为31.3%。这也是聚合物在高温形状记忆过程中机械能转化问题的首次报道。该材料制备成本较低,工艺简单,易于产业化。其长循环寿命、宽形状转变范围和可逆高温能量转化等特性使其在循环驱动器等领域有广阔前景,将进一步拓展形状记忆聚合物的应用范围。

20日 搜狐网刊登《哈尔滨工业大学在石墨烯气凝胶超材料研究方面取得突破》的报道。报道介绍,土木工程学院李惠教授课题组年轻教师徐翔、博士张强强、本科生俞祎康以第一作者身份在国际著名期刊《先进材料》(Advanced Materials,2015年影响因子为18.96)发表了题为《自然干燥方法制备具有超弹性和可调节泊松比特性的石墨烯气凝胶》的科研论文,徐翔和李惠教授为共同通讯作者,该校为第一作者和通讯作者唯一单位。李惠教授课题组通过调节石墨烯气凝胶结构的初始刚度和溶剂蒸发的毛细应力,成功实现了该材料的自然干燥制备,实现了常温常压下蒸发样品所含溶剂并保持其体积不收缩、结构不坍塌。这种低成本、高产出和易操作的自然干燥技术不但可以极大程度推动石墨烯气凝胶超材料的大规模和大尺度商业生产,而且提供了一种基于泊松比特性设计的石墨烯超材料研究方法,使其可广泛应用于柔性驱动器、柔性机器人、传感器、可变形电极材料、药物传输和投放、超轻隔热保温及防护材料等。

【十月】

10日 东北网刊登《全球首创尖端技术保障超高精度观测哈工大助力"天眼"看宇宙》的报道。据报道,有着超级"天眼"之称的500米口径球面射电望远镜(简称FAST),9月25日在贵州省平塘县的喀斯特洼坑中落成启用。以哈工大空间结构研究中心沈世钊院士、范峰教授、钱宏亮教授为首的研究团队,自2003年起就全程参与了FAST项目结构系统的预研、可行性研究和初步设计,提出的主动反射面结构方案和多项关键技术成功应用于FAST项目,为超级"天眼"的国家立项和落成启用提供了强有力的技术支撑和保障。研究团队经过多年的技术攻关,提出的主动反射面结构整体方案在多家竞争中获得采用,最大限度地保证和满足了FAST项目超大跨度、超高精度、实时变位等要求。范峰教授自豪地告诉记者:"未来,除了天文观测之外,FAST还将作为地面的主要测控装置为中国的探月、登月,乃至以后登陆火星提供定位、导航、接收信号等支持。"

12日 工业和信息化部网站刊登《哈工大在环境光催化技术研究领域取得新成果》的报道。报道介绍,哈尔滨工业大学城市水资源与水环境国家重点实验室任南琪院士团队成员尤世界教授和博士研究生刘国帅的研究成果"非线性光学材料光催化高效脱氮"在环境科学与工程领域国际著名期刊《环境科学与技术》(Environmental Science & Technology)上发表。哈工大研究人员首次揭示了非线性光学材料高效光催化还原水中的硝酸盐规律。研究表明,不同于传统的半导体材料,非线性光学材料具有独特的内部极化效应,可以有效避免空穴和电子的复合,促成硝酸盐主要在导带与电子直接发生异相还原反应,从而具备了更高的还原效率和稳定性。该项研究为高效、简单、绿色去除水中的硝酸盐提供了新思路、新材料和新方法。

【十一月】

24日 工业和信息化部网站刊登《哈工大再次入选"111计划"》的报道。报道介绍,教育部和国家外专局正式公布了2017年"111计划"评审结果,共有50所高等学校学科创新引智基地获得立项。其中,哈尔滨工业大学获批,再次入选。"111计划"全称新建高等学校学科创新引智计划,旨在推进中国高等学校建设世界一流大学的进程。该项目从2006年起由教育部、国家外国专家局联合实施。该计划以国家重点学科为基础,从世界范围排名前100位的著名大学及研究机构的优势学科队伍中,引进、汇聚1 000余名优秀人才,形成高水平的研究队伍,建设100个左右世界一流的学科创新引智基地。每一个"111计划"引智基地的建设周期为5年,每年度支持经费不低于180万元。

28日 东北网刊登《哈工大"磁场驱动仿鱼形纳米马达"研究取得重要进展》的报道。报道介绍,哈工大机电学院张广玉、李隆球教授研究团队和加州大学圣地亚哥分校约瑟夫·王教授研究团队合作的最新研究成果"磁场驱动仿鱼形纳米马达"发表在最新出版的微纳领域国际知名学术期刊 Small 上,被选为期刊封面。该论文第一作者为哈工大2012级博士生李天龙,李隆球教授为通讯作者。该研究在国际上首次提出一种仿鱼形磁驱纳米马达。该马达采用交变磁场驱动鱼尾摆动推动马达快速移动,将外部磁场能转换为机械能,马达长度仅为5微米。这项研究的驱动方式与化学驱动相比,不需要额外添加燃料、无毒副作用、对环境介质依赖性较小;与光驱动相比,可控性更好、穿透能力更强;与超声驱动相比,方向控制更加精准。该马达在生物检测传感、微纳器件加工、微纳机器人以及药物靶向释放等领域具有很大的应用前景。

【十二月】

15日 工业和信息化部网站刊登《哈工大黑科技:让头发具备触觉感知能力》的报道。报道介绍,哈工大的科学家们另辟蹊径,研发了一种头发状传感器,能让机器人获得皮肤之外的感知能力。这款根据人体仿制的触感头发采用了钴基微导管、压力传感器、玻璃涂层作为主要材质。头发的一侧连接到一个橡胶硅层,其内连接了一个电子回路板,这有点类似于人体的头皮。实验室测试发现,这些传感器能够检测到微风的轻拂,甚至能判断飞行以及着陆状态。此外,利用该传感器的机械手在抓取塑料方块时,还能检测到物体表面的摩擦力。在实际应用中,这种技术能让机器人承载精致易碎的物品,因为它能感知物体是否将要滑落并增强抓取力。

21日 工业和信息化部网站刊登《哈工大荣获"国家自然科学基金管理工作先进单位"荣誉称号》的报道。报道介绍,2016年度国家自然科学基金管理工作会议暨表彰大会在北京召开,对"十二五"期间在国家自然科学基金管理工作中做出突出贡献的先进依托单位、先进地区联络网和先进工作者进行表彰。哈尔滨工业大学荣获"国家自然科学基金管理工作先进单位"荣誉称号。哈工大副校长韩杰才代表学校领奖。哈工大科学技术研究院院长王晓红做典型发言。该奖项每5年评选一次,旨在表彰在科学基金管理工作方面取得突出成绩的依托单位和个人。国家自然科学基金委员会经过严格筛选和评审,从全国3 097个高校和研究所等依托单位中评选出20个先进单位和100名先进工作者。

2017年　基础科学研究创新大事记

【一月】

9日　搜狐网刊登《哈工大研制纳米机器人把原子级别药物输入细胞》的报道。报道介绍，2016世界机器人大会上，由哈工大机器人集团研制的具备位移反馈传感器的纳米操作机器人引发了人们的关注。通过纳米技术，可将原子级别的药物输入细胞中，观察这些药物对细胞的效果，以往一天才能做十个细胞的测试，现在一个小时可以测试一千个细胞。机器人通过这种微操控的形式对药物进行测试，使测试的效率大大提升，并且能够让老药有一些新用法。近年来，哈工大机器人集团主要围绕智慧工厂、工业机器人、服务机器人、特种机器人四大方向进行发展。其中，纳米操作机器人、微纳牛力测试仪等产品，彰显了机器人领域的前沿技术实力。

17日　工业和信息化部网站刊登《哈工大首次在国际上发表北极大气环境研究成果》的报道。报道介绍，哈尔滨工业大学城市水资源与水环境国家重点实验室所属的国际持久性有毒物质联合研究中心成员任南琪院士、李一凡教授和博士研究生乔丽娜与国外学者联合研究成果《我国及全球大气中溴代阻燃剂BDE-209污染水平、气粒分配及长距离传输规律研究：大气中的BDE-209真的是通过颗粒物的长距离传输进入北极的吗？》发表在环境科学与工程领域著名期刊《环境科学与技术》(*Environmental Science & Technology*)上，并被选为亮点新闻在主页上刊登。本论文是哈工大首次在国际期刊发表关于北极大气环境方面的研究成果。该研究颠覆了当前科学界的流行观点，具有典型的理论突破性质。

【二月】

20日　经济视野网刊登《哈工大研制的二氧化碳亲和性分离膜达到国际最高水平》的报道。报道介绍，哈尔滨工业大学城市水资源与水环境国家重点实验室成员、化工与化学学院教授邵路率课题组在二氧化碳分离膜研究领域取得重要突破，课题组采用与二氧化碳具有亲和性的聚氧化乙烯衍生材料，制备出一种新型二氧化碳亲和性半互穿网络分离膜，解决了膜分离技术材料匮乏的难题。据悉，该成果在线发表于《能源与环境科学》杂志。该半互穿网络分离膜制备方法极其简单且绿色环保，新型膜材料具有优异的稳定性，有望与目前的工业化生产过程匹配。该成果的研究思路为先进膜材料开发及其在环境能源等领域的应用建立了高效的设计路径。

【三月】

3日　工业和信息化部网站刊登《哈工大在微纳连接研究领域取得新进展》的报道。

报道介绍,哈尔滨工业大学材料学院先进焊接与连接国家重点实验室王春青教授课题组在国家自然科学基金项目资助下,成功实现了在表面纳米阵列结构与纳米连接材料之间的高可靠冶金互连,解决了传统焊盘结构与新型纳米连接材料在连接过程中微观尺度不兼容的矛盾,为第三代半导体功率/高温器件封装、三维立体封装制造提供了新型互连技术。并以题为《一步法制备三维镍纳米狼牙棒阵列与纳米银的烧结及界面分析》的研究论文发表在美国化学协会《应用材料与界面》杂志(影响因子 7.145)上。哈工大为该论文的第一署名单位和第一通讯作者单位。论文第一作者为哈工大 2013 级博士生周炜。本研究有望成为电子封装互连结构领域新的研究热点。

12 日　新浪网刊登《哈工大全球首创技术用于超级"天眼"——500 米口径球面射电望远镜》的报道。据报道,有着超级"天眼"之称的 500 米口径球面射电望远镜(简称 FAST)在贵州省平塘县的喀斯特洼坑中落成启用。从 2003 年起,哈尔滨工业大学研究团队全程参与,多项关键技术成功应用其中。"天眼"是具有自主知识产权、世界最大单口径、最灵敏的射电望远镜。启用以来,极大地推动了我国天文学研究发展。"天眼"由中国科学院国家天文台主持建设,耗时 22 年,能接收到 137 亿光年以外的电磁信号,即使在月球上打手机,它也能发现。"天眼"之所以能看得这么远、这么准,有一项全球首创的技术发挥着至关重要的作用,这就是以哈工大空间结构研究中心的研究团队设计的主动反射面结构系统。该系统是由上万根钢索和 4 450 个反射单元组成的球面索网结构,接收面积相当于 30 个标准足球场。未来,除天文观测外,FAST 还将作为地面的主要测控装置为中国的探月、登月,乃至以后登陆火星提供定位、导航、接收信号等支持。

【四月】

11 日　工业和信息化部网站刊登《哈工大团队发文揭示 C2c1 - sgRNA 复合物严谨型识别 PAM - DNA 底物的分子机制》的报道。报道介绍,哈尔滨工业大学生命学院黄志伟教授团队在《细胞研究》(*Cell Research*)杂志在线发表题目为《C2c1 - sgRNA 复合物严谨型识别 PAM 序列的结构基础》的研究论文。黄志伟教授为本研究论文的通讯作者,该团队的博士研究生吴丹、关晓宇和师资博士后朱玉威为该论文的并列第一作者。该研究不仅揭示了 C2c1 结合 sgRNA 和识别 PAM 的分子机制,而且为改造 C2c1 以及其他 Cas 核酸内切酶,使之成为更高效、更特异的基因编辑工具提供了结构基础,具有指导改造新型基因编辑系统的应用价值。这是该课题组在病原与宿主相互作用系统以及基因编辑系统领域取得的又一研究成果。

13 日　工业和信息化部网站刊登《哈工大在微流控纳升级微反应器研究领域取得新进展》的报道。报道介绍,哈尔滨工业大学机电学院机械设计系姜洪源教授研究团队在基于液滴的纳升级微反应器研究领域取得新进展。题为《双核双乳液滴中内核液滴的连续电融合及其微反应应用》和《双乳液滴中成对内核液滴的电致融合》的研究论文分别发表在美国化学协会《应用材料与界面》杂志(影响因子 7.145)和英国皇家化学协会《芯片实验室》杂志(影响因子 5.586)上。姜洪源教授团队创新性地提出了利用低压交流电场实现双核双乳液滴可控融合的新方法,并实现了连续流中双乳液滴的大批量精准操控融合,成功解决了上述难题,为纳升乃至皮升级生物、化学等微反应提供了高效、可控的反应平台。

25日 《哈工大报》刊登《段广仁教授牵头负责的国家自然科学基金重大项目启动》的报道。报道介绍,4月14日至15日,由段广仁教授牵头,曹喜滨和刘宏教授等共同承担的国家自然科学基金重大项目"空间翻滚目标捕获过程中的航天器控制理论与方法"启动会在深圳召开。该项目是我校首个牵头负责的国家自然科学基金重大项目。该项目由我校牵头,联合西北工业大学、国防科学技术大学、北京控制工程研究所和上海航天控制技术研究所共同承担。项目依托我校航天器控制和机器人领域两个国家自然科学基金委创新研究群体、"机器人技术与系统"国家重点实验室、"小卫星技术"国家发改委国家地方联合工程实验室。国家自然科学基金委副主任高文院士等有关领导出席会议。我校科工院、深圳研究生院相关负责人和来自国内高校、科研单位的特邀专家、项目组成员等50余人参加启动会。会上,项目及课题负责人汇报了项目研究方案,各课题组分别汇报了课题的研究进展。与会领导和专家纷纷建言献策。专家们表示,该项目是面向国家重大战略需求提出的,项目的获批立项来之不易,希望项目及课题承担单位进一步加强沟通合作,重视相关研究成果的转化和应用。

27日 工业和信息化部刊登《哈工大牵头负责的国家自然科学基金重大项目启动》的报道。报道介绍,由哈尔滨工业大学段广仁教授牵头,曹喜滨和刘宏教授等共同承担的国家自然科学基金重大项目"空间翻滚目标捕获过程中的航天器控制理论与方法"启动会在深圳召开。该项目是哈工大首个牵头负责的国家自然科学基金重大项目。国家自然科学基金委副主任高文院士等有关领导出席会议。哈工大科工院、深圳研究生院相关负责人和来自国内高校、科研单位的特邀专家、项目组成员等50余人参加启动会。会上,项目及课题负责人汇报了项目研究方案,各课题组分别汇报了课题的研究进展。与会领导和专家纷纷建言献策。专家们表示,该项目是面向国家重大战略需求提出的,项目的获批立项来之不易,希望项目及课题承担单位进一步加强沟通合作,重视相关研究成果的转化和应用。

启动会现场

【六月】

19日 《哈工大报》刊登《在染料敏化镧系金属掺杂纳米晶研究领域取得新进展》的

报道。报道介绍,我校化工与化学学院陈冠英教授(微系统与微结构制造教育部重点实验室成员)团队在英国皇家化学会旗下的《化学会评论》(*Chemical Society Reviews*)发表了题为《染料敏化镧系金属掺杂上转换纳米粒子》的 Tutorial Review 论文。《化学会评论》是最具影响力和权威性的化工与化学综述类学术期刊之一,2017年最新发布的影响因子为38.618。论文第一作者为我校2016级博士生王新栋,陈冠英教授为唯一通讯作者,我校为第一和唯一通讯单位。近年来,陈冠英教授提出的构建染料级联敏化镧系掺杂发光纳米晶的方法有效解决了这一关键科学难点问题,并在近红外生物成像、多色显示、光伏电池等领域取得了成功应用。相关研究成果发表于《美国化学协会期刊》(*Journal of the American Chemical Society*,2016,卷138,页16192-16195)和《纳米快报》(*Nano Letter*,2015,卷15,页7400-7407)等国际期刊上。鉴于这些工作的重要性,陈冠英教授此次受邀在《化学会评论》发表该方向首篇 Tutorial Review 论文。以上工作得到了国家自然科学基金面上项目、中组部青年拔尖人才计划、哈工大基础杰出人才"跃升计划"、瑞典能源局、深圳大学启动资金的支持。

30日　工业和信息化部网站刊登《哈工大在热电材料热传导机制方面研究取得重要突破》的报道。报道介绍,哈尔滨工业大学材料学院耿慧远副教授带领的研究团队在《物理评论快报》(*Physical Review Letters*)上在线发表了题为《填充率波动导致笼式方钴矿的玻璃样超低热导率》的研究成果。该研究被选为当期封面文章。2016级博士生任伟为第一作者。该探究成果通过利用填充率波动,将笼式方钴矿的晶格热导率降低到了无序化极限。这一机制的发现和利用,为释放笼式化合物的"声子玻璃电子晶体"潜力提供了理论基础和试验基础,将极大地促进笼式化合物热电材料的发展。

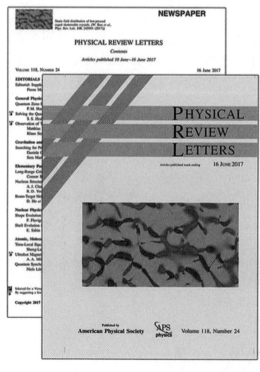

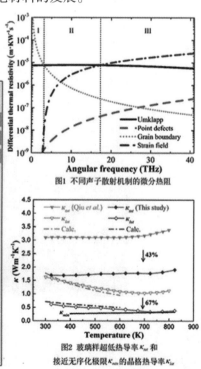

图1 不同声子散射机制的微分热阻

图2 玻璃样超低热导率κ_{min}和接近无序化极限κ_{min}的晶格热导率κ_{lat}

【七月】

28日 工业和信息化部网站刊登《哈工大教授在纳米马达研究方面取得新进展》的报道。报道介绍,哈尔滨工业大学机电学院李隆球教授、复旦大学梅永丰教授和加州大学圣地亚哥分校约瑟夫·王教授(共同通讯作者)发明了一种管状纳米马达。相关研究成果发表在国际著名期刊《先进功能材料》上,并被选为该期刊封面文章。研究发现,该马达比纳米线马达、阴阳球马达具有更高的推动效率,在药物靶向运输、血块去除和伤口清洁等生物医学领域具有很好的应用前景。

【八月】

3日 工业和信息化部网站刊登《哈工大在人造细胞研究领域取得重要进展》的报道。报道介绍,哈尔滨工业大学化工与化学学院、城市水资源与水环境国家重点实验室成员韩晓军教授团队在人造细胞研究领域取得重要进展。研究成果"可分裂的人造真核细胞模型"以"论文"的形式发表在《美国化学会志》(影响因子13.858)上。论文以韩晓军教授为唯一通讯作者,哈工大为唯一署名单位。该项研究成功地利用渗透压作用诱导巨型磷脂囊泡形变,制备了真核细胞模型,并在"细胞核"内载入遗传信息物质DNA,通过链式聚合反应(PCR)实现了"细胞核"内的DNA扩增。该细胞模型还具有分裂生成子代"真核细胞"的功能。该项研究的新颖性和重要性得到审稿人的充分肯定及高度评价。

8日 工业和信息化部网站刊登《哈工大研究人员在水单通道膜研究领域取得重要突破》的报道。报道介绍,哈尔滨工业大学城市水资源与水环境国家重点实验室成员邵路教授课题组、基础与交叉科学研究院成中军副研究员等合作在水单通道Janus膜研究方面取得重要突破。成果在线发表于英国皇家化学会旗下期刊《材料视野》(*Materials Horizons*,最新影响因子10.706)。这是哈工大首次以通讯单位在该期刊发表重要研究成果。邵路教授课题组基于商业化聚四氟乙烯(PTFE)/聚对苯二甲酸乙二酯(PET)复合膜的独特结构和疏水特性,巧妙地设计了一种制备多功能Janus膜的简便方法——涂覆/剥离法(Coating and Peeling)。该方法具有制备方法简单、可与各种功能改性方法耦合等优点,从而制备出多功能性的复合微滤膜,并且通过改变涂层的功能性可实现多功能Janus膜的个性化订制,具有广泛的商业应用前景。

8日 《黑龙江日报》刊登《哈工大"仪器科学"学科位列世界第一》的报道。报道介绍,由上海交通大学高等教育研究院世界一流大学研究中心"软科世界大学学术排名"发布的2017年"世界一流学科排名"榜单中,我省高校哈工大的"仪器科学"学科位列世界第一。在这份榜单中,中国高校在8个学科位列世界第一,分别是清华大学的"通信工程"、哈尔滨工业大学的"仪器科学"、同济大学的"土木工程"、上海交通大学的"船舶与海洋工程"、武汉大学的"遥感技术"、北京科技大学的"矿业工程"、中南大学的"冶金工程"和香港理工大学的"旅游休闲管理"。本次世界一流学科排名中,共有34所中国高校有学科排名进入世界前十,清华大学有7个学科,上海交通大学、浙江大学和哈尔滨工业大学,各有4个学科进入世界前十。我省高校哈工大进入世界前10位的学科分别是"仪器科学"(世界第1)、冶金工程(世界第3)、控制科学与工程(世界第8)、航空航天工程(世界第

9)。

【九月】

6日　工业和信息化部网站刊登《哈工大在基于纳米碳点实时无创可视化监测生物材料体内降解研究方面取得重要进展》的报道。报道介绍,哈尔滨工业大学材料学院周玉院士团队骨干成员李保强副教授在基于纳米碳点实时无创可视化监测生物材料体内降解方面取得重要进展。研究成果以长文形式(Full Article)发表在国际生物材料领域的权威期刊《生物材料》(Biomaterials,影响因子8.40,DOI:10.1016/j.biomaterials.2017.08.039)上,为实时无创可视化监测生物材料体内降解提供了新型荧光探针。论文第一作者为2013级博士生王磊,李保强副教授为唯一通讯作者,哈工大为第一署名单位。该研究利用低光漂白、发射红光和良好生物相容性的纳米碳点为荧光指示剂,实现了实时无创监测可注射水凝胶的体内与体外降解,系统评价了纳米碳点的生物相容性,建立了实时无创可视化定量评价水凝胶降解的数学模型,为组织工程中的生物材料可控降解和便捷筛选体内降解提供了新的研究方法。

29日　工业和信息化部网站刊登《哈工大在生物杂化马达纳米研究方面取得新成果》的报道。报道介绍,哈尔滨工业大学基础与交叉科学研究院微纳米技术研究中心贺强教授研究团队在生物杂化微纳米马达研究方面取得重要进展。该团队在国际上首次将天然活性中性粒细胞和具有高载药能力的人工合成介孔硅纳米粒子结合,成功地构筑了趋化性导向的自驱动生物杂化马达,有望实现微纳米马达在生物体内的自寻的药物靶向运输。该研究成果以《趋化性导向的中性粒细胞杂化马达用于药物主动靶向运输》为题发表于国际著名期刊《德国应用化学》(Angew. Chem. Int. Ed.,影响因子12.0)。该研究表明,通过大肠杆菌细胞膜对介孔硅纳米粒子的生物界面化修饰显著地提高了中性粒细胞对介孔硅纳米粒子的摄入量,并有效地封装了介孔硅内部的药物分子,避免了药物分子的泄漏对中性粒细胞的毒副作用。该生物杂化马达能够沿着细菌释放的化学驱化因子梯度进行定向迁移,实现了马达对病变部位的主动寻找和药物的主动靶向运输,为生物杂化马达的设计和构造提供了新途径。

【十月】

13日　工业和信息化部网站刊登《哈工大教授在磁控微纳机器人研究方面取得新进展》的报道。报道介绍,哈尔滨工业大学机电学院张广玉、李隆球教授和加州大学圣地亚哥分校约瑟夫·王教授合作在磁控微纳机器人研究中取得重要进展。相关研究成果"磁场驱动自由泳式纳米马达"和"自主导航微纳机器人"分别发表在国际著名学术期刊《纳米快报》(Nano Letters, 2017, 17, 5092-5098, SCIIF: 12.7)和《美国化学学会纳米》(ACS Nano, 2017, 11, 9268-9275, SCIIF: 13.9)上。两篇文章的第一作者为哈工大青年教师李天龙博士,通讯作者为李隆球教授。该研究团队通过采用仿生原理,首次发明了一种由振荡磁场驱动的镍-银-金-银-镍多金属复合结构纳米机器人,为提升微纳机器人的驱动效率和运载能力提供了新的研究思路。同时,该研究团队将人工智能技术引入到微纳机器人运动控制中,发明了一种能够在复杂环境中实现精准导航的智能微纳机器人,可应用于复杂生物体系中的诊断治疗,具有广泛的应用前景。

18日　工业和信息化部网站刊登《哈工大在肿瘤细胞调控氧化应激机制研究领域取得重要进展》的报道。报道介绍,哈尔滨工业大学生命科学与技术学院胡颖教授研究团队在肿瘤细胞调控氧化应激的分子机制研究方面取得重要进展。研究成果于2017年10月12日以长文(Article)的形式发表于肿瘤学顶级专业期刊《肿瘤细胞》(Cancer Cell,Cell子刊,影响因子27.407),论文题目为《iASPP作为一种抗氧化因子通过与Nrf2竞争结合Keap1的方式促进肿瘤细胞生长和耐药》,文章通讯作者为胡颖,该团队博士生葛文杰和赵坤明为共同第一作者,博士生王星文、硕士生李华一等完成了该项目的部分实验内容,哈工大为第一通讯单位。该团队以肾癌为模型对iASPP/Nrf2/ROS在肿瘤治疗中的重要性进行了进一步的研究。团队进行的体外和小鼠荷瘤实验均表明iASPP/Nrf2/ROS通路是肾癌对广泛应用于临床的化疗药物5-FU耐受的关键因素,这一结果为以肾癌为代表的高耐药肿瘤的临床治疗新策略的开发提供重要的思路。

【十一月】

13日　《哈工大报》刊登《化工与化学学院邵路教授团队在超快分子分离膜研究上取得重要成果》的报道。报道介绍,在国家自然科学基金等项目资助下,我校化工与化学学院教授、城市水资源与水环境国家重点实验室成员邵路团队与国内外学者合作在国际著名期刊《材料科学进展》(影响因子31.14)上发表题为《面向可持续发展的超快分子分离膜:从传统聚合物到新兴材料》的前瞻性综述文章。该文章第一单位为我校、第一通讯作者为邵路教授,博士生程喜全(目前任职我校威海校区)为第一作者,博士生王振兴(目前任职南昌大学)、博士生姜旭等人参与撰写该论文。邵路教授团队近年来致力于研究高性能分离膜在环境、能源等领域的应用,并取得了一系列国际瞩目的重要成果。尤其近几年来,邵路教授带领团队以我校为通讯单位在《材料科学进展》《能源环境科学》《膜科学》《材料视野》《先进能源材料》《聚合物科学进展》《材料化学A》等国际著名期刊上发表了系列高影响力的热点论文、封面文章和高引论文。

20日　《哈工大报》刊登《化工与化学学院王志江课题组在二氧化碳资源化方面取得重要进展》的报道。报道介绍,我校化工与化学学院王志江副教授与加州理工学院理论计算化学家威廉·哥达德(William A. Goddard)教授课题组合作在CO_2电催化还原领域取得重要进展,研究成果以论文形式发表在化学材料类顶级期刊《美国化学会志》(影响因子13.858)上,研究论文题目为《金铁核壳结构纳米粒子实现超高质量活性还原CO_2》,我校为第一通讯单位。该论文被主编选为《美国化学会志》(JACS)封面文章,编辑以聚光评论(Spotlight)对文章进行了重点推荐和点评。王志江副教授课题组在功能导向晶态材料研究方面取得了多

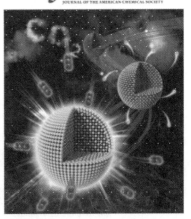

项重要成果,其中通过调控微观结构制备了 N_2 电催化还原剂,实现了超低电压下高效率转换为 NH_3,研究成果被选为2017年 Journal of Materials Chemistry A 杂志的热点文章(Hot Paper);在控制表界面电子传递行为方面,揭示吸波和电磁屏蔽材料耦合增效机制方面的研究成果,多次被国际知名期刊封面报道,相关成果得到了国内外同行的认可。王志江在2016年3月被英国皇家化学会评为所属期刊引用前10%材料领域高引作者。

【十二月】

20日 新浪网刊登《哈工大获批2项国家自然科学基金重大项目课题》的报道。报道介绍,哈尔滨工业大学申报的国家自然科学基金重大项目课题"高频高载荷宽温域下轮胎橡胶复合材料的跨尺度模拟及设计方法"与"极限工况下汽车运动控制子系统的智能协同"获得国家自然科学基金委立项资助。近年来,哈工大加强项目申报的统筹规划和组织管理,通过前期选题推荐、邀请国内同行专家交流讲学、举办申报辅导培训等举措,面向国家重大战略需求,积极引导和培育重点优势方向,重大项目及课题的立项数呈现良好增长态势。

20日 新浪网刊登《哈工大研究组在纳米力学测量成像方面取得重要进展》的报道。报道介绍,哈尔滨工业大学机器人技术与系统国家重点实验室谢晖教授研究组在纳米力学测量成像方面研究取得了重要进展。研究成果发表在国际著名期刊《自然·通讯》(Nature Communications)上,论文题目为《采用磁驱软探针的宽模量范围纳米力学成像》。哈工大为该成果的唯一完成单位。该成果为多环境下纳米材料、生物材料,尤其是多组分材料的纳米力学测量成像提供了方法、技术与系统支撑,将为下一代原子力显微镜纳米力学测量成像提供一种新的方法。

29日 哈工大新闻网刊登《2017年哈工大十大新闻》。其中第7条为《一批团队和教师获首届全国创新争先奖等表彰》。报道介绍,学校持续强化高层次人才队伍建设工作,一批教师获表彰:特种环境复合材料技术创新团队荣获"全国创新争先奖牌",任南琪、曹喜滨、刘宏、王飞荣获"全国创新争先奖状"。同时,我校高层次人才和青年人才奖入选人数位居全国高校前列:2人获国家杰出青年基金资助,3人获国家优秀青年基金资助;3人入选"国家百千万人才工程",5人入选科技部"中青年科技创新领军人才";1个团队获评科技部重点领域创新团队,1人获2017年度何梁何利奖。

获奖团队和个人

2018年 基础科学研究创新大事记

【一月】

5日 新华网刊登《哈工大牵头启动十万人基因组计划 绘制国人"健康地图"》的报道。报道介绍,哈尔滨工业大学牵头的"中国十万人基因组计划暨中国人群多组学参比数据库与分析系统建设"项目日前正式启动,进入为期4年的项目实施阶段。项目最终将绘制完成十万人规模的中国人基因组图谱和中国人健康地图。据介绍,项目将通过"三步走"完成。第一个阶段将进行1万中国人基因组测序,及相应表型组、暴露组数据采集,完成1万人规模的中国基因组图谱和健康地图,并研发、优化、验证数套世界最先进的基因组变异分析工作流,制定数十套基因组、表型组、暴露组数据采集和质量控制标准和规范,形成完善的大规模人群基因组工程的技术体系和工程运行体系。第二个阶段将进行五万中国人基因组测序和表型组等组学数据采集,并进行数据整合与分析,完成六万人规模的中国人基因组图谱和健康地图。第三个阶段是项目的成果产出阶段,将完成所有剩余的基因组测序和相关数据采集、分析、整合任务,最终绘制完成十万人规模的中国人基因组图谱和中国人健康地图。

18日 机经网刊登《哈工大在锂离子电池负极材料方面取得重要进展》的报道。报道介绍,哈尔滨工业大学化工与化学学院陈刚教授带领的能量转换材料团队在锂离子电池负极材料的研究方面取得重要进展,研究成果发表在材料科学领域期刊《先进材料》(影响因子19.79)上,论文题目为《构建二维纳米流体通道以实现优异的电化学能量储存》,该文章被选为当期封面文章(Front Cover),陈刚教授为文章通讯作者,团队博士生闫春爽和吕查德为共同第一作者,哈工大为第一通讯单位。

【二月】

17日 搜狐网刊登《哈工大(深圳)在陶瓷基复合材料领域取得重大研究突破》的报道。报道介绍,哈工大(深圳)的Yuxin Chai(通讯作者)和Huayu Zhang(张化宇)在 Ceramics International 上发表了一篇题为 Effect of oxidation treatment on KD-Ⅱ SiC fiber-reinforced SiC composites 的文章。作者以含氧量较低的KD-Ⅱ SiC纤维为增强体,通过聚合物渗透裂解(PIP)工艺制备 SiC_f/SiC 复合材料。作者综合研究了不同温度下氧化处理对KD-Ⅱ SiC纤维、由LPVCS(液态聚碳硅烷)前驱体转化成的SiC基体和 SiC_f/SiC 复合材料的形貌、结构、组成和力学性能的影响。研究结果表明,氧化处理极大地影响了SiC纤维的力学性能,进而显著影响了 SiC_f/ SiC 复合材料的力学性能。随着氧化处理温度的升高,纤维表面开裂越来越明显。经元素分析,碳元素含量急剧下降,氧元素含量急剧增加。

Effect of oxidation treatment on KD-II SiC fiber-reinforced SiC composites

Yuxin Chai[a,b,*], Xingui Zhou[b], Huayu Zhang[a]

[a] Shenzhen Key Laboratory for Advanced Materials and Department of Material Science and Engineering, Shenzhen Graduate School, Harbin Institute of Technology, University Town, Shenzhen, Guangdong 518055, China
[b] Science and Technology on Advanced Ceramic Fibers and Composites Laboratory, National University of Defense Technology, Changsha, Hunan 410073, China

CMC 的氧化处理

【三月】

10 日 搜狐网刊登《哈工大在石墨烯材料生长技术取得重大进展》的报道。报道介绍,哈工大材料科学与工程学院于杰教授团队在石墨烯材料生长技术方面取得重大进展,研究成果发表于国际著名材料期刊《先进材料》,论文题目为《热化学气相沉积生长三维石墨烯纤维》。材料科学与工程学院博士生曾杰在导师于杰的指导下,利用热化学气相沉积(CVD)成功实现石墨烯片在电纺纳米碳纤维表面的垂直定向生长,获得了一种新型的三维石墨烯连续纤维材料,主要结构和性能指标比现有三维石墨烯材料大幅提高。这项工作首创了一种三维石墨烯连续纤维材料,突破了热 CVD 不能生长立式石墨烯的难题,找到了快速生长的催化热解方法,并进行了大尺寸块体材料生长示范,消除了立式石墨烯规模化应用的主要障碍,可望快速实现规模化生产。课题组已将此项技术成功拓展至其他基底上生长立式石墨烯,如碳纤维、氧化物/碳化物/氮化物纤维、泡沫碳、炭黑、硅颗粒等,可广泛应用于导热/导电/高强复合材料、柔性导体、电磁屏蔽、吸声、储能、催化、吸附净化等领域,展示了巨大的应用潜力。该成果已申请中国发明专利和 PCT 专利权。

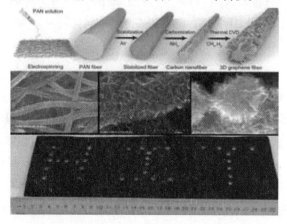

19日　工业和信息化部网站刊登《哈工大在超浸润材料领域取得新进展》的报道。报道介绍,哈尔滨工业大学航天学院复合材料与结构研究所赫晓东教授、王荣国教授团队在石墨烯基超浸润材料的构建及超浸润性快速可逆转化方面取得新进展。研究成果发表在《先进功能材料》(影响因子:12.124)上,第一作者为博士生丁国民,指导教师王荣国教授和矫维成教授为共同通讯作者。该研究得到了国家自然科学基金、哈工大青年拔尖人才选聘计划的资助。哈工大为该论文唯一署名单位。该团队通过皮克林乳液技术和蒸汽溢出的简单方法研制出了一种具有超疏水性的石墨烯基材料OCGN,在超浸润表面领域具有广阔的应用前景。

23日　工业和信息化部网站刊登《哈工大教授荣获中国政府出版奖提名奖》的报道。报道介绍,第四届中国出版政府奖获奖名单揭晓,哈尔滨工业大学姜振寰教授主编的《社会文化科学背景下的技术编年史(远古—1900)》一书获得了中国出版政府奖提名奖,这是学校首次获得该项荣誉。中国出版政府奖评选由国家新闻出版广电总局主办,是我国新闻出版领域最高奖。

30日　工业和信息化部网站刊登《哈工大课题组在光操控方面取得重要进展》的报道。报道介绍,哈尔滨工业大学理学院物理系丁卫强教授课题组在光操控方面取得重要研究进展,相关成果以《自诱导反作用光学牵引力》为题发表在物理学权威杂志《物理评论快报》上(*Phys. Rev. Lett.* 120,123901,2018)。哈工大为论文第一署名单位,其中理学院物理系2014级博士生朱彤彤为论文第一作者,丁卫强教授为论文共同通讯作者。该项研究利用梯度光力(而非散射光力)对物体实现了这一操控,这一新发现不仅对光操控的理论研究有重要影响,也为新型光操控技术的发展提供了一个新的方向。

【四月】

13日　工业和信息化部网站刊登《哈工大7个项目入选教育部首批"新工科"研究与实践项目》的报道。报道介绍,教育部下发《关于推荐新工科研究与实践项目的通知》。哈尔滨工业大学7个项目入选。本次认定的项目分为综合改革类和专业改革类项目两大类,大类下划分若干项目群。邓宗全院士、谭久彬院士、徐晓飞教授同时入选所在项目群指导专家。"新工科"建设是主动应对新一轮科技革命与产业变革的战略行动,旨在统筹考虑"新的工科专业、工科的新要求",加快培养新兴领域工程科技人才,改造升级传统工科专业,主动布局未来战略必争领域人才培养,探索建立"新工科"建设的新理念、新标准、新模式、新方法、新技术、新文化,实现从学科导向转向产业需求导向、从专业分割转向跨界交叉融合、从适应服务转向支撑引领。

【五月】

24日　新浪网刊登《哈工大油水分离方面取得新突破　可用于原油开采等》的报道。报道介绍,哈尔滨工业大学发布消息,该校机电学院赵学增教授、潘昀路副教授团队在利用选择润湿性功能材料实现油水分离和液滴可控驱动方面取得新进展。研究成果作为封底文章发表在《先进功能材料》(*Advanced Functional Materials*,影响因子12.124)上。该研究团队通过构造一种特殊的微纳复合结构,突破了传统表面能理论的限制,制备出一种完全不沾油却同时完全亲水的超浸润功能涂层。将这种涂层涂覆在网状基底上即可实现"阻油通水"式的油水分离，彻底解决了"阻水通油"式过滤存在的问题，拥有非常广阔的应用前景，特别是在工业污水处理、原油开采和海洋油污回收等方面具有非常重要的实用价值。

24日　光明网刊登《到哈工大，"探索"神奇太空》的报道。报道介绍，在哈尔滨工业大学举办的"中国航天日"科普展上，从太空返回的"神舟"飞船返回舱、航天员舱内服、"嫦娥三号"探测器、火星探测器……，众多航天展品将首次来到哈尔滨，并免费向公众开放，开启一场航天科普盛宴。本次展览的面积约3 500平方米，由"航天放飞中国梦"科普展区、"改革开放四十年"航天集团展

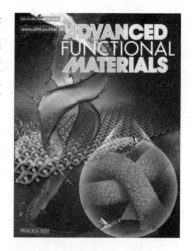

《先进功能材料》期刊

区、商业航天产业企业展区等三个主题展区构成。其中，科普区是中国科协指导下的"航天放飞中国梦"科普展继香港回归20年科技展之后全国巡展的第四站。本次冰城站的展品包括"神舟十号"飞船返回舱实物、航天员舱内服、新一代长征系列运载火箭以及我国各大航天工程中的大量珍贵实物，其中"高分五号"观测卫星等部分展品为首次公开展示。此外，科普展区特别增加一批互动展项，公众可以在现场观看载人航天任务模拟发射，进入"天宫二号"空间站模拟舱，或者亲自当一次卫星设计师，并了解卫星对地球进行观测的过程。

"天宫二号"和神舟飞船模拟舱

"神舟十号"飞船返回舱

29日　工业和信息化部网站刊登《哈工大课题组应邀发文介绍细胞内物质代谢对铁坏死调控作用最新研究进展》的报道。报道介绍，哈尔滨工业大学生命科学中心高明辉课题组应邀在细胞生物学著名综述期刊《当代细胞生物学评论》（影响因子：9.937）发表综述文章《生存抑或毁灭——营养代谢决定铁坏死》。哈工大生命科学中心是本文章的第一单位，高明辉博士是本文章的第一作者和共同通讯作者，美国纪念斯隆凯瑟琳癌症中心研究员姜学军博士是本文章的共同通讯作者。高明辉博士长期从事程序性细胞死

亡领域的研究,是国际上最早开展铁坏死研究的研究者之一。其之前的研究工作证明铁坏死受细胞内谷氨酰胺代谢和铁代谢的调控。该综述文章详细介绍了细胞内物质代谢(主要是氨基酸和铁离子)对铁坏死调控作用的最新研究进展,并对该领域的热点问题及铁坏死与相关疾病(癌症、神经退行性疾病、缺血性器官损伤等疾病)发生的关系及其治疗中的应用进行了展望。

30日　工业和信息化部网站刊登《哈工大在人造细胞研究领域取得重要进展》的报道。报道介绍,在国家自然科学基金支持下,哈尔滨工业大学化工与化学学院、城市水资源与水环境国家重点实验室成员韩晓军教授团队在人造细胞研究领域取得重要进展。研究成果"自组装'可呼吸'叶绿体基粒"发表在国际著名期刊《先进材料》(Advanced Materials,影响因子19.79)上。韩晓军教授为唯一通讯作者,哈工大为唯一署名单位。该研究以磷脂分子为构建基元,成功地制备了与叶绿体基粒结构相似的囊状堆叠结构。该结构像弹簧一样具有伸缩功能,通过量子点的嵌入,实现了光的能量共振转移,使其具有光能捕获功能。此项研究成果的新颖性和重要性得到审稿人的充分肯定及高度评价。

31日　工业和信息化部网站刊登《哈工大团队在〈纳米快报〉上发表碳基储能研究论文》的报道。报道介绍,以哈尔滨工业大学为第一署名单位,能源学院高继慧教授团队孙飞副教授为第一作者的题为《原位高含量氮掺杂碳纳米球体合成增强正负极电容储存活性构筑4.5 V高能量密度全碳锂离子电容器》的研究论文发表于纳米领域著名刊物《纳米快报》上。该研究基于连续的气溶胶辅助喷雾合成技术获得了高浓度氮掺杂的纳米碳球,同时用作锂离子电容器的正负极材料,有效化解了负极储锂离子(Li^+)和正极储六氟磷酸根($PF6-$)的电化学矛盾,展现了高压全碳对称锂离子电容器的发展潜力和应用前景,同时为通过调控碳纳米材料的化学环境来设计高性能锂离子电容器提供思路。

【六月】

7日　工业和信息化部网站刊登《哈工大在双极性巨磁电阻材料研究方面取得重要进展》的报道。报道介绍,哈尔滨工业大学理学院物理系吕伟明研究员团队在双极性巨磁电阻材料研究方面取得重要进展,相关成果以《电场驱动的锰氧化物双极铁磁性》为题发表在《自然·通讯》(Nature Communications, 9, 1897, 2018)上。哈工大为论文第一署名单位,哈工大郑立梅副教授为论文第一作者,哈工大吕伟明研究员和新加坡南洋理工大学王骁为论文共同通讯作者。该论文提出通过改变离子液体场效应门电压的极性,实现了外延$LaMnO_3$单晶薄膜电子、空穴载流子类型的双极性调控。研究同时发现,电子和空穴掺杂类型均具有巨磁电阻效应,但空穴、电子对于薄膜中磁电阻效应的诱导具有不对称性。理论模拟表明这一不对称性来源于电子和空穴对Mn-O面垂直方向交换作用截然不同的影响。这一工作对双极性自旋电子学器件、双通道场效应自旋滤波及场效应自旋阀都有重要借鉴作用。

22日　《哈工大报》刊登《周玉院士贾德昌教授团队专题方向系列研究成果长文综述在国际著名刊物〈材料科学进展〉上发表》的报道。报道介绍,在国家自然科学基金委创新研究群体、国家杰出青年基金和面上基金等项目支持下,我校材料学院特种陶瓷研究所周玉院士、贾德昌教授团队在国际材料科学研究领域著名期刊《材料科学进展》(Progress in Materials Science,2017 年发布影响因子 31.14)上发表了题为《基于机械合金化的无机法制备亚稳态 Si-B-C-N 系陶瓷及其陶瓷基复合材料:制备、组织结构、性能及相关基础科学问题》的长文综述,这也是我校首次在该期刊上发表先进陶瓷材料领域的文章。此次发表的长文综述共 67 页,引用参考文献 319 篇,含插图 77 幅、数据表 9 个,涵盖了该团队 10 余年来对该专题方向的相关研究成果。该文的发表将有利于进一步提升我校材料学科在国际学术领域的影响力。团队相关基础研究成果在《美国陶瓷学会志》《欧洲陶瓷学会志》等先进陶瓷领域国际著名期刊上发表论文 40 余篇,受邀在《科学通报》和《先进陶瓷杂志》上发表评述文章;受邀在国际陶瓷联盟大会、高温陶瓷基复合材料国际会议、环太平洋陶瓷与玻璃技术国际会议等学术会议上做主题报告和邀请报告 20 余次;已申报国家发明专利 16 项,其中已授权 9 项、在审 7 项;相关成果曾获黑龙江省技术发明一等奖。

【七月】

16 日　工业和信息化部网站刊登《哈工大在国际多语言通用依存分析评测中夺得冠军》的报道。报道介绍,在刚刚结束的 CoNLL-2018 国际评测中,由哈尔滨工业大学计算机学院社会计算与信息检索研究中心(HIT-SCIR)车万翔教授牵头,博士生刘一佳、王宇轩、郑博组成的项目组取得第一名的好成绩。CoNLL 系列评测每年由 ACL(国际计算语言学协会)的计算自然语言学习会议(CoNLL)主办,是自然语言处理领域影响力最大的国际技术评测,有力推动了自然语言处理各项任务的发展。

18 日　工业和信息化部网站刊登《哈工大团队研究成果发表在〈德国应用化学〉》的报道。报道介绍,哈尔滨工业大学基础与交叉科学研究院微纳米技术研究中心贺强教授团队在光驱动纳米马达领域取得新进展,研究成果以《光驱动碳基瓶状纳米马达的非连续超扩散动力学》为题发表于国际著名期刊《德国应用化学》(影响因子 12.0)。该研究团队运用水热碳化的方法制备了花瓶状的碳基纳米马达。该纳米马达具有花瓶结构、均一的尺寸,而且在近红外区域有强的吸收。此外,通过调节近红外光的输出功率可实现瓶状纳米马达运动的开关及运动速率的人为调控。该近红外光驱动瓶状纳米马达无需任何化学燃料,避免了化学燃料的毒副作用,为新一代人造纳米马达的设计和构造提供了新思路。

【八月】

30 日　新浪网刊登《首届智博会开幕　哈工大研究入选十大"创新产品"》的报道。报道介绍,首届中国智能产业博览会在重庆开幕,在当天举行的十大"黑科技创新产品"发布会上,10 项创新产品从 1 082 项申报材料或推荐材料中脱颖而出,其中,哈尔滨工业大学和加州大学圣地亚哥分校推送的"医用纳米机器人"项目当选。针对微纳机器人研究中存在的问题,哈尔滨工业大学和加州大学圣地亚哥分校研究团队设计了一种更高效的磁场驱动微纳机器人,并搭建微纳机器人智能自主导航系统,首次实现了微纳机器人的智能化控制。纳米机器人由生物相容性材料制成,在完成治疗后,可最终降解融入血液中。当前国内微纳机器人研究尚处起步阶段,精确快速的智能调控方法仍属于研究空白,目前团队设计的磁场驱动微纳机器人已完成动物实验。

31日　工业和信息化部网站刊登《哈工大在非晶合金微观结构研究领域取得重要成果》的报道。报道介绍,哈尔滨工业大学金属精密热加工国家级重点实验室苏彦庆教授课题组与美国加州大学伯克利分校劳伦斯伯克利国家实验室罗伯特·里奇教授合作研究成果《非晶合金中软区纳米尺度范围内的梯度原子堆垛结构》发表在材料学科计算材料学领域期刊《自然合作期刊:计算材料学》上。论文第一作者为哈工大材料学院2014级博士生王斌斌,由苏彦庆教授和骆良顺副教授共同指导。苏彦庆教授和里奇教授为论文的共同通讯作者。该论文利用分子动力学计算揭示了非晶合金中软区原子堆垛结构在纳米尺度范围内的梯度分布规律,这一发现为进一步认识和设计高强韧性的非晶合金提供了重要的理论依据。

【九月】

13日　工业和信息化部网站刊登《哈工大在二维材料的宏量制备领域取得重大进展》的报道。报道介绍,哈工大威海校区材料科学与工程学院周薇薇副教授团队在二维材料的宏量制备领域取得重要进展。研究成果以《大尺寸、非层状二维纳米片的大规模生产:基于凝胶－膨胀策略的合成及其在锂/钠离子电池和催化领域的应用》为题发表在国际期刊 Advanced Materials(影响因子21.95)上。哈工大威海校区为本论文的第一单位,周薇薇副教授和温广武教授为本论文的共同通讯作者。该研究提出了一种全新的"凝胶－膨胀"策略并合成出包括二维的金属氧化物、二维的氮掺杂碳、二维金属氧化物/氮掺杂碳以及二维金属/氮掺杂碳等在内的13种二维材料。该合成方法具有普适性,通过选择合适的金属前驱体和煅烧条件,可以合成出更多的二维材料。所得二维纳米片在锂离子电池、钠离子电池和电催化等领域均表现出非常优异的性能。此项研究成果得到审稿人的充分肯定和高度评价。

20日　工业和信息化部网站刊登《哈工大在水系碱性电池循环稳定性和自愈合特性上取得重大研究进展》的报道。报道介绍,哈尔滨工业大学深圳校区柔性印刷电子技术研究中心、材料科学与工程学院黄燕教授在水系碱性电池循环稳定性和自愈合特性上取得重大进展。研究成果分别发表于国际著名期刊《先进能源材料》(Advanced Energy Materials,影响因子21.875)和《德国应用化学》(Angewante Chemie International Edition,影响因子12.102)。论文题目分别为 Solid－State Rechargeable Zn//NiCo and Zn－air Batteries with Ultra－Long Lifetime and High Capacity: the Role of a Sodium Polyacrylate Hydrogel Electrolyte 和 An intrinsically self－healing NiCo//Zn rechargeable battery by self－healable ferric－ion－crosslinking sodium polyacrylate hydrogel electrolyte。黄燕教授的独创性成果大大解决了水系碱性电池的循环稳定性和本征自愈合问题,并且在这些指标上达到了一个新的高度。

29 日 工业和信息化部网站刊登《哈工大在薄膜褶皱研究领域取得重要成果》的报道。报道介绍,哈尔滨工业大学航天学院复合材料与结构研究所王长国教授与美国布朗大学高华健教授合作研究成果《薄膜/塑性基底的褶皱和棘轮行为:锂电池中固态电解质界面的失稳》发表在固体力学领域期刊《固体力学与固体物理学杂志》(Journal of the Mechanics and Physics of Solids,影响因子 3.566)上。该论文首次实现了薄膜/塑性基底弹塑性失稳问题的理论建模与求解,揭示了褶皱、棘轮与安定的多模式耦联作用机制。论文第一作者为航天学院 2014 级博士生刘远鹏,导师为王长国教授,哈工大为第一完成单位,王长国教授和高华健教授为论文的共同通讯作者。该论文打破传统弹性理论框架,首次建立并求解了基底为理想弹塑性的膜基系统的失稳行为,分析了系统弹塑性褶皱、塑性棘轮和安定特性及其耦合作用机制。研究发现,通过引入具有高刚度和厚度的人造固态电解质界面,并在固态电解质界面中引入拉伸预应力,可以有效预防固态电解质界面在充放电循环过程中的失稳和棘轮,为设计高容量锂电池提供了重要的理论指导。

【十月】

8 日 工业和信息化部网站刊登《哈工大在材料和药物合成理论计算模拟方面取得重要进展》的报道。报道介绍,哈尔滨工业大学化工与化学学院张家旭、杨丽教授课题组在材料和药物合成的理论计算模拟方面取得重要进展。研究成果《溶剂分子如何影响消除和取代竞争动力学,洞察机理随溶剂化的变迁机制》以论文形式(Article)发表在国际期刊《美国化学会志》(J. Am. Chem. Soc. 2018, 140, 10995 - 11005,影响因子 14.357)上。该论文受到主编的关注和好评,被选为 JACS 封面文章(Front Cover),入选 JACS 挑战题集(JACS Image Challenge)。JACS 焦点评论(JACS Spotlights)专栏对该成果做了"模拟揭示溶剂化对反应选择性的控制"专题重点报道,充分肯定了理论模拟的重要意义和作用。张家旭和杨丽教授为文章通讯作者,第一作者为 2016 级博士生刘旭,哈工大为第一通讯单位。该研究应用动态原子动力学模拟,成功揭示出在气相消除反应往往主导反应进程而在液相取代机理却更为盛行这一实验现象的本质。研究成果的学术价值和新颖性获得审稿人的充分认可和推荐。

10 日 工业和信息化部网站刊登《哈工大在自驱动纳米马达的生物医学应用方面取得新进展》的报道。报道介绍,哈尔滨工业大学基础与交叉科学研究院微纳米技术研究中心贺强教授团队在自驱动纳米马达的生物医学应用方面取得新进展。该研究成果以《自驱动纳米马达用于细胞膜的热机械打孔》为题发表在国际期刊《德国应用化学》(Angew. Chem. Int. Ed.,影响因子 12.102)上。该团队借助仿生伪装的思想,构筑了巨噬细胞膜伪装的光驱动纳米马达,用于肿瘤细胞的自寻的靶向与识别,并成功实现在靶位肿瘤细胞膜表面的开孔,辅助外界物质向胞内的渗透。

【十一月】

5 日 工业和信息化部网站刊登《哈工大在非贵金属氧还原反应催化剂研究领域取

得重要进展》的报道。报道介绍,哈尔滨工业大学化工与化学学院王振波教授课题组在质子交换膜燃料电池氧还原反应非贵金属催化剂研究领域取得重要进展。研究成果《单原子分散的锰基催化剂应用于质子交换膜燃料电池氧还原反应》发表在国际期刊《自然-催化》(Nature Catalysis)上。该研究与美国纽约州立大学布法罗分校武刚教授合作完成,第一作者为哈工大2015级博士生李加展和纽约州立大学布法罗分校博士生陈梦杰,王振波教授与武刚教授为共同通讯作者,哈工大为第一通讯单位。该研究从实践和理论两个层面上证实了锰基催化剂的活性与稳定性,为高性能催化剂的研究制备开辟了新的方向。

  12日 工业和信息化部网站刊登《哈工大科技论文数量和质量持续提升》的报道。报道介绍,国家科技部科技信息研究所召开2017中国科技论文统计结果发布会。统计结果显示,哈尔滨工业大学作为第一署名单位的SCI、EI、CPCI-S收录论文的数量和质量持续提升。2017年度,哈工大SCI收录论文4 011篇,全国高校排名第12位;2008—2017年26 224篇论文被引用306 264次,全国高校排名第11位。EI收录期刊论文3 999篇,全国高校排名第3位。CPCI-S收录论文1 428篇,全国高校排名第3位。哈工大被世界各学科高影响力期刊收录论文292篇,全国高校排名仅次于清华大学(333篇),排名第2位;入选2017年度中国百篇最具影响国际学术论文5篇,全国高校排名仅次于北京大学(8篇),排名第2位;SCI学科影响因子前1/10的期刊收录论文537篇,全国高校排名第7位;作为第一作者发表国际合作论文1 000篇,全国高校排名第8位;发表卓越国际论文1 936篇,全国高校排名第10位。《自然》(Nature)期刊收录哈工大黄志伟教授论文1篇。哈工大将继续鼓励师生聚焦国际学术前沿,开展高水平创新性研究,加大对高质量、高影响力学术论文的奖励力度,进一步促进哈工大科技论文从注重数量的外延式发展向注重质量的内涵式发展转变,推动"双一流"建设。

【十二月】

  10日 工业和信息化部网站刊登《哈工大研制成功世界首例液态金属游动纳米机器》的报道。报道介绍,哈尔滨工业大学焊接与连接国家重点实验室和微纳米技术研究中心的郭斌教授、贺强教授团队成功研制出世界首例具有变形和融合能力的液态金属游动纳米机器人。研究成果以《可变形、可融合的棒状液态金属游动纳米机器》为题发表在国际期刊《美国化学会纳米》(ACS Nano,影响因子13.7)上。该研究团队以液态金属镓为原料,在国际上首次运用纳米孔模板塑性成形法获得了具有不对称结构的棒状液态金属镓纳米机器人。研究发现棒状液态金属纳米机器人具有核壳结构,内核为金属镓,外壳为氧化镓层。由于纳米尺寸下金属镓的预融化效应,即使在常温下内核仍可保持液态,而外壳的氧化镓层可维持其棒状结构。同时研究团队还发现,液态金属纳米机器人具有稳定的全波长荧光性,可作为荧光探针应用于疾病精准诊疗。液态金属纳米机器人在外源超声场作用下能够在流体中进行类似细菌游动的自推进运动,速度可达每秒23微米,还可以主动靶向癌细胞并在进入癌细胞后逐渐呈现外壳溶解、内核变形、融合并在酸性条件下完全降解的现象。这些拥有类似T-1000变形和融合能力的液态金属游动纳米机器将为新一代微纳米机器人的设计、制造及其生物医学应用提供新思路。

12日 工业和信息化部网站刊登《哈工大团队发现利用高铁酸盐去除水中有机污染物新方法》的报道。报道介绍，哈尔滨工业大学环境学院教授、城市水资源与水环境国家重点实验室成员马军团队研究发现，用高铁酸盐可高效地去除有机砷，利用高铁酸盐的强氧化作用和其原位形成的纳米级铁氧化物的吸附作用取得对有机砷污染物高效去除效果。该研究成果以《利用高铁酸盐及其还原产物去除有机砷：氧化与吸附》为题发表在环境科学与工程领域期刊《环境科学与技术》(Environmental Science & Technology)上，并被编辑选为亮点论文(Highlight Paper)在主页上刊登。该研究为解决有机砷污染控制难题提供了一条经济、高效的技术发展途径。

21日 工业和信息化部网站刊登《哈工大研究人员在石墨烯基宏观体构建与制备方面取得新成果》的报道。报道介绍，哈尔滨工业大学土木学院青年教师钟晶课题组与来自国内外科研院所、高校的科研人员合作，在石墨烯基宏观体构建与制备方面取得一系列新成果。研究成果分别发表于国际期刊《美国化学学会·纳米》（影响因子13.71）和《自然·通讯》（影响因子12.35）上。哈工大为共同第一单位与通信单位。针对限制石墨烯高分子防腐涂料性能提升的瓶颈问题，钟晶课题组与华盛顿州立大学石鲜明教授课题组合作，首次提出了基于贝壳仿生结构的防腐策略，通过旋转法层层组装方法，制备了氧化石墨烯/环氧树脂复合涂层。针对石墨烯难以大规模有效定向与致密组装问题，钟晶课题组与中科院金属研究所先进碳材料部合作，利用流体力学的基本原理，首次提出利用离心浇铸法在旋转过程中产生的离心力与剪切应力实现二维材料的高效大规模的高度定向及致密组装，实现了对石墨烯薄膜以及石墨烯复合材料的高效制备，并展现出极为优越的性能。该方法具有很强的通用性，可推广至氮化硼薄膜、二硫化钼薄膜以及异质结的高效制备。

2019年 基础科学研究创新大事记

【一月】

8日 东北网刊登《哈工大研发直径500纳米机器人 比头发丝还细有望治疗眼病》的报道。报道介绍,从哈尔滨工业大学获悉,该校科研团队研发出直径仅为500纳米的纳米机器人。这种纳米机器人比头发丝要还要细得多,未来有望钻入眼球,并将自身装载的药物运送到病灶部位,帮人类微创精准治疗眼病。哈工大基础与交叉科学研究院微纳米技术研究中心吴志光副教授与德国马普智能系统所皮尔菲舍尔教授团队合作,首次提出了一种表面涂覆纳米液态润滑层的螺旋形磁性纳米机器人,并成功实现纳米机器人在眼睛玻璃体中可控、高效地集群运动。他们的研究成果以《穿梭眼内玻璃体的群体润滑微型推进器》为题,在线发表于《科学进展》。研究论文发表后,世界顶级学术杂志《科学》《自然》对其进行了专题报道。

【二月】

18日 工业和信息化部网站刊登《哈工大课题组揭示基因编辑系统Cas9变体的底物兼容性和高保真性的分子机制》的报道。报道介绍,哈尔滨工业大学生命学院黄志伟教授课题组通过结构生物学和生化研究手段揭示了SpCas9变体(xCas9 3.7)识别底物的兼容性和高保真性的分子机制。该研究成果以《高保真SpCas9变体的结构基础》为题发表在《细胞研究》杂志上。该研究不仅第一次揭示了高保真的Cas9基因编辑系统的分子机制,而且为改造SpCas9以及其他Cas核酸内切酶,使之成为更高效、更特异的基因编辑工具提供了关键结构基础,具有指导改造新型基因编辑系统的应用价值。这也是该团队在病原与宿主相互作用系统以及基因编辑系统领域取得的又一研究成果。

【三月】

28日 工业和信息化部网站刊登《哈工大研制出可用于癌症诊断治疗的磁性微游动机器人》的报道。报道介绍,哈尔滨工业大学机电学院机器人技术与系统国家重点实验室谢晖教授团队在《科学》杂志子刊《科学·机器人学》(Science Robotics)发表了题为《可重构磁性微机器人群:多模态转换、定向移动与集群作业》的论文。该研究有望为癌症治疗中高效靶向给药和早期诊断体内成像提供有效解决方案。哈工大为论文第一完成单位与通讯单位。《科学·机器人学》创刊于2016年12月,旨在传播机器人相关领域的代表性研究成果,平均每期刊出不多于4篇的研究类文章。

29日 工业和信息化部网站刊登《哈工大团队研究成果作为亮点文章在国际期刊〈环境科学与技术〉上发表》的报道。报道介绍,哈尔滨工业大学环境学院马军教授课题组在陶瓷膜过滤技术研究领域取得重要进展,其成果《重力驱动陶瓷膜与小尺寸有机污染物作用关系:膜截留与膜污染机制分析》作为亮点文章在国际期刊《环境科学与技术》上发表。城市水资源与水环境国家重点实验室为论文的第一署名单位和通讯作者单位。论文第一作者为哈工大2017级博士生赵雨萌。该成果首次揭示了陶瓷膜与有机物之间的物理化学作用在重力低压驱动过程中的相互影响关系及其对重力膜截留和膜污染行为的影响机制,为陶瓷膜选择、制备、修饰和膜滤性能优化调控提供了重要理论依据。

30日 《黑龙江日报》刊登《哈工大发布最新科研成果将为治疗恶性哮喘开辟新路》的报道。报道介绍,哈尔滨工业大学进行了科技成果发布,该校生命科学中心何元政课题组在研究用于治疗严重型哮喘的新型高效糖皮质激素配体方面取得重要研究成果,将为治疗激素抗拒型恶性哮喘开辟新路。何元政研究员通过对糖皮质激素受体结构的解析,发现了糖皮质激素效能的关键秘密,并将这一发现运用到新型高效糖皮质激素的设计上,开发了一系列新型高效糖皮质激素配体。其中一个配体的效用10倍优于当前世界上临床上的哮喘药物氟替卡松糠酸。更为重要的是,在激素抗拒型的试验中,这个配体成功逆转抗拒型恶性哮喘对激素的抗拒,这是到目前为止研究人员首次利用小分子药物实现对激素抗拒症状的扭转。

【四月】

8日 工业和信息化部网站刊登《哈工大课题组发文报道新型糖皮质激素配体药物》的报道。报道介绍,哈尔滨工业大学生命科学中心何元政课题组在研究用于治疗严重型哮喘的新型高效糖皮质激素配体方面取得重要研究成果,首次在激素抗拒型恶性哮喘的动物模型上实现了对激素抗性的扭转,为治疗这种致死率很高的恶性哮喘开拓了新的道路。研究成果以《一种针对激素抗拒型的严重哮喘的新型高效糖皮质激素的研发》为题发表在《美国科学院院报》(PNAS)上。何元政为本文的第一作者、通讯作者,中科院上海药物所徐华强课题组施晶晶和美国克里夫兰临床中心布克珉课题组阮铨谭为并列第一作者,徐华强和布克珉为共同通讯作者。

9日 工业和信息化部网站刊登《哈工大课题组发现新型Anti-CRISPR并揭示其抑制Cas12a活性的机制》的报道。报道介绍,哈尔滨工业大学生命学院黄志伟教授课题组研究发现了新型Anti-CRISPR蛋白,并揭示其抑制type V型Cas12a活性的新机制。该项成果以《Anti-CRISPR蛋白通过乙酰化修饰type V型Cas12a使之失活》为题发表在《自然结构和分子生物学》(Nature Structural & Molecular Biology)杂志上,同时该杂志的News & Views栏目作为研究亮点对该成果进行了专题报道。黄志伟教授为该研究论文的通讯作者,博士研究生董立永和关晓宇,北京大学高宁组的李宁宁博士为该论文的并列第一作者。哈工大张帆副教授、朱玉威博士对该研究做出了重要贡献。

17日 工业和信息化部网站刊登《哈工大在胶体马达运动控制研究方面取得新进

展》的报道。报道介绍,在国家自然科学基金支持下,哈尔滨工业大学微系统与微结构制造教育部重点实验室贺强教授团队在胶体马达领域取得重要进展,研究成果以《热敏高分子刷调控自泳驱动阴阳型微马达运动方向》为题发表在国际期刊《德国应用化学》(*Angew. Chem. Int. Ed.*,影响因子12.102)上。贺强教授和化工与化学学院吴英杰副教授为共同通讯作者。该研究团队首次在金-铂双金属阴阳马达的金侧原位生长了热敏聚异丙基丙烯酰胺(PNIPAM)高分子刷,对未来新型微纳米机器的开发与应用具有重要意义。

28日 新浪网刊登《哈工大在游动纳米机器的单细胞机械穿孔研究方面取得新进展》的报道。报道介绍,哈尔滨工业大学微系统与微结构制造教育部重点实验室贺强教授研究团队在合成游动纳米机器用于单细胞机械穿孔研究方面取得最新进展,研究成果以《金纳米壳功能化的管状聚合物多层游动纳米机器用于单细胞光机械穿孔》为题发表于国际期刊《美国化学会志》(*Journal of the American Chemical Society*,影响因子14.357)。吴志光副教授和贺强教授为共同通讯作者。该研究团队结合纳米孔模板辅助层层自组装与金种子生长法,构筑了金纳米壳功能化的管状聚合物多层纳米机器,未来有望实现主动靶向单细胞的药物输送、细胞内成像和细胞手术等应用。

【五月】

5日 中国教育在线刊登《哈工大(深圳)在信息安全与光开关两大领域取得重大突破》的报道。报道介绍,哈工大(深圳)材料科学与工程学院肖淑敏教授团队和理学院宋清海教授团队合作,在信息安全领域与光开关领域取得两项重大突破,相关研究论文发表于国际著名学术期刊 *Nature Communications*(影响因子12.353)上,哈工大(深圳)为第一完成单位和通讯单位。世界首创性突破一:超构表面加密显示技术。研究论文《通过非线性超表面谐振增强钙钛矿三光子荧光实现光学加密》致力于解决信息安全加密问题,通过钙钛矿的非线性光学性能设计超构表面,实现了光学加密,为世界首创性突破。世界首创性突破二:纳米线激光模式转换机制。研究论文《全光调控钙钛矿激光》通过研究模态之间非线性相互作用,在世界上首次实现光开关性能,为光存储、超快光转换器等全光片上集成芯片提供了全新的器件设计方案。

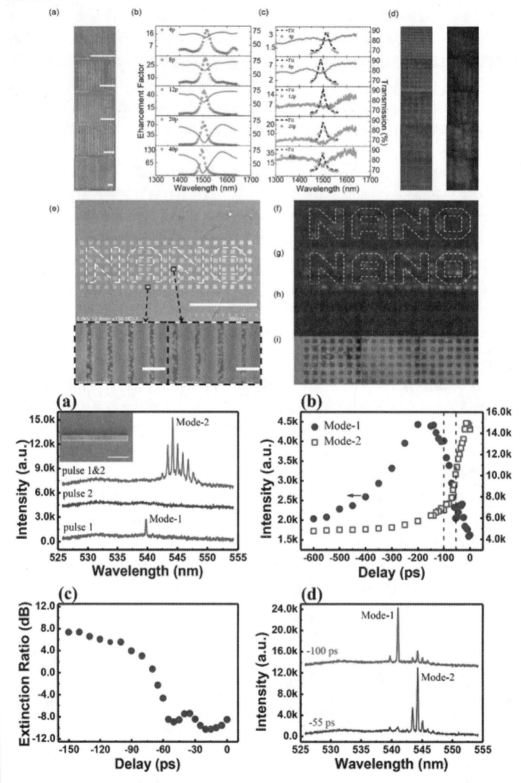

【八月】

30日 东北网刊登《哈工大黄志伟教授团队在〈自然〉发文揭示人T细胞受体－共受体复合物组装的分子机制》的报道。报道介绍,该研究工作代表了细胞适应性免疫的分子机理研究的一个重要里程碑,将可能用于基于改造T细胞受体的免疫疗法。这是世界首次揭示T细胞受体复合物的结构,是中国科学家在免疫学基础研究上取得的一项重大原创性发现。该研究首次解析了人T细胞受体－共受体(TCR－CD3)复合物(包

黄志伟团队

含全部8个亚基)的高分辨率冷冻电镜结构,通过对结构分析,揭示了TCR和CD3亚基在膜外侧以及膜内识别、组装成功能复合物的分子机制,从而回答了免疫领域关于T细胞受体结构的基础科学问题,而且对解析T细胞活化的分子机制具有重要的科学意义,同时也为开发基于T细胞受体的免疫疗法提供关键结构基础。此项发现解决了基础科学中的重要科学问题,将为改造TCR应用于治疗免疫性疾病、感染性疾病、肿瘤提供关键结构基础。文章审稿人对该项研究给予了高度评价:"该研究工作代表了细胞适应性免疫的分子机理研究的一个重要里程碑。通过阐明第一个在膜上组装的T细胞受体和其CD3共受体的结构,极大地增加了我们对T细胞识别抗原反应的激活机制的理解。"

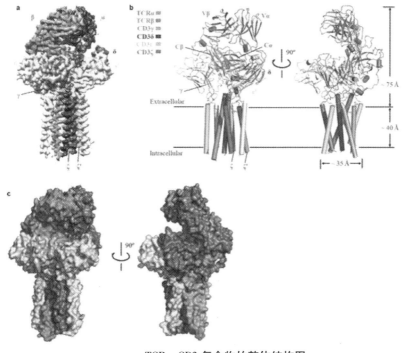

TCR－CD3复合物的整体结构图

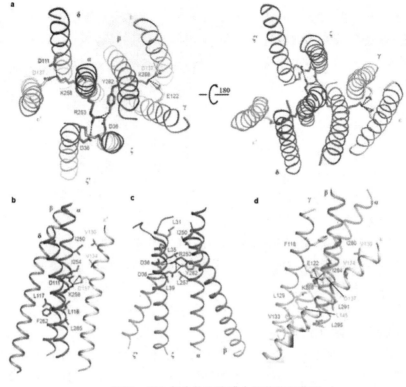

TCR – CD3 复合物细胞膜内组装的细节图

【九月】

7 日 今日哈工大刊登《首次在铁电外延薄膜中观察到"多米诺骨牌"式大面积铁弹翻转》的报道。报道介绍,哈工大(深圳)材料科学与工程学院、材料基因与大数据研究院、柔性印刷电子技术研究中心教授陈祖煌与哈工大校本部土木工程学院博士路晓艳、加州大学伯克利分校教授 Lane Martin 合作,在铁电 $PbTiO_3$ 外延薄膜中观察到"多米诺骨牌"式大面积铁弹翻转。9 月 2 日,该研究结果在 Nature 子刊 Nature Communications 在线发表,论文题目为 Mechanical force – induced, non – local, and collective ferroelastic switching in epitaxial lead titanate thin films。针对铁电薄膜中铁弹翻转被限制的瓶颈问题,陈祖煌教授与路晓艳博士研究发现,仅 600 纳牛的四个点力即可驱动薄膜中铁弹畴发生大面积、非局域翻转,并实现了单一面外电场即可驱动铁电极化从面外向面内翻转的多物理状态可重复调控,并进一步结合相场计算,揭示了大面积、非局域铁弹翻转的动态衍变过程和相关物理机制。

【十一月】

7日 《哈工大报》刊登《化工与化学学院王振波教授课题在燃料电池非贵金属催化剂活性中心演化研究方面取得重要进展》的报道。报道介绍,我校化工与化学学院王振波教授和纽约州立大学布法罗分校的武刚教授合作以 ZIF-8 高温碳化后的氮掺杂碳(ZIF-NC)为基体,经 Fe^{3+} 吸附和热活化过程制备了具有原子级分散 FeN_4 活性中心的 Fe-N-C 催化剂,并借助该模型系统研究并揭示了高性能 FeN_4 活性中心在热活化过程中的形成机理。(如下图所示)研究团队首先借助透射电子显微镜(TEM)、Raman、N_2 吸脱附测试、X-射线粉末衍射(XRD)以及 X-射线光电子能谱(XPS)等物理表征确认了上述模型系统的有效性——碳基体的形貌、结构以及氮掺杂在热活化过程中并没有发生明显的变化。随后借助原子级分辨率的扫描透射电子显微镜(STEM)以及 X-射线吸收光谱(XAS)对热活化过程中 Fe 物种的分散状态与结构演化进行了表征分析,借助旋转圆盘圆环电极(RRDE)及燃料电池对催化剂的性能演化进行测试,建立了热活化过程中催化剂结构-性能演化关系并对其进行了第一性原理研究。除此之外,该模型体系首次实现了在不改变碳基体孔结构及氮掺杂的前提下对 FeN_4 活性中心密度的调控,为其他相关理论研究提供了良好的平台。相关结果发表在 *Angew. Chem. Int. Ed.* 上,文章的第一作者是哈尔滨工业大学的博士研究生李加展,哈工大为论文的第一通讯单位。

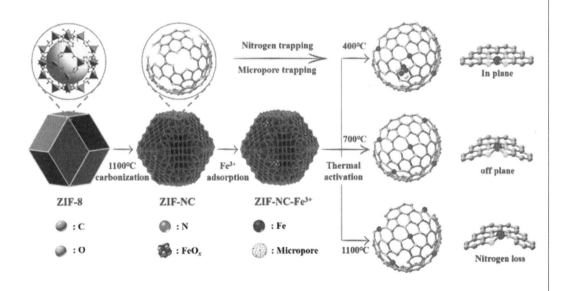

以氮掺杂多孔碳(ZIF-NC)吸附 Fe^{3+} 建立的模型系统示意图

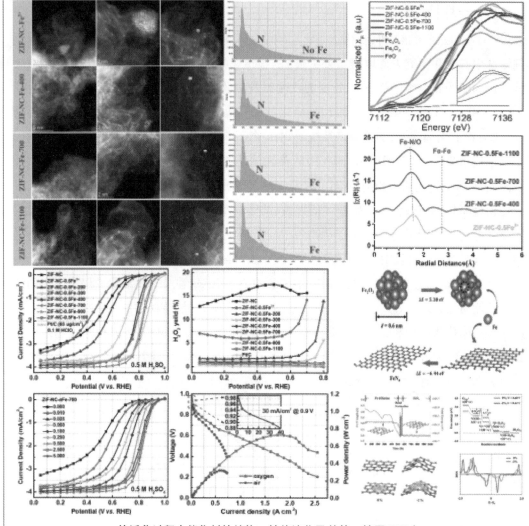

热活化过程中催化剂的结构－性能演化及其第一性原理研究

8日 《哈工大报》刊登《哈工大（深圳）师生团队在显色领域和光催化领域取得新突破相关研究论文入选Science Advances》的报道。报道介绍，哈工大（深圳）"微纳光电信息系统理论与技术"工业和信息化部重点实验室实现了二氧化钛结构色的动态且可逆调控，并首次将超构表面用于光催化效率的增强，为能源利用及环境治理领域提供了新思路。相关研究论文发表于国际著名学术期刊 Science Advances（影响因子：12.804）上。研究论文《二氧化钛超构表面：从平面可见光光子学到光化学》致力于探索出可稳定、动态且可逆地改变二氧化钛消光系数的工艺，实现二氧化钛超构表面结构色的动态调控，并将超构表面对可见光的局域、增强效果拓展到光化学领域，实现了学科交叉的结合，有望在未来探索出更多有趣的应用。该研究团队开发出一种与CMOS兼容的技术，可以动态且可逆地实现二氧化钛和黑色二氧化钛之间的转化，从而达到结构色的擦写和再现，实现构筑信息的动态加密和解密，具有较高的循环稳定性，大大拓展了超构表面在实际显色、加密、信息存储等领域的应用。哈工大（深圳）材料科学与工程学院2017级博士生巫云开、杨文宏为共同第一作者，肖淑敏教授和宋清海教授为共同通讯作者，哈工大（深圳）为唯一完成单位和通讯单位。

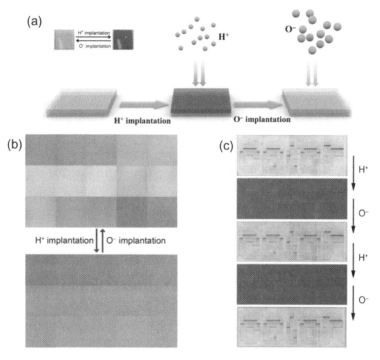

该技术可以几乎无损耗且可逆地将二氧化钛转化为黑色二氧化钛（图 a），而不会破坏其内部纳米结构。当二氧化钛转化为黑色二氧化钛后，其在可见光内的吸收会显著提升，从而使二氧化钛超构表面原本呈现出的结构色变得暗淡，难以辨认（图 b 和 c），而隐匿的颜色信息可以通过将黑色二氧化钛重新变白而重新显现（图 c）

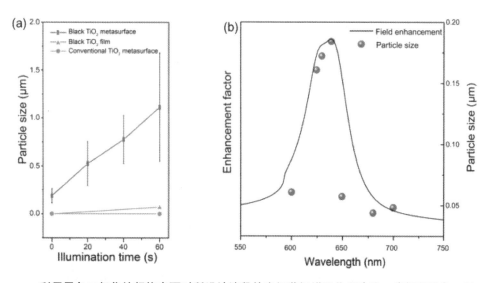

利用黑色二氧化钛超构表面对所设计波段的光场谐振增强作用来进一步提升黑色二氧化钛本身的光催化性能（图 a）。同时，由于二氧化钛超构表面产生的谐振增强峰很窄，超构表面对光催化的谐振增强作用只在设计的峰位附近最强，而在其他波段几乎没有增强（图 b）

14日 《哈工大报》刊登《冷劲松教授课题组在4D打印形状记忆聚合物新型可降解心脏病封堵装置研究领域取得重要进展》的报道。报道介绍,我校航天学院复合材料与结构研究所冷劲松教授课题组近日在《先进功能材料》上发表题为《4D打印可生物降解及远程驱动控制的形状记忆封堵装置》的文章。该研究将可编程的形状记忆聚合物与3D打印技术相结合,设计并制备了可个性化定制、可生物降解及远程驱动可控的形状记忆聚合物封堵器,有望成为金属封堵器的潜在替代装置。论文第一作者为我校博士生林程,共同通讯作者为冷劲松教授和刘立武教授。此项研究得到哈尔滨医科大学附属第一医院富路、李元十及博士生吕金鑫的大力支持。冷劲松教授团队长期从事形状记忆聚合物及4D打印主动可控智能器件的生物应用,包括4D打印组织骨支架、气管支架材料、结构设计与力学分析,以及功能化。

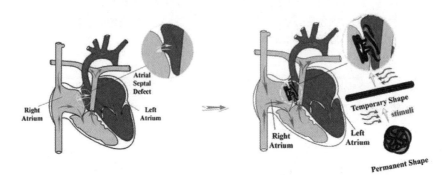

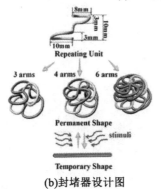

(a)ASD及封堵器植入过程示意图

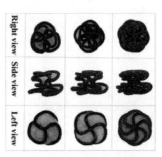

(b)封堵器设计图　　　　　(c)4D打印形状记忆封堵器

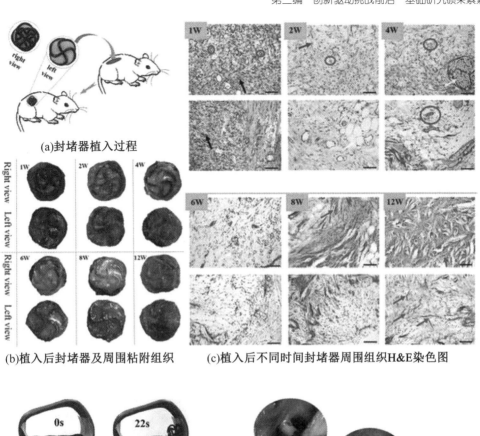

(a) 封堵器植入过程
(b) 植入后封堵器及周围粘附组织
(c) 植入后不同时间封堵器周围组织H&E染色图

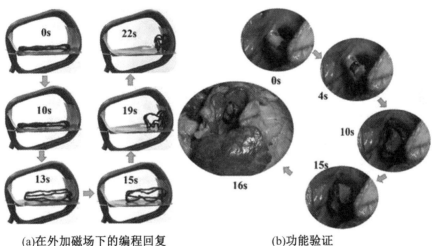

(a) 在外加磁场下的编程回复　　(b) 功能验证

4D 打印形状记忆聚合物封堵器

18 日　《哈工大报》刊登《生命学院张岩教授课题组在超级增强子数据资源方面取得重要进展》的报道。报道介绍,生命学院张岩教授课题组在超级增强子数据资源方面取得重要研究成果,并以《一个综合的超级增强子数据资源》为题,于 10 月 31 日发表在《核酸研究》(*Nucleic Acids Research*)上。为了推动超级增强子相关研究的进展和深入,课题组开发了最新版本的超级增强子数据库 SEAv.3.0,集超级增强子查询、下载、可视化、分析于一体的综合平台,提供标准查询、基因组浏览器、个性化分析工具和 SEs 数据下载。研究人员通过 SEA v.3.0 的基因组浏览器,可实现基于 Hi-C 数据的 SEs 空间交互可视化以及 SEs 相关基因的在线功能富集分析。张岩教授为该论文的通讯作者,博士研究生陈传庚、周殿双为并列第一作者。本项目得到国家自然科学基金委项目、哈工大重大科研项目培育计划等资助。

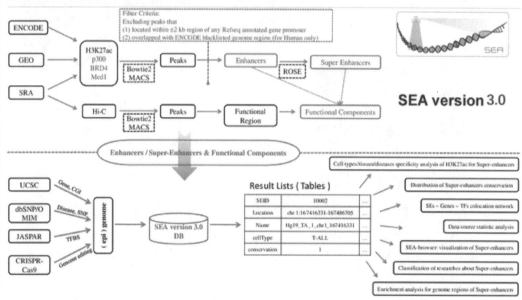

20日　今日哈工大刊登《Science Robotics 新希望! 微机器人体内实时成像调控并治疗疾病》的报道。报道介绍,加州理工学院高伟(Wei Gao)教授研究团队和汪立宏(Lihong V. Wang)教授研究团队设计了可在肠道内实时定位并控制的微米机器人系统。他们做了光声计算机断层扫描引导的体内肠道微型机器人的研究。这项合作完成的突破,以 An ingestible microrbotic system using photoacoustic imaging for targeted navigation in intestine 为题,发表于 Science Robotics,引起微纳机器人界的广泛关注。他们的初衷是治疗消化道肿瘤。将微型机器人包裹在微胶囊中,在胃中可以保持稳定,并且一经释放,微型机器人就可以在体内各种生物流体中表现出有效的推进力。此外,PACT 在体内可以实时显示微电机胶囊向肠道内靶区域的迁移。到达靶区域后,胶囊在近红外光的照射下崩解,释放出驮着"货物"的微电机。微电机的强力推进有效延长了肠内滞留时间。新开发的微型机器人系统与 PACT 的集成,使微电机在体内能够进行深部组织的成像和精确控制,具有实际的生物医学应用价值,比如药物输送。

【十二月】

20日　《哈工大报》刊登《李惠教授团队获批国家自然科学基金创新研究群体》的报道。报道介绍,我校以李惠教授为学术带头人的"城市工程结构抗灾韧性与智能防灾减灾"研究团队获得国家自然科学基金2019年度创新研究群体项目资助。这是我校获批的第7个国家自然科学基金创新研究群体。该研究群体针对土木工程地震和强风两类极端灾害,以多高层建筑结构、大跨空间结构和桥梁结构为工程对象,在结构健康监测理论与方法(智能感知、大数据挖掘与诊断、灾害监测与评估),结构被动耗能减振,主动、半主动和智能控制理论、方法,装备和控制系统等领域取得一批具有国际影响的研究成果。相关成果发表于《科学》《结构控制与健康监测》《机械系统与信号处理》《美国土木工程协会工程力学》《流体物理》等高影响力学术刊物上。

20 日 今日哈工大刊登《突破序列读取比对的瓶颈!哈尔滨工业大学臧天仪/王亚东团队开发序列读取比对新方法》的报道。报道介绍,哈尔滨工业大学臧天仪、王亚东团队在 *Genome Biology* 上在线发表了题为 *deSALT: fast and accurate long transcriptomic read alignment with de Bruijn graph – based index* 的文章。研究提出了 deSALT,这是一种量身定制的两遍比对方法,该方法构造基于图的比对骨架以推断外显子,并使用它们来生成剪接的参考序列以产生精确的比对。deSALT 解决了一些困难的技术问题,例如小外显子和测序错误,这些问题突破了长 RNA – seq 读取序列比对的瓶颈。基准测试表明,deSALT 具有产生准确和均一的全长比对的更大能力。

22 日 《哈工大报》刊登《哈工大数学研究院在非交换分析研究领域取得重要进展》的报道。报道介绍,哈工大数学研究院非交换分析团队在量子环面上的函数空间、量子微分以及量子信息交叉等研究领域取得一系列重要进展。非交换分析是近年来泛函分析新兴的一个分支领域,包含算子空间、量子概率以及非交换调和分析等研究方向。同时,它与基础数学领域中的算子代数、经典调和分析及量子信息、量子场论等有着深刻联系,是一个极具生命力的交叉研究方向。哈工大数学研究院在该方向凝聚了一支以许全华教授为学术带头人的研究队伍,是数学研究院的主要研究方向之一。2018 年,哈工大数学研究院非交换分析团队成员许全华、尹智、熊枭首次从分析的角度对量子环面系统完整地发展了一套新的关于量子概率、非交换调和分析以及傅立叶乘子理论。这项工作不仅极大地推动了非交换流形以及(非阿贝尔)群上分析学的发展,在非交换几何、量子霍尔效应、非交换偏微分方程等方向的研究中也发挥着重要的作用。

31 日 今日哈工大刊登《哈工大(深圳) AgP_2 纳米晶高效还原 CO_2 制合成气》的报道。报道介绍,哈工大(深圳)邱业君副教授和维克森林大学 Scott M. Geyer 副教授团队合作合成了 AgP_2 纳米晶(NCs),与 Ag 相比,其电化学 CO_2 – to – CO 还原的过电位降低了 3 倍以上,而且稳定性得到了显著增强。该研究成果以 *Colloidal silver diphosphide (AgP_2) nanocrystals as low overpotential catalysts for CO_2 reduction to tunable syngas* 为题于 2019 年 12 月 16 日发表在国际期刊 *Nature Communications*。

第三编

聚焦特色协同发展 行稳致远双轮驱动

"科技是国之利器,国家赖之以强,企业赖之以赢,人民生活赖之以好"①,一个国家科技发展的目标是促进国家的强盛、社会的进步、人民的富裕。高校科技创新的根本目的在于为人民服务、为中国共产党治国理政服务、为巩固和发展中国特色社会主义制度服务、为改革开放和社会主义现代化建设服务。"四个服务"思想深刻阐释了高校科技工作的价值指向,明确了高校科技工作者应秉承的科研理念。因此,高校科技创新要服务于国家发展战略需要,围绕国家发展重大需求,攻克关键核心技术、占领科技战略制高点,为我国成为世界科技强国打下基础;高校科技创新要服务于社会经济发展,迎接社会发展中面临的民生挑战,缓解经济社会的风险压力。而国家也正是依靠以高校为代表的科技创新主体不断促进科技进步,以实现保障国家安全,促进经济社会协调持续发展。

哈尔滨工业大学的发展史是一部与国家同呼吸、与人民共命运的爱国奋斗史,是一部将爱国之情、报国之志投入到祖国科技创新的伟大事业之中的建功立业史,也是一部为中国人民谋幸福、为中华民族谋复兴的开拓创新史。走进新时代,哈尔滨工业大学积极响应党中央"建设世界科技强国"的号召,紧紧抓住建设科技强国、质量强国、航天强国、制造强国、网络强国、交通强国、数字强国的历史机遇,致力于突出关键共性技术、前沿引领技术、现代工程技术、颠覆性技术创新;紧紧把握"一带一路""东北老工业基地振兴"等国家发展战略布局;注重两化深度融合发展,服务国民经济主战场。学校逐步形成了服务航天国防、引领创新发展、探索国际学术前沿、解决国家重大需求的科学研究特色和优势。

承接重大科技专项,服务国家战略。哈尔滨工业大学着眼于长远的国家重大战略需求,时刻关注未来科技发展制高点走向,紧密跟踪事关我国未来发展的重大科技战略任务,通过对事关国计民生的重大社会公益性问题,以及事关产业核心竞争力、整体自主创新能力和国家安全的重大科学技术问题的国家重点研发计划的积极参与,通过核心技术突破和资源集成,在时限内完成重大战略产品、关键共性技术和重大工程的国家科技重大专项等的组织、引导、沟通和跟踪,增强争取承担国家重大、重点科技项目的能力,以此为带动,为服务国家战略贡献哈工大智力支持。

立足航天科技优势,服务国防建设。历尽千难成伟业,人间万事出艰辛。航天科技水平是一个国家经济、科学和技术实力的综合反映,而载人航天的突破是一个国家综合国力强大的重要标志。从20世纪50年代起至今,哈尔滨工业大学逐步确立了"立足航天、服务国防"的鲜明办学特色和独特办学宗旨。学校在近十年,通过不断强化航天国防

---

① 习近平. 习近平谈治国理政(第二卷)[M]. 北京:外文出版社,2017:267.

优势,持续推进载人航天与探月、高分对地观测系统等重大专项任务的实施,在先进小卫星、空间机器人、先进材料与制造、网络空间、人工智能等领域不断加强核心关键技术突破和前沿技术研究,取得了一系列标志性成果和耀眼成就。从火箭设计到"神舟"飞天,从深空探测到星地激光通信,从卫星应用到自主研制小卫星,学校在航天科研领域取得了一个又一个标志性成果,谱写了中国航天国防事业史上浓墨重彩的一笔。

  推动科技交叉融合,服务经济发展。哈尔滨工业大学始终坚持不仅要创造世界一流的科研成果,而且还要将科技成果更好地转化为现实生产力,使科研成果在关系国家经济发展的支柱产业和主导行业中发挥重大作用。学校通过发挥优势科研领域对科技交叉渗透融合的引领作用,大力发展科技融合及交叉技术,并实施高新技术产业化工程;以实际行动响应国家发展战略;学校还通过积极争取国家有关部委、地方政府、金融界、企业界等社会各方面的支持,共同扶植高新技术产业的发展,推动更多科技成果落地转化,创造国民经济新增长点。

  2010年至今,哈尔滨工业大学主动适应新时期国家科技体制改革和新一轮重大科技计划调整的需求,做出深入实施创新驱动发展战略的重大决策部署。学校在科研特色优势领域步入以跟踪为主转向跟踪和并跑、领跑并存的新阶段,正处于从量的积累向质的飞跃、从点的突破向系统能力提升的重要时期。学校抓住时机,不断巩固航天国防优势领域发展,在国家重大科技专项及重大任务、科技成果转化及产业化多个领域创造出一项又一项奇迹,填补一个又一个空白;同时,学校发挥优势科研领域的带动引领作用,面向国民经济主战场,服务经济提质增效、转型升级,形成一批具有强大辐射带动作用和发展潜质的新产业,这些新产业已经成为创造国民财富和高质量就业的新动力。

2010年 服务国家战略大事记

【三月】

22日 《哈工大报》刊登《"材料制备新方法及性能研究"项目通过验收》的报道。据报道,由省科技厅作为项目依托部门,哈工大作为项目第一承担单位,国家"973计划"前期研究专项"材料制备新方法及性能研究"顺利通过课题验收。国家"973计划"前期研究专项是国家重大基础研究计划的重要组成部分,科技部从2001年开始组织实施,重点支持具有重大科学意义和应用前景的基础科学和前沿技术研究,要求体现区域优势与特色、学科交叉综合较强的科研团队。"材料制备新方法及性能研究",是我省第一次作为项目依托部门来承担的项目。该项目研究期限两年,总经费为764万元,共包括14个课题,由哈工大和清华大学、华中科技大学、西安交通大学、武汉大学、大连理工大学等14个单位联合完成。

26日 机器人天空网刊登《"助老陪护机器人"在哈工大诞生》的报道。据报道,此款"助老陪护机器人"在家中老人无人照料时,该机器人可听从老人的指令为其倒水、提醒老人吃药、双手端盘、开橱门、取药等。同时,主人可设定好机器人开机时间和自主巡逻方式,随时通过3G手机网络和用计算机登录客户端观察家中老人情况。机器人还装有环境传感器检测环境温度、湿度、火光、烟雾、煤气等,当发现室内有煤气泄漏、

助老陪护机器人

不明烟雾产生、非法入侵体时,第一时间录下室内情况并上传到网络客户端,同时通过手机短信、电话、彩信等多种方式向主人以及社区安防报警。机器人可连续工作5小时左右,电量不足时会自动寻找电源接口自行充电。

【四月】

9日 黑龙江新闻网刊登《哈工大建筑设计院再获国内重大工程项目设计权》的报道。据报道,在建设规模为占地面积80公顷、总建筑面积42万平方米的沈阳药科大学新校区规划设计方案招标中,哈尔滨工业大学建筑设计研究院提交的创作方案获得专家评审的一致

青睐，荣获中标方案。据悉，该项目现已启动设计。沈阳药科大学新校区位于经国务院批准的中国第四个新区、国家重点建设项目——沈阳沈北新区内，与其并称"全国独有两所药科大学"的中国药科大学也将在该区内建设新校区。因此，该项目得到了校方的高度重视，特邀请到同济大学建筑设计研究院、华南理工大学建筑设计研究院、上海中船第九研究设计院以及哈尔滨工业大学建筑设计研究院四家国内顶尖级设计机构倾力打造设计方案。

【六月】

6日 新华网刊登《一颗小行星被命名为"哈工大星"》的报道。据报道，鉴于哈尔滨工业大学在世界最大的单口径望远镜工程建设中所做的突出贡献，一颗发现于1996年的小行星被命名为"哈工大星"。6月5日，命名仪式在哈工大举行。中国科学院国家天文台经国际天文学联合会小天体命名委员会批准，将中国科学院国家天文台施密特CCD小行星项目组于1996年6月7日发现的小行星1996LN命名为"哈工大星"，其国际永久编号为第55838号。2010年3月30日，国际天文学联合会《小行星通报》第69493号通知国际社会，正式将该星命名为"哈工大星"。据哈尔滨工业大学空间结构研究中心范峰教授介绍，建成后的FAST将成为世界上最大的单口径望远镜。FAST工程作为一个多学科基础研究平台，主要作用之一就是要看到更远的星体，发现宇宙的起源。同时，可为中国未来的探月工程发挥重要作用。

时任校长王树国接受"哈工大星"命名证书

19日 新浪网刊登《哈工大五指机器人"牵手"德国总理》的报道。据报道，在刚刚落下帷幕的柏林国际航空航天展览会中，由哈尔滨工业大学机器人研究所和德国宇航中心机器人及机电一体化研究所联合研制的新一代仿人五指机器人灵巧手HIT/DLR II，凭借完成打开关闭空气阀门、修复太阳能板等一系列高难度动作，得到德国总理默克尔关注，并与其亲密"牵手"。据悉，该项目在先后获得国家自然科学基金和国家"863"高科技项目资助及国家发明专利后，又荣获2010年度德国国家设计奖提名、国际IF设计奖国际大奖，而后者被誉为世界"设计奥斯卡"。据了解，机器人灵巧手是智能机器人的关键部件之一,它可以安装在机器人手臂上,在核、生、化以及太空等危险环境中,从事探测、取样、装配、修理作业,完成精确操作。另外,机器人灵巧手还可以应用于服务性机器人中,为人们提高日常生活的质量。

【九月】

26日 《哈工大报》刊登《哈工大太阳能研究所揭牌暨高倍聚光光伏系统示范电站落成仪式举行》的报道。据报道,在哈工大(威海)校园内,由48个高倍聚光光伏组件组成的一个光伏列阵,在自动跟踪系统的支持下,随着太阳缓缓转动。这标志着国内第一个可商业化运营的高倍聚光光伏系统示范电站在哈工大(威海)正式启用。此高倍聚光光伏系统示范电站峰值功率11.28 kW,是国内第一个按照商业化运营建设,且并网发电、投入运营的高倍聚光光伏电站,也是目前已报道的国内转换效率最高的并网光伏电站。威海市政府、市发改委、市经信委、市科技局、威海市高新技术开发区及哈工大(威海)的相关领导,中国华电集团新能源公司等10余家新能源企业代表出席了聚光光伏电站落成及哈工大太阳能研究所揭牌仪式。哈工大(威海)副校长马家辰主持仪式,副校长梁景凯致欢迎词。仪式上,上海聚恒总经理容岗与哈工大太阳能研究所所长沈毅共同在首期项目合作协议上签字。哈工大(威海)副校长马家辰介绍,今后将在威海建设1 MW的聚光光伏电站示范工程,并在此基础上进行聚光太阳能海水淡化等能源综合利用,为在国内各地区建设大规模的聚光光伏电站做准备。

签署合作协议

电站落成

【十一月】

1日 哈工大新闻网刊登《国内首个矿井灾害探测机器人项目通过国家鉴定》的报道。据报道,由唐山开诚电控设备集团联合哈尔滨工业大学机器人研究所、开滦集团矿山救护大队、徐州矿务集团救护大队合作完成的国内首台"KRZ I 型矿井灾害空间环境探测机器人装置"项目在北京通过国家鉴定。此举标志着我国自主研发、拥有多项专利、具有世界领先水平的核心产品进入产业化规模化生产阶段,也标志着中国煤炭全生产装备研发水平实现了新的重大突破。

5日 《哈工大报》刊登《"嫦娥二号"卫星模型落户我校航天馆》的报道。据报道,中国空间技术研究院529厂向我校航天馆捐赠了今年刚刚发射的"嫦娥二号"卫星模型,航天学院党委副书记杨桅代表航天馆接受了捐赠。529厂是我国卫星、飞船研制和生产的重要基地。我国自行研制、生产和成功发射的第一颗人造地球卫星"东方红一号"、第一艘载人试验飞船"神舟一号"都诞生在这里。"嫦娥二号"卫星于2010年10月1日18时59分57秒在西昌卫星发射中心发射升空,并获得了圆满成功。"嫦娥二号"卫星是"嫦娥一号"卫星的姐妹星。新增的"嫦娥二号"卫星模型丰富了航天馆的馆藏资源,为更好地加强学生的航天国防传统教育、普及航天国防知识、宣传空间科学技术及其应用领域的成就提供了最新的素材。

8日　中国教育网刊登《哈工大研制的"试验三号卫星"完成两周年飞行试验》的报道。据报道,由哈尔滨工业大学负责研制的"试验三号卫星"于2010年11月5日圆满完成了研制建设和在轨试验任务,实现了项目演示验证的目标。"试验三号卫星"在综合利用已有地面资源开展地面应用评估系统研制建设,规范卫星在轨试验的项目筛选、试验规划和结论评估等方面取得了显著成果,探索了一条具有我国特色的试验卫星发展之路,为后续试验卫星发展奠定了坚实基础。"试验三号卫星"是我国"十一五"期间开展的技术试验卫星系列的首颗卫星,主要任务目标是空间大气环境探测等新技术体制验证和国产元器件、部组件及多种新型载荷的在轨试验与评估。与同类卫星相比,"试验三号卫星"在功能和性能指标方面都达到了国内领先、国际先进水平。"试验三号卫星"的研制成功为技术试验卫星系列的可持续发展打下坚实的基础,促进了我国航天领域自主创新和新技术成果转化,对元器件国产化具有重要战略意义,也是哈尔滨工业大学在航天领域的又一个里程碑。

2011年 服务国家战略大事记

【一月】

18日 《科技日报》刊登《哈工大"机器人"高压线上行走自如除冰雪》的报道。据报道,由哈尔滨工业大学传出的消息为除冰带来喜讯。他们研发的"高压线除冰巡检机器人",不仅可以清除高压线上的积冰,有效维护电力供应,还可避免人工高危作业,提高救灾抢险效率。近年来,我国南方部分地区频繁发生雨雪冰冻灾害,导致输电线表面结冰、重力增大,高压输电线路大面积受损。而除冰工作要由人工进行,不仅工作量大、效率低,而且十分危险。这部机器人能除掉8~15毫米线径上包裹的直径达60毫米的冰柱,速度可达每小时750米。研发小组还为这部"除冰机器人"自主研发了随动越障扇轮、人字定心机构、碟形链传动等机构,使得该机器人在塔桥悬挂式电线上能穿越障碍物且不减速,还能爬上30度斜坡,可承受8级风力。这部除冰机器人上装有远程遥控模块,操作者可在室内控制机器人,无线摄像功能可帮助工作人员在室内通过视频随时观察除冰动态及电线破损情况。机器人上部还装有夜视灯,可以在夜间和雾霾天气下作业。

【三月】

30日 中国教育与科研计算机网刊登《哈工大获多项"十一五"国家科技计划执行奖励称号》的报道。据报道,根据国家科学技术部《关于表彰十一五国家科技计划工作先进集体和个人的决定》(国科发计〔2011〕49号),哈尔滨工业大学、哈尔滨工业大学航天学院、高端容错计算机研发团队分别获得国家科技部"十一五"国家科技计划执行优秀团队奖,哈尔滨工业大学左德承教授获得国家科技部"十一五"国家科技计划执行突出贡献奖。"十一五"期间,哈尔滨工业大学加强科研优势领域资源整合,引领突破,实现"863""支撑计划"跨越式发展。民口"863计划"获批领域由"十五"期间7个领域增加到国家设立的全部10个领域,"863计划"牵头项目过百项,到款总额比"十五"期间翻三倍多。"十一五"期间,国家科技"支撑计划"获批领域由"十五"期间的4个领域增加到7个领域,获批项目几十项,到款总额与"十五"相比增加十余倍。

【四月】

13日 中国教育与科研计算机网刊登《哈尔滨工业大学通过军工产品质量管理体系审核》的报道。据报道,中国新时代质量体系认证中心对哈尔滨工业大学进行了军工产品质量管理体系扩项审核,经专家组现场审核,哈尔滨工业大学顺利通过评审。6日上午,哈尔滨工业大学军工产品质量管理体系扩项审核首次会议在科学园国际会议中心206会议室举行。审核组全体成员,海军驻哈军代表,副校长郭斌,科学与工业技术研究院常务副院长付强及相关科研院所负责人参加了会议。审核组组长马燕玲主持会议。8日下午,军工产品质量管理体系扩项审核末次会议在科学园国际会议中心206会议室召开,副校长韩杰才及相关科研院所负责人参加了会议。审核组认为:哈工大的质量管理体系满足GJB9001B—2009标准要求,运行正常,基本有效,具有实现质量目标的能力。海军代表窦彦宏在发言中希望哈尔滨工业大学借助此次评审契机,加强人员培训,从而不断提高教职工的质量意识。

28日　工业和信息化部网站刊登《哈工大被授予"国防科技工业军工文化教育基地"称号》的报道。据报道,中国军工文化协会组织召开了军工文化首席专家第一次研讨会,"哈工大航天园"等9个申报基地被授予"国防科技工业军工文化教育基地"称号。国防科技工业局直属机关调研员潘长云和军工文化协会理事长孙忠慧、常务副理事长兼秘书长苏青云、专家委员会主任王守信、副主任赵平及20多位首席专家出席了会议。来自全国有关省区市国防科工局、军工集团,军工各高校和中国工程物理研究院的近50名代表参加了研讨会。"哈工大航天园"于2010年8月通过了国防科技工业军工文化建设领导小组的专家现场评估,受到了高度好评,对推动哈尔滨工业大学校园文化建设,进一步开展好大学生爱国主义教育、军工文化教育,增强师生的责任感和使命感起到了重要作用。

【五月】

23日　中国化工信息网刊登《国产碳纤维复合材料技术取得重大突破》的报道。据报道,一片树叶大小的碳纤维材料,重量不到同样大小铝合金材料的一半,强度却高出一倍。这项在哈尔滨工业大学科技园内诞生的最新成果不仅标志着国产碳纤维复合材料技术取得重大突破,也意味着通过产学研合作构筑融合发展模式的又一次成功尝试。碳纤维复合材料具有重量轻、强度高的特点,是典型的军民两用技术,且民用领域规模远大于军用领域,主要应用于火箭发动机、军机与民机、汽车与舰船、石油化工、机械加工、电子产品、体育器械等方面。在哈尔滨市科技局的牵头下,在该领域有着科研优势的哈尔滨工业大学参与到哈尔滨市国产碳纤维复合材料应用产业联合体中,并得到该市450万元的科技经费支持。通过联合攻关,联合体掌握了一批第一手基础应用数据,取得了关键性技术突破,产品可部分替代进口。据悉,我国目前每年应用碳纤维复合材料7万多吨,市场规模达210亿元。

【九月】

16日　中国教育与科研计算机网刊登《哈工大"十一五"863先进集体和个人获总装备部表彰》的报道。据报道,哈尔滨工业大学总装"863"科研工作再传喜讯,在总装"十一五""863计划"总结表彰中,哈尔滨工业大学机器人技术与系统国家重点实验室获得"先进集体"荣誉称号,复合材料与结构研究所孟松鹤教授、张幸红教授,机器人研究所金明河教授获得"先进个人"荣誉称号。多年来,哈尔滨工业大学一直高度重视总装"863"科研工作,在"立足航天,服务国防,面向国民经济主战场"指导思想的牵引下,"十一五"期间,哈尔滨工业大学承担的总装"863"任务无论是项目数量还是合同经费额度在国内高校中均名列前茅。同时哈尔滨工业大学还承担多个重大标志性项目,并取得突破性成果,填补了国内相关领域的空白。在研究过程中,哈尔滨工业大学广大教师和科研人员突破了多项技术难关,涌现出许多成绩显著、表现突出的集体和个人,多项成果获得应用,为国防建设做出了贡献。

30日　东北网刊登《哈工大为"天宫一号"实现交会对接精确"导航"》的报道。据报道,"天宫一号"升空前,交会对接的最后逼近段对"天宫一号"与后续发射的"神舟八号""神舟九号"和"神舟十号"等完成空间交会对接任务起着至关重要的作用。由哈工大图像信息技术及工程研究所与中国航天科技集团五院502所合作研制的交会对接CCD标识与定位系统(即CCD光学成像系统)在交会对接的最后逼近段担任着重要的角色。哈工大作为唯一高校参与载人航天二期工程交会对接航天项目的研制。该系统哈工大主要承担目标标志器与相机滤光片的研制。据哈工大图像信息技术及工程研究所李金宗教授介绍,目标标志器的研制采取了诸多创新方法与技术,使其具备稳定性高、可靠性强等优势,并能够在强阳光、强辐射等恶劣环境中正常工作。该技术还填补了国内空白,处于世界领先水平。CCD光学成像敏感器还将应用于"神舟八号""神舟九号""神舟十号"以及"天宫二号"等空间飞行器中,完成"无人"或"载人"的交会对接任务,具有广阔的应用前景,为我国航天事业做出更大的贡献。

李金宗教授和他的科研团队

【十月】

26日　中国机械网刊登《哈工大研制的航天关键设备离心机通过验收》的报道。据报道,哈工大研制的JML-1精密离心机验收会在京召开。验收专家一致认为,精密离心机各项指标满足技术任务书要求,一致同意通过验收。JML-1精密离心机是集机械、测量、电控元件、计算机控制综合技术于一体的一台高精度惯性测试设备。该设备的研制涉及我校控制、机械、测量、电机等学科,是由航天学院控制学科任总师的多院系合作的大型综合研制项目。在学校领导的大力支持下,在老专家、老教授做出重大贡献的基础上,由现任总指挥王常虹教授、总师苏宝库教授、副总师曾鸣教授、刘长在副研究员、丁振良教授等汇集多学科研究人员,组成了老中青相结合的团队。经过近20年的研制,他们发扬了航天精神和哈工大精神,克服了资金短缺、人员流动等不利因素,攻克了重大关键技术,培养和锻炼了一批无私奉献、拼搏进取的技术骨干,向祖国、向学校提交了满意的答卷。JML-1精密离心机的成功研制,打破了国外对我国的技术封锁,达到国际当前最高水平,为我国航天事业的发展做出重大贡献。

【十一月】

4日 人民网刊登《哈工大为"神八""天宫"交会对接提供多项技术支撑》的报道。据报道,"天宫一号"与"神舟八号"在深邃的太空成功"牵手",离不开众多科技单位和科研人员的刻苦攻关。以服务国家航天科技事业为己任的哈尔滨工业大学为这次令人瞩目的"太空牵手"提供了重要技术支撑。哈工大负责研制的九自由度运动模拟系统就是用于模拟交会过程中"神舟八号"和"天宫一号"空间运动的地面仿真设备,这套设备的3个部分都要实现3个维度的控制,即所谓九自由度运动模拟系统。在这一模拟系统的研制过程中,科研人员突破了机械结构设计、驱动与控制、测量与标定、高速实时通信等多项关键技术,其综合指向精度指标达到国际领先水平。攻克了模拟环境和精准定位两道关口,关键的对接技术更加重要。哈工大还独立或合作研制了对接机构综合试验台运动模拟器、空间对接机构恢复性能测试台、整机特性测试台、对接机构总装、总调关键测量装置,为此次交会对接提供了重要技术保障。

【十二月】

12日 《光明日报》刊登《在地面创建太空环境》的报道。据报道,航天器与飞船在太空对接的情景,科学家在地面实现了完全模拟——有了这样的高科技,我国的航空航天任务就有了充分保障。为了让航天器和飞船能够适应这种环境,哈尔滨工业大学机器人研究所和上海805所合作研制了空间对接机构热真空试验台——这是一个大型真空罐,实现了全六自由度模拟、全电动控制、三维虚拟环境下的遥操作。据介绍,我国是世界上第三个拥有此项技术的国家。这是我国第一次在真空罐内实现大型对接模拟试验,也是国内首次实现大型地面动态测试设备在真空条件下的试验。九自由度运动模拟系统,为"牵手"精准定位。哈工大负责研制的九自由度运动模拟系统,就是用于模拟交会过程中"神舟八号"和"天宫一号"空间运动的地面仿真设备。对接机构综合试验台运动模拟器,模拟真实"牵手"。该运动模拟器的目标功能是模拟常温与高低温环境中空间飞行器在对接过程中的相对运动,用于航天器空间对接机构的研制、测试和鉴定试验。该项目的成功研制,使我国完全独立自主地掌握了世界顶尖六自由度运动模拟器的高度集成制造技术,在这一领域走在世界前列。

航天员在模拟失重训练水槽中训练

12 日 哈工大新闻网刊登《华升救生舱 120 小时真人试验成功》的报道。据报道，一项帮助井下遇险矿工临时避险的设施——井下可移动式救生舱，日前在黑龙江华升救援装备有限公司研制成功，并通过了连续 120 小时高温环境下真人试验，试验时间超出了国家制定的 96 小时的标准时间。据了解，井下可移动式救生舱适用于高瓦斯、煤尘和瓦斯突出矿井。当井下发生煤尘爆炸、瓦斯爆炸、瓦斯突出、火灾及冒顶等紧急事故时，井下环境不适宜矿工继续升井逃生和暂时无法逃生时，可快速进入救生舱内进行避险待援。华升救援装备有限公司是我省第一家研制救生舱的高科技民营企业，企业与中国科学院上海高等研究院、哈尔滨工业大学机器人研究所等院校合作，致力于救生舱产品的研发、生产和销售。华升救生舱项目被列入了省、市《科技发展十二五规划》中，项目从 2007 年研发的第一代救生舱开始就获得了国家技术专利，项目总投资 1.2 亿元，救生舱采用特种机器人核心技术，按最新标准设计制造，可与各类型煤矿安全产品配套使用，第三代救生舱可容纳 12 人，适用于大中小型煤矿。

13 日 人民网刊登《开发陶瓷机械化设备 生产速度是人工操作的 12 倍》的报道。据报道，李满天是哈尔滨工业大学机器人研究所的中青年教师骨干，于 2009 年作为科技特派员派驻从事光机电一体化、陶瓷工程工艺技术及机电设备研发、制造、销售的广东省科信达科技有限公司（下称"科信达"）进行技术合作，其所主持的项目为实现陶瓷产业的机械化起到重要作用。派驻科信达期间，李满天在了解企业的研发体系与产品结构的基础上，结合机器人研究所的技术优势，与企业一起制定了瓷砖自动包装线和瓷砖几何尺寸检测机的开发目标。经过近三个月的努力，其所主持的研发项目已经为佛山乐华陶瓷有限公司、佛山市新东龙陶瓷公司等企业开发出瓷砖自动包装码垛分选设备，生产速度是人工操作的 12 倍，提高了企业生产效率，解决了企业无法进行多级别分类的难题，一举打破了国外对陶瓷生产高端设备的垄断。目前，该项目已经为企业创造了超过 5 000 万元的经济效益。

2012年 服务国家战略大事记

【三月】

1日 人民网刊登《哈工大爬壁机器人装备北京特警用于反恐侦察》的报道。据报道,爬壁机器人反恐领域"新星"可以携带侦察设备悄无声息地沿壁面爬到便于侦察的位置,为反恐人员准确判断形势、做出决断提供现场依据。这种机器人采用负压吸附、单吸盘、四轮移动结构方式,具有移动快、吸附可靠、适应多种墙壁表面,并以其噪声低、结构紧凑、控制方便灵活等特点,主要应用于反恐侦察领域。以在楼宇内反人质劫持为例,犯罪分子隐藏在房间里,外面的反恐人员很难了解到房间的情况。这时,反恐人员可以为反恐"爬壁机器人"配备侦察设备,利用遥控装置控制其沿壁面爬到便于侦察的位置。"爬壁机器人"把用摄像机拍摄到的房间内部的图像,通过无线传输装置实时传到几百米外的移动基站,为反恐人员提供现场景象。反恐"爬壁机器人"的应用,可以降低反恐行动的危险性,有效保障反恐人员的安全。

5日 《哈工大报》刊登《海洋二号卫星在轨交付仪式举行 我校参与研制的"星地激光通信终端"备受好评》的报道。据报道,我国首颗海洋动力环境探测卫星——"海洋二号"在轨交付仪式在北京国防科技工业局举行。校长王树国出席仪式并讲话。仪式由国防科工局系统工程一司司长张炜主持。国家卫星海洋应用中心主任蒋兴伟详细介绍了"海洋二号"卫星试运行情况,并对我校马晶、谭立英教授带领的科研团队参与研究的星地激光通信终端给予了高度评价。国家海洋局科技司副司长康健宣读了在轨测试评价意见。国家海洋局、中国卫星发射测控系统部和中国航天科技集团三方代表依次在交付使用证书上签字。中国卫星发射测控系统部副主席余同杰、国家海洋局副局长赵连增和国家国防科技工业局副局长胡亚枫先后讲话,一致认为"海洋二号"卫星具有全天时、全天候、全球连续探测的能力,能够为海洋开发、资源利用、防灾减灾和海洋科学研究提供实测数据,有利于服务国民经济建设和国防建设。国务院办公厅、工业和信息化部、中国科学院、中国地震局等单位负责同志出席交付仪式。

签字仪式

27日　中国科技网刊登《实时高速信息传输"太空宽带"不再遥远》的报道。据报道,"海洋二号"卫星正式交付使用。较其他卫星不同的是,"海洋二号"第一次搭载进行了我国首次星地激光通信试验并取得圆满成功,来自哈尔滨工业大学的科研团队解决了一个航天领域的世界难题:如何使卫星所获取的海量信息,快速、准确地传输给地面? 2011年10月25日,我国首次星地激光通信链路双向捕获跟踪试验取得成功,这被认为是我国卫星通信技术发展史上的一个重要里程碑。2012年2月21日,在星地激光通信试验在轨测试评审会上,评审专家认为,星地激光通信试验星上终端工作状态稳定,各项功能和性能满足研制总要求,星地激光通信链路实现了快速捕获、全链路稳定跟踪和高速通信,圆满完成预定的在轨测试任务,链路性能达到国际领先水平。卫星激光通信应用后,能够同时进行3 000个高清晰电视信道广播,约15 000个普通电视信道广播,明显拓展信息传播渠道。在减灾方面,这一技术也有十分广泛的应用。首次星地激光通信链路试验取得成功铺就了未来"天网"的一条"天路"。星地激光通信链路试验就是为了在轨验证卫星激光通信技术,为卫星的组网做准备,使得星地、星星之间链接起来,做到数据更加实时、准确地传输。

【六月】

18日　人民网刊登《哈尔滨工业大学:50余项科研成果成就天神之吻》的报道。据报道,从"神舟一号"到"神舟九号",哈尔滨工业大学已有50余项研究成果应用到了载人航天的各个领域,前后有500多名教师和技术人员参与其中。在这些科研成果中,有三项最具代表性。真空容器地面模拟装置KM6——为"神舟"签发"通行证"。它也是世界上著名的三大空间环境模拟器之一。这项工程是由哈工大的科研队伍,与全国一流的企业、一流的专家队伍和一流的施工队伍协作完成的,并获国家科技进步奖二等奖。模拟失重训练水槽槽体——为航天员制造"水中外太空"。哈工大承担了建造模拟失重训练水槽槽体的任务。从2006年11月开始施工准备,到2007年10月正式交付给中国航天员科研训练中心使用,整个工程制造期比国外短得多,造价低,训练效果却非常好,为航天员出舱模拟训练提供了坚实保障。CCD标志与定位系统——为"天神对接"装上"眼睛"。为了能够让飞船与"天宫一号"对接时彼此准确找到目标,哈工大与中国航天科技集团五院502所合作攻关,研制成功了CCD标志与定位系统,为"天神对接"装上了"眼睛"。哈工大主要承担该系统目标标志器与相机滤光片的研制,并进行了多项创新。

【九月】

17日 东北网刊登《哈工大星地激光链路试验研究项目突破6项技术》的报道。据报道,经验收工作组审议,我校的星地激光链路试验研究项目通过验收现场审核。验收工作组认为,星地激光链路试验研究项目在轨运行正常,星地激光链路稳定,性能达到或优于批复指标要求。与国际同类在轨激光通信试验系统相比,"海洋二号"星地激光链路试验捕获时间短、链路跟踪稳、通信质量好,综合技术达到了国际先进水平,部分性能处于国际领先。据悉,项目研制突破了6项重大核心技术,并建立了具有高校特色的卫星激光通信研发和质量管理体系。2012年3月2日,"海洋二号"卫星在轨交付使用。承担星地激光通信试验项目的就是哈尔滨工业大学空间光通信技术研究中心的马晶、谭立英教授团队。对"海洋二号"星在轨工程遥测数据的判读和分析表明,我国首次自主创新研发、具有自主知识产权的星地激光通信星上终端性能优于国际同类产品水平,星地激光通信链路性能达到国际领先水平。据介绍,该项目获得发明专利授权35项,拥有全部自主知识产权,为今后的卫星激光通信技术的推广应用奠定了基础。

21日 《哈工大报》刊登《我校获"天宫一号与神舟九号载人交会对接任务成功纪念奖牌"》的报道。据报道,在北京举行的"天宫一号"与"神舟九号"载人交会对接任务总结暨答谢会中,中国航天员科研训练中心向哈工大颁发了"天宫一号与神舟九号载人交会对接任务成功纪念奖牌"。"天宫一号"与"神舟九号"载人交会对接任务的圆满完成,是我国载人航天工程实施以来取得的一个重大突破,为未来建立空间站奠定了基础,标志着中国载人航天工程又向前迈进了重要的一步。哈工大从1992年国家确定开展载人航天工程研制起,参与了从"神舟一号"到"神舟九号"的系列研究工作,已有50余项研究成果应用到载人航天的各个领域,有500多名教师和技术人员参与其中,并多次受到人力资源和社会保障部、总装备部、工业和信息化部国防科工局、国家载人航天办公室、中国航天科技集团公司、航天员训练中心表彰。

【十月】

8日 凤凰网刊登《我校顺利通过装备承制单位资格现场审查》的报道。据报道,9月24日至25日,由总装备部组织的联合审查组对我校进行了装备承制单位资格现场审查。经过专家组认真审核和评议,我校顺利通过评审。校党委书记王树权、副校长韩杰才分别出席首(末)次会议并讲话。24日上午,审查会首次会议在我校国际会议中心206召开。审核组专家,驻哈军代表,我校科学与工业技术研究院、财务处、保密处、档案馆以及相关科研院所负责人参加会议。审查组组长主持会议并宣布了此次审核的目的、范围、程序和注意事项等内容。首次会议结束后,专家组进行了为期两天的现场审核。通过与军代表座谈、领导层审查、现场检查、听取汇报和查阅资料等形式,对我校质量管理水平与质量保证能力、专业技术资格、财务资金状况、保密资格等方面和质量管理体系所涉及与审查内容有关的10余家单位进行了现场审查。25日下午,审查会末次会议召开。审查组组长宣读了审核评价意见,认为我校总体符合所申请装备的研制、生产、修理、技术服务资格以及GJB5713、GJB9001B规定的各项条件,经部分整改并验证合格后推荐注册。

【十二月】

19日 工业和信息化部网刊登《哈工大微小卫星平台项目入选中国高校十大科技进展》的报道。据报道,教育部组织的2012年度"中国高等学校十大科技进展"评选结果12月18日在京揭晓。哈尔滨工业大学曹喜滨教授团队主持的"先进微小卫星平台技术"项目榜上有名。这是1998年该奖项设立以来哈工大第三次获奖。微小卫星是民用航天领域的一类重要卫星,随着其空间应用领域的拓展和需求量的骤增,以定制方式为主的传统卫星研制模式已经不能适应微小卫星批量化快速研制的需求。在国家"973计划""863计划"等研究计划支持下,曹喜滨率领其团队潜心10余年集智攻关,在微小卫星高性能、低成本、快速研制等方面取得重大突破,创造性地将微小卫星平台划分为可重构模块、公用模块和专用系统,建立了以可重构模块为核心、灵活集成公用模块和专用系统的微小卫星柔性化快速构建方法。

30日 工业和信息化部网站刊登《哈工大再获"国家重大科学仪器设备开发专项"支持》的报道。据报道,由哈尔滨工业大学航天学院光电子技术研究所陈德应教授承担的"高速平面激光诱导荧光成像诊断仪"项目获科技部批准立项。这是科技部"国家重大科学仪器设备开发专项"自2011年正式启动以来哈工大第二次获得立项支持。由电气学院谭久彬教授承担的项目"超高分辨率反射式立体层析共焦显微镜研制"项目2011年获批立项。项目的实施将提高微纳先进制造工艺评估及量值传递与校准水平,提升我国工业的自主创新能力;推动重大新药开发与医学病理学基础研究创新能力和医药产品质量监控能力,为医药、资源环境、现代农业等重大民生领域科技发展提供科学观测手段。陈德应教授承担的"高速平面激光诱导荧光成像诊断仪"项目主要支持已突破新原理、新方法和新技术,通过集成研究和应用开发,形成能够在国际上有特色、有影响的重大科学仪器设备。项目的实施将填补我国在高速空气动力学分析方面的空白,为高超声速飞行器、重型燃气轮机等国家重大战略性科技领域提供技术支撑,推动相关领域基础研究发展及技术进步。

2013年 服务国家战略大事记

【五月】

8日 人民网刊登《国家863计划"微创医疗机器人"项目启动会在哈尔滨召开》的报道。据报道,国家"863计划"智能机器人主题"微创医疗机器人"项目启动会于2013年5月4日在哈尔滨举行。科技部高新技术发展及产业化司、高技术研究发展中心和工业和信息化部科技司的有关同志、黑龙江省科技厅和哈尔滨工业大学的领导及相关专家和本项目各课题负责人参加了会议。科技部高技术研究发展中心首先就项目的背景进行了介绍,并根据"863"课题的管理规定,要求项目组在项目启动时就应充分重视项目各课题的中期检查、验收、经费使用以及财务审计等各项管理工作。同时,项目组应做好微创医疗机器人方向的战略研究。项目负责人王树国教授对"微创医疗机器人"项目的任务目标、课题的组织结构与任务分解进行了详细介绍,并对项目前期的组织实施工作和项目管理进行了汇报。项目各课题分别汇报了各自的进展情况。与会的专家对项目在执行过程中可能遇到的问题和困难提出了很多建设性意见,希望项目组高度重视。会后,项目课题组成员还就项目的总体思路、设计和要求以及项目实施中的有关问题进行了深入细致的交流。

【七月】

10日 新浪网刊登《太空漫步,为"神舟"助力九霄——哈工大与神舟七号》的报道。据报道,备受全国瞩目的"神舟七号"载人飞船发射取得圆满成功,作为参与神舟系列载人飞船研制工作的高校之一,哈工大也为之振奋和自豪,不仅因为哈工大人数十年来深深的航天情结,更因为哈工大人为我国航天史上的首次太空行走写下了精彩的一笔。哈工大参与承担中国载人航天工程重点建设项目航天员太空出舱活动"地面失重训练用模拟失重训练水槽",为"神舟七号"任务的完成奠定了坚实的基础,为我国载人航天工程的二期任务做出了重要贡献。哈工大承担了舱外航天服低压试验舱的制造任务,为我国"舱外航天服"的研制和"神舟七号"航天员的空间环境试验和地面着装训练做出了重要贡献。哈工大承担了KM6水平舱舱门的设计制造任务,已交付中国空间研究院相关单位使用,运转良好。已完成多次"神舟七号"教练员和航天员的"人、船、服"重大试验,为"神舟七号"总体任务的完成提供了可靠的保障。在"神舟七号"载人飞船科研攻关中,哈尔滨工业大学承担的一项重大科研项目是航天员舱外航天服的地面试验系统。其中

"水平舱环控系统改造"和"紧急复压系统"两个系统,按照进度顺利完成了两个项目,受到验收专家的赞扬。哈工大金属基复合材料与工程研究所承担的"神舟七号航天员出舱用反光镜体"项目,为"神舟七号"顺利完成出舱任务,为我国载人航天工程的进一步实施做出了应有的贡献。内高压成形技术为航天服制造解决了一项关键的技术难题,标志着我国在航天服金属结构制造技术方面处于世界领先地位。

【九月】

26日 新华网刊登《哈工大研制第三颗小卫星"快舟一号"发射成功》的报道。据报道,在中国酒泉卫星发射中心,"快舟"小型运载火箭成功将哈尔滨工业大学研制的第三颗小卫星"快舟一号"卫星发射升空,并进入预定轨道。此次发射的"快舟一号"卫星主要用于各类灾害应急监测和抢险救灾信息支持,用户单位是科技部国家遥感中心。"快舟一号"卫星总设计师徐国栋是哈工大教授,曾在研制"试验一号"卫星时负责卫星电总体和星务系统的研发工作,后来担任"试验三号"卫星副总设计师。哈工大是被国家认可研制卫星的高校,高校参与卫星研制,将对我国微小卫星技术的发展起到积极的推动作用,并对提高我国卫星应用的能力和水平具有重要意义。

【十一月】

26日 中国日报网刊登《哈工大成功研制国产手术机器人 打破国外技术垄断》的报道。据报道,"863计划"资助项目——"微创腹腔外科手术机器人系统",日前由哈尔滨工业大学机器人研究所研制成功,并通过国家"863计划"专家组的验收。验收专家表示,这一手术机器人的"问世",打破了进口达·芬奇手术机器人的技术垄断,将加快实现国产微创手术机器人辅助外科手术。据专家介绍,手术机器人是一种高级机器人平台,其设计理念是通过使用微创方法实施复杂的外科手术。国产微创腹腔外科手术机器人系统具有我国自主知识产权,研究人员针对微创外科手术的多种术式,在手术机器人系统的机械设计、主从控制算法、三维(3D)腹腔镜与系统集成等关键技术上都进行了重要突破,并申请了多项国家发明专利。据了解,哈尔滨市科技局正在与哈工大手术机器人课题组专门研究手术机器人技术的发展路线,力图将手术机器人技术尽快推向市场,走出一条国产手术机器人的自主创新道路。

【十二月】

4日 人民网刊登《哈工大两项技术助"玉兔"登月 实现100%中国制造》的报道。据报道,"嫦娥三号"探测器携带着"玉兔号"月球车奔向月球,担负中国首次地外天体着陆和巡视探测任务。据中国月球探测车的先驱者、哈尔滨工业大学81岁教授刘暾介绍,作为中国首辆月球车,其关键技术有2项是由哈工大科研人员研制的,包括温度调控系统技术和车轮构型、材质设计技术。"玉兔号"月球车实现了全部"中国制造",国产率达100%,是一台长着轮子、能适应恶劣环境并开展科学探测的航天器,一个小型化、低功耗、高集成的机器人。为适应极端环境,"玉兔号"月球车热控分系统利用导热流体回路、隔热组件、散热面设计、电加热器、同位素热源,可耐受零下180摄氏度至零上150摄氏度的极限温度。工作时的舱内温度可以控制在零下20摄氏度至零上50摄氏度之间。哈工大这两项先进技术助"玉兔"登月,"玉兔号"登月后最重要的任务就是勘测月球上的地形地貌和地质构造,并将拍摄的清晰照片及时传输回地球。

23日 《哈工大报》刊登《我校牵头的"863计划"水处理新材料重点项目通过验收》的报道。据报道,哈尔滨工业大学市政学院马放教授牵头的"863计划"重点项目"水处理新材料制备和应用关键技术与工程示范"通过了科技部"863计划"资源环境技术领域专家组的验收。专家组一致认为,项目完成了任务书中规定的研究内容,达到了规定的考核目标和技术指标,实现并超额完成了立项批复中提出的项目总体目标。部分研究成果已进行了产业化应用示范,具有较好的社会效益和市场应用前景。该项目已申请国家发明专利74项,形成了一支具有较强实力的水处理新材料研发团队,建立和发展了膜污染综合控制、新型生物载体、树脂型高效吸附剂、饮用水砷氟污染控制、生物复合絮凝剂研发平台和研发基地。

2014年 服务国家战略大事记

【一月】

2日 人民网刊登《哈工大永磁无刷电机让"玉兔"行走更平稳》的报道。据报道,"玉兔号"月球车机械臂关节中所用的电机为机械臂关节用永磁无刷电机,是由哈工大电气学院微特电机与控制研究所自主研制的。该电机具有体积小、功率密度高的特点,特殊的结构使机械臂关节结构更加合理,同时电机技术还让月球车行走更平稳。哈工大微特电机与控制研究所2004年开始瞄准月球车电机展开研究工作。2009年开始,邹继斌教授带领的团队与哈工大机器人研究所、宇航空间机构实验室合作进行了"玉兔号"月球车机械臂驱动电机的研制工作。由于月球环境的高低温恶劣情况,要求电机具有高功率密度、高效率和高可靠性。该团队为此付出了极大的努力,在结构设计、电磁设计、制造工艺等方面做了深入研究,合理地平衡了机械臂电机高功率密度和高效率之间的矛盾。

【十一月】

24日 工业和信息化部网站刊登《哈工大研制的"快舟二号"小卫星发射成功》的报道。据报道,哈尔滨工业大学研制的第四颗"快舟二号"小卫星11月21日14时37分在中国酒泉卫星发射中心发射升空,顺利进入预定轨道。该卫星主要用于突发灾害监测等领域。哈工大党委书记王树权、校长周玉分别在北京航天城、酒泉卫星发射中心观看了小卫星发射实况。哈工大先后于2004年、2008年和2013年研制并成功发射了"试验一号"卫星、"试验三号"卫星和"快舟一号"卫星,体现了哈工大在航天领域的研究实力和创新能力。

【十二月】

29日 工业和信息化部网刊登《哈工大"快舟星箭一体化技术"入选中国高校十大科技进展》的报道。据报道,由教育部科学技术委员会组织评选的2014年度"中国高等学校十大科技进展"日前在北京揭晓,哈尔滨工业大学曹喜滨教授项目组负责的"快舟星箭一体化飞行器技术及应用"项目榜上有名。这是卫星总体创新技术第三次入选"中国高校十大科技进展"。该项成果针对突发灾害应急监测和抢险救灾信息支持的迫切需求,在国际上首次提出并实现了星箭一体化设计的理念和方法,解决了飞行器快速研制、发射、应用的核心技术问题,实现了我国固体运载器机动发射卫星首次成功,创造了我国遥感卫星最快成像纪录。利用该成果研制的"快舟一号"卫星发射后,曾在巴基斯坦阿瓦兰地震、台湾花莲地震、新疆于田地震、四川冕宁县森林火灾、霍尼亚拉洪灾、马航MH370客机失联、中国科考船"雪龙号"破冰支援等灾害发生后实施了灾情监测,快速获取了灾害信息。在云南鲁甸地震救援期间,"快舟一号"是我国唯一一颗实现针对灾区连续15天重访成像的高分辨率遥感卫星,并提供了高分辨率的震区影像。

2015年　服务国家战略大事记

【一月】

12日　光明网刊登《哈工大七项成果获国家科学技术奖》的报道。据报道,在2014年度国家科学技术奖励大会上,哈尔滨工业大学作为主持完成单位获得7个奖项,在全国高校中排名第一。哈工大教授马晶主持完成的"星地激光链路系统技术"摘得国家技术发明奖一等奖,成为大会颁出的3个国家技术发明奖一等奖之一。国家自然科学奖在国家科技奖励的三大奖项中含金量最高。此次由哈工大独立完成的"具有网络通讯约束的动态系统控制理论与方法"和"超高温条件下复合材料的热致损伤机理和失效行为"两个项目均获得自然科学奖二等奖,为历年最多。此外,由哈尔滨工程大学参与完成的"超深水半潜式钻井平台'海洋石油981'研发与应用"项目获得国家科技进步奖特等奖,另有两项参与完成的项目获得国家科技进步奖一等奖。在大会唯一以企业为主体的评选项目——"企业技术创新工程"中,由中国第一重型机械集团公司独立完成的"中国一重大型铸锻件制造技术创新工程"获得国家科技进步奖二等奖,这是黑龙江省首次摘得此奖项。黑龙江共有21个项目获国家科学技术奖励,其中国家自然科学奖2项、国家技术发明奖4项、国家科技进步奖15项,获奖项目整体水平创历史新高。

【六月】

19日　环球网刊登《哈工大研究能保持通信交流的大气层飞行器》的报道。据报道,哈尔滨工业大学的物理学者高孝天和他的同事提出了一种新方法能够使重返大气层的飞行器与地面保持通信交流,通过匹配通信天线与飞行器超音速等离子鞘层的共振与重返大气层的飞船保持联络。该方法也可被用在其他的超音速飞行器上,比如未来的军用飞机和弹道导弹。他和他的同事认为通过重新设计通信天线,便有可能在常规的超音速飞行中复制这种特殊情况。研究者们先是分析了以往的实验,发现这种特殊的信号增强是源于等离子鞘和周围空气之间的电磁波共振。研究者们于是提出了在常规的通信天线外另加一种"匹配层"的方法来实现在常规的超音速飞行条件下的共振状态。该研究组并不是第一个试图解决飞船通信中断问题的科学团队,但他们的方法却优于其他方法。比如,相较其他的诸如通过施加磁场控制等离子层中的电子,或者向等离子层中注入液体以减少电子密度等方法来说,产生匹配层的所需要在飞船上配备的仪器重量轻很多。"匹配层"方法还不依赖于飞行器的形状,因此不会消耗更多的能量,也能适应等离子鞘层的变化。

飞行器

【九月】

20日 《哈工大报》刊登《我校"紫丁香二号"卫星成功发射 学生自主研发尚属国内首例》的报道。据报道,9月20日7时01分,由我校学生团队自主研发的"紫丁香二号"纳卫星在太原卫星发射中心成功发射。作为国内首次抓总研制并成功发射卫星的高校,我校已先后将"试验一号""试验三号""快舟一号""快舟二号"4颗卫星送入太空。与之前不同的是,成就此次

卫星发射

五战五捷纪录的是平均年龄不到24周岁的在校本、硕、博学生团队。据悉,"紫丁香二号"是我国首颗由高校学子自主设计、研制、管控的纳卫星。"紫丁香二号"重12公斤,对探索纳卫星在未来航天装备和国民经济建设中的作用具有积极意义。负责卫星总体设计兼测控的航天学院博一学子韦明川介绍说,卫星旨在构建飞行软件在轨试验平台,在空间环境中,对FPGA软件的可靠性等进行验证;同时,基于星上电子设备,可以进行全球航班、船舶等状态信息的收集和大型野生动物踪迹跟踪等任务;卫星还携带了一个工业红外相机,可实现对森林火灾、极端天气等造成的地温变化进行成像与监测。另外,作为试验平台,卫星搭载了两组新型超轻高精度敏感器,先期开展在轨测试,确保该产品在后续其他型号的成功实施。我校学生微纳卫星研发团队以卫星技术研究所为技术依托,凝聚了学校航空宇航与科学技术、力学、计算机科学与技术、控制工程、机械工程、通信工程、电气工程、热能工程等8个学科的本科、硕士和博士研究生,是一支学科交叉研制学生队伍。团队汇聚了韦明川、郭金生、俞阳、吴凡、夏开心、冯田雨、王骋、张天赫、苗悦、邱实、胡超然、张扬雨、米明恒、张冀鹞、龚肇沛、裴乐等16名骨干学生,累计吸纳了40多名学生参与设计与研制。

协同攻关

【十月】

9 日 工业和信息化部网站刊登《哈工大参与研制的"吉林一号光学 A 星"发射成功》的报道。据报道,我国在酒泉卫星发射中心采用"长征二号"丁运载火箭成功发射"吉林一号光学 A 星",并搭载发射 2 颗"吉林一号"视频星和 1 颗"吉林一号"技术验证星。其中"吉林一号光学 A 星"是由中科院长春光机所、哈尔滨工业大学、长光卫星公司共同研制完成的,哈工大教授任该卫星系统总师。"吉林一号光学 A 星"是我国首颗自主研发的商业高分辨率对地观测光学成像小卫星,可以为国土资源监测、土地测绘、矿产资源开发、智慧城市建设、交通设施监测、农业估产、林业资源普查、生态环境监测、防灾减灾、公共应急卫生等领域提供遥感数据支持。该星的成功发射和在轨运营将迈出我国航天遥感商业化、产业化发展的重要一步。"吉林一号光学 A 星"的研制模式,是校所产学研结合、协同创新、多方参与、优势互补、加速航天高技术成果产业化的成功探索。

【十一月】

3 日 工业和信息化部网站刊登《哈工大牵头承担的两项国家"863 计划"先进制造领域项目启动》的报道。据报道,国家"863 计划"两项目启动会在哈尔滨工业大学召开,哈工大是唯一一家牵头承担两个项目的单位,居全国首位。与会领导和专家充分肯定了两个项目的前期研究进展,并针对各课题后续工作的具体实施、研究成果的落地和产业化等方面提出了具体指导意见。相关单位负责人及其课题组主要成员等 40 余人参加启动会。

17 日 新华网刊登《哈工大研制我国两大医疗装备》的报道。据报道,哈尔滨工业大学牵头承担的国家"863 计划""专科型微创手术及手术辅助机器人系统的研制"和"医用微纳器件及系统的设计与制造"项目正式启动。"专科型微创手术及手术辅助机器人系统的研制"项目首席科学家是杜志江教授,该项目总经费 4 190 万元,主要针对脊柱微创手术、心脑血管微创介入手术以及膝关节前交叉韧带损伤修复手术临床需求。项目将打破国外技术壁垒、为国产医疗高端装备产业化进程奠定坚实的技术基础。"医用微纳器件及系统的设计与制造"项目首席科学家为金鹏教授,该项目总经费 968 万元,主要针对现代生物医学对新型光谱成像检测仪器的需求。将利用微纳光学元件,研制高精度、高灵敏度、高稳定性、低成本、小型化的新型成像光谱检测仪器,对提升我国生物样品检测和水环境监测水平具有重要意义。

【十二月】

24日 人民网刊登《哈工大连续4年5项目入选"中国高校十大科技进展"》的报道。据报道,2015年度"中国高校十大科技进展"正式公布,哈尔滨工业大学"激光聚变装置中的靶场光电及控制系统"项目入选,这是该校"十二五"期间连续4年第五个项目入选,突显了学校立足航天、服务国防,注重两化深度融合的办学实力。2015年入选的"激光聚变装置中的靶场光电及控制系统"项目是为满足能源安全重大需求于上世纪90年代末启动的国家重大科学工程,是国际大型激光装置领域极具代表性的综合性科学工程之一,其总体规模与性能位列亚洲之一、世界之二,达到国际先进水平。"激光聚变装置中的靶场光电及控制系统"是整个装置的核心系统之一。在中国工程物理研究院牵引下,哈工大梁迎春、赵航、刘国栋3位教授率领的研究团队对靶场光电及控制系统的关键技术潜心研究10余年,取得了重大进展。针对大型激光装置非稳定状态下多光束的快速、高精度打靶需求,建立了基于数据驱动的靶场光机电多参数、多层次敏捷控制系统。激光聚变装置实现了优于30微米的打靶精度,且准备时间少于30分钟。该研究成果为激光聚变装置全面满足设计要求做出了重要贡献,也为我国未来其多束巨型激光装置建设奠定了基础。

31日 《哈工大报》刊登《"空间环境地面模拟装置"国家重大科技基础设施建设项目正式获批》的报道。据报道,由我校作为牵头单位,中国航天科技集团公司作为共建单位建设的国家重大科技基础设施项目"空间环境地面模拟装置"("大科学工程")日前通过国家发改委立项审批,标志着项目转入可研阶段。作为国家航天领域、工业和信息化部、东北三省唯一一项大科学工程,该项目是国家"十二五"期间重点规划项目,也是国务院加强东北地区创新基础条件建设的具体措施,写入国务院发布的《关于近期支持东北振兴若干重大政策举措的意见》。项目总投资15亿元,其中国家投资约12亿元,工业和信息化部投资2.1亿元,省市政府提供约35万平方米的建设用地及相应配套资金支持。为保障项目的顺利实施,学校成立了"大科学工程专项建设指挥部暨空间基础科学研究中心"。指挥部(中心)组建了由丁肇中教授任科技咨询委员会主席的高水平科学家队伍和由我校相关学科骨干教师、国内外优势单位科研人员组成的高水平工程技术队伍。围绕装置的建设,我校与普林斯顿大学、慕尼黑工业大学、北京大学、清华大学等国内外百余所著名高校和科研机构开展交流与合作研究工作。目前该项目已经开展了超高真空互联装置、电磁波与黑障等离子体相互作用研究平台、零磁环境预研装置、束流光学设计等关键装置和技术的预先研究,取得多项标志性成果。

2016 年　服务国家战略大事记

【一月】

4 日　东北网刊登《哈工大项目入选中国高校十大科技进展》的报道。据报道,我校"激光聚变装置中的靶场光电及控制系统"项目入选 2015 年度"中国高校十大科技进展",这是我省唯一入选项目。据了解,哈工大在"十二五"期间连续四年 5 个项目入选该奖项。哈尔滨工业大学梁迎春、赵航、刘国栋教授率领的研究团队在中国工程物理研究院牵引下,对大型激光聚变装置靶场光电及控制系统的关键技术潜心研究 10 余年,攻克了系统设计、安装与集成调试等阶段的若干重要难题,实现了打靶精度要求优于 30 微米、准备时间少于 30 分钟的设计要求,在国内首次实现多靶型、智能化、甚多束激光高精度控制与瞄准定位。其打靶精度要求之高,如同将高尔夫球从北京天安门打到石家庄市中心的球洞里,且"一杆进洞"。该研究成果为下一步我国超多光束激光装置的研制奠定了坚实的技术基础。

12 日　工业和信息化部网站刊登《哈工大牵头的 6 个项目获国家科技奖励》的报道。据报道,中共中央、国务院在北京人民大会堂隆重举行 2015 年度国家科学技术奖励大会。哈尔滨工业大学 12 项科技成果获得 2015 年度国家科技奖,其中哈工大作为第一单位牵头完成的项目获奖 6 项,获奖数量居高校前列。另有哈工大参与完成的 6 个项目获得国家科技奖。

12 日　《哈工大报》刊登《我校两项关键技术助推国产大型客机 C919 "起飞"》的报道。据报道,国产大型客机 C919 首架机在上海总装下线,进入地面试验状态,标志着我国在大型客机制造领域达到了新的高度。我校与中国商飞的合作由来已久,并在 C919 飞机的研制过程中发挥了重要作用,其中包括 C919 飞机中央翼复合材料后梁大开口补强设计技术研究、C919 大飞机铝合金机身激光焊接技术及装备研究。在赫晓东教授、王荣国教授的带领下,课题组首次制备出了复合材料大开口及其补强结构的对比实验件,通过试验验证了设计方案的可靠性。同时,课题组所提出的中央翼复合材料后梁大开口补强设计方案及获得的一手试验数据,为 C919 大飞机中央翼后梁大开口的选型设计提供了强有力的技术支撑。先进焊接与连接国家重点实验室主任陈彦宾教授率领科研团队与上飞公司合作承担了"双束光纤激光焊接铝合金机身壁板工艺及装备技术"研制任务。团队经过近 4 年的努力,突破了诸项关键技术。团队在国际上率先完成铝锂合金激光焊接整体壁板的疲劳损伤容限和结构稳定性评定,研制出首台集成多轴数控与机器人组联动的双光纤激光焊接装备。

【六月】

27日　中国新闻网刊登《哈工大首次解析:三技术助力"长征七号"首飞》的报道。据报道,"长征七号"火箭在海南文昌成功首飞,哈尔滨工业大学首次对外界公布了在这一壮举背后,三项技术成果的重要作用。哈工大先进焊接与连接国家重点实验室张秉刚教授、冯吉才教授团队负责完成的铜钢电子束焊接技术研究成果,应用于"长征七号"新型大推力液氧煤油发动机制造。这一技术实现了中国新一代液氧煤油大推力发动机的高质量焊接,技术指标达到了国际先进水平,使中国对该类发动机特定结构组件的焊接技术跻身国际先进行列。哈工大采用具有自主知识产权的流体高压成形技术,在国际上首次研制出整体结构五通件,大幅提高了低温燃料增压输送系统的可靠性,为中国运载火箭升级换代起到了不可替代的作用。哈工大航天学院复合材料与结构研究所孟松鹤教授团队研制了3种专用飞行测试传感器,分别测试返回舱再入过程中气动热环境的热流密度、压力以及防热结构内部的温度响应。此外,多用途飞船缩比返回舱完成飞行实验返回后,哈工大将负责气动参数测量数据的分析与解算,为新一代载人飞船的外形设计、防热设计方案评价提供依据。

30日　中国网刊登《哈工大"智慧"登上"遨龙一号"》的报道。据报道,在"长征七号"总体发射任务中,哈尔滨工业大学宇航空间机构及控制研究中心邓宗全教授团队承担"远征1A上面级"主载荷——"遨龙一号"飞行器及碎片模拟器分离解锁装置研制任务,保障了此次在轨验证任务的圆满成功,这是我国在空间碎片主动清理领域的首次在轨验证。此次飞行试验是在前期技术研究和地面试验的基础上,以模拟的空间碎片为目标,验证碎片清除关键技术,任务结束后飞行器进行钝化处理。邓宗全教授、岳洪浩教授等科研人员相继攻克了刚柔混合多体系统高刚度分布锁定、多点解锁机构高可靠同步分离等多项技术难题,保障了此次在轨验证任务的圆满成功。作为空间飞行器的可靠性单点,连接分离装置是决定飞行器在轨任务能否顺利实施的关键环节。本次在轨分离是哈工大先进连接分离技术在"试验七号"卫星和"玉兔号"月球车后的第三次空间应用,该技术成果后续还将为我国空间站机械臂及多个型号卫星保驾护航。

【七月】

18日　搜狐网刊登《哈工大助力人类深空探测与星际驻留试验》的报道。据报道,旨在瞄准未来人类深空探测和星际驻留任务的大型太空科学试验项目——"绿航星际"4人180天受控生态生保系统集成试验("太空180"试验)在深圳启动,哈尔滨工业大学作为外协单位参与部分设备研制工作。"太空180"试验是中国航天员中心和深圳市政府进行的一项探索性合作。试验将为开展载人航天深空探测、和平利用太空、拓展人类地外生存空间提供技术储备。哈工大深圳研究生院水资源利用与水环境安全研究中心主任董文艺教授、王宏杰副研究员团队研制的生活用水供应一体化设备利用受控生态生保系统中的植物冷凝水作为原水,采用生物与物化相结合的多级处理工艺,为"航天员"提供所需的生活用水和饮用水。该受控生态生保系统在完全闭合的条件下,实现了系统内部乘员用水的全部再生循环,为受控试验的顺利进行保驾护航。

【十一月】

4日 央广网刊登《哈工大设计团队为"长五"火箭装扮"靓妆"彰显大国形象》的报道。据报道,"长五"火箭的涂装效果设计和LOGO设计由哈尔滨工业大学工业设计系朱磊老师的团队负责完成。在谈到设计理念时朱磊说,"长五"系列火箭LOGO方案的概念创意源自于中国传统文化中的太极图案,构型虚实结合、互为映衬,整体展现出一个动感的"5"的形象——象征着长五火箭寻求包括性能、可靠性、经济性和安全环保等多重因素的综合优化;同时,其圆形轮廓象征着该品牌和天空的关系,并寓意"长五"系列火箭的圆满、成功发射。红色的长五LOGO与国旗相互呼应,在整箭大面积白色基调的基础上建立了以红色为主导的视觉印象,从视觉传达角度强化了中国元素的主导地位,整体的涂装形态和配色传达出"和平的""大气的""理性的"等象征着当代中国大国形象的视觉语义,也由此体现出国际化视野。作为一个全新的型号,"长五"火箭是初生的朝阳,充满了蓬勃的朝气,而"长五"火箭的LOGO也宛如一轮冉冉升起的太阳,象征着我国开始从航天大国走向航天强国。

"长五"火箭整体涂装外观　　"长五"系列火箭LOGO

19日 人民网刊登《哈工大研制的"可编程SOC计算载荷"首次在空间进行在轨验证》的报道。据报道,"长征十一号"运载火箭在酒泉卫星发射中心发射成功,火箭搭载的脉冲星试验卫星"XPNAV-1"顺利升空并成功进入预定轨道。作为星上载荷之一,由哈尔滨工业大学电气学院自动化测试与控制研究所研制的"可编程SOC计算载荷"开始了空间探索之旅,将完成一系列科学验证与空间探测实验。此次搭载实验是研究所在嵌入式高性能计算、空间辐射防护技术、系统健康管理等领域研究成果在空间的首次工程化验证。通过此次搭载,实验成果将为卫星尤其是微小卫星、深空探测、空间站等航天任务提供具备自主知识产权的在轨计算能力支持,解决装备在轨自主运行管理、在轨系统健康管理、装备人工智能等先进技术理念的空间应用计算瓶颈问题,降低微小卫星成本,助力我国航天事业发展。

19日 凤凰网刊登《哈工大空间机械手成功完成天宫二号人机协同在轨维修科学试验》的报道。据报道,人机协同在轨维修技术试验为国际首次,由哈尔滨工业大学与中国航天科技集团公司第五研究院、北京理工大学共同完成。该项试验主要面向航天设备在轨组装及拆卸任务,探索人机协同完成在轨维修典型作业,为空间机器人在轨服务积累经验。"天宫二号"空间机械手由哈工大研制,包含多感知柔性机械臂、五指仿人灵巧手、控制器及其软件、手眼相机、人机交互设备及其软件等。研制团队在三年研制周期内,完成了产品研制、地面操作试验、空间环境适应性试验等工作。2016年9月15日,空间机械手随"天宫二号"发射入轨。2016年10月19日,"天宫二号"与"神舟十一号"对接后,航天员与机械手协同完成了拿电动工具拧螺钉、拆除隔热材料、在轨遥操作等科学试验。

23日 人民网刊登《哈工大研制的新一代磁聚焦型霍尔电推力器在国际上首次实现空间应用》的报道。据报道,由哈尔滨工业大学能源学院于达仁教授团队、材料学院特种陶瓷研究所和航天五院502所联合研制的我国新一代磁聚焦型霍尔电推力器HEP-100MF在"实践十七号"卫星上采用,该卫星搭载"长征五号"运载火箭在海南文昌卫星发射中心发射成功。推力器在地球同步轨道点火成功,标志着磁聚焦型霍尔电推力器在国际上首次实现空间应用。于达仁教授团队针对传统霍尔推力器喷流发散角大,束流对壁面的轰击降低推力器的寿命、比冲和效率等问题,在国家杰出青年基金、国家自然科学基金创新研究群体和基础科研等项目支持下,开展了等离子体流动控制和磁聚焦方法研究,先后突破了多项关键技术,实现了航天飞行样机的小羽流发散角高性能可靠稳定放电,羽流发散半角15°,居国际领先水平,为我国新一代长寿命航天平台提供了具有自主知识产权的新一代霍尔电推力技术,可广泛应用于空间站、深空探测、高低轨地球卫星轨道控制等领域。

【十二月】

6日 东北网刊登《哈工大研制的关节电机和飞轮电机成功用于天宫二号实验室》的报道。据报道,其中关节电机用于驱动机械臂进行各类动作,飞轮电机起到卫星姿态控制的作用。"天宫二号"实验室进行了人机协同在轨维修技术试验,人机协同完成了在轨维修典型作业,航天员通过手控机械臂完成了一连串试验。关节电机保证了机械臂完成各类精准动作。"天宫二号"还释放了伴飞卫星,通过伴飞卫星实现自拍功能,传回大量清晰的图片,进行故障监测,同时还通过飞轮电机实现伴飞卫星姿态调整并保证姿态稳定。微特电机研究所多年来一直从事空间环境用电机的研究,邹继斌和几名团队成员克服科研环境艰苦、任务难度大、可参照资料少等困难,自主研发了"玉兔号"机械臂电机、多种卫星姿态控制飞轮电机、力矩电机、音圈电机、摆动电机等空间用电机,在电机的环境适应性、高功率密度与高效率设计、力矩平稳性控制、集成一体化设计、高动态响应设计、高可靠性设计、制造工艺与测试方法等方面进行了深入细致的研究,建立了空间电机的设计与分析、制造与测试体系。研究所研制的电机具有损耗小、效率高、体积小、重量轻、环境适应性好、可靠性高等特点,性能指标均达到国际先进水平。除"天宫二号"外,研究所研制的电机还成功用于"玉兔号"月球车、"神舟七号"伴飞小卫星、"海洋二号"卫星、"天巡者一号"卫星等。研究所目前正在为多项民用航天项目研制关节电机、飞轮电机、跟瞄电机。

30日 《哈工大报》刊登《"激光聚变装置中的靶场光电及控制系统研制"团队入选国防科技工业十大创新人物(团队)》的报道。据报道,12月28日,国家国防科技工业局召开新闻发布会,发布2016年度国防科技工业十大新闻和十大创新人物(团队)。我校"激光聚变装置中的靶场光电及控制系统研制"团队入选十大创新人物(团队)。从20世纪90年代开始,我校不断追踪国际上聚变装置的设计和研制,逐渐形成了光学、机械、仪器跨学科的50余人研究团队。秉承"规格严格,功夫到家"的校训,"激光聚变装置中的靶场光电及控制系统研制"团队对大型激光装置相关基础理论和关键技术潜心研究,攻克了一个又一个难题,让激光聚变装置总体规模与水平达到亚洲第一、世界第二。该团队在国内首次实现激光全自动束靶耦合引导、在学术上率先提出了超洁净制造概念,研制出了国内首台KDP超精密飞刀铣削机床,获得发明专利60余项;先后承担国家自然科学基金重点项目2项、面上项目10余项。研究成果入选2015年度"中国高等学校十大科技进展"。在工程周期长、技术挑战性高的攻关中,团队形成了能坚守、善沟通、重协作、能战斗的具有哈工大特色的团队管理体制和机制。国防科技工业十大创新人物(团队)评选活动已经举办3届。此次国防科技工业十大创新人物(团队)共有5个团队、5名个人从全行业推荐的35个候选人物(团队)中脱颖而出、成功入选。

颁奖

2017年 服务国家战略大事记

【一月】

4日 工业和信息化部网站刊登《哈工大项目入选2016年度"中国高校十大科技进展"》的报道。据报道,教育部正式公布2016年度"中国高校十大科技进展"入选项目。哈尔滨工业大学"高效率高比冲磁聚焦霍尔推进技术"项目入选。这是哈工大连续5年第六个入选项目,突显了学校立足航天、服务国防,注重两化深度融合发展的办学实力。

9日 《新晚报》刊登《哈工大研究成果搭载卫星成功升空》的报道。据报道,我国"通信技术试验卫星二号"在西昌卫星发射中心搭载"长征三号乙"运载火箭发射成功。搭载于卫星的哈工大空间光学中心的研究成果将参与多频段、宽带高速率数据传输试验验证。"通信技术试验卫星二号"是我国新一代大容量通信广播试验卫星,主要用于卫星通信、数据传输等业务,并开展多频段、宽带高速率数据传输试验验证。哈工大空间光学中心负责研制的高速数据处理器为国内首台。

16日 新华网刊登《哈工大团队入选国防科技工业十大创新团队》的报道。据报道,国家国防科技工业局发布2016年度国防科技工业十大创新人物(团队)。哈尔滨工业大学"激光聚变装置中的靶场光电及控制系统研制"团队成功入选。上世纪90年代开始启动的大型激光聚变装置研究是我国聚变能源领域宏伟的大科学工程。哈工大"激光聚变装置中的靶场光电及控制系统研制"团队对大型激光装置相关基础理论和关键技术潜心研究,让大型激光聚变装置总体规模与水平达到亚洲第一、世界第二。该团队在国内首次实现激光全自动束靶耦合引导、在学术上率先提出了超洁净制造概念、研制出了国内首台KDP超精密飞刀铣削机床,获得发明专利60余项。大型激光聚变装置靶场光电及控制系统实现了打靶精度优于30微米的设计要求,在国内首次实现多靶型、智能化、甚多束激光高精度控制与瞄准定位。该研究成果为下一步我国超多光束激光装置的研制奠定了坚实的技术基础。

16日 工业和信息化部网站刊登《哈工大牵头的国家重大科技基础设施"空间环境地面模拟装置"初步设计及概算报告通过评审》的报道。据报道,哈尔滨工业大学牵头的国家重大科技基础设施"空间环境地面模拟装置"科技咨询委员会学术会议暨初步设计方案评审会召开。会议同意"空间环境地面模拟装置"初步设计及概算报告通过评审。哈工大校长兼空间环境地面模拟装置项目负责人周玉院士出席会议,并为科技咨询委员会委员颁发聘书。科技咨询委员会主任、中国航天科技集团王礼恒院士,科技咨询委员会副主任杜善义院士,委员蔡鹤皋院士、王子才院士等中外高校、科研机构院士、专家、学者出席会议。科技咨询委员会委员围绕"空间环境地面模拟装置"的项目定位、科学目标、工程目标、设计方案、技术细节等进行了研讨交流,并提出了具体的意见和建议。经过审议,会议同意"空间环境地面模拟装置"初步设计及概算报告通过评审,并建议按专家意见进一步优化设计方案,进一步完善设计方案,加强人才队伍建设,尽快建立用户委员会。

【四月】

25日 中国青年网刊登《哈工大研制激光通信载荷搭载卫星升空》的报道。据报道,中国首颗高通量通信卫星"实践十三号"卫星在中国西昌卫星发射中心成功发射,哈尔滨工业大学研制的激光通信载荷搭载卫星顺利升空。而"实践十三号"卫星将首次在高轨道上应用激光通信和电推进等技术。据了解,负责研制激光通信载荷的主要是哈工大教授马晶、谭立英团队,该团队长期以来专注激光通信技术研究,坚持创新,勇于实践,研制的激光通信载荷是航天领域的标志性成果,此次激光通信载荷搭载将完成首次高轨激光通信试验任务。

【五月】

9日 新华网刊登《工大两关键技术助飞C919》的报道。据报道,首架国产大飞机C919在上海浦东国际机场4号跑道成功起飞。我校与中国商飞的合作由来已久,并在C919飞机的研制过程中发挥了重要作用,其中包括C919飞机中央翼复合材料后梁大开口补强设计技术研究、C919大飞机铝合金机身激光焊接技术及装备研究。哈工大复合材料与结构研究所赫晓东教授团队早在2010年就开展了C919中央翼复合材料后梁大开口补强设计技术研究工作,助推C919研制。在赫晓东、王荣国两位教授的带领下,课题组首次制备出了复合材料大开口及其补强结构的对比实验件,通过试验验证了设计方案的可靠性。同时,课题组所提出的中央翼复合材料后梁大开口补强设计方案及获得的一手试验数据,为C919大飞机中央翼后梁大开口的选型设计提供了强有力的技术支撑。2011年,哈工大先进焊接与连接国家重点实验室主任陈彦宾教授率领科研团队与上飞公司合作承担了"双束光纤激光焊接铝合金机身壁板工艺及装备技术"研制任务。团队经过近4年的努力,突破了多项关键技术。团队在国际上率先完成铝锂合金激光焊接整体壁板的疲劳损伤容限和结构稳定性评定,研制出首台集成多轴数控与机器人组联动的双光纤激光焊接装备,并于2015年底交付中国商飞上飞公司。

【六月】

11日 《黑龙江日报》刊登《创造中国航天多个第一》的报道。据报道,哈工大举办系列活动纪念航天学院建院30周年。哈工大航天学院为国家航天事业创造了多个第一。10日上午,哈工大举办了"我与航天"主题报告会,举行了"航天创新基金"揭牌仪式,播放了航天学院建院30周年专题片。哈工大以航天学院建院30周年为契机,与荷兰代尔夫特理工大学在京签署合作谅解备忘录,双方将共建国际太空学院。下午,哈工大召开了航天科技与人才培养发展战略论坛。经过30年的发展,哈工大航天学院成为国内航天主干学科最为齐全、规模最大的航天学院。在各类人才的共同努力下,哈工大航天学院实现了我国多个"首创"和"第一":研制了我国第一套空间交会对接地面仿真系统,发射了我国第一颗由高校自主研制的立体测绘小卫星,国际上首创星箭一体化技术并研制了"快舟一号""快舟二号"星箭一体化飞行器;研制了我国第一套卫星光通信星上终端,进行了我国首次卫星光通信链路在轨试验……航天学院在先进复合材料技术、卫星光通信等多个领域已达到国内领先、国际一流的水平。30年来,学院共获国家级奖30余项、省部级奖220余项。

【九月】

22日　新浪网刊登《哈工大牵头的国家重点研发计划"大型复杂构件激光高效清洗技术与装备"项目启动》的报道。据报道,项目实施方案通过论证,标志着该项目正式启动,进入实施阶段。论证会上,专家组听取了哈工大副校长郭斌做的项目实施方案和4个课题具体实施方案汇报,对项目实施过程中的技术路线、研究进度与节点安排、研究成果与考核指标、组织管理、经费安排等方面进行了论证。专家组认为,该项目实施方案可行性强,技术路线先进,任务分工明确,研究进展及时间安排合理,一致同意通过项目实施方案论证。专家组组长、华中科技大学激光加工国家工程研究中心主任朱晓教授,科技部高技术中心专项管理办公室处长陈智立、丁莹博士,相关专家、参研单位代表、哈工大相关部门负责人参加会议。

【十二月】

11日　《黑龙江日报》刊登《哈工大两国家级新材料项目启动》的报道。据报道,由哈工大牵头的国家重点研发计划重点基础材料重点专项"新型氟硅材料制备关键技术"和"新型特种陶瓷材料制备关键技术"两个项目实施方案通过论证,标志着项目正式启动,进入实施阶段。将对我省以及国家高端制造业和战略性新兴产业创新发展提供支撑。"新型氟硅材料制备关键技术"项目,联合浙江巨化股份有限公司、浙江大学和山东船舶技术研究院等8家产学研相结合的科研团队共同承担。将研究新型氟硅功能单体结构精确可控的合成方法及其改性聚合物规模化生产及装备技术,以提高我国基础氟硅材料产业整体竞争力,满足高端制造业和战略性新兴产业创新发展需求。"新型特种陶瓷材料制备关键技术"项目,联合清华大学、山东工业陶瓷研究设计院有限公司、中国科学院上海硅酸盐研究所等19家科研团队共同承担。项目主要攻克以多功能陶瓷纤维复合膜、耐高温耐腐蚀轻质高强多孔陶瓷和高导热陶瓷基板等为代表的产品工程化制备技术难关,从而有效提升我国典型先进陶瓷材料的研发水平与核心竞争力。

22日　工业和信息化部网站刊登《哈工大牵头的国家重点研发计划"纳米科技"重点专项项目启动》的报道。据报道,哈尔滨工业大学牵头的国家重点研发计划"农村饮用水中微量有毒污染物深度处理的纳米材料与技术"项目启动,进入到为期4年的研发实施阶段。该项目是哈工大承担的首个"纳米科技"重点专项项目。"农村饮用水中微量有毒污染物深度处理的纳米材料与技术"项目由哈工大牵头,联合南京工业大学、中国科学院合肥物质科学研究院、中国科学院生态环境研究中心等单位共同申报。项目瞄准解决国家重大需求,对于解决我国重大民生需求及推进环保领域前沿科学、技术发展,推动国家绿色文明建设具有重要意义。

26日　哈工大新闻网刊登《高轨星地双向高速激光通信系统技术入选"中国高校十大科技进展" 我校连续6年7项目榜上有名》报道。据报道,由教育部科学技术委员会组织评选的2017年度"中国高等学校十大科技进展"在京揭晓。我校谭立英教授负责的"高轨同步轨道卫星星地双向高速激光通信"项目榜上有名。这是我校连续6年第7个入选项目,突显了学校立足航天、服务国防,注重两化深度融合发展的办学实力。项目的成功完成标志着我国在空间激光通信领域走到了国际前列,是卫星通信领域的又一个新里程碑。利用激光光束建立的星地双向高速信息传输通道,成功进行了最高传输数据率达每秒5 Gb/s的通信数据传输、实时转发和存储转发,是迄今为止国际上高轨卫星激光通信的最高传输数据率,性能和技术指标均达到国际领先水平。高轨星地双向高速激光通信系统建立了天地信息网络中通天链地的高速骨干通道,为我国今后建立天地一体化信息网络奠定了重要基础。

2018年 服务国家战略大事记

【一月】

18日 东北网刊登《哈工大马晶教授当选国防科工十大创新人物》的报道。据报道,国防科工局发布了2017年度国防科技工业十大新闻和十大创新人物(团队),哈尔滨工业大学马晶教授当选十大创新人物。马晶教授多年来从基础研究迈向工程研究,圆满完成空间试验,实现了星地激光链路快速捕获、稳定跟踪和高质量通信,为我国建立空间激光高速实时信息网络奠定了工程和技术基础。马晶教授团队成功进行的"星地激光链路通信试验",是我国卫星通信技术发展史上的一个重要里程碑,标志着我国在空间高速信息传输这一航天高技术尖端领域走在了世界前列。该技术2013年入选"中国高等学校十大科技进展",2014年荣获国家技术发明奖一等奖。2016年,马晶荣获"何梁何利基金科学与技术进步奖"。2017年,团队的高轨星地双向高速激光通信系统技术入选"中国高等学校十大科技进展"。

19日 凤凰网刊登《哈工大助力中星十六号卫星研制》的报道。据报道,"中星十六号"卫星是我国首颗高通量通信卫星,于2017年成功发射。中国航天科技集团公司第五研究院向哈尔滨工业大学发来感谢信,感谢哈工大为"中星十六号"卫星研制做出的杰出贡献。感谢信中表示,自"中星十六号"研制工作全面启动以来,哈工大在激光通信分系统等产品的研制及测试过程中,充分发挥了严慎细实的工作精神,狠抓进度和质量,攻坚克难,顽强拼搏,有力推动了产品的研制工作。"中星十六号"卫星最高通信总容量超过20 Gb/s,超过了之前我国所有研制的通信卫星容量的总和,在电信服务、远程教育和医疗、企业专网等领域将得到应用。

29日 工业和信息化部网站刊登《哈工大牵头的国家重大科学仪器设备开发专项启动会顺利召开》的报道。据报道,由哈尔滨工业大学董永康教授牵头作为项目负责人的国家重大科学仪器设备开发专项"分布式光纤应变监测仪"项目启动暨实施方案论证会顺利召开。在启动会上,项目负责人董永康教授做了项目总体情况汇报,6个项目课题负责人分别进行了课题实施方案汇报。项目专家组对项目的研究目标、研究内容及研究方案的可行性给予充分的肯定,并针对项目和各课题后续工作的具体实施、拟解决的关键科学和技术问题等提出了建设性的意见和建议。中国工程院院士杜彦良主持启动会,项目组专家及委员共30余位参加了本次会议。

【三月】

6日 工业和信息化部网站刊登《哈工大入选教育部国防教育特色学校》的报道。据报道,教育部公布了2017年国防教育特色学校名单,哈尔滨工业大学榜上有名。近年来,在学校党委的高度重视下,哈工大将国防教育融入立德树人根本任务,以"普及国防知识,提高国家安全意识、国防意识、担当意识,增强师生综合国防素质"为总体目标,持续推进国防教育主阵地建设,推动以重大事件、重要活动为契机的线上线下国防教育渐成体系,结合自身优势探索出了一条具有哈工大特色的国防教育之路。学校规划建设了涵盖公共基础课程、文化素质教育课程、专业教育课程的国防教育课程体系,系统构建了涵盖创新项目式学习、创新研修课、创新创业实训、科研项目实践等的全程式航天国防科研项目育人体系,集中打造了以哈工大博物馆、哈工大航天馆、哈工大航天园为主体的"两馆一园"航天国防特色文化育人阵地,持续建设了涵盖航天国防专题展览、航天校友寻访活动、航天企业挂职项目、卫星发射现场观摩等的航天国防文化育人实践载体,推动学生"零距离"体验航天国防文化、"真刀实枪"感受航天国防重任担当、"早立大志"投身航天国防宏伟事业。

【四月】

19日 新浪网刊登《哈工大邓宗全教授团队多项技术应用于"嫦娥三号"》的报道。据报道,哈尔滨工业大学邓宗全教授团队多项技术应用于"嫦娥三号",瞄准月球探测二期、三期工程,配合总体单位承担了月尘环境效应模拟器月尘补给系统、试验台系统研制等项目,支撑了探月工程的顺利实施。在"嫦娥三号"任务中,哈尔滨工业大学邓宗全教授项目组、微特电机与控制研究所和金属橡胶技术研究所承担了

邓宗全教授

"嫦娥三号"相关技术的研究:首创"可升降电梯"、攻克月面机械臂难关、突破月球重力模拟技术……经过刻苦攻关,多项技术助力"嫦娥三号"圆梦月球。该团队在国内首次研制出车轮运动特性多功能测试装置,通过大量试验,揭示了车轮参数和运动状态对牵引性能影响的内在规律,为"玉兔"月球车车轮工程设计提供了原始数据。团队提出了以多摇臂悬架、多驱动轮为特征的月球车悬架构型综合方法并建立构型图谱库,形成了多自由度变悬架构态、两侧悬架差动连接、载荷自重比大的月球车移动系统设计理论。团队首次研制出月球车关节式机械臂样机,设计了锁紧—释放—停靠复合连接分离技术方案,让"玉兔"手臂收放自如。团队在国际上首次提出了利用单吊索方式模拟月球车月面轮压的测试方法,研制了可在真空、低温环境下模拟月球重力辅助太阳翼展开的试验装置,实现月球车运动的数值模拟。

【五月】

21日 中国新闻网刊登《哈工大将成世界首个把微小型探测器发往月球轨道高校》的报道。据报道,西昌卫星发射中心,哈尔滨工业大学研制的"龙江一号""龙江二号"两颗月球轨道编队超长波天文观测微卫星,同探月工程"嫦娥四号"任务"鹊桥"号中继星一起,由"长征四号丙"运载火箭成功发射升空。"长征四号丙"运载火箭飞行25分钟后,星箭分离,将"鹊桥"和"龙江一号""龙江二号"直接送入近地点高度200千米、远地点高度40万千米的预定地月转移轨道,在轨运行状态正常。后续,"龙江一号"

哈工大将成为世界上首个把微小型探测器发往月球轨道的高校,图为发射现场

"龙江二号"将各自单独完成地月转移、近月制动阶段的飞行。届时,哈尔滨工业大学将成为世界上首个把微小型探测器发往月球轨道的高校。"龙江一号""龙江二号"均装载中国科学院国家空间科学中心的低频射电频谱仪,探测频段覆盖从1兆赫至30兆赫的电磁频谱,当它们飞到月球背面时,将利用月球完全遮蔽地球电磁干扰的天然方式,开展超长波射电天文观测等实验,这会极大丰富人类对宇宙的认识。

哈工大研制的两颗小卫星,从左至右为"龙江二号""龙江一号"

"龙江一号"（吉星 摄）

【六月】

27 日　新浪网刊登《哈工大团队解析"龙江二号"多项技术全球首创》的报道。据报道。哈工大研制的"龙江二号"微卫星与"嫦娥四号"任务"鹊桥"中继星一同升空,在历经 113 小时飞行后,于 5 月 25 日 22 时成功实施近月制动。"龙江二号"微卫星进入近月点 350 千米、远月点 13 700 千米的环月轨道,哈工大成为世界上首个将微小型航天器送入月球轨道的高校。哈尔滨工业大学卫星所"绕月飞行"团队首次接受记者采访,介绍了哈工大微卫星的多项创新和突破。团队成员平均年龄在 30 岁左右,用一年半的时间完成了两颗微卫星的研制,"龙江一号""龙江二号"单星质量只有 47 千克。采用大量创新技术成功实现了微卫星独立完成地月转移、近月制动、环月飞行的任务。在此之前,全世界都没有做过。获取多幅月球表面清晰图像。"龙江二号"顺利进入环月轨道,成为全球首个独立完成地月转移、近月制动、环月飞行的微卫星。"龙江二号"装载中国科学院国家空间科学中心的低频射电频谱仪,为探测超长波提供了绝佳的机会。"龙江二号"搭载了沙特小型光学相机,成功获取了多幅月球表面及地月合影清晰图像,这是中国与"一带一路"沿线国家在航天领域合作取得的又一成果,极大丰富了人类对宇宙的认识。

29 日　哈工大新闻网刊登《国家重点研发计划"智能机器人"重点专项项目启动》的报道。据报道,国家重点研发计划"智能机器人"重点专项项目启动与实施方案论证会在哈召开。"人机协作型移动式双臂灵巧作业机器人""大型复杂结构机器人智能激光焊接技术及系统""电石冶炼出炉作业机器人系统研发及示范应用"3 个项目正式启动。科技部高技术研究发展中心副主任卞曙光、黑龙江省科技厅副厅长石兆辉、我校副校长郭斌在启动会上致辞。会上为 3 个专项的总体专家组、项目技术专家组、项目用户委员会（"两组一委"）专家颁发聘书。3 个专项及其子课题负责人进行了项目研究情况汇报。

专家组对项目情况进行了点评,并对如何进一步明确项目的研究目标和任务、研究计划和进度以及如何更好地实现预期目标、取得创新性研究成果等提出了建议。科技部高技术研究发展中心、省科技厅、市科技局相关部门领导,"两组一委"专家,项目组成员,科工院相关负责人等参加会议。

会议现场

与会领导、专家合影

【七月】

11 日　工业和信息化部网站刊登《哈工大牵头的国家重点研发计划"食品安全社会共治信息技术研究与应用示范"项目启动》的报道。据报道,该项目为哈尔滨工业大学牵头的国家重点研发计划食品安全关键技术研发专项。项目启动与实施方案论证会在哈工大明德楼会议室召开。科技部中国生物技术发展中心副处长黄英明、黑龙江省科技厅副厅长于立河、哈工大副校长郭斌出席会议并致辞。

会上介绍了该专项项目的相关管理规范。各课题负责人从研究内容、研究计划、预期成果等方面汇报了项目实施方案,专家组对如何保障项目实施等提出了意见和建议。科技部中国生物技术发展中心、卫建委食品安全标准与检测评估司、国家食品安全风险评估中心、农业农村部环境保护科研监测所、中国疾控中心卫生应急中心、黑龙江省科技厅、省农委、省食品药品监督管理局、省农垦总局科技局,哈工大科工院及相关学院领导和专家学者参加会议。

【九月】

25 日 《黑龙江日报》刊登《"龙江二号"微卫星拍"地月"合影贺中秋》的报道。据报道,哈尔滨工业大学发布了由该校自主研制的微卫星"龙江二号"拍摄的地球与月球的合影,庆贺中秋佳节。5 月 25 日 22 时,"龙江二号"顺利进入环月轨道,成为世界上首个独立完成地月转移、近月制动、环月飞行的微卫星,哈工大也因此成为世界上首个把微小型探测器发往月球轨道的高校。哈工大相关负责人表示,对于哈工大人航天人而言,今年的中秋明月有着超出寻常的意义。"我思君处君思我",当仰望皎洁的月亮时,哈工大自主研制的微卫星"龙江二号"正在绕月飞行,遥望着地球故乡的万家灯火,遥望着祖国。

"龙江二号"微卫星搭载的沙特相机所拍摄的"地月"合影图像

2019 年　服务国家战略大事记

【九月】

24 日　《哈工大报》刊登《新华社报道我校设计研制的"珠海一号"03 组 5 颗卫星成功发射》的报道。据报道，新华社以《哈工大研制的卫星又上天了！目前已有 19 颗》，报道了我校设计研制的"珠海一号"03 组 5 颗卫星，由"长征十一号"运载火箭成功发射升空的消息。报道称，一箭五星，成功发射！在酒泉卫星发射中心，哈尔滨工业大学设计研制的"珠海一号"03 组 5 颗卫星，由"长征十一号"运载火箭成功发射升空，卫星全部进入预定轨道。截至目前，哈尔滨工业大学已有 19 颗卫星成功发射。本次发射的 5 颗卫星包括 4 颗高光谱卫星和 1 颗视频卫星。高光谱卫星多轨组网运行，将大幅度提高我国高光谱卫星数据采集获取能力，更好地为全球农林牧渔、水土资源、环境保护、交通运输、智慧城市等领域提供卫星大数据服务。

【十二月】

29 日　黑龙江新闻网刊登《从首飞到复飞，"胖五"升空背后的哈工大力量》的报道。据报道，我国长征火箭家族中推力最大的新型运载火箭"长征五号"在海南文昌发射中心点火升空，成功将"实践二十号"卫星送入预定轨道。从 2016 年 11 月 3 日的首飞成功到今天"胖五"再次升空，哈工大多项技术和设计人员参与其中，功不可没。"长征五号"总推力破千吨，哈工大能源学院发动机气体动力研究中心王仲奇院士、冯国泰教授等承担的"助推级 120 吨液氧煤油发动机涡轮气动设计"项目起到了重要的助推作用。哈工大航天学院复合材料与结构研究所赫晓东教授团队承担的"发动机气瓶热防护"项目，成功研制出一种轻质高效隔热毡复合防护结构，攻克"长征五号"热防护难题，助力"长征五号"成功飞天。哈工大机电学院金属橡胶技术研究所姜洪源教授团队为"长五"解决了高真空、大温差、强辐射等极端工况下阻尼减振难题。除了提供技术支撑，哈工大青年教师朱磊设计团队还为"长五"设计 logo 扮靓妆容，并寓意着"长五"系列火箭的圆满成功，整体的涂装形态和配色传达出象征中国大国形象的视觉语义。

第四编

布局前瞻交叉融合 构筑科研平台高地

哈尔滨工业大学
HARBIN INSTITUTE OF TECHNOLOGY
———— 1920-2020 ————

第四编　布局前瞻交叉融合　构筑科研平台高地

"浩渺行无极,扬帆但信风。"①创办一流的研究型大学,必须依靠一流的科研平台。科研平台承载了一个学校的品牌和形象,是体现学校学术意志、贯彻大学管理理念的有效组织形式,是实施对外科技合作的重要窗口,是科研人员从事科学研究的前沿阵地,是培育一流科研人才的基地,是实现科研成果向产业转化的主要通道,是培养高校科研人员归属感、使命感的重要载体,更是学校办学实力和科研水平的具体表现。哈尔滨工业大学一直具有重视科研平台建设的传统,从"八百壮士"艰苦创业为学校开创科研平台高地,到学校现在形成的"立足航天、服务国防、面向国民经济主战场"的科研平台布局,都成为学校对科研平台高度重视最好的注解。

近十年,随着新一轮科技革命和产业革命的孕育兴起,以及全球科技创新呈现出新的发展态势和特征,学校更加重视科研平台在高新技术研究、科技交叉融合、人才培养和成果转化中发挥的重要作用。学校通过瞄准国家科学研究前沿和产业发展急需,建成了包括各类国家实验室、国家重点实验室、省部级重点实验室、国家重点研究基地、各级工程研究中心及产学研共建工程研究基地等国内一流、国际先进的高水平研究基地,在承担国家重大科技项目、产出重大科技成果和成果转化上实现了诸多新突破。学校还积极在科研平台建设中整合科技资源、推动科学技术交叉融合发展;将科研平台建设与国家、区域经济发展紧密结合,组织化推进创新要素汇聚,实现研究开发、创新创业和成果转化的协同发展。另外,科研平台的大发展也对学校各学科聚焦研究方向、聚焦研究问题、促进学科发展,以及培养和聚集高层次科研人才,打造高水平研究团队做出了巨大贡献。

面向世界科技前沿,建设科技创新基地。面向世界科技前沿的基础科研领域创新是决定科技创新能力的根本,是引领科技创新方向的指针。决胜进入创新型国家的关键在于是否具有雄厚的基础理论储备,是否掌握核心关键技术。哈尔滨工业大学在长期的科研创新实践中深刻地认识到了基础研究创新的重要性,并高度重视面向世界科技前沿的创新基地建设。近年来,哈尔滨工业大学加快申请和扶持符合科学发展趋势、助力科技创新突破的基础科学实验室、研究中心建设,积极促成适应大科学时代基础研究特点的、综合交叉性的科技创新基地的组建,已有的各级各类实验室在多个领域取得了一系列具有国际先进水平和国内领先水平的原创性研究成果,突破了一批关键技术,成为支撑重大科技原始和前沿创新的国家重要科技高地。

面向国家重大需求,建设科技创新高地。面向国家重大需求的战略高新技术创新是把握科技创新方向的关键,是当前科技创新的迫切要求,也是体现高校科技水平和科研

---

① [唐]尚颜. 送朴山人归新罗(全唐诗).

实力的关键所在。哈尔滨工业大学以国家现代化建设和社会发展的重大需求为导向,通过交叉学科力量整合,积极建设承担国家重大科研任务的国家级科研机构,促进其开展基础研究、竞争性前沿高技术研究和社会公益研究。以国家、国防重点实验室为主的交叉创新平台建设,瞄准具有前瞻性、前沿性和全局性的战略高技术创新,谱写了铸就国之重器的新篇章。学校强化重点实验室、研究中心和基地建设,聚焦关系国家根本性和全局性科学问题的关键核心技术创新,创建和维护理工结合的公共基础研究平台建设。近年来,学校还积极探索建立和管理国家重点实验室、研究中心的体制机制,高标准推进国家级协同创新中心建设,助力我校新兴科研平台成为国家重大科研方向的策源地。

面向国民经济主战场,建设科技创新阵地。科技创新的目的是服务国家、造福人民。高校科研活动要面向国民经济主战场,客观上要求高校建立与社会合作、与企业共建的科技创新平台。校企合作科研平台是国家科技创新体系的重要组成部分,是产学研合作的高级形式,也是高校与企业实现互利共赢的重要途径。十年来,哈尔滨工业大学把科技成果转化与高新技术产业化放在与科研创新同等重要的位置,作为学校的一项重要战略任务来抓。学校着力打造多样化的校企合作科研平台,使科研成果在国家的支柱产业和主导行业中发挥重大作用。通过与企业共建科研平台协议,整合可利用资源,实现优势互补,将科技成果直接应用于企业新产品研发,实现共同发展。经过长期的合作实践,哈尔滨工业大学的校企合作平台不断开展行业关键技术研究,有力地服务了国家经济社会主战场,实现了把科技成果应用在实现现代化的伟大事业中。

十年来,哈尔滨工业大学围绕科研平台培育、申报、建设和管理等工作,形成了日益完善的平台培育、建设和管理思路,建成了扎实的平台建设梯队。学校各级科研平台数量不断增加、平台质量不断提升、平台功能不断多样,大大推动了我校基础研究、应用研究的发展,强化了培养高层次创新人才和开展高水平学术交流基地的功能,有效促进了科技创新成果的现实转化。

2010年 科研平台建设大事记

一、媒体聚焦

【一月】

8日 江门新闻网刊登《哈工大数字化焊接实验室落户深圳》的报道。据报道,由哈尔滨工业大学现代焊接生产技术国家重点实验室与深圳市瑞凌实业股份有限公司联合共建的"数字化焊接实验室"近日落户深圳。哈工大现代焊接生产技术国家重点实验室响应学校提出的"走出去,服务经济建设主战场"的号召,与深圳市瑞凌实业股份有限公司联合组建了数字化焊接实验室。双方将发挥各自的优势,开展新技术研发、人员培训等合作,还将在哈尔滨工业大学材料学院设立奖教金及奖学金。揭牌仪式当天,同时举行了"现代焊接技术"学术研讨会,校企双方与会人员围绕焊接新工艺和焊接电源的发展做了7个报告并进行了讨论。

【五月】

17日 中国创新网刊登《航天科工与哈工大共建5个技术实验室》的报道。报道介绍,中国航天科工集团公司与哈尔滨工业大学签署战略合作协议,双方决定共建5个技术实验室,此次合作开创了我国产学研合作的新模式。根据协议,双方将共建快速响应飞行器技术联合实验室、制导与控制技术联合实验室、材料及热防护技术联合实验室、装备制造技术联合实验室、汽车电子技术联合实验室等5个技术实验室,以促进双方在产学研一体化方面的合作,抢占科技创新的新领域与制高点,为我国航天事业的发展注入新的活力。目前我国的产学研合作更多的是点对点的合作,如针对某一项目甚至某个工件的联合技术攻关。此次哈尔滨工业大学与中国航天科工集团公司建立联合实验室,开创了我国产学研合作的新模式。这种深层次的产学研合作,将更好地促进高校与企业的联合,资源互补,实现双赢。

【六月】

2日 新华网刊登《中国航天科技集团投资5亿元建设空间科技研究院在哈工大揭牌》的报道。报道介绍,在喜迎90周年校庆之际,由中国航天科技集团公司投资5亿元与我校共建的空天科学技术创新研究院的各项筹备工作已经全面启动,研究院将于校庆期间正式揭牌。研究院的成立将为双方打造优势互补、合作共赢、务实高效、开放灵活的产学研持久合作平台,为全面构建航天科技工业新体系、建设国际一流大型航天企业集团和世界一流大学、提升我国空天技术领域的技术创新能力创造条件。空天科学技术创新研究院的成立是我校与中国航天科技集团公司在长期合作基础上的又一次强强联合,将打造一个国际一流的合作创新平台。中国航天科技集团公司5年内将投入不低于5亿元的研究经费,学校将集中优势学科、汇聚优秀人才进驻研究院,并将在人员配备和聘用、设备使用、后勤保障等方面提供优惠政策,建立有利于人才引进、使用培养和科技创新的新机制。

【七月】

16日 科技部官网刊登《机器人技术与系统国家重点实验室通过建设验收》的报道。报道介绍,科技部组织专家在哈尔滨对机器人技术与系统国家重点实验室的建设进行了验收。科技部基础研究司、科技部基础研究管理中心、工业和信息化部科技司,以及哈尔滨市科技局等相关部门负责人和有关人员出席了会议。专家组听取了机器人技术与系统国家重点实验室和依托单位哈尔滨工业大学的建设报告,现场考察了实验室,并与实验室及其依托单位的同志进行了广泛的交流。专家组认为,实验室根据自身优势和领域特点,围绕先进机器人基础理论与关键共性技术开展科学研究,主持承担了一批国家级科研项目,在宇航空间机构与空间机器人技术、微纳操作机器人技术、工业机器人及机电一体化成套装备、仿人多指手等方面的研究取得了多项创新性成果。专家组认为实验室全面完成了建设计划任务书的各项任务,实现了预期建设目标,一致同意该实验室通过验收。同时,专家组也希望实验室能在重大基础研究方面取得突破。

验收会现场

【十二月】

2日 中国教育与科研计算机网刊登《哈工大现代焊接生产技术重点实验室成果获应用》的报道。报道介绍,中科院长春光机所发来贺信,祝贺哈尔滨工业大学现代焊接生产技术国家重点实验室参与的"遥感八号"卫星有效载荷试验获得圆满成功。该卫星于

2009年12月发射成功,截止到现在卫星已完成在轨测试,各项性能指标均满足用户使用要求,该卫星的主有效载荷的综合技术指标已达到同类航天遥感器的国际领先水平,并已交付用户使用。在该项目中,哈尔滨工业大学现代焊接生产技术国家重点实验室解决了高体分SiC增强铝基复合材料与钛合金的可靠连接。此项技术的成功应用对卫星有效载荷稳定性的提高起到了重要作用。

二、创新高地

2010年新增科研创新平台

序号	平台名称	依托学院	级别
1	黑龙江省寒地建筑科学重点实验室	建筑	黑龙江
2	黑龙江省中文信息处理重点实验室	计算机	黑龙江
3	黑龙江省新能源界面化学与工程	化工	黑龙江
4	黑龙江省固体与结构强度重点实验室	航天	黑龙江
5	黑龙江省激光空间信息技术与应用	航天	黑龙江
6	黑龙江省控制、导航与仿真重点实验室	航天	黑龙江
7	黑龙江省微光子与光子学技术重点实验室	物理	黑龙江
8	黑龙江省宽带无线通信与网络重点实验室	电信	黑龙江
9	黑龙江省高端计算机评测工程技术研究中心	计算机	黑龙江

2011年　科研平台建设大事记

一、媒体聚焦

【一月】

7日　中国生物技术信息网刊登《国内首个拥有自主知识产权的乳酸菌菌种全基因组序列》的报道。报道介绍，从中国食品科学技术学会传来喜讯，由我校食品学院院长张兰威教授课题组联合蒙牛乳业集团进行的"开发自主知识产权乳酸菌及发酵剂"科研项目取得突破性进展，其成果"一株高产胞外多糖的嗜热链球菌及其全基因组序列"通过了中国食品科学技术学会专家组的鉴定。鉴定委员会一致认为，该成果对自主开发国内乳酸菌菌种资源、生产具有我国自主知识产权的乳品发酵剂具有重要的意义，总体研究水平达到国际先进水平。业内专家认为，张兰威教授课题组与蒙牛乳业集团此次成功开发出拥有自主知识产权的乳酸菌，不仅有望打破国内乳品企业使用"洋菌种"的格局，使国产酸奶用上具有我国自主知识产权的乳酸菌菌种，而且对后续研发适合我国工业化生产以及开发功能更加完善的特色酸奶产品意义重大。

【三月】

29日　中国山东网刊登《山东威海：新北洋·哈工大联合工程实验室揭牌》的报道。报道介绍，新北洋·哈工大联合工程实验室揭牌仪式举行。山东威海市委书记、市人大常委会主任王培廷，哈尔滨工业大学副校长韩杰才，威海市委常委、常务副市长赵熙殿，哈尔滨工业大学（威海）党委书记姜波出席仪式并剪彩。王培廷致辞。在原有合作的基础上，新北洋与哈工大联合建立工程实验室，重点围绕专用打印、扫描以及技术集成领域，进行战略性、前瞻性、关键性核心技术研发，力争每年推出一批原创和集成创新成果。王培廷在致辞中说，自主创新是推动经济社会发展的第一动力，也是转方式调结构的重要抓手。新北洋和哈工大联手建立工程实验室，为校企合作搭建了更加广阔的平台，对加快新产品研发、提升企业核心竞争力必将产生积极影响。希望双方进一步完善沟通合作机制，不断拓展合作的深度与广度，实现合作共赢。广大企业要向新北洋学习，积极开展产学研合作,加快科研成果转化,驶入创新发展的快车道。

【四月】

2日　凤凰网刊登《哈工大与中国空间技术研究院共建载人航天和深空探测联合研究中心》的报道。据报道,中国空间技术研究院－哈尔滨工业大学合作签约仪式在哈工大举行。哈尔滨工业大学校长王树国与中国空间技术研究院院长杨保华共同签署了共建"载人航天和深空探测联合研究中心"的合作协议,并分别致辞。副校长韩杰才主持签约仪式。依托"空天科学技术创新研究院",哈工大与中国空间技术研究院成立"载人航天和深空探测联合研究中心",涵盖载人航天和深空探测两个研究方向,成立职能管理部门,分别组建联合设计项目团队,采取联合论证、联合设计、联合攻关、联合试验的工作机制。合作双方定期组织召开会议进行技术沟通,共同研究解决载人航天和深空探测领域研究过程中遇到的学术及技术问题。中国空间技术研究院副院长李明及研究院所属研究发展部、总体部、载人航天总体部、控制与推进系统事业、办公室等负责人,哈工大副校长郭斌及研究生院、科工院和部分院系、研究所负责人出席了签约仪式。

【五月】

20日　工业和信息化部网站刊登《哈工大－QNX－TI车载信息系统实验室成立》的报道。报道介绍,加拿大QNX软件系统公司联手美国德州仪器公司(TI),向汽车电子工程中心赠送QNX操作系统、开发工具套件及使用许可证,价值约20万美元。通过合作建立实验室,哈尔滨工业大学将在教学和科研中融入QNX操作系统的内容,提升学生使用高水平嵌入式软件的能力及科研水平。汽车电子工程中心主任刘志远主持成立仪式。哈尔滨工业大学副校长任南琪、加拿大驻中国大使馆商务参赞詹姆斯、加拿大驻东北贸易首席代表崔英博、黑龙江省科技厅国际合作处副处长刘今、QNX软件公司高校计划负责人徐谨、TI公司亚洲区大学计划部总监沈洁、长春启明信息技术股份有限公司工程师尹诚以及哈工大国际合作处处长范洪波、基础与交叉科学研究院院长郑世先出席了成立仪式。任南琪、崔英博、徐谨、沈洁、尹诚分别在成立仪式上致辞。

24日　中国教育和科研计算机网刊登《哈工大可调谐激光技术重点实验室建设通过验收》的报道。报道介绍,国家国防科工局会同总装备部在哈尔滨工业大学组织召开了可调谐(气体)激光技术重点实验室建设项目竣工验收会。验收委员会由国防科工局科技与质量司孙军伟副处长、总装备部综合计划部预研局张海飞参谋以及相关领域的专家组成,哈尔滨工业大学副校长邓宗全参加会议并致辞。会议由验收委员会主任孙军伟主持。科学与工业技术研究院、航天学院、国有资产处、档案馆、财务处等相关部门负责人参加了会议。在参观过程中,专家仔细听取了项目新增设备的运行原理及承担科研任务的情况汇报,并详细询问了重点实验室的运行和管理情况。专家委员会一致同意该项目竣工。该建设项目的顺利竣工标志着哈尔滨工业大学在可调谐激光技术、非线性光学技术、激光空间通信等方面建成了国内一流的研究平台,对提高我国光电子技术的自主创新能力、缩小与国际先进水平的差距具有重要意义。

验收会现场

【六月】

13 日 科技部网站刊登《青岛哈工太阳能研究院正式成立》的报道。报道介绍了由哈尔滨工业大学与青岛哈工太阳能股份有限公司联合建立的研究机构——青岛哈工太阳能研究院在青岛市城阳区注册成立的情况。报道中称,青岛哈工太阳能研究院旨在通过产学研合作,充分利用哈工大在高倍聚光太阳能发电方面的科研和人才优势,为青岛哈工太阳能公司提供技术依托,并通过科技成果产业化,提高哈尔滨工业大学高倍聚光光伏发电技术的研究水平。同时,借助青岛的地理和政策优势,发展和推广高倍聚光光伏发电技术;建立哈尔滨工业大学在青岛的教学科研基地,培养太阳能学科高水平研究人员。由该研究院建立的 200 千瓦高倍聚光光伏系统示范电站,峰值功率可达 230 千瓦,是国内第一个按照商业化运营建设,且并网发电、投入运营的高倍聚光光伏电站,也是目前国内转换效率最高的并网光伏电站。自年初并网发电以来,电站各项设备指标运转正常,截止到 5 月 26 日,累计发电 5.30 千瓦时,累计节约标准煤 17.75 吨,减少二氧化碳排放约 45.50 吨、二氧化硫 0.15 吨、氮氧化合物 0.13 吨,对节能减排和环境建设做出了积极贡献。

28 日 电子世界网站刊登《哈工大－R&S 公司联合实验室揭牌》的报道。报道介绍,"哈工大－罗德与施瓦茨公司联合实验室"签字与揭牌仪式在哈尔滨工业大学行政楼举行的情况。哈工大丁雪梅副校长与罗德与施瓦茨中国区首席代表兼总经理吴克先生代表双方在联合实验室合作协议上签字,并共同为联合实验室揭牌,这标志着"哈工大－罗德与施瓦茨公司联合实验室"正式成立。根据协议,联合实验室将为哈工大开设研究生实验课程并提供仪表支持;联合开展针对本地用户的技术培训;联合开展项目研究,并择优实施商业化。"哈工大－罗德与施瓦茨公司联合实验室"的成立,将提高哈工大电磁场与微波技术及其他相关专业的教学水平,提升学生的动手与科研能力,对于推动相关学科的发展具有重要意义。参加揭牌仪式的还有电信学院院长张中兆,罗德与施瓦茨中国有限公司合作与培训经理汲群等。

揭牌仪式现场

【十一月】

9日 中国机电网刊登《哈工大与丹麦世界著名水泵制造商构建联合实验室》的报道。报道介绍,丹麦格兰富集团向哈工大捐赠水泵系统移交仪式暨哈工大-格兰富水泵实验室落成典礼昨天在哈举行,格兰富集团向哈工大捐赠了三套水泵系统用于科研和教学。丹麦格兰富集团是全球最大的水泵生产企业之一。2005年,格兰富集团曾向哈工大市政环境工程学院捐赠24台格兰富水泵用于教学。学生们通过对水泵进行拆装和实验,获得了非常宝贵的实践机会,水泵实验课非常受欢迎。2011年,格兰富集团决定再次向哈工大市政环境工程学院捐赠三套水泵系统,并与哈工大共同建立水泵实验室,让学生们更加深入地了解水循环系统,并为未来的科研合作奠定基础。据介绍,哈工大与格兰富集团将以水泵实验室为基础,就新产品、新技术方面开发进行深层次合作,结合格兰富在水泵行业的丰富经验与哈工大强大的科研能力,共同在市政工程、环境工程、水处理等领域开发更加符合中国市场的应用技术。

17日 工业和信息化部网站刊登《寒区低碳建筑开发利用国家地方联合工程研究中心获批》的报道。报道介绍,哈尔滨工业大学与省建设集团联合申报的寒区低碳建筑开发利用国家地方联合工程研究中心获国家发改委正式批准建设,并于11月16日在深圳高交会上由国家发改委进行授牌。该国家地方联合工程研究中心,是哈工大继水资源开发与利用国家工程研究中心之后的第二个国家工程研究中心,同时也是黑龙江省首批国家地方联合建设的国家级工程研究中心。作为哈尔滨工业大学土木工程学科的第3个国家级学科平台,中心的成立将为提升我校土木建筑学科群的整体实力提供有力支撑。中心拟建设寒区低碳建筑材料技术、低碳建筑结构技术、低碳建筑施工技术和低碳建筑运行技术等4个创新研发平台,提升产业创新能力、促进区域经济发展。中心将紧密结合我国国民经济建设、围绕国家中长期发展规划的战略需求,致力于在寒区低碳建筑技术开发与利用领域,建立一个集先导性基础研究、战略高技术创新和高新技术产业化为一体的、具有综合竞争能力的国内一流,并在国际上具有较大学术影响的研发机构。

【十二月】

12日　工业和信息化部网站刊登《哈工大与美国普林斯顿大学签署空间等离子体研究合作协议》的报道。报道介绍,副校长郭斌代表学校与美国普林斯顿大学进行了视频会议,双方针对大科学工程相关的空间等离子体领域的合作情况进行了会谈。会谈后,双方于近期完成了备忘录和合作协议互签工作,拟在实验室建设、人才培养、学术交流等方面开展合作。合作备忘录和协议的签署,为我校与普林斯顿大学开展实质性的科研工作奠定了基础,对于我校提升空间等离子体科学研究水平具有重要意义。普林斯顿大学等离子实验室(PPPL)主任斯蒂沃特·布莱格(Stewart Prager)教授对我校的研究计划非常赞赏,并表示PPPL实验室在等离子体基础理论方面有着60年的研究经验,哈工大在材料科学、装备制造和空间技术等方面具有优势,希望双方开展长期和实质性的合作。

28日　人民网刊登《哈工大威海校区成立船艇研究院》的报道。报道介绍,哈工大海斯比船艇研究设计院合作协议签约仪式在哈工大(威海)主楼2号会议室隆重举行。按照合作协议规定,哈工大(威海)、深圳海斯比船艇科技股份有限公司双方将在哈工大(威海)校园内以合资形式创建哈工大海斯比船艇研究设计院,开展各类新型先进高性能船艇的研究与开发。

二、创新高地

2011年新增科研创新平台

序号	平台名称	依托学院	级别
1	寒区低碳建筑开发利用国家地方联合工程研究中心	土木	国家级
2	结构工程灾变与控制教育部重点实验室	土木	教育部
3	寒冷地区先进交通技术黑龙江省工程实验室	交通	黑龙江

2012年 科研平台建设大事记

一、媒体聚焦

【一月】

13日 中国日报网刊登《东阿阿胶哈工大战略合作》的报道。报道介绍,山东东阿阿胶股份有限公司与哈尔滨工业大学在京签署了战略合作协议,并对国家胶类中药工程技术研究中心自动化实验室进行揭牌。根据协议,双方将在哈工大设立"东阿阿胶杰出奖学金";在东阿阿胶建立"哈工大本科生、研究生培养基地",以提高东阿阿胶生产工艺水平,促进中药加工领域研究和人才培养。

与会嘉宾为国家胶类中药工程技术研究中心
自动化实验室揭牌

【二月】

25日 哈工大新闻网刊登《"结构工程灾变与控制"教育部重点实验室获准立项建设》的报道。报道介绍,教育部发布了《关于2011年度教育部重点实验室立项建设的通知》(教技函[2011]93号),我校土木工程学院申请的"结构工程灾变与控制"教育部重点实验室正式获批准建设。"结构工程灾变与控制"教育部重点实验室依托我校土木工程学科,重点建设"高性能工程结构""结构灾变作用与行为""结构监测与控制"三个主要研究方向,并以此为基础逐步拓展新的研究方向。"结构工程灾变与控制"教育部重点实验室将围绕国家经济建设和社会发展、国家安全以及国家重大工程的重大需求,开展以重大结构工程防灾减灾方面的基础理论研究,重点在"高性能工程结构""结构灾变作用与行为""结构监测与控制"三个研究方向上获取原始创新成果和自主知识产权,揭示土木设施建设和安全运行的关键科学问题,建立和完善土木设施建设和运行保障理论,形成土木工程领域具有显著学科交叉融合特征和优势的研究基地和高水平人才培养基地。

29日　电子工程世界网站刊登《国裕集团与哈工大助推云计算发展》的报道。报道介绍,国裕集团与哈尔滨工业大学签署了战略合作协议。这是黑龙江省首个高校与企业在云计算产业方面的合作。根据协议,双方将开展"联合共建"的合作模式,国裕集团支持所属企业单位在人才培养方面成为哈工大教学、科研、课程实习和社会实践的基地,培养云计算领域人才。国裕集团与哈工大共建研究中心、工程实验室、成立云计算相关课题组,重点围绕如何将黑龙江省自然环境将云计算打造成一个绿色节能产业、如何将哈工大机器人技术应用于云计算数据中心实现无人值守以及在24小时高安全、高保障维护等方面开展联合攻关。此外,国裕集团将与哈工大计算机科学学院围绕医疗、政务、社保等方面进行云平台的架构和应用技术的集合,与管理学院对金融行业、商务智能、政府决策进行信息分析与发掘。

【五月】

14日　RFID世界网刊登《哈工大投2.12亿建设物联网研发中心》的报道。报道介绍,2012年计划投资2.12亿元建设的哈工大沿海创意科技港及物联网技术研究中心一期项目,已在科技创新城内开工建设。该项目完成后,将在科技创新城内打造完整的物联网行业产业链。该项目选址在科技创新城,总投资10亿元,2012年已完成投资2 120万元。项目规划了工大物联网项目总部、网络信息大厦、金融信息大厦、云计算中心等围绕物联网各个环节的研发楼18栋,以及附属配套设施、公共绿化、景观等。项目规划建设集物联网软件开发、平台运营维护、信息安全服务、生产制造、应用系统销售为一体的综合性基地,打造物联网平台运营加产品销售的商业模式。项目完成后,将在科技创新城内建成集物联网硬件产品研发与制造、物联网软件开发集成与服务、物联网平台运营服务、物联网行业应用产品销售等为一体的完整产业链。该项目针对国内高校科技成果产业化过程中与资本市场脱节的问题,把握国家关于高新技术产业的政策导向和国内外资本市场的动态,优化哈工大的科研成果的产业化进程,将其推向资本市场。

22日　凤凰网刊登《三角集团将与哈工大合作研发商用客机子午胎》的报道。报道介绍,三角集团日前与哈尔滨工业大学在威海签订战略合作协议暨航空子午线轮胎技术开发合同,双方将携手研发商用客机子午线飞机轮胎。该战略合作协议明确表示,双方将着重在轮胎的设计和制造工艺方面进行合作,支持大型商用飞机子午线轮胎的开发。协议要求哈尔滨工业大学向项目提供其在复合材料、工程机械、汽车、机械设计与制造、信息管理专业和学科方面的资源。此次双方成立以研发航空子午线轮胎项目为主的战略联盟,依托三角集团轮胎设计与制造工艺国家工程实验室,围绕我国航空工业和国防工业关于针对橡胶轮胎高新科技产品的需求,突破关键技术,实现大型航空子午线轮胎产品的国产化,这对于突破国外技术垄断、推动我国大飞机项目的成功实施具有重要意义。

【六月】

29日 《哈工大报》刊登《我校知识产权工作获得新突破》的报道。报道介绍,国家知识产权局2011年度报告正式发布,我校发明专利申请数量1 171项,居全国高校第六位;发明专利授权数量743项,全国高校排名第三位(均未包含国防国际专利申请量),较上一年度有较大提升。我校同年度专利成果转化实施项目达53项。2011年在第六届国际发明展览会上,我校获得金奖1项,银奖2项,铜奖1项。在第二十届全国发明展览会上,我校又获得金奖1项,银奖2项,获奖总数继续荣居黑龙江省第一位、全国高校第七位。

【七月】

4日 中国广播网报道了《意法半导体(ST)与哈工大建立联合实验室》的报道。报道介绍,横跨多重电子应用领域、全球领先的半导体供应商意法半导体(STMicroelectronics,简称ST;纽约证券交易所代码STM)与中国名牌重点大学哈尔滨工业大学联合宣布,双方为推动电子技术创新而建立的联合实验室已正式启用。联合实验室设在哈工大电工电子实验教学中心,设立目的是支持大学师生学习、研究和开发创新的电子应用,例如,医疗电子、电源管理和多媒体融合。意法半导体将为联合实验室提供其研发的各种产品、样片以及技术资料和常规培训,辅助学生设计和开发创新的电子项目。哈工大将提供实验室常用设备设施,负责联合实验室的日常管理工作。在成立初期,联合实验室的工作重点是研发智能传感器应用,意法半导体将为此捐赠先进的iNEMO开发工具以及配套的iNEMO软件平台。

【八月】

12日 《哈工大报》刊登《我校环境与生态纳米技术联合研究中心揭牌》的报道。报道介绍,我校环境与生态纳米技术联合研究中心举行了揭牌仪式,该中心隶属于我校城市水资源与水环境国家重点实验室。中心成立与揭牌仪式由城市水资源与水环境国家重点实验室副主任冯玉杰主持。中心主任、我校任南琪院士,中心海外主任、美国杜克大学CEINT中心主任马克·威斯纳(Mark R. Wiesner)教授,中心学术委员会主任江雷院士分别在成立仪式上致辞。我校李圭白院士以及来自日本北海道大学、我国国家纳米科学中心等国内外知名高校、研究机构的纳米和环境领域专家参加了成立仪式。据介绍,该中心2012—2015年的研究重点在于"纳米传感与环境检测""纳米催化、吸附与环境净化""纳米毒理与纳米生态效应"3个领域的基础研究建设、设施平台建设和人才培养建设。中心还将逐步确立自身在环境领域纳米研究的特色和位置,推进"中国环境纳米技术网络"建设,推广前沿技术与支持地方技术发展,支撑中心稳步发展。

任南琪院士、李圭白院士、马克·威斯纳教授、
江雷院士共同为中心揭牌

【十一月】

30 日 《中国高校导航报》刊登《哈尔滨工业大学与国网公司联合研制的外卡式光学电流互感器成功整站投运》的报道。报道介绍,42 台外卡式光学电流互感器在辽宁省朝阳市何家 220 kV 变电站投入运行,成为哈尔滨工业大学与国网公司联合研制的第四个光学电流互感器整站工程。何家 220 kV 变电站是国家电网公司智能变电站试点工程,在世界上首次采用了外卡式光学电流互感器技术和站内集中式网络保护技术。该技术受到国家电网公司有关专家和领导的一致好评,被认为是封闭电器电流互感器的发展方向。外卡式光学电流互感器巧妙利用磁光玻璃电流传感的结构特点,采取双半环卡箍结构,在罐式断路器、封闭组合电器(GIS)等封闭电器的低压壳体外部安装,开辟了封闭电器电流传感的崭新技术方向,突破了西门子、ABB 等国外企业倡导的嵌入到封闭电器内部的传统方式,依靠技术进步打破了国外对电力装备技术的主导和统辖局面。

哈尔滨工业大学与国网公司联合研制的外卡式
光学电流互感器

二、创新高地

2012 年新增科研创新平台

序号	平台名称	依托学院	级别
1	寒地城乡人居环境科学黑龙江省重点实验室	建筑	黑龙江
2	寒地景观科学与技术黑龙江省重点实验室	建筑	黑龙江

2013年 科研平台建设大事记

【三月】

16日 《哈工大报》刊登《宇航科学与技术协同创新中心接受现场评估》的报道。报道介绍,3月15日,由教育部组织的"2011协同创新中心"评估专家组一行5人来校,对我校宇航科学与技术协同创新中心(以下简称"协同创新中心")的培育组建支持情况进行了现场考察与评估。15日上午,协同创新中心现场考察会在科学园国际会议中心206会议室举行。教育部科技司军工处处长张建华主持会议。教育部科技司副司长娄晶,教育部财务司综合处处长赵建军、副处长何立芳,黑龙江省教育厅副厅长辛宝忠,校党委书记王树权,副校长孙和义、周玉、邓宗全、韩杰才、张洪涛、郭斌,原副校长李绍滨等出席了会议。王树权致辞,辛宝忠、娄晶讲话,韩杰才汇报了协同创新中心的总体建设情况及开展的工作。汇报会后,以重庆市科学技术委员会主任钟志华院士为组长的评估专家组对我校协同创新中心进行了综合考察与评估。现场考察后,专家组召开了协同创新中心代表座谈会,就协同创新中心的相关政策、制度、环境、人才使用等情况进行了交流。在答辩意见反馈会上,专家组结合实际考察情况,对我校协同创新中心取得的成果给予充分肯定,并提出了建设性意见。

张建华处长主持会议

王树权书记致辞

辛宝忠副厅长讲话

娄晶副司长讲话

韩杰才副校长做汇报

钟志华院士讲话

专家组考察协同创新中心相关实验室

【四月】

13日 中国大学网刊登《哈尔滨工业大学入选"2011计划"高校名单》的报道。报道介绍,4月11日,教育部公布"高等学校创新能力提升计划"(即"2011计划")的首批入选名单,共计14个高端研究领域将获得优先扶持。其中,宇航科学与技术协同创新中心主要协同单位包括:哈尔滨工业大学、中航科技集团等。据了解,目前全国共计培育了167个协同创新中心,由高校牵头,联合了科研院所、行业企业、地方政府等优势资源。167个申请经过三轮严格认定,最终只有14个中心成为"2011计划"首批国家协同创新中心。继"211工程"和"985工程"两项重点工程之后,这项旨在提升高校创新能力的"2011计划",成为我国高等教育领域的第三个重大战略工程。

【五月】

10日 《哈工大报》刊登《哈工大入选首批国家创新人才培养示范基地》的报道。报道介绍,国家科技部日前公布了2013年度"创新人才推进计划"入围名单,哈工大入选"创新人才培养示范基地"。哈工大机电学院赵杰教授、航天学院冷劲松教授、材料学院贾德昌教授、市政学院许国仁教授入选"中青年科技创新领军人才"计划,入选人数居全国高校第二位。电气学院纪延超教授获得"科技创新创业人才"资助。"创新人才推进计划"旨在通过创新体制机制、优化政策环境、强化保障措施,培养和造就一批具有世界水平的科学家、高水平的科技领军人才和工程师、优秀创新团队和创业人才,打造一批创新人才培养示范基地。根据《创新人才推进计划实施方案》规定,科技部对地方和相关部门推荐的创新人才推进计划中青年科技创新领军人才、科技创新创业人才、重点领域创新团队和创新人才培养示范基地进行了专家评议,共产生140名中青年科技创新领军人才、64名科技创新创业人才、46个重点领域创新团队和18个创新人才培养示范基地,作为首批入选对象。

【七月】

10日 新民网刊登《哈工大携三家高新企业助力昆明"水科技园"建设》的报道。报道介绍,哈尔滨工业大学、中国核工业华兴建设有限公司、中国航天、北京科强科技公司与昆明国家高新区管委会正式签约,将通过先进的技术、管理模式和创新思维,助力"兴水强滇"和高原湖泊治理。昆明国家高新技术产业开发区管委会主任董保同表示,云南连续三年大旱为我们敲响了警钟,水对于云南来说不仅是大资源,更是大产业、大事业。昆明高新区通过引资金引技术,培育发展水科技产业,为兴水、供水、治水提供先进技术支持、高端产品支撑和多元服务应用,助力"兴水强滇"和高原湖泊治理,在建设美丽云南的进程中发挥高新技术的优势。2011年12月26日在昆明挂牌的全国第一个水科技园建设一年多来,目前已拥有水科技企业近100家,自主知识产权109项、国家级工程技术研究中心1个、省级工程技术研究中心2个、国家高新技术企业13家。

【九月】

13日 光明网刊登《哈工大与伊顿共建创新人才培养基地》的报道。报道介绍,全球领先的多元化工业产品制造商伊顿与哈尔滨工业大学联合组建的电气实验室、液压实验室和工程实践教育中心举行揭牌仪式。此次与哈工大合作,伊顿投资设立了电气联合实验室,并利用伊顿先进的电气相关仪器设备如 UPS、智能总线、变频器、智能开关、power 表计等协助开发本科生创新实验、本科生综合课程设计和博硕创新实验等,通过校企合作、教学科研结合,实验室将帮助学生掌握最先进的电能质量、输配电及其控制技术。而在液压联合实验室部分,伊顿则通过提供电磁转向阀、安全阀、插装阀等科研教学设备,支持本科及研究生教育与相关课题研究,促进液压创新研究。同步揭幕的哈尔滨工业大学－伊顿工程实践教育中心,则主要围绕卓越工程师教育培养计划、工程领军人才计划展开工作。以伊顿公司创新中心为其培养基地,注重培养学生的工程实践能力、创新能力,也更加注重培养学生的团队精神、沟通交流能力、工程领导力。

23 日 《威海日报》刊登《海洋工程材料及深加工技术国际联合研究中心通过评审》的报道。报道介绍,科技部组织专家对 2013 年度推荐申报的国家级国际技术研究中心进行了评审,威海市组织推荐申报的哈尔滨工业大学(威海)"海洋工程材料及深加工技术国际联合研究中心"顺利通过了专家答辩评审,成为威海市首家国家级国际联合研究中心。国际联合研究中心由科技部认定,面向国际科技前沿,为促进与国外一流科研机构开展长期合作,依托具有高水平科学研究与技术开发能力的国内机构而建立的国际科技合作基地。"海洋工程材料及深加工技术国际联合研究中心"由哈尔滨工业大学(威海)与巴顿焊接研究所、俄罗斯国家纳米集团、俄罗斯圣彼得堡国立技术大学以及欧盟膜技术协会等联合创建。中心成立后,对完善区域性科技服务体系建设,提升区域自主创新能力,推动创新型产业集群跨越发展,推动威海市对外科技交流合作的转型升级起到促进作用。

【十一月】

11 日 《哈工大报》刊登《先进复合材料国际联合研究中心获批》的报道。报道介绍,我校先进复合材料国际联合研究中心被科技部认定为 2013 年度国家级国际联合研究中心。先进复合材料国际联合研究中心依托我校复合材料与结构研究所,基于材料、力学、物理、化学等多学科深层次交叉与融合,针对先进复合材料的基础性、前瞻性和创新性问题,重点解决我国在先进复合材料领域的创新能力和新材料制备技术突破能力,解决航空航天等领域材料及结构的重大科学和技术瓶颈问题。通过国际合作,该中心将形成一批具有自主知识产权的技术,提升复合材料前沿领域的国际知名度和创新能力。我校威海校区"海洋工程材料及深加工技术国际联合研究中心"同时获批。该中心聚焦钛合金材料,依托前期承担的国家"863 计划"、国家自然科学基金、国家重大成果转化项目及汇聚的高水平人才队伍,在特种钛粉制备、高性能钛材及其型板材特种成形技术、钛合金大厚磁控窄间隙高效焊接装备与工艺、钛合金防腐防污等领域展开了卓有成效的工作。中心的建设将进一步集成相关领域优势科技资源、理顺国际科技合作渠道,逐步发展成为在该领域技术领先、人才汇聚、示范引领的国际化科研平台,缩短我国在该领域与国际先进水平的差距。

27日 中国航空新闻网刊登《航天六院601所与哈工大创办火箭发动机测试实验室》的报道。报道介绍,按照"产学研结合"的思路,为进一步加强中国航天科工六院601所和哈尔滨工业大学电气工程及自动化学院在火箭发动机综合测试技术研究领域的合作,双方决定联合创办"火箭发动机综合测试技术联合实验室"。近日,联合实验室在601所挂牌成立。联合实验室实行"开放、流动、联合、竞争"的运行机制,秉承持续稳定、优势互补、互利互惠的合作原则,瞄准企业技术发展需求和高校学科发展前沿,充分挖掘哈工大在航天技术领域的学科群体优势,集中优质资源,团结协作,努力创建高水平的火箭发动机综合测试技术研究平台。另外,双方将以联合实验室为依托,积极争取国家重大基础科研和重大工程型号项目,切实促进双方特色鲜明、优势互补的研究团队建设和人才培养工作,带动相关科学技术的研究、推广、转移及应用,培植一支跨越地域、学科和行业的创新型"产学研"团队。

二、创新高地

2013年新增科研创新平台

序号	平台名称	依托学院	级别
1	宇航科学与技术协同创新中心	航天	国家级
2	先进复合材料国际联合研究中心	航天	国家级
3	海洋工程材料及深加工技术国际联合研究中心	威海	国家级
4	黑龙江省数字化油田监测与检测工程技术研究中心	机电	黑龙江
5	黑龙江省现代电力传动与电气节能工程技术研究中心	电气	黑龙江
6	黑龙江省航空轴承工程技术研究中心	机电	黑龙江
7	黑龙江省天然石墨加工新技术与高端应用工程技术研究中心	化工	黑龙江
8	黑龙江省智能中药装备工程技术研究中心	机电	黑龙江

2014年 科研平台建设大事记

一、媒体聚焦

【一月】

14日 工业和信息化部网站刊登《哈工大举行国家胶类工程技术自动化实验室总结会》的报道。报道介绍，由哈尔滨工业大学工业技术研究院和山东东阿阿胶股份有限公司主办的"2014哈尔滨创新养生药机研讨会暨国家胶类工程技术中心自动化实验室成立两周年总结会"1月9日举行。工业和信息化部装备工业司副司长王卫明、哈工大校长助理安实在会上为"黑龙江省智能中药装备工程技术中心"揭牌。2013年，实验室新增申请30余项专利，已授权专利达到40余项。2013年国家胶类工程技术中心自动化实验室在装备制造领域取得多项创新成果：东阿阿胶全自动封闭式提沫机投入使用；阿胶糕数字化车间完成方案论证；生产线采用层铺印刷式生产方案，提高了生产效率和产品质量；创新研发了产品营销和服用辅助设备；讨论了养生膏方基地筹建的可行性和初步方案。

18日 人民网刊登《哈工大（威海）创新技术研究院成立》的报道。报道介绍，哈尔滨工业大学创新技术研究院今天在青岛市李沧区正式挂牌成立，该研究院及下设的3个重点实验室同时投入运营。"哈尔滨工业大学（威海）创新技术研究院"是李沧区为加快调整产业结构，坚持创新驱动，重点引进的创新科技平台项目。该研究院依托李沧区传统工业基地的优势，主要开展涉海工程技术及相关装备的研发和成果转化工作，重点发展和开拓了水下焊接与切割技术、高效化焊接技术、3D快速制造技术、空间焊接技术、搅拌摩擦焊接技术、自动化机械装备技术和船舶与海洋工程技术等七个研究方向。目前，该研究院占地7 000平方米，拥有一大批具有国内领先、世界先进水平的试验、生产、检验设备和大型、特有设备。现设有山东省重点实验室一个，科研人员30人，目前已获得各项专项资金支持1 000多万元。与此同时，为了更好促进半岛蓝色经济区技术创新、引领相关学科发展方向、培养高技术水平专业人才，该研究院同步开展了山东省特种焊接重点实验室的挂牌运行和中国–乌克兰海洋工程技术合作研究中心的筹备工作。

【三月】

4日 汉丰网刊登《哈工大与中国商飞民机试飞中心共建联合实验室》的报道。报道介绍,哈尔滨工业大学近日举行了民机试飞测试技术联合实验室揭牌仪式。哈工大原副校长、黑龙江省政府参事孙和义与中国商飞总飞行师、民航试飞中心主任钱进签署共建协议并为联合实验室揭牌。联合实验室依托哈工大自动化测试与控制研究所,执行"开放、流动、联合、竞争"的运行机制,以试飞中心技术发展需求和学校学科发展前沿为导向,充分挖掘哈工大在测试技术领域的学科群体优势,努力创建高水平的试飞测试技术研究平台,为试飞中心试飞任务提供技术支撑。该联合实验室还将积极争取国家重大基础科研和重大工程项目,切实促进特色鲜明、优势互补的研究团队建设和人才培养工作。双方将未来发展目标定位于引领国内民机试飞测试技术发展,着力建成国内一流、国际认可的国家级试飞测试技术重点实验室。

26日 中国铝业网刊登《中铝东轻公司与哈尔滨工业大学签订战略合作协议》的报道。报道介绍,中铝东轻公司与哈尔滨工业大学签订了战略合作协议。这是双方多轮交流、友好协商的结果,也是双方优势互补、推动长期战略合作的重要举措,标志着双方合作进入了新阶段。据了解,作为我国重要铝镁合金材料研发保障基地和我国知名高等院校,东轻公司与哈尔滨工业大学在航天、航空、轨道交通、汽车等多个学科与领域有着广泛的合作基础。双方将在超高速、超高强、超高温条件下所使用的铝镁合金、铝钛合金等材料研究方面开展深度合作,共同用好哈工大"材料科学与工程学院""黑龙江省工业技术研究院"以及东轻公司技术中心、现场生产等优秀技术资源,共同促进双方的发展和我国铝镁合金技术的进步。

【十一月】

28日 网易刊登《科大讯飞与哈工大携手 发布全球首个中文自然语言处理云平台》的报道。报道介绍,科大讯飞和哈尔滨工业大学联手发布全球首个中文自然语言处理云服务平台"哈工大讯飞语言云"。"讯飞语音云"是科大讯飞于2010年发布的全球首个同时集成语音合成、语音搜索、语音听写等能力的移动互联网智能语音交互平台,作为"讯飞语音云"的重要拓展,此次发布的"语言云"将为广大互联网及移动互联网的开发者提供精准、高效、便捷、稳定的文本处理功能,与"语音云"一起为广大互联网及移动互联网的开发者提供从语音到语言的全面的、顶级的、一站式的核心技术服务支撑。"哈工大讯飞语言云"深度结合了哈工大"语言技术平台LTP(Language Technology Platform)"高效、精准、便捷的自然语音处理核心技术以及科大讯飞在全国性大规模云计算服务方面的经验。经过11年的持续研发和推广,LTP已经发展成为国内外最具影响力的中文处理基础平台,曾获国际CoNLL句法语义分析评测(面向7国语言)的总成绩第一名,中文信息学会钱伟长一等奖等重要成绩和荣誉。目前,LTP已经被500多家国内外研究机构和企业使用,其中百度、腾讯、华为、金山、中信所等多家大企业和科研机构付费使用。

二、创新高地

2014 年新增科研创新平台

序号	平台名称	依托学院	级别
1	金属基复合材料国家地方联合工程实验室	材料	国家级
2	微生物资源保藏和利用国家地方联合工程研究中心	生命	国家级
3	黑龙江省寒冷地区道路工程建养及安全工程技术研究中心	交通	黑龙江
4	黑龙江省先进污染控制技术与装备工程技术研究中心	环境	黑龙江
5	黑龙江省功能薄膜绿色制造工程技术研究中心	化工	黑龙江
6	黑龙江省自动测试与仪器技术工程技术研究中心	电信	黑龙江

2015 年 科研平台建设大事记

一、媒体聚焦

【四月】

17 日 中关村在线刊登《腾讯访问哈尔滨工业大学 校企签订战略合作协议》的报道。报道介绍,腾讯公司副总裁王巨宏女士访问哈尔滨工业大学,与哈尔滨工业大学副校长、哈尔滨工业大学教育发展基金会副理事长郭斌亲切会谈,就如何培养创新型人才、如何深化校企合作以及产学研的新模式等展开了深入的讨论与交流。访问期间,王巨宏女士还做客哈工大软件学院企业家论坛,为哈工大师生带来主题为"互联网+时代,腾讯创新实践与人才需求"的报告。在王巨宏女士访问哈尔滨工业大学期间,腾讯公司与哈尔滨工业大学签署了战略合作协议并向哈尔滨工业大学教育发展基金会捐赠 10 万元人民币用于哈尔滨工业大学创新人才培养、信息技术创新等方面工作。腾讯公司自 2007 年起与哈尔滨工业大学展开多方面合作。在人才培养方面,与哈尔滨工业大学共建腾讯创新俱乐部,并共同开展领军人才培养计划,给学生"工业型、个性化、精英式"的指导。在科研合作方面,依托哈尔滨工业大学 – 腾讯联合实验室,腾讯业务团队与哈工大社会计算与信息检索研究中心组成联合研究小组在自然语言处理、信息检索、社会媒体计算等多个领域展开合作,其中几项关键性技术已应用于诸如微信、搜索等产品之中。此次为进一步深化合作,期待为双方提供更为广阔的合作平台,并为腾讯公司的发展和哈尔滨工业大学的学科建设做出重要贡献。

腾讯公司与哈尔滨工业大学签署战略合作协议

哈尔滨工业大学副校长、基金会副理事长郭斌为腾讯公司颁发捐赠纪念奖牌、证书

王巨宏：互联网＋时代，腾讯创新实践与人才需求

【五月】

15日　光明网刊登《哈工大－国双大数据科学联合实验室战略合作签订》的报道。报道介绍，北京国双科技公司宣布与哈尔滨工业大学签订了战略合作协议，携手共建"哈工大－国双大数据科学联合实验室"。哈工大教育发展基金会理事长、校党委书记王树权、北京国双科技有限公司董事长兼CEO祁国晟、联席总裁李峰、助理总裁许云等出席了战略合作签约仪式。"哈工大－国双大数据科学联合实验室"将围绕国家网络安全和信息化需求，依托大数据技术，搭建开放式科研平台，提升双方科研核心竞争力，推动新技术在产业背景下快速发展。国双科技同时还向哈工大教育发展基金会捐赠800万元，用于支持该校进行大数据研究领域的学科建设和学校发展建设。

26日　东北新闻网刊登《领航润滑油与哈工大联合成立研发中心（组图）》的报道。报道介绍，领航石化与哈工大联合成立的研发中心在哈工大化工学院举办了简单而隆重的揭牌仪式，象征着领航石化与哈工大的合作走上了新的征程，这一盛举也开启了校企联合的新篇章。哈尔滨工业大学化工学院院长黄玉东、党委书记邱会敏出席本次揭牌仪式,领航石化董事长周忠诚也出席了本次活动,同行的还有技术总监聂岭及技术部经理张守臣。揭牌仪式上,双方明确了联合研发中心的发展和规划,联合研发中心将全面展开摩擦表面改性、润滑成膜机理、钼流体新型添加剂以及相关化工产品的研发,以哈尔滨工业大学为实验基地,开展新型溢油回收设备的中试放大研究,中试放大成功后,以领航石化为生产基地,进行该产品的生产和销售。联合研发中心的实验基地在哈尔滨工业大学化工学院内设立,科技转化成生产力的产业化试验基地在领航石化设立,双方理论与实践的完美结合,必然加速中国民族润滑油产业的飞速发展。

哈工大－领航联合研发中心揭牌仪式

【九月】

28日 中国网刊登《国双签约哈工大(深圳)联合打造大数据研发中心》的报道。报道介绍,中国领先的基于云计算和大数据的商业智能解决方案提供商——国双与哈尔滨工业大学深圳研究生院签署战略合作协议,双方拟联合成立"哈工大－国双大数据联合研发中心",开展技术创新战略合作,共同承报国家、地方和行业领域的项目与研究课题,建立研究生联合培养机制与实习基地,携手致力于大数据技术的探索、研究、应用。国双CTO刘激扬、国双副总裁张继生、哈工大深圳研究生院姚英学院长、叶允明教授等出席了签约仪式。根据规划,"哈工大－国双大数据联合研发中心"将围绕国家、行业和地方的重大需求,在科学研究方面开展与社会经济发展需求高度契合的研究工作;在人才培养方面,培养具有大数据思维视野和应用实践能力的复合型人才;在社会服务方面,致力于为企业提供大数据前沿技术、重大问题的解决方案和决策咨询服务,最终发展成为具有重要国际影响力的大数据人才培养、学术研究和决策咨询机构,建成"中国特色新型智库"。

国双与哈尔滨工业大学深圳研究生院代表

【十月】

19日 东方网刊登《自贸联发与哈工大共建联合发展研究中》的报道。报道介绍,上海自贸区联合发展有限公司(以下称"自贸联发")与哈尔滨工业大学签署了战略合作框架协议。双方将在自贸区科技创新创业、制造业提升、金融贸易与投资、跨境电商等领域深化合作交流,共享共筑平台,最大化实现双方商业价值。此外,校企深度合作,也将推动高校师生科研成果产业化。上海临港经济发展(集团)有限公司副总裁、自贸联发副董事长朱伟强认为,从装备产业园区的能源装备、船舶配件、航空发动机、海洋工程机械到科技型创新园区合作打造,临港地区与哈工大有着丰富的合作潜力,希望促进哈工大把新发展项目带到上海。双方还拟定在自贸区联合创建哈工大-上海自贸区联合发展研究中心和培训基地,深化双方在科技创新创业、孵化器建设、制造业提升、金融贸易与投资、跨境电商等领域深化合作交流,实现价值最大化,推动国家科技成果产业化发展。

【十一月】

27日 人民网刊登《哈工大专利申请居全国高校排名三甲》的报道。报道介绍,哈尔滨工业大学近年来把知识产权作为学校主导战略之一,在学校的发展规划和计划中,把知识产权的创造、运用、保护和管理作为学校研究发展的主要内容,采取一系列政策措施,实现了知识产权的跨越发展。哈工大专利申请持续增长,居全国高校排名第三位。据统计,2014年哈工大发明专利申请2 043件,专利授权835项,继续保持全国高校排名第三位。有效发明专利拥有量2 814件,居全国高校排名前列。学校积极调整知识产权工作的管理机构,将由以往的科工院成果管理、知识产权管理办公室、法律事务室三家共同管理,改为由科工院一家集中管理,调整后将有利于更好地对知识产权全过程进行管理。在技术转移工作方面,依托哈工大成立的黑龙江省工业技术研究院,面向全省产业化与工程技术创新发展的需求,建设符合区域特点的国际一流技术研发、整合集成、转移与扩散的工业技术研究与支撑平台,形成"政产学研金介"结合的一体化产学研联盟框架结构。

【十二月】

31日 《哈工大报》刊登《"空间环境地面模拟装置"国家重大科技基础设施建设项目正式获批》的报道。报道介绍,由我校作为牵头单位,中国航天科技集团公司作为共建单位建设的国家重大科技基础设施项目"空间环境地面模拟装置"("大科学工程")日前通过国家发改委立项审批,标志着项目转入可研阶段。作为国家航天领域、工业和信息化部、东北三省唯一一项大科学工程,该项目是国家"十二五"期间重点规划项目,也是国务院加强东北地区创新基础条件建设的具体措施,写入国务院发布的"关于近期支持东北振兴若干重大政策举措的意见"。项目总投资15亿元,其中国家投资约12亿元,工业和信息化部投资2.1亿元,省市政府提供约35万平方米的建设用地及相应配套资金支持。为保障项目的顺利实施,学校成立了"大科学工程专项建设指挥部暨空间基础科学研究中心"。指挥部(中心)组建了由丁肇中教授任科技咨询委员会主席的高水平科学家队伍和由我校相关学科骨干教师、国内外优势单位科研人员组成的高水平工程技术队伍。围绕装置的建设,我校与普林斯顿大学、慕尼黑工业大学、北京大学、清华大学等国内外百余所著名高校和科研机构开展交流与合作研究工作。目前该项目已经开展了超高真空互联装置、电磁波与黑障等离子体相互作用研究平台、零磁环境预研装置、束流光学设计等关键装置和技术的预先研究,取得多项标志性成果。

二、创新高地

2015年新增科研创新平台

序号	平台名称	依托学院	级别
1	快速响应小卫星应用技术国家地方联合工程实验室	航天	国家级
2	土木工程智能防灾减灾工业和信息化部重点实验室	土木	工信部
3	应急空间飞行器技术工业和信息化部重点实验室	航天	工信部
4	新能源转化与存储关键材料工业和信息化部重点实验室	化工	工信部
5	黑龙江省计算与应用数学重点实验室	数学	黑龙江
6	黑龙江省生物医学技术及转化重点实验室	生命	黑龙江

续表

序号	平台名称	依托学院	级别
7	黑龙江省红外晶体及薄膜重点实验室	航天	黑龙江
8	黑龙江省微纳流动与传热重点实验室	能源	黑龙江
9	黑龙江省可持续能源变换与控制技术重点实验室	电气	黑龙江
10	黑龙江省重点软件工程与服务计算实验室	计算机	黑龙江
11	黑龙江省大数据科学与工程重点实验室	计算机	黑龙江
12	黑龙江省网络空间安全重点实验室	计算机	黑龙江
13	黑龙江省大数据与商务分析重点实验室	管理	黑龙江
14	寒区城乡建设可持续发展协同创新中心	土木	黑龙江

2016年 科研平台建设大事记

一、媒体聚焦

【一月】

12日 《哈工大报》刊登《宇航科学与技术协同创新中心中期绩效检查工作会召开》的报道。报道介绍,1月12日,宇航科学与技术协同创新中心中期绩效检查工作会在科学园国际会议中心206会议室召开,教育部科技司副司长娄晶以及评估专家、黑龙江省教育厅副厅长赵琳,校党委书记王树权、校长周玉,副校长韩杰才、丁雪梅出席会议。会议由评估专家组组长欧阳世翕教授主持。会上,娄晶对"2011计划"总体情况和绩效检查情况进行了说明。她指出,此次中期绩效检查的目的是总结经验、发现问题,进一步促进协同创新中心更好地服务国家重大需求,提升高等学校的创新能力。会议期间,与会专家实地考察了新概念航天器及其载荷研究中心、航天器在轨安全与防护研究中心以及空间信息获取及其传输研究中心。

会议现场

会场

参观

合影

【三月】

2日 工业和信息化部网站刊登《哈工大入选首批高校"国家专利协同运用试点单位"》的报道。报道介绍,哈尔滨工业大学获批"国家专利协同运用试点单位",成为全国8所首批试点高校之一,为工业和信息化部所属唯一入选高校。哈工大2015年发明专利授权1 454件,跃居全国高校第2位;至2015年底哈工大有效发明专利拥有量3 896件,居全国高校第4位。

8日 工业和信息化部网站刊登《哈工大1中心获批工业和信息化部协同创新中心》的报道。报道介绍,工业和信息化部公布了第二批部级协同创新中心认定结果,由哈尔滨工业大学牵头的机器人与自动化装备协同创新中心获批,成为继先进环保技术与装备协同创新中心后哈工大入选的第二个部级协同创新中心。

【十一月】

8日 新华网刊登《打造省校战略合作新典范　四川省与哈尔滨工业大学战略合作座谈会举行》的报道。据报道,四川省与哈尔滨工业大学战略合作座谈会在成都举行。哈尔滨工业大学党委书记王树权出席座谈会,副省长刘捷主持并讲话。座谈会上,王树权一行与省经济和信息化委、教育厅、科技厅、国防科工办主要负责人,以及广元、宜宾等市州党政和相关部门负责人,就四川省与哈工大推进落实省校战略合作协议的相关内容进行了沟通交流。刘捷对王树权一行表示诚挚的欢迎。他建议,双方要坚持互利共赢的原则,在战略决策咨询、重点产业发展、干部人才交流等方面开展深度合作。哈工大要重点围绕四川重要战略部署,提供决策咨询、技术评估、技术诊断等服务。四川也将结合哈工大在智慧城市建设、智慧农业和智能机器人等方面的专业优势,重点推进支持哈工大在川建设区域经济发展智库,共建中乌科技技术交流中心、工业技术研究院、机器人科技产业园、西南食品研究院等重点合作项目。在双方合作上,要整合利用好各自资源和人才优势,将项目务实推进,力争把四川省与哈工大的战略合作打造成四川省校战略合作的新典范。

14日 工业和信息化部网站刊登《哈工大牵头的污泥安全处置与资源化技术国家工程实验室获批》的报道。报道介绍,国家发改委公布了环境保护领域国家工程实验室名单。哈尔滨工业大学国家"万人计划"入选者许国仁教授牵头申报的"污泥安全处置与资源化技术国家工程实验室"获批。"污泥安全处置与资源化技术国家工程实验室"依托哈工大的研发基础与优势、高层次人才储备和黑龙江省、哈尔滨市提供的成果转化平台,联合国内一流大型水务集团、勘察设计单位、装备集成制造单位与标准制定单位等,围绕国家水污染控制与生态文明建设的重大战略需求,瞄准中国水污染治理与污泥安全处置与资源化技术领域瓶颈难题,培养创新团队和高层次创新人才,强化基础研究、应用研究与工程化、产业化的融合,研究开发具有自主知识产权的高新技术与装备,开展技术装备工程应用示范,建立相关国际国内标准,全面开展行业服务与国际合作交流,促进相关技术与装备成果产业化,全面提升我国水污染治理与污泥领域全产业链产学研用协同创新能力与国际影响力。国家工程实验室落户哈尔滨,对提升哈工大环境学科国际国内影响力、促进黑龙江省创新驱动发展具有重要意义。

15日 人民网刊登《哈工大发明专利申请量连续三年超2 000件》的报道。报道介绍,高校作为科技第一生产力、人才第一资源和创新第一驱动的重要结合点,是知识创新和知识产权产出的重要源泉,专利的质量和效益,已成为高校创新能力的风向标。哈尔滨工业大学始终把知识产权发展作为学校的主导战略,发明专利申请量已连续三年超2 000件,授权量一直居全国高校前5位。2015年哈工大以发明专利申请受理量2 577件及发明专利授权1 454件双双跃居全国高校第2位,截至2015年底,有效发明专利拥有量3 896件,居全国高校第4位。2016年1月,学校入选首批高校"全国专利协同运用试点单位"。2016年4月,学校获批国防知识产权局"国防知识产权服务、保护专项行动"首批定点单位。2016年开始,学校还引入了专利代理机构服务竞争机制,并从区域发展实际出发,依据专业实力、尊重服务历史,首批签约6家代理机构,并根据工作质量年度考核结果实行"准入准出"合作模式。

30日 《哈工大报》刊登《空间机器人国家国际科技合作基地通过科技部认定》的报道。报道介绍,我校国家自然科学基金委创新研究群体负责人、"长江学者"特聘教授刘宏牵头申报的"空间机器人国家国际科技合作基地"获得科技部认定。该基地是我校三个通过认定的科技部国家国际科技合作基地,也是我校近年来国际科技合作研究与交流工作取得的丰硕成果之一,标志着学校在国家级国际科技合作平台建设上实现了新的突破。"空间机器人国家国际科技合作基地"依托于机电学院,围绕空间机器人核心研究领域,立足航天、服务国防、面向国民经济主战场,若干研究方向处于国际先进水平。该基地先后与美国麻省理工学院、俄罗斯莫斯科国立鲍曼技术大学等10余个国家20余所高校和研究机构建立了良好的合作伙伴关系,与国际知名学者在学术研究与人才培养方面长期深入合作,并先后成立了"中德空间机器人技术联合实验室""哈尔滨工业大学－萨玛拉国立航空航天大学振动防护联合实验室"等合作研究平台。基地通过认定后,将继续围绕空间机器人这个核心领域,培育拓宽空间机器人新的研究方向,提高科研水平,提升国际视野,打造国际化研究团队,培养国际化拔尖人才,建设成为具有较大国际影响力的空间机器人科学研究基地、人才培养和引进基地、国际高技术成果引进基地。

【十二月】

20日 工业和信息化部网站刊登《哈工大2项发明专利获中国专利奖优秀奖》的报道。报道介绍,国家知识产权局公布了第十八届中国专利奖评选结果,哈尔滨工业大学"基于电磁与静压气浮复合支撑的主动隔振装置""高频地波雷达远端航迹起始方法和装置"2项发明专利获中国专利奖优秀奖。"中国专利奖"是我国唯一专门对授予专利权的发明创造给予奖励的政府部门奖,得到联合国世界知识产权组织的认可。近年来,哈工大积极响应国家"大众创业、万众创新"的号召,把发展基点放在创新上,知识产权工作取得长足进步,发明专利申请量已连续3年超过2 000件,授权量一直居全国高校前5位。2015年学校以发明专利申请受理2 577件和发明专利授权1 454件双双跃居全国高校第2位。截至"十二五"末期,学校有效发明专利拥有量3 896件,居全国高校第4位。今年学校先后成为首批高校"全国专利协同运用试点单位"和国防知识产权局"国防知识产权服务、保护专项行动"首批定点单位。

二、创新高地

2016年新增科研创新平台

序号	平台名称	依托学院	级别
1	污泥安全处置与资源化技术国家工程实验室	环境	国家级
2	极端环境营养分子的合成转化与分离技术国家地方联合工程实验室	化工	国家级
3	空间机器人国际科技合作基地	机电	国家级
4	先进结构功能一体化材料与绿色制造技术工业和信息化部重点实验室	材料	工信部
5	微纳光电信息系统理论与技术工业和信息化部重点实验室	物理	工信部
6	对海监测与信息处理工业和信息化部重点实验室	电信	工信部

2017年 科研平台建设大事记

【一月】

6日 工业和信息化部网站刊登《哈工大互动媒体设计与装备服务创新实验室获批文化部重点实验室》的报道。报道介绍,文化部公布第二批重点实验室名单,哈尔滨工业大学"互动媒体设计与装备服务创新实验室"榜上有名。该实验室将依托学校强大的科研优势和丰厚的学术资源,面向文化、经济主战场和互动媒体设计前沿研究领域,以数字技术为基础,艺术创意思维为导引,互动媒体设计与装备服务创新为重点,开展文化与科技深度融合研究,实现正面文化增值,逐渐将实验室建设成为东北亚先进的基础性、跨学科、开放式的文化科技基地。据悉,为完善文化科技创新体系建设,促进文化与科技深度融合,建设高水平科学研究、聚集和培养优秀文化科技人才、开展学术交流的文化科技基地,文化部2014年起组织开展了两批文化部重点实验室认定工作,哈工大系东北地区首个获批单位。

【三月】

30日 光明网刊登《哈工大发明专利授权量全国高校第二》的报道。报道介绍,教育部科技发展中心和国家知识产权局公布了"2016年获发明专利授权量前50名高校"和"至2016年底有效发明专利量前50名高校",哈尔滨工业大学分别以发明专利授权量1 445项和至2016年底有效发明专利量5 007件的专利指标居全国高校第2和第3位。作为我省高校、科研院所专利事业发展项目支持单位之一,哈工大以"专利强校"为目标,设立了校领导主体责任制的知识产权管理委员会,通过引入专利"成本"申请和授权后补助激励模式,以引导高新技术成果专利化,促进专利质量提升;引导资金由"申请资助"转向"运营资助",进一步提升高质有效的专利保有量。学校为支撑优势学科发展规划,相继开展了焊接、医疗机器人、月球车3个技术领域的专利导航分析工作,并完成了《焊接行业专利分析报告》和《医疗机器人领域专利分析报告》。2016年该校2项发明专利获中国专利奖优秀奖。

【七月】

4日 《齐鲁晚报》刊登《促技术应用落地"哈工大-聚碳石墨烯联合实验室"授牌成立》的报道。报道介绍,珠海聚碳复合材料有限公司一行在董事长陈小刚及珠海市科技和工业信息化局产学研合作科科长林力建的带领下访问哈尔滨工业大学,与哈尔滨工业大学校党委书记王树权、教育发展基金会秘书长郑世先、化工与化学学院教授/博士生导师王殿龙等校方代表进行合作洽谈,就联合成立"哈工大－聚碳石墨烯应用技术联合实验室",共同参与研发"石墨烯/磷酸铁锂量子点协同储能材料及其应用"事宜展开了深入的探讨与交流。会上,双方进行了联合实验室的授牌仪式。联合实验室的成立,标志着聚碳复材在石墨烯电池技术应用研发领域的建设又迈上了一个新的台阶,石墨烯电池产业化进程进入到新的发展阶段。会议当中,聚碳复材与哈尔滨工业大学正式签署了技术开发合作协议,并出资三百万元,用于化工与化学学院电化学实验室和哈工大－聚碳石墨烯应用技术联合实验室的发展建设,并为之推进双方在多个课题研究上的进展。

授牌仪式

5日 新浪新闻发表了《哈工大深圳校区成立空间科学与应用技术研究院》的报道。报道介绍,哈尔滨工业大学深圳校区空间科学与应用技术研究院(以下简称"研究院")暨空间科学与技术创新实验室(筹)成立大会召开。深圳市常务副市长张虎,哈工大副校长韩杰才、深圳校区筹建办党委书记唐杰,研究院院长魏奉思院士、研究院特聘教授王水院士,深圳市政府秘书长李廷忠共同为研究院揭牌。研究院旨在助推空间科学与应用技术的发展,提升相关领域的自主创新能力,加速空间科技创新与经济社会发展的融合,为国家安全保障、深圳区域经济创新发展、深圳校区基础学科建设做出应有的贡献。

【八月】

29日 东北网刊登《哈工大等高校与企业合作研发墙体保温材料获国家专利 将应用到工程中》的报道。报道介绍,在黑龙江省寒地建筑科学研究院科技推广中心等部门主办的"LS外模板现浇混凝土复合保温系统技术交流及推介会"上获悉,哈工大等高校与企业合作研发的墙体保温材料已获得国家实用新型发明专利,不久将在我省多项工程中进行应用。据了解,哈工大等高校与山东威海磊昇建材科技有限公司合作研发的LS自保温墙体砌块及LS外模板现浇混凝土复合保温板,已获得了国家实用新型发明专利并通过了山东省及河北省住建厅新型墙材节能技术认定。省墙改办相关人员表示,在黑龙江省绿色建筑行动实施方案通知中提到,到"十三五"期末,全省城镇新建建筑全面执行节能设计标准,城镇绿色建筑面积占新建建筑面积比重提高到50%,组织开展绿色建材产业化示范,引导规范市场消费。大力支持新型保温材料、多功能复合一体化墙体保温材料、一体化屋面、低辐射镀膜玻璃、高效节能门窗等建材产业的发展。

哈工大等高校与企业合作研发墙体保温材料获国家专利
东北网记者 孙英鑫 摄

新型墙体保温材料

【九月】

2日 《哈工大报》刊登《空间环境地面模拟装置国家重大科技基础设施全面启动》的报道。报道介绍,8月29日,空间环境地面模拟装置国家重大科技基础设施(以下简称大科学工程)建设工作研讨会在黑龙江省工业技术研究院召开。由我校与中国航天科技集团公司共建的大科学工程项目正式开工建设,标志着项目的全面启动。黑龙江省委常委、哈尔滨市委书记王兆力,黑龙江省副省长胡亚枫,中国航天科技集团公司总经理吴燕生,哈尔滨市委常委、副市长康翰卿,校党委书记王树权,校长周玉出席会议。王树权主持会议。该项目是我校有史以来承担的水平最高、规模最大的国家科技工程类项目,也是东北地区首个国家重大科技基础设施项目,总投资15.45亿元,建筑面积28 766平方米,建设周期5年。国家发改委,省、市相关部门,中国航天科技集团公司相关负责人,校领导熊四皓、郭斌、安实,校长助理刘宏及我校相关部门负责人参加会议。郭斌在会上汇报项目进展情况。会后,相关领导到位于松北区的工程施工现场进行了实地考察。

会议现场　　　　　　　　　　　　　　王树权主持会议

王兆力讲话

胡亚枫讲话

吴燕生讲话

周玉讲话

实地考察

【十二月】

10日　人民网刊登《黑龙江省又新增一工信部重点实验室　助力国家绿色航天事业发展》的报道。报道介绍，"先进结构功能一体化材料与绿色制造技术"工业和信息化部重点实验室揭牌仪式在哈尔滨工业大学举行。实验室由哈工大校本部材料科学系和哈工大(深圳)材料学院相关方向共同组建,前身为哈工大金属材料及热处理专业,为我国培养了一批知名学者和杰出领军人才,包括两院院士7人。该实验室初步建成了先进航天材料的设计、制备、评价等研究方向,在基础理论、制备工艺研究及工程应用方面获得突出成果,并在此基础上发展了先进材料基因组设计、3D打印、新型低维纳米材料及器件等新兴研究领域。实验室已承担科研项目150余项,总经费达到1.5亿元,获省部级奖励7项,获授权国家发明专利109项。相关研究成果在载人航天工程的关键防热部件、轻质结构和高端精密仪器系统中获得成功应用。实验室将秉承"开放、共享、国际化"的发展理念,逐步建成国际水平的先进结构与功能一体化材料和绿色制造技术研究基地、我国材料科学领域重要的科研与技术服务和人才培养基地。

21日 985高校网刊登《国家机器人运动器材认证中心落户哈工大》的报道。报道介绍,为实现中国机器人运动和机器人教学的标准化,须在运动器材和教学器材的设计、制作、推广、使用、安全评估、市场准入全链条环节进行检测认证。国家机器人运动器材检测认证中心和国家机器人教学器材检测认证中心在哈尔滨工业大学挂牌成立。机器人运动和教学是世界科技前沿的重点。两个国家级机器人检测认证中心的成立将有效推动中国机器人运动和机器人教学规范化、标准化进程,也意味着中国机器人的运动器材和教学器材将开启国家级标准检测认证,此领域内所涉及的材料、样品设计、编程平台和算法、产品生产标准、说明书编制等均须通过检测认证方能进入生产流程,"持证上岗"将是今后中国机器人运动器材和教学器材的标准流程。两个国家级机器人检测认证中心的成立,将在塑胶类拼插类创新套件、陆地平衡车系列、运动无人机系列等项目领域受理机器人生产企业、设计研发单位、社会机构等检测认证工作。

22日 《生活报》刊登《哈工大6项发明专利获全国专利奖优秀奖 获奖数量居全国第一》的报道。报道介绍,第十九届中国专利奖颁奖,我省高校哈尔滨工业大学有6项发明专利获中国专利奖优秀奖,发明专利获奖数量与清华大学并居全国高校第1位。获奖项目为一种沥青混合料缓释络合盐填料的制备方法、基于图像处理的仪表指针转角识别方法、一种基于小波分析的夹芯板超声波检伤方法及应用、一种熔点低于600 ℃的Sn-Zn-Ti活性钎料及其制备方法、一种钛/亚氧化钛/铅复合基板的制备方法、一种印刷电路板虚焊点的红外检测方法。

二、创新高地

2017 年新增科研创新平台

序号	平台名称	依托学院	级别
1	空天热物理工业和信息化部重点实验室	能源	工信部
2	航空航天轴承技术及装备工业和信息化部重点实验室	机电	工信部
3	基因编辑系统与技术工业和信息化部重点实验室	生命	工信部
4	黑龙江省先进控制与智能装备黑龙江省重点实验室	航天	黑龙江
5	黑龙江省空间表面物理与化学黑龙江省重点实验室	化工	黑龙江
6	黑龙江省新型储能材料与储能过程研究重点实验室	能源	黑龙江
7	黑龙江省电器与电子可靠性技术重点实验室	电气	黑龙江

2018年 科研平台建设大事记

一、媒体聚焦

【三月】

14日 工业和信息化部网站刊登《哈工大"污染物处理及能源化国际联合研究中心"通过认定》的报道。报道介绍,科技部公布了2017年度获批认定的国际联合研究中心,依托哈尔滨工业大学环境学院申报的"污染物处理及能源化国际联合研究中心"获得认定批复,这是哈工大第四个通过认定的国家国际科技合作基地,标志着哈工大在国家级国际科技合作平台建设上实现了新的重要突破。该研究中心始终以国家需求为导向,定位于水中污染物转化及能源化理论探索与技术研发,以国际一流为标准,致力于废水高效处理与能源化技术的开发,同时秉承"合作开放、优势互补、资源共享、协同发展"的指导思想,结合"一带一路"发展战略,开展国内外联合攻关和各学科交叉合作,有效提高了我国在本领域的国际竞争力和影响力。

【五月】

7日 《哈工大报》刊登《哈工大人工智能研究院揭牌 "智·创未来"人工智能高端论坛举行》的报道。据报道,5月5日上午,哈工大人工智能研究院揭牌仪式暨"智·创未来"人工智能高端论坛在科学园国际会议中心举行。黑龙江省政府副秘书长李明春和校党委常务副书记熊四皓在会上致辞,并为研究院揭牌。副校长韩杰才主持揭牌仪式。李明春在致辞中说,人工智能研究院的成立,是哈工大体现"龙江第一技术创新源泉"、助力龙江振兴发展的又一重大举措。省委省政府将全力支持研究院的发展,希望研究院在人工智能基础理论研究、核心关键技术研究、支撑平台建设、创新应用和产业发展等方面开展扎实有效的工作,早日产出累累硕果。熊四皓在致辞中回顾了世界人工智能和我国人工智能的发展历程,介绍了我校多年来在人工智能领域进行的不懈探索,尤其是在手写文本图像识别、语句级拼音输入法、机器翻译等领域取得的一系列广泛应用的成果,以及我校为人工智能领域输送的大批优秀人才。他表示,随着深度学习等技术的出现,人工智能进入了新的发展阶段,未来人工智能的迅速发展必将深刻改变人类社会生活、改变世界。2017年国务院正式发布《新一代人工智能发展规划》,省委省政府也对学校建立人工智能研究院提出了明确希望。学校高度重视人工智能领域的发展,积极响应国家部署和地方需求,抢抓人工智能发展的重大战略机遇,成立人工智能研究院,专项支持开展人工智能领域科学研究。研究院将充分整合校内外优势资源,打破校区院系壁垒,促进学科交叉融合发展,并与产业界进行深度融合,力争建成国内一流、国际上有影响力的人工智能专门研究机构,为龙江经济发展、国家科技进步做出更大贡献。人工智能研究院学术委员会主任、校友高文院士通过视频致辞,祝贺研究院成立。百度副总裁、百度研究院院长王海峰校友,美国伊利诺伊州立大学香槟分校苏磐石(Bill F. Spencer Jr)、天津大学党建武教授先后在会上致辞。为更好地凝聚专家学者、行业企业代表的智慧,集智攻关、献计献策,共同推动研究院快速发展,研究院专门设立了学术委员会。高文院士担任学术委员会主任。来自IBM、微软,首批国家人工智能开放创新平台百度、阿里、腾讯、科大讯飞四大企业,以及美国、德国、加拿大、中国香港等海内外著名高校、研究机构的知名专家学者、行业领军人物担任学术委员会委员。会上熊四皓为学术委员会委员颁发聘书。

人工智能研究院院长由王亚东教授担任,副院长由刘挺、张立宪、马坚伟教授担任。会上,王亚东院长介绍了研究院概况。人工智能研究院成立后,将按照理论、技术、平台、应用4个层次,人工智能基础与机器学习、智能控制理论、脑科学与类脑智能、机器感知与模式识别、自然语言处理与知识工程、混合增强智能、自主智能、人工智能应用(包括智能制造、智能土木、智能金融与商务、智能养老、智能遥感等)8个方向组建。首批将有30位研究人员入驻研究院,集中了校内人工智能领域一批优秀的中青年学者。研究院将面向人工智能科学、技术和产业的发展,汇聚一流的研究队伍,创造一流的研究成果,培养一流的科技人才,打造国际一流的人工智能创新基地。在"智·创未来"人工智能高端论坛上,腾讯人工智能实验室主任张潼、IBM全球副总裁、IBM中国研究院院长、IBM大中华区首席技术官沈晓卫,德国汉堡大学多模态技术研究所所长、德国汉堡科学院院士张建伟,微软亚洲研究院副院长、国际计算语言学协会(ACL)候任主席周明校友,分别做了《AI产业发展和腾讯实践》《预见人工智能时代的创新与跃迁》《认知信息物理系统中的跨模态学习》《语言智能的进展》的主题演讲。当天下午,研究院学术委员会召开第一次会议,就研究院未来发展建设规划进行深入研讨和交流。来自海内外著名专家学者、行业企业代表,省市相关部门领导,我校副校长、威海校区校长徐晓飞,我校相关单位负责人、相关学院师生参加揭牌仪式与论坛。

揭牌仪式暨高端论坛现场

省政府副秘书长李明春致辞

校党委常务副书记熊四皓致辞

副校长韩杰才主持揭牌仪式

王海峰校友致辞

Bill F. Spencer Jr 教授致辞　　　　　　　　党建武教授致辞

人工智能研究院揭牌

为学术委员会委员颁发聘书　　　　　　　　王亚东院长介绍研究院概况

学术报告

19 日　腾讯网刊登《哈工大团队获冬奥冰雪小镇主体项目设计权　计划 2020 年投用》的报道。据报道,2022 年冬奥会将在北京和张家口举办。经过重重筛选和激烈角逐,哈工大建筑设计研究院梅洪元教授领衔的创作团队最终获得 2022 年冬奥会张家口赛区崇礼太子城冰雪小镇会展酒店片区项目设计权。该项目将于今年 7 月正式开工建设,计划在 2020 年建成并投入使用。据悉,张家口赛区崇礼太子城冰雪小镇会展酒店片区在 2022 年冬奥会期间,将承担赛时的会议、展览、酒店等功能。冬奥会结束后,这里将打造成世界级国际旅游目的地和国家绿色生态文明建设示范区。此次,梅洪元教授领衔创作团队的方案以"龙行崇礼·舞动冬奥"为设计理念,将东方文化底蕴与国际现代风格相融合,方案大气不失自然灵动。

冬奥广场效果图

【七月】

19日 工信部网站刊登《哈工大获批首批"网络空间国际治理研究基地"》的报道。报道介绍,"网络空间国际治理研究基地"授牌仪式在北京举行。哈尔滨工业大学等10家单位入选第一批基地,学校党委常务副书记熊四皓参加授牌仪式。"网络空间国际治理研究基地"由国家互联网信息办公室与教育部联合组织评选,旨在充分发挥高校在互联网领域的教学研究资源和优势,鼓励高校进一步加强相关领域理论研究、学科建设和人才培养,为开展网络空间国际交流合作、促进全球互联网事业发展贡献力量。

13日 《黑龙江日报》刊登《哈工大发明专利授权量蝉联全国高校第二》的报道。报道介绍,日前发布的《中华人民共和国国家知识产权局2017年度报告》显示,2017年国内发明专利授权量占据前十位的高校中,哈尔滨工业大学以1 576件专利授权名列第二。浙江大学以1 951件名列第一。据悉,哈工大已连续两年发明专利授权量居全国高校第二位。发明专利的数量和质量是衡量自主创新能力的重要指标。作为我省高校、科研院所专利事业发展项目支持单位之一,哈工大以"专利强校"为目标,设立了校领导主体责任制的知识产权管理委员会,形成了"申请资助+授权奖励+转化收益"全过程激励政策环境。依托图书馆成立了"哈工大专利服务中心",完善了学校知识产权管理与专利信息服务工作的协同工作机制。该校知识产权创造、保护和运用能力全面提升,连续三年有效发明专利年增长量超1 000件,年增长率超25%;专利权转让实现连续三年年增长率超100%。2017年,哈工大有6项发明专利获中国专利优秀奖,发明专利获奖数量与清华大学并列全国高校第1位。

【十一月】

5日 《黑龙江日报》刊登《哈工大将与华为共建创新人才中心》的报道。报道介绍,哈尔滨工业大学与华为技术有限公司签署战略合作协议,共建创新人才中心,在人才培养与交流、联合科研创新、智慧校园建设等领域推进深层次合作。双方将围绕国家宏观产业政策和区域发展政策,调动和发挥各自资源优势,实现共赢发展。在人才培养与交流方面,双方将依据高校专业建设和人才培养需求探索学校与企业联合培养人才模式。在联合科研创新领域,双方将在通信技术、人工智能、图形解码与分析等领域开展广泛的交流与合作,不断优化科研创新合作机制,扩大合作范围和深度。双方还将共同推进学校"十三五"智慧校园建设和开展各类校园服务活动。

12日 《科技日报》刊登《哈工大成立医学与健康学院——服务健康中国战略》的报道。报道介绍,哈尔滨工业大学正式成立医学与健康学院。同时,哈工大与黑龙江省医院、哈尔滨市第一医院签署合作协议。黑龙江省副省长孙东生、国家自然科学基金委医学科学部主任张学敏院士、工业和信息化部人教司副司长闫为革、哈工大校长周玉院士共同为医学与健康学院揭牌。哈工大副校长韩杰才主持仪式。哈工大此举旨在促进医工学科交叉融合,拓展医学健康等新兴研究领域,服务健康中国战略。据了解,近年来哈工大在医学健康领域取得了长足发展,临床医学学科已进入基本科学指标数据库(简称

"ESI")全球前1％行列。未来,哈工大将与黑龙江省医院、哈尔滨市第一医院合作共建,重点在人才培养、科学研究、技术交流等方面实现合作共赢。合作不涉及人事、财政、资产、机构等管理权限的变动,各自保持原独立法人资格,学校不介入两个医院的运行管理。

揭牌仪式

二、创新高地

2018年新增科研创新平台

序号	平台名称	依托学院	级别
1	生物能源开发利用国家地方联合工程研究中心	环境	国家级
2	机器人与自动化装备省部共建协同创新中心	机电	教育部
3	网络空间国际治理研究基地	计算机	教育部/网信办
4	超精密仪器技术及智能化工业和信息化部重点实验室	仪器	工信部
5	寒地城乡人居环境科学与技术工业和信息化部重点实验室	建筑	工信部
6	网络大数据安全分析工业和信息化部重点实验室	计算机	工信部
7	黑龙江省极地环境与生态研究重点实验室	环境	黑龙江

2019 年 科研平台建设大事记

一、媒体聚焦

【四月】

1 日　中国新闻网刊登《拓邦与哈工大（深圳）战略合作，共推智能技术创新》的报道。报道介绍，哈尔滨工业大学（深圳）与深圳拓邦股份有限公司在深圳举行哈尔滨工业大学（深圳）－拓邦股份战略合作签约仪式暨智能技术创新论坛。双方宣布达成战略合作，将在智能技术联合实验室、燃气控制技术联合研究、博士后创新实践基地方面开展深度合作，并设立智能技术奖学金，共同推动智能化时代的前沿技术探索、创新体系建设和精英人才培养。本次哈工大（深圳）与拓邦股份开展战略合作，成立哈尔滨工业大学（深圳）－拓邦股份智能技术联合实验室，将紧密结合科学研究与产业需求，携手推进产学研创新，力争将实验室建设成为深圳市智能技术知名的校企联合实验室。哈尔滨工业大学（深圳）人力资源处负责人梁大鹏和拓邦股份有限公司研究中心总监黎志等嘉宾分别代表双方签订各战略合作项目协议。深圳市科技创新委员会智能装备制造处处长文莉，拓邦股份有限公司董事长、总经理武永强和哈尔滨工业大学（深圳）科学技术处副处长马闯等嘉宾共同为智能技术联合实验室和博士后创新实践基地揭牌。

哈尔滨工业大学（深圳）与深圳拓邦股份有限公司在深圳举行哈尔滨工业大学（深圳）－拓邦股份战略合作签约仪式暨智能技术创新论坛

10日　工业和信息化部网站刊登《哈工大在国家重点实验室评估中获佳绩》的报道。报道介绍,科学技术部公布了2018年工程和材料领域国家重点实验室评估结果。哈尔滨工业大学两个实验室参加评估,成绩优异,与上一个评估期相比均有大幅提升。根据《国家重点实验室评估规则》(国科发基〔2014〕124号),国家重点实验室需要每5年进行评估。本次共有64个实验室参加评估,其中工程领域有43个。哈工大两个实验室参加工程领域评估,其中机器人技术与系统国家重点实验室获评"优秀",先进焊接与连接国家重点实验室获评"良好"。

11日　新华网刊登《两个钛合金研发中心落户两江新区》的报道。据报道,"金世利-哈工大钛合金焊接联合研发中心""金世利-重理工钛合金模具联合研发中心"正式落户重庆两江新区,将优化新区高端材料领域的格局,助力航空航天产业发展。"金世利-哈工大钛合金焊接联合研发中心"由哈工大焊接国家重点实验室冯吉才团队领衔,将建设成集国家级钛合金焊接基础研究、标准制定、设备设计和制造、焊接工程评价、焊接工程施工、焊接材料制造等为一体的市场化经营主体。金世利航空钛合金项目位于两江新区航空航天产业园内,总投资24亿元。该项目将打造高端钛合金研发制造基地,主要研制和生产航空及燃气轮机用钛合金材料、锻件、其他金属材料,保障航空、航天、海装和医疗装备等高温和低温钛合金的供应,力争达到世界先进水平。

"金世利-哈工大钛合金焊接联合研发中心""金世利-重理工钛合金模具联合研发中心"揭牌仪式现场
新华网　陶玉莲　摄

15日　东北网刊登《哈尔滨工业大学体育建筑工程设计研究中心成立》的报道。报道介绍,2019SAEDRC体育中心高峰论坛暨哈尔滨工业大学体育建筑工程设计研究中心揭牌仪式在哈尔滨工业大学举行。此次会议就新时期国家政策导向、建筑创作发展趋势、体育产业发展需求、体育建筑策划、建筑与结构协同创新、体育建筑工程实践、体育工艺技术等问题进行深入讨论。国内各大建筑设计院专家、高校师生、设计机构参与人员等300余人参加此次活动。

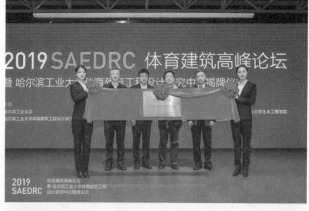

揭牌仪式会议现场

23日 四川日报网刊登《从AI语音客服到智慧粮库,哈工大拟年内在蓉建科技成果转化基地》的报道。据报道,从AI语音客服到智慧粮库,一大批哈工大技术有望在川落地。四川省科技厅与哈尔滨工业大学签署2019年省校科技合作计划,确定年内在成都建立西部科技成果转化基地,将针对性提供技术转移服务,推动该校科技成果在川落地。哈工大相关负责人介绍,基地将围绕新一代信息技术、高端装备制造、生物和节能环保等战略性新兴产业发展需求,今年力主推动"基于人工智能的智慧粮库系统""大数据智慧健康管理技术""人工智能语音客服""作用于动静脉双系统的天然原料药"等重大科技成果在川落地应用。根据合作计划,双方还将推动哈工大与内江、宜宾、巴中等市展开科技合作,共同推进科技创新平台建设、推进国内外高端人才团队落地我省等。2016年,四川省政府与哈工大签署战略合作协议,明确将围绕战略决策咨询、科技创新与成果转化、重大项目建设、干部人才交流、干部教育培训等方面开展全方位合作。

30日 工业和信息化部网站刊登《生物大数据教育部重点实验室建设方案通过论证》的报道。报道介绍,生物大数据教育部重点实验室(以下简称"重点实验室")建设方案论证会在哈尔滨工业大学召开。经过专家组充分讨论,重点实验室建设方案通过论证。生物大数据教育部重点实验室依托哈工大计算机科学与技术、软件工程、生物医学工程3个学科立项建设,于2019年1月获教育部批准。实验室主要研究方向包括EB级生物大数据平台技术、大规模生命组学数据分析、海量生物医学知识工程、生物大数据可视化。

【五月】

14日 深圳新闻网刊登《哈工大-理光联合实验室深圳揭牌聚焦大数据及人工智能》的报道。报道介绍,哈工大(深圳)与理光联合建设的哈工大-理光联合实验室正式揭牌。实验室将在人工智能、大数据、智能装备等领域开展研究。记者获悉,这是理光在中国建立的首个校企合作实验室。哈工大-理光联合实验室设在哈工大(深圳)计算机科学与技术学院,由该院执行院长王轩与理光软件研究所(北京)有限公司董事长于浩共同担任实验室主任。该实验室将在人工智能、大数据、智能装备等领域开展战略咨询、技术创新、产品研制、人才培养等工作,开展常态化的产业及技术研讨会,双方在互利互惠、共同发展的基础上开展人才培养、重大项目合作、成果转化等方面的合作,不断创新合作模式,共同构筑产学研融合新高地。哈工大(深圳)计算机学院在计算机视觉和自然语言处理领域有着深厚的学术基础和应用开发经验。

揭牌仪式

【八月】

31日 人民网刊登《哈工大与黑龙江省医院合作成立脑科学与脑疾病实验室》的报道。报道介绍,哈尔滨工业大学正式成立"脑科学与类脑智能研究中心"和"脑科学与脑疾病实验室"。其中"脑科学与脑疾病实验室"由哈工大人工智能研究院、哈工大计算机科学与技术学院和黑龙江省医院共同合作成立。哈工大常务副校长韩杰才院士、副校长曹喜滨、省卫生健康委科教处处长张久明、黑龙江省医院党委书记、院长石耀辉、副院长马晟利及医院神经内科学各临床科室主任参加了当天的成立仪式。联合实验室将瞄准国际脑科学与脑疾病研究的未来发展方向,共同开展脑认知规律与神经机制研究、精神疾病病理机制解析、脑疾病评估与复健技术等方向的创新研究。发挥黑龙江省医院在脑疾病医疗领域的技术优势、哈工大计算机学院的脑科学基础研究优势以及哈工大人工智能研究院的脑科学产品研发优势，以各自的科研、临床、学科和人才优势为基础，打造优势互补、合作共赢、务实高效、开放灵活的产学研持久合作平台，建立密切的合作关系。

实验室成立仪式

二、创新高地

2019 年新增科研创新平台

序号	平台名称	依托学院	级别
1	生物大数据教育部重点实验室	计算机	教育部
2	寒区城乡建设可持续发展省部共建协同创新中心	土木	教育部
3	自主智能无人系统实验室	航天	工信部
4	物联网智能技术实验室	计算机	工信部
5	航天等离子体推进实验室	能源	工信部
6	互动媒体设计与装备服务创新文化部重点实验室	建筑	文化部
7	人工智能协同创新中心	计算机	黑龙江
8	可持续智慧能源系统与装备协同创新中心	能源	黑龙江
9	基因大数据协同创新中心	计算机	黑龙江
10	黑龙江省装配式建筑技术创新中心	土木	黑龙江
11	黑龙江省天空地一体化智能遥感重点实验室	电信	黑龙江

第五编

深化交流广泛合作 扩大国际学术声誉

"东海广且深,由卑下百川。"①科学技术的国际交流与合作是科技创新的不竭动力,而科学研究的国际化更是赶超国际先进科技水平的必经之路。高校科研工作的国际交流与合作是跟踪国际研究前沿、把握学科研究动态、提升大学科研创新能力的基础,而促进学术交流的国际化和科技成果的开放化,也是有效拓展科学研究视野、勇攀世界科技高峰之利器。

在建设世界一流大学和一流学科的宏伟蓝图下,高校"双一流"建设必须要树立国际化意识,具有国际化视野,瞄准国际化标准,提升国际化水平。哈尔滨工业大学作为"双一流"建设高校,始终坚持以习近平新时代中国特色社会主义思想为指导,以"中国特色、世界一流、哈工大规格"为核心,坚持面向国家重大战略需求和世界科技发展前沿,依托"学科国际竞争力指标",积极服务共建"一带一路"教育行动,打造"对俄引领、全球覆盖"的国际合作与交流特色,不断提高学校国际影响力和话语权。目前为止,哈尔滨工业大学已经与40多个国家和地区的400多所高校及科研机构建立了合作关系。通过设立国际性科研中心、结成国际性科技合作联盟、聘请国外高端学术人才、签订国际学术研究合作协议与备忘录、召开国内高层次学术会议、开展国际学术会议与论坛等方式,为实现中华民族伟大复兴的中国梦和构建人类命运共同体贡献力量。

重交流、促合作,以平台联盟为依托。为促进科技领域国际交流与合作的广泛、深入、持久开展,哈尔滨工业大学首先立足于国际交流与合作平台等基础性建设,设立了多个国际性科研中心,其设立为学校与国外其他高校的科研合作提供了优越的物质基础和人财物保障。另外,学校还积极参与国家级高校联盟、国际高校联盟的合作,以加强与世界著名高校的学术交流和科学合作。近年来,哈尔滨工业大学加入了以九校联盟(C9)为代表的多个国内高水平大学联盟;与澳大利亚G8联盟高校保持着密切的学术合作;与美国、智利、日本、韩国著名高校的学术合作进一步深化,通过签署合作协议、谅解备忘录和合作框架协议,促进了各方在联合实验室建设、科技人员互访交流、研究和科学文献交流、科研成果合作和人才培养等方面的整体合作。新时期,哈尔滨工业大学积极抓住"一带一路"中蒙俄经济走廊建设战略机遇,不断深化与俄、乌等国的科技合作;牵头成立中俄两国精英大学联盟,推进中俄两国的科研合作基地建设和科研人才的交流互动,强化了学校在中俄高校科技合作中的领导地位。

重交流、促合作,以瞄准前沿为要义。学校一直高度重视高层次人才及科研创新的交流与合作。近十年,广泛邀请创新学科领军人才、拔尖创新青年人才及诺贝尔奖、图灵

---

① [魏晋]曹植.当欲游南山行.

奖、菲尔兹奖获得者等国际学术大师来校访问讲学,聘请国际知名院士、教授为我校名誉教授、讲座教授及指导委员会委员。学校还积极支持学院、学科、教师举办、参加各类高水平学术会议。十年来,哈尔滨工业大学举办了各类高层次学术研讨会,把握了学校各学科科研领域及相近领域的学术前沿问题,掌握了科学技术的最新进展情况和相关行业发展动态;学校还支持举办了不同科研群体的高端学术论坛,对学科领域内的焦点性问题展开学术思想观点的激烈碰撞,激发了科研人员的科研思路和研究灵感,丰富和优化了科研人员的学术研究体系;学校还支持举办了各类专家咨询会、国际评审会以及项目启动会,与各学科专家学者就重大科研课题的研究目标、设计方案、进展情况、技术问题进行深入讨论,增强了科研项目规划的合理性和可行性。

重交流、促合作,以成果转化为桥梁。科研成果转化是促进科技与经济深度融合,引领发展的重要推动力,也是体现我校科研发展实力、展现科研发展特色、促进科研合作交流、扩大哈工大声誉的重要工作。学校紧紧围绕国家战略进行科技成果转化的产业方向布局和区域布局,以服务学科发展为根本,以重点区域经济发展为带动,把科技成果应用在实现现代化的伟大事业中。为了顺利实现科研成果转化,学校积极组织邀请专家学者或相关企事业单位研究人员召开科技应用成果研讨会,凝聚各方力量举办展会、博览会或游博会,全面展示我校创新性科技成果,发展多种形式的科技成果转化路径,为国家经济社会发展和中华民族的伟大复兴贡献力量。

十年来,随着学校国际交流与合作平台建设的愈发完善,参与国际、国内大学联盟的脚步愈发坚实,与俄罗斯、乌克兰等国的科技合作愈发紧密,国际国内有影响力的专家学者交流愈发深入,学校的整体科研水平实现了跨越式发展。通过支持主办、协办国际性学术会议和国内高级别学术会议,鼓励科研人员参加高水平会议,加强以黑龙江省工研院为核心的产业集团建设,加大与企事业单位在科研成果转化中的合作,为学校服务经济社会主战场提供了有力的支撑,也扩大了学校的国际影响力、学术话语权和特色科技资源汇聚能力。

2010年 交流与合作大事记

【五月】

28日 工业和信息化部网站刊登《第十届"21世纪的热能动力"学生学术研讨会在哈工大闭幕》的报道。据报道,此次研讨会在哈尔滨工业大学报告厅开幕。本届研讨会是首次与韩国汉阳大学合作,进一步拓展了研讨会的深度与广度。研讨会共收到来自西安交通大学、北京航空航天大学、上海交通大学、华中科技大学、香港科技大学、韩国庆尚科技大学、中国科学院理化技术研究所等高校和研究中心的320余篇学术论文,内容涉及航空、航天、热能、动力、机械等多个领域。韩国汉阳大学李昌恒教授,哈工大博士生导师、长江学者特聘教授于达仁,博士生导师阮立明教授、李铮起教授分别做了大会报告。另有来自韩国和哈工大的44名学生分别在博士生论坛与两个分会场宣读了论文。韩国汉阳大学第四工科大学校长李宽洙和哈工大能源学院党委书记赵广播分别在开幕式上致辞。秦裕琨院士勉励广大同学增强创新意识,提升创新能力,努力成为拔尖创新人才,为国家经济的腾飞做出贡献。

【七月】

2日 《哈工大报》刊登《土木与建筑工程创新国际学术会议在校召开》的报道。据报道,会议由我校和韩国汉阳大学联合举办,在我校土木学院报告厅召开。副校长任南琪院士出席开幕式并致欢迎词。包括我校沈世钊院士在内的国内外的60余名专家学者参加了会议。我校土木学院院长、组委会主席范峰以及韩国汉阳大学工程科学学院两名教授先后致辞。开幕式后,来自国内外的18名专家学者进行了大会发言,并展开了热烈的讨论,充分交流了土木与建筑工程结构领域所取得的新进展、新成果。会后,与会代表参观了我校的风洞与浪槽联合实验室、冻土实验室和结构与抗震实验室,并给予了高度评价。

会议现场

任南琪院士出席开幕式并致辞

【八月】

22日 《哈工大报》刊登《我校主办第六届国际精密工程测量与仪器学术研讨会》的报道。据报道,由国际测量与仪器委员会、中国国家自然科学基金委员会、中国计量测试学会、中国仪器仪表学会联合主办,我校和国际测量与仪器委员会、全国计量仪器专业委员会承办的第六届国际精密工程测量与仪器学术研讨会(ISPEMI 2010)于8月8日—8月11日在杭州成功举办。本次会议共收到论文637篇,收录论文266篇。到会代表约260人,其中境外代表约60人。中国计量测试学会常务理事、计量仪器专业委员会主任委员、会议主席兼程序委员会主席、我校超精密光电仪器工程研究所所长谭久彬教授主持会议。会议邀请德国联邦物理研究院(PTB)首席科学家、精密工程部部长海尔德·布斯教授,澳大利亚科学院与工程院院士、澳大利亚斯威本大学副校长、著名多维光存储技术专家顾敏教授,美国科学院院士、加州大学伯克利分校著名超分辨光学技术专家张翔教授,美国亚利桑那大学著名大型光学元件超精密加工与测量专家詹姆斯·伯格教授,日本东北大学超精密加工与测量专家高伟教授,俄罗斯科学院著名衍射光学专家亚历山大教授,英国伦敦大学国王学院著名共焦显微技术专家蒂姆·活森教授和国防科技大学超精密光学加工与测量技术专家李圣怡教授8位世界知名学者到会做特邀报告。会议研讨内容涉及仪器科学理论与方法、仪器与系统、超精密传感技术、先进光学加工与测量技术、微/纳制造与测量技术、生物医学光学与仪器、激光测量技术与仪器和光电仪器技术等前沿方向和仪器学科领域重大热点问题。

会议现场

24日　中国政府网报道了《中国工程院化工、冶金与材料工程学部第八届学术会议在哈尔滨召开》的消息。据报道,省委常委、常务副省长杜家毫出席开幕式并致辞,全国政协原副主席、中国工程院原院长徐匡迪院士,中国工程院原副院长师昌绪院士,中国工程院副院长干勇院士,哈尔滨市代市长林铎出席开幕式。本次大会由中国工程院化工、冶金与材料工程学部主办,哈尔滨工业大学与省科技厅共同承办,以"低碳技术与复合材料"为主题,围绕可持续发展和建设和谐社会,化工、冶金与材料低碳技术与复合材料的现状和发展战略进行深入探讨和交流。来自清华大学、华东理工大学、东北大学、杭州水处理技术研究开发中心等高校、研究院所、企业的20余位院士和相关学者,围绕"低碳技术与复合材料"进行了专场报告。报告期间,各位院士和相关专家学者对化工、冶金与材料低碳技术与复合材料的现状和发展战略进行深入探讨和交流。

2011年 交流与合作大事记

【一月】

18日 《哈工大报》刊登《第二届先进焊接与连接学术会议暨焊接科学与技术新进展国际论坛召开》的报道。据报道,由我校现代焊接生产技术国家重点实验室主办的2011年先进焊接与连接学术会议暨焊接科学与技术新进展国际论坛在哈尔滨召开,来自全球焊接领域的学术权威和180余名专家、学者参加了此次论坛。论坛开幕式由现代焊接生产技术国家重点实验室主任刚铁主持。我校材料学院吴林教授,国际焊接学会主席、德国亚琛大学德尔泰(Ulrich DILTHEY)教授,我校副校长张洪涛和全国焊接标准化委员会秘书长朴东光先后在开幕式上致辞。中国科学院院士、清华大学教授潘际銮,韩国焊接学会主席李久博(Jong Bong LEE)教授,材料学院党委书记耿林等出席开幕式。本次论坛由现代焊接生产技术国家重点实验室主办,国家自然科学基金委员会工程与材料科学部、中国焊接学会等单位支持。本次会议发展成由来自美国、德国、韩国、日本、乌克兰等国家的国际焊接届学术权威和学者参与的国际会议,必将推动我国焊接研究领域的技术创新与学科发展,进一步提升我校在国际焊接领域的影响力。

现代焊接生产技术国家重点实验室主任
刚铁教授主持开幕式

国际焊接学会主席、德国亚琛大学
德尔泰教授做特邀报告

【三月】

7日 搜狐网报道了《中俄工科大学联盟在深成立》的消息。据报道,由哈尔滨工业大学、俄罗斯鲍曼莫斯科国立技术大学主办,哈尔滨工业大学深圳研究生院协办的"中俄工科大学联盟成立大会"在深圳麒麟山庄举行。哈工大副校长任南琪主持会议,哈工大副校长周玉、鲍曼莫斯科国立技术大学副校长科尔舒诺夫和深圳市教育局副巡视员梁北汉在开幕式上致辞。联盟将依托中俄两国工科精英大学的优势资源,开展互补性合作;组织并协调两国工科大学在教学、科研、文化教育和社会活动等领域的活动,为中俄两国工科高校开展合作与交流搭建平台。同时,联盟将致力于促进两国国家技术进步和经济增长,为国家提供创新性建议,以更好地发展两国的高等工科教育、提高人才培养质量和科学研究水平。此外,联盟将积极开展与世界各国大学联盟之间在工科教育、科研、文化方面的国际合作,以更好地服务于世界的创新型经济构建与发展。中俄工科大学联盟近30家成员学校代表,哈工大威海校区、深圳研究生院领导及代表共100余人参加了会议。

哈尔滨工业大学副校长周玉致辞

哈尔滨工业大学副校长任南琪主持会议

与会领导合影

合影留念

【五月】

19日 中国教育和科研计算机网刊登《哈尔滨工业大学承办持久性有机污染物论坛》的报道。据报道,"持久性有机污染物论坛2011暨第六届持久性有机污染物全国学术研讨会"(简称"POPs论坛2011")在黑龙江省哈尔滨市开幕。该论坛由清华大学持久性有机污染物研究中心、环境保护部斯德哥尔摩公约履约办公室、中国环境科学学会持久性有机污染物专业委员会和中国化学会环境化学专业委员会共同主办,哈尔滨工业大学城市水资源及水环境国家重点实验室承办。本次会议主题为"纪念《关于持久性有机污染物的斯德哥尔摩公约》签署十周年"。来自国际机构、国内相关科研院所、管理部门和行业企业的代表,以及美国、加拿大、日本、韩国、越南等国专家共三百余人出席本届论坛。在为期两天的会议中,与会代表重点围绕POPs分析方法、污染状况、迁移转化、控制技术、危害效应、环境风险及履约决策支持等展开广泛而深入的研讨。论坛共设10个大会报告,9个国际专场报告,29个分会报告和46个研究生报告,收录论文164篇。论坛还设置了学术墙报展,以及纪念POPs公约履约十周年、纪念清华大学POPs研究中心成立十周年和POPs论坛剪影等大型主题墙报展。

【六月】

17日 《哈工大报》刊登《我校承办的材料与热加工国际学术会议获表彰》的报道。据报道,全国机械工程学会材料分会七届二次理事会议在湖南湘潭举行。会议对2010年分会工作进行了总结,部署了2011年工作,并传达了中国机械工程学会"2010年度最具影响力的学术会议和综合活动平台"通报。我校承办的材料与热加工国际学术会议获表彰。为促进学会系统各类学术活动水平的不断提高,增强学会的学术影响力,经专业分会推荐、工作总部秘书长扩大会议初选、学术工作委员会评审,10项学术会议在学术水平、组织水平、活动效果、规模影响等方面表现突出,被授予"2010年度最具影响力的学术会议"。其中由中国机械工程学会等主办,我校与桂林电子科技大学、河南理工大学等共同承办的"第六届材料与热加工物理模拟及数值模拟国际学术会议"(ICPNS'2010)被授予中国机械工程学会"2010年度最具影响力的学术会议",同时荣获2010年度中国机械工程学会"伯乐"奖。"第六届材料与热加工物理模拟及数值模拟国际学术会议"于2010年11月份在广西桂林成功举办。此次会议由中国机械工程学会、国家自然科学基金委、美国TMS协会、日本金属学会以及国内外20多个国家和地区的高校、研究机构和学术团体共同发起。会议接收了来自世界38个国家和地区的代表提交的630篇学术论文。

【八月】

18日 《科技日报》刊登《第六届中国通信与网络国际会议在哈工大举办》的消息。据报道,300余位国内外通信领域专家围绕4G无线移动通信技术、无线自组织网络技术、信号处理技术、光通信与交换技术、因特网信息安全技术、物联网相关应用和远程人体健康监测网络等国际通信与网络领域前沿学术问题与发展方向、新技术研究现状及动态进行了深入探讨。据介绍,中国通信与网络国际会议是国际通信领域的顶级会议之一。本次会议的主题是"让通信技术引领未来"。会议还通过特色"工业界论坛"探讨通信技术的应用与转化、通信技术的发展对世界经济的影响及通信技术的未来发展方向和应用前景等。大会期间,来自中国、美国、加拿大等国的专家学者分别做了题为"科学、神话与现实""无线体域网与远程健康检测系统"和"TD‐SCDMA 的最新发展与 TD‐LTE 在中国的大规模试验"等主题报告。

22 日　人民网刊登《中国力学大会暨钱学森诞辰 100 周年纪念大会在哈尔滨举行》的报道。据报道,22 日,中国力学大会‐2011 暨钱学森诞辰 100 周年纪念大会在哈尔滨召开。来自全国各地的专家学者,包括 30 多位两院院士和 20 余名大学校长,近 2 400 人参会交流。2011 年是中国近代力学和航天事业奠基人、中国力学学会创始人之一钱学森诞辰 100 周年,中国力学大会把此次大会作为缅怀钱学森的重要学术活动,并邀请到钱学森的学生、中国著名应用力学家郑哲敏院士,钱学森之子钱永刚先生与会交流。中国力学大会始于 2005 年,此后隔年召开,前三届名为中国力学学会学术大会,今年更名为中国力学大会。据介绍,此次大会邀请了海内外 10 位著名力学家做大会报告,安排了 10 余个分会场和 60 个专题研讨会,分别报告力学及其分支和交叉学科的研究成果和最新进展,此次大会学术委员会共收到 2 250 余篇论文摘要。中国力学大会‐2011 暨钱学森诞辰 100 周年纪念大会由中国力学学会、哈尔滨工业大学共同主办,60 余所高等院校及科研院所协办。

中国力学大会‐2011 暨钱学森诞辰 100 周年纪念大会现场

【九月】

16 日　中国教育和科研计算机网刊登《哈工大隆重举行等离子体离子注入与沉积国

际会议》的报道。据报道,由哈尔滨工业大学先进焊接与连接国家重点实验室主办的第十一届等离子体离子注入与沉积国际会议在哈尔滨工业大学科学园国际会议中心举行。来自多个国家和地区的180余位学者就等离子体表面工程领域的前沿问题进行了深入的交流。等离子体离子注入与沉积国际会议是等离子体表面工程领域著名的国际会议,起源于1993年,现已发展成为等离子基加工技术领域持续时间最长、最具声誉的国际会议之一。与会代表围绕等离子基离子注入与沉积、高功率脉冲磁控溅射、系统与工业应用、等离子体诊断、仿真与理论、纳米结构、材料表面加工与分析等主题进行了分组交流与讨论。本次大会由国家自然科学基金委员会,航天五院可靠性与环境工程技术国家级重点实验室,哈尔滨工业大学金属精密热加工国家级重点实验室、空间环境材料行为及评价技术国家级重点实验室和中国机械工程学会表面工程分会协办。

2012年　交流与合作大事记

【三月】

31日　《哈工大报》刊登《材料与热加工物理模拟计数值模拟国际学术会议获机械工程学会嘉奖》的报道。据报道，在中国机械工程学会"2010年度最具影响力的学术会议和综合活动平台"的评选中，我校与材料分会、桂林电子科技大学等共同承办的"第六届材料与热加工物理模拟及数值模拟国际学术会议"（2010年11月16—19日在桂林举行），因在学术水平、组织水平、活动效果、经费筹集等方面表现突出，被评为中国机械工程学会10项最具影响力的学术活动之一，这是此系列会议第二次当选。我校材料学院牛济泰教授因组织此系列会议贡献突出，被授予2006—2011年度中国机械工程学会先进工作者称号。

【五月】

7日　工业和信息化部网站刊登《中德总理与哈工大机器人灵巧手握手》的报道。据报道，作为全球最具影响力的综合性工业盛会，2012年汉诺威工业博览会在德国著名工业城市汉诺威隆重召开。哈尔滨工业大学是中国中心展区唯一一所由工业和信息化部指定的参展高校。邓宗全副校长带队展示了哈工大研制的多传感器残疾人假手和机器人仿人灵巧手（HIT/DLR Hand II）。4月23日，中国原总理温家宝和德国总理默克尔同时来到了哈工大展台。哈工大刘宏教授向两国总理介绍了机器人仿人五指灵巧手的研制历程。两国总理饶有兴趣地上前与机器人灵巧手"握手"。哈工大机器人研究所和德宇航机器人与机电一体化研究所在2001年成立了机器人技术联合实验室。在两国航天局的批准下，2008年在哈工大成立了中德空间机器人技术联合实验室，为中德在空间机器人技术领域及航天其他领域的深入合作拓宽了渠道。

【七月】

4日　《哈工大报》刊登《中国机械工程学会焊接学会召开成立50周年纪念大会》的报道。据报道，由中国机械工程学会焊接学会、哈尔滨焊接研究所和哈工大共同主办的中国机械工程学会焊接学会成立50周年暨中国焊接专业成立60周年纪念大会在哈工大召开。哈工大校长王树国出席开幕式并致辞。国际焊接学会主席贝德威，中国科学院院士潘际銮，中国工程院院士关桥、徐滨士、林尚扬以及来自全国20余个省、自治区、直辖市的科研院所、高校及生产企业的代表参加大会。会议希望各学会以及专家学者以提升能力和水平为主线,积极推动自主创新,主动服务国民经济建设和区域经济发展,共同促进中国焊接事业绿色、健康和可持续发展,为把我国建设成为焊接强国和制造强国做出新的更大贡献。哈工大焊接专业作为全国建立最早的焊接专业之一,在60年的发展历程中为中国焊接的学科发展、技术进步、学术交流和人才培养做出了贡献。

纪念大会现场

17日 《哈工大报》刊登《副校长周玉率团访问欧洲高校并参加陶瓷材料新前沿国际论坛》的报道。据报道,周玉副校长率哈工大代表团一行6人访问英国曼彻斯特大学、伦敦大学学院、帝国理工大学、意大利都灵理工大学和米兰理工大学,并参加了在意大利佩鲁贾举行的可持续社会的陶瓷材料新前沿国际论坛。访问期间,周玉会见了曼彻斯特大学、伦敦大学学院、帝国理工大学、意大利都灵理工大学和米兰理工大学等高校领导,就双边科研合作等方面进行了广泛的探讨。周玉参加了曼彻斯特大学材料科学中心举办的第二届海外学术基地哈工大 – 曼大 – 代尔夫特工业大学(HIT – UM – DUT)三方先进材料与表面工程学术研讨会,还参加了由世界陶瓷院主办的可持续社会陶瓷材料新前沿国际论坛,当选为第14届世界陶瓷院院士,并在论坛开幕式上接受了世界陶瓷院颁发的院士证书。此次高层论坛共邀请了来自美、日、法、德、英、意、韩、中、印等国的60余位代表参会。

【九月】

4日 《科技日报》刊登《哈尔滨:专家聚集研讨自动化技术》的报道。据报道,由中国自动化学会主办,哈尔滨工程大学承办的以"绿色与智能"为主题的中国自动化学会专家咨询工作委员会2012年会暨第三届全国自动化企业发展战略论坛在哈尔滨工程大学召开。来自上海交通大学、哈尔滨工业大学、哈尔滨工程大学等40余所高校和30余家企业代表共200余人参加了会议。专家们分别做了题为"信息化工业化深度融合中值得关注的几个技术问题""仿真技术发展综述"的报告,并就工业信息化融合中的关键技术、装备制造业绿色化智能化的发展趋势等议题展开研讨。此外,中国自动化学会专家咨询工作委员会还将结合前来参展自动化厂商自身特点,为企业"量体裁衣",提供理念、技术上的支持和指导。

17日 凤凰网刊登《王礼恒院士、孙家栋院士受聘我校首席学术顾问》的报道。据报道,中国工程院院士王礼恒、中国科学院院士孙家栋受聘我校首席学术顾问仪式在科学园国际会议中心206会议室举行。校党委书记王树权主持聘任仪式,校长王树国为王礼恒院士、孙家栋院士颁发聘书。中国航天科技集团公司党组书记、总经理马兴瑞率科技集团相关部门负责人出席了聘任仪式。王树权书记做了重要讲话。孙和义副校长宣读了王礼恒院士和孙家栋院士的简历。王树国校长向孙家栋院士颁发了哈工大首席学术顾问聘书和国家重大科技基础设施"空间环境地面模拟设施"建设项目首席科学家证书,向王礼恒院士颁发了哈工大首席学术顾问聘书和国家重大科技基础设施"空间环境地面模拟设施"建设项目首席科学顾问证书。聘任仪式结束后,王树国校长主持座谈会。与会人员分别发言,就航天事业如何紧密结合并促进社会发展、空间成果如何真正转化为地面应用、产学研合作如何由松散型向紧密型发展等热点问题进行了交流,并提出了建设性的意见。杜善义院士、黄文虎院士、秦裕琨院士、赵连城院士,校领导韩杰才、张洪涛、郭斌,校长助理徐殿国、梁迎春及相关院系部处负责人出席了聘任仪式。

王树国校长为王礼恒院士颁发聘书　　　王树国校长为孙家栋院士颁发聘书

24日 《哈工大报》刊登《第八届精密工程测量与仪器国际学术会议举办》的报道。据报道,由国际测量与仪器委员会(ICMI)、国家自然科学基金委员会、中国计量测试学会和中国仪器仪表学会联合主办,哈尔滨工业大学仪器科学与技术学科和国际测量与仪器委员会(ICMI)等承办的第八届精密工程测量与仪器国际学术会议(ISPEMI 2012)近日在成都举办。哈尔滨工业大学谭久彬教授担任会议主席并主持会议。本次会议主题为"量子计量、极端测量、创新仪器技术与精密工程",大会荣誉主席、中科院成都光电所姜文汉院士,四川大学高洁院士,德国联邦物理技术研究院(PTB)精密工程部首席科学家阿哈默德·阿布扎伊教授以及大会合作主席牛津大学托尼·威尔森院士等出席会议。共有来自德国、美国、英国、日本、俄罗斯等13个国家和地区的240余名代表参加会议。7位国际著名专家学者做了大会特邀报告。会议研讨内容涉及仪器理论与方法学、新原理仪器与系统、超精密传感技术、先进光学加工与测量技术、微/纳制造与测量技术、生物医学光学与仪器技术、激光测量与仪器技术和光电仪器技术等前沿方向和仪器学科领域重大热点问题。

会议现场

【十月】

8日　中国高校导航刊登《哈尔滨工业大学承办"2012年营养物去除与回收"国际研讨会》的报道。据报道,由国际水协会主办,哈尔滨工业大学、国家自然科学基金委员会以及中国环境科学学会等共同承办的"2012年营养物去除与回收"国际研讨会在哈尔滨召开。来自世界31个国家和地区的200余名学术界和工业界的代表共商营养物去除与回收的发展趋势,为缓解全球的营养物污染现状献计献策。哈尔滨工业大学副校长任南琪、国际水协会主席格兰、中国环境科学学会秘书长任官平、黑龙江省科技厅厅长赵敏等出席开幕式并致辞。每年一届的营养物去除与回收研讨会不仅是国际水协最重要的全球会议之一,也是全世界水体脱氮除磷领域最重要、最具权威性的盛事。本次会议的主题是:营养物去除与回收——着眼于未来几十年的发展趋势。会议分为5个专题。在为期3天的研讨中,与会专家、学者通过这些报告与专题讨论会分享了最新研究进展,讨论了相关政策并提出了新概念。

国际研讨会现场

【十一月】

16日 中国高校导航刊登《哈尔滨工业大学青年教师获第九届全国表面工程学术会议优秀论文奖》的报道。据报道,第九届全国表面工程大会暨第四届全国青年表面工程论坛在宁波举行,哈尔滨工业大学先进焊接与连接国家重点实验室青年教师巩春志博士提交的论文《新型可控偏压电源研制及其对磁控溅射制备CrN薄膜结构和性能影响研究》获得优秀论文奖。会议吸引了全国近400位专家学者和企业家。中国工程院院士徐滨士担任大会主席,薛群基院士、丁传贤院士、周克崧院士、国际热处理与表面工程联合会理事长徐可为和台湾镀膜科技协会的专家出席开幕式并发表了演讲。会议收到了300余篇特邀报告和专题论文,汇集了近年来国内表面工程领域的最新研究成果,代表了表面工程的研究热点和发展方向,共评选出优秀论文10篇。巩春志和此次优秀论文奖的另一位获奖者吴忠振博士(2012年7月毕业)均师从先进焊接与连接国家重点实验室副主任田修波教授。此前,田修波教授指导的李景博士在第八届全国表面工程学术会议上曾获得优秀论文奖。

2013 年　交流与合作大事记

【一月】

7 日　光明网刊登《"城市可持续发展研讨会"在哈工大举行》的报道。据报道,来自中国工程院的众多院士以及相关领域的专家围绕城市可持续发展的现状、挑战、未来以及发展对策进行了研讨。此次研讨会的主题为"低碳、生态、安全、和谐",包括城市水利、水资源与水环境,建筑、规划与景观发展战略,土木工程可持续发展以及低碳与绿色交通建设 4 个分议题。此次研讨会是中国工程科技论坛第 155 场会议,由中国工程院土木、水利与建筑工程学部,哈工大城市水资源与水环境国家重点实验室和城市水资源开发利用(北方)国家工程研究中心联合承办。

【六月】

6 日　工业和信息化部网站刊登《2013 年机器人技术高峰论坛举行》的报道。据报道,以"探寻中国机器人技术发展新思路和新方向"为主题的 2013 年机器人技术高峰论坛 6 月 5 日在哈尔滨举行。论坛会议主席、哈尔滨工业大学校长王树国出席开幕式并致辞。王树国称,此次论坛是中国工业机器人和智能自动化产业领域的一次高水平、高层次的高峰论坛,通过各位专家和学者的研讨,将会让大家更加了解工业机器人和智能自

开幕式现场

动化领域的最新进展与未来发展趋势。他指出,中国正从制造大国步入制造强国,在实现装备制造产业升级过程中,机器人发展将会发挥不可替代的作用。在全球化大背景下,我国要更多发挥装备制造业比较优势,切实促进工业机器人产业健康快速发展。本届论坛由哈工大机器人技术与系统国家重点实验室和中国宇航学会机器人专业委员会主办,哈尔滨博实自动化股份有限公司协办,来自中科院、清华大学、上海交通大学、北京航空航天大学、天津大学、山东大学和香港中文大学等单位的机器人领域专家参会。

【七月】

30日 工业和信息化部网站刊登《哈工大召开"中英生命科学与生物技术发展战略研讨会"》的报道。据报道,首届"中英生命科学与生物技术发展战略研讨会"在哈尔滨工业大学召开。HIT-CLSS中英生命科学联合研究中心同时举行揭牌仪式。哈工大生命学院院长李钰主持开幕式。哈工大副校长任南琪,英国皇家工程院院士、全英华人生命学会主席、哈工大生命学院首席学术顾问崔占峰教授出席并致辞。任南琪说,本次会议的召开及联合研究中心的成立,将进一步激发科技工作者对生命科学的研究热情,促进生命科学和生物技术的学术交流,加速研究成果的转化;也将有力推动生命科学与生物技术事业的发展。HIT-CLSS中英生命科学联合研究中心将建立相关实验室,协同开展学术研究,推动原始创新,同时将加大与国内外学者的交流,促进交叉性学术研究的发展,承担各类科研合作项目。

揭牌仪式

【八月】

20日 工业和信息化部网站刊登《第十一届IEEE国际电子测量与仪器学术会议召开》的报道。据报道,由哈尔滨工业大学承办的第十一届IEEE国际电子测量与仪器学术会议8月17至19日在哈尔滨召开。会议主题是"为仪器科学的远景——学科交叉与融合"。这是哈工大第二次承办IEEE国际电子测量与仪器学术会议。大会技术程序委员会主席、哈尔滨工业大学电气学院彭宇教授主持开幕式。本次会议主席、副校长丁雪梅,IEEE中国区会议经理马聪在大会上致辞;来自中国、美国、澳大利亚、加拿大、日本等国家的专家学者200余人参加会议。IEEE国际电子测量与仪器学术会议是电子测量与仪器领域的顶级会议,每两年举行一次;为电子测量与仪器领域的发展现状和前景的研讨及尖端技术的交流搭建了有效平台。

【九月】

3日 工业和信息化部网站刊登《第七届中日铺面技术研讨会在哈工大举行》的报道。据报道,来自中日两国的专家学者围绕双方在路面领域取得的最新研究成果进行了沟通交流。哈工大副校长郭斌出席开幕式并致辞。与会代表围绕沥青胶结料、水泥混凝土路面、桥面铺装、节能减排、路面结构行为、路面功能与驾驶行为、路面养护、沥青混合料等议题进行了两天的交流研讨。此次研讨会由哈工大交通学院和日本土木工程学会共同主办,中国石油大学(华东)、交通运输部公路科学研究院、香港理工大学、日本中央大学、日本高速道路联合技术研究所等单位的近百名专家、学者和研究生参会。

【十二月】

31日 《哈工大报》刊登《国际化建设有亮点 积极拓展多层次合作与交流》的报道。据报道,有近30个国家的2 720人来校访问交流,全年师生出访3 015人次,48.1%的教师执行了海外学术出访任务,其中正教授学术出访比例达到83.5%;学生出国境人数显著提升,国家公派留学项目派出学生257名,本科生海外游学或留学人数达到822人,超过20%的本科学生具有海外留学经历。来自106个国家和地区的1 879名留学生在校学习,规模创历史新高;阿斯图总部落户青岛蓝色硅谷核心区,承载这一项目建设的哈工大青岛科技园正式奠基。"国际先进电驱动技术创新引智基地"获批国家高等学校学科创新引智基地,至此我校"111计划"国家级引智基地数量达到6个。

中俄阿斯图友谊火车计划代表团参观博物馆(兰锐 摄)

2014年 交流与合作大事记

【一月】

15日 工业和信息化部网站刊登《哈工大举办第三届"非线性力学最新进展"国际会议》的报道。据报道,第三届"非线性力学最新进展"国际会议(RANM2014)在哈尔滨工业大学举行。哈工大副校长韩杰才出席开幕式并致辞。来自美国、英国、俄罗斯、法国、意大利、波兰、马来西亚及国内的相关领域学者做大会特邀报告;60余位国内外学者在6场分会中做学术报告。会议共评审录用了8个国家或地区的72篇论文,并决议第四届"非线性力学最新进展会议"将在波兰举行。

【四月】

3日 工业和信息化部网站刊登《哈工大教师朱晓蕊当选IEEE RAS国际事务主席》的报道。据报道,哈尔滨工业大学深圳研究生院博士生导师朱晓蕊副教授近日当选为IEEE国际机器人与自动化协会(IEEE RAS)新一届分会及国际事务委员会主席。这是第一次由中国大陆学者担任该职务。朱晓蕊2007年回国到深研院工作,作为项目负责人先后承担国家科技支撑计划子项目、国家自然科学基金等10余项课题。其中"考古发掘现场智能预探测系统"项目被称为考古科技领域划时代和革命性的突破。该成果于2012年获得国家科技进步奖二等奖。朱晓蕊近年来作为组委会主席团成员曾先后参与组织2011年首次在中国大陆举办的IEEE国际机器人与自动化大会、2014年在美国芝加哥举办的IEEE国际智能机器人与系统大会,并于2012年开始在IEEE RAS中担任产业活动执委会和会员活动执委会成员以及女性工程师特别委员会主席。

18日 工业和信息化部网站刊登《中荷极端气候建造科研中心在哈工大成立》的报道。据报道,中荷极端气候建造科研中心近日在哈尔滨工业大学揭牌成立。荷兰代尔夫特理工大学卡兹教授同时受聘为哈工大客座教授。卡兹教授是享誉世界的著名建筑大师,在参数化设计、交互式设计方面,特别是极端气候条件下建筑设计方向都是世界级的学科带头人。建筑学院、建筑设计研究院院长梅洪元向卡兹授予客座教授证书,双方签署了合作协议。中荷极端气候建造科研中心以提升哈工大建筑学科科研水平,促进国际化交流合作为宗旨。根据双方研究团队的现状水平和发展计划,中心将整合双方学术资源,开展教学和人才培养等方面合作,通过优势互补促进科研水平的提升和科技成果的发表。

【七月】

29日 《哈工大报》刊登《第三届亚太天线与传播国际会议在哈召开》的消息。据报道,由我校承办的2014年第三届亚太天线与传播国际会议(APCAP2014)在哈召开。国内外40余所高校、研究机构的近400名专家学者参加大会。我校电信学院吴群教授担任大会主席,傅佳辉教授担任大会技术委员会主席。来自美国杜克大学、英国肯特大学、新加坡国立大学、横滨国立大学、西班牙马德里卡洛斯三世大学、泰国先皇技术学院和IEEE天线与传播学会、中国电子学会天线分会、南京大学、东南大学等高校和研究机构的专家学者做了大会报告。会议收到来自16个国家和地区的427篇论文,其中402篇文章被收录到口头宣讲和互动宣讲中。在4个会议主题演讲、42个特邀报告、1个微波介质专题讨论会和多个分组讨论中,与会专家、学者围绕天线、电磁波传播、测量、电磁学应用、微波、毫米波和太赫兹技术等主题展开了研讨与交流。

大会报告

2015年 交流与合作大事记

【一月】

19日 《哈工大报》刊登《"新能源科学与技术"青年学者论坛暨第二届工程热物理青年学术论坛举行》的报道。据报道，1月15日—18日，"新能源科学与技术"青年学者论坛暨第二届工程热物理青年学术论坛在校举行。副校长韩杰才出席开幕式并致辞。在开幕式上，我校能源学院院长赵广播，国家自然科学基金委工程与材料科学部工程科学三处处长刘涛、主任纪军，中国工程热物理学会理事长金红光院士先后致辞。本次论坛由国家自然科学基金委员会、中国工程热物理学会、我校科学与工业技术研究院主办，我校能源学院承办，主题为"激扬学识、锐意创新、碰撞思想、汇聚能量"，旨在为与能源动力领域相关的学科青年学者搭建一个学术交流、促进合作、拓展知识面的平台，推动学术创新、展示学术成果，促进青年人才的成长与发展，为我国工程热物理学科的发展与壮大贡献力量。本次论坛共有来自40所院校的150余名青年学者参会，做了45场报告。在科学前沿和科研经验报告中，王丽伟、朱嘉琦、吕友军、曹炳阳、何玉荣等学者介绍了项目研究、团队建设、国家自然科学基金委优秀青年基金申报等经验和体会。在科研经验交流论坛中，与会青年学者从学术前沿、科研心得和设想、项目申请、青年教师发展、团队建设等方面进行了充分交流。在科研沙龙中，青年学者分享了科研故事和经历，交流了如何规划科研、如何招收研究生、如何发表高水平论文等经验。在基金申请交流报告中，纪军和李强教授讲解了国家自然科学基金项目申请的要点和注意事项。

论坛现场

科研沙龙

第五编 深化交流广泛合作 扩大国际学术声誉

做报告

【二月】

1日 《哈工大报》刊登《哈尔滨高性能材料优秀青年论坛在我校召开》的报道。据报道,"哈尔滨高性能材料优秀青年论坛"在我校活动中心320举行。本次论坛由国家自然科学基金委(材料科学一处)主办,我校材料科学与工程学院和青年科协承办,来自清华大学、香港大学、浙江大学、中科院金属所和北京科技大学等十余所高校和研究所的30余名从事金属材料研究的青年学者参加了本次论坛,其中包括国家自然科学基金优秀青年基金获得者15人,中组部拔尖人才3人。我校来自材料学院、航天学院、理学院等多个院系的师生参加了此次论坛。材料科学与工程学院党委书记耿林教授、人事处人才办副主任吕宏振分别致欢迎辞。此次论坛旨在提供一个高起点、多交叉、相互促进学习的学术交流平台,使国内从事金属材料研究的优秀青年学者齐聚在哈工大,为促进我校金属材料研究的深入和提高,加强与其他高校和研究所青年学者之间的合作,进一步扩大我校金属材料研究影响力提供了一个良好的机会。论坛结束前,大家还针对金属材料的学科建设进行了座谈与讨论,对金属学科的未来做了展望。

论坛现场

参加哈尔滨高性能材料优秀青年论坛人员合影

【五月】

31日 新华网刊登《哈工大加入"新丝绸之路大学联盟"》的报道。据报道,来自全球22个国家和地区的近百所高校齐聚丝路起点西安,共同宣告"新丝绸之路大学联盟"正式成立。哈尔滨工业大学作为始创成员单位参加会议并参加"新丝绸之路大学联盟"首届校长论坛。目前已有中国哈尔滨工业大学、香港理工大学,鲍曼莫斯科国立技术大学,哈萨克斯坦那扎尔巴耶夫大学,法国中央高等电力学院,英国利物浦大学,新加坡国立大学,韩国釜山大学等来自22个国家和地区的近百所大学先后加入该联盟。哈尔滨工业大学相关负责人还结合我省实际情况,做了题为《新丝路,新未来——风景这边独好》的主题发言,并首次提出"鳌山欧亚科技论坛"构想,希望能够结合我省地缘优势,依托阿斯图、新丝路大学联盟集结丝路经济带沿线国家顶尖高校,积极为欧亚区域高层次人才培养、前沿科技创新、技术产业孵化、人文交流互动搭建平台,推动区域融合,促进共同发展。

【六月】

5日 《哈工大报》刊登《青年科学家论坛暨物理前沿探索会议在校举行》的报道。据报道,6月5日,由中国科学院物理研究所和我校物理系联合举办的"青年科学家论坛暨物理前沿探索会议"在活动中心举行。青年科学家论坛暨物理前沿探索会议旨在激励优秀青年教师对未来物理学发展战略研究的兴趣,大胆探索,勇于创新,力求在某些领域接近或达到世界先进水平,进一步推动学科交叉和融合,启迪新

会议现场

的学术思想,创立新的学术观点,培育新的学科生长。来自中国科学院物理研究所的特聘研究员和我校物理系、化学系的青年教师分别就自己研究领域的成果做了主题报告。会议围绕微纳光学与光子学、薄膜与纳米结构物理、量子信息、超导电性、极端条件下的凝聚态物理、软物质与生物材料物理等领域的前沿问题进行了探讨。

25日 《哈工大报》刊登《首届中国-乌克兰科技论坛在校举行》的报道。据报道,为深化中乌两国在航天技术领域科技合作,加强两国高端人才的交流互访,6月23日至25日,为期3天的首届中国-乌克兰科技论坛在校举行。论坛邀请了39位乌克兰院士及专家,就航天、电子、材料、能源等相关领域的前沿科学方向和问题展开研讨。校长周玉,国家外国专家局副局长张亚力,大会中方主席、副校长任南琪,大会乌方主席、乌克兰科学院院士亚历山大·杰尼索夫在开幕式上致辞。致辞中,周玉回顾了哈工大与乌克兰的历史渊源以及在科研、师资、留学等领域的交流合作。他说,此次论坛以"推进学术合作、推动人才交流"为主题,诚挚邀请乌克兰高端专家学者,通过多种方式,延续和深化双方源远流长的交流与合作,为共同开拓相关领域科技创新的新未来奠定基础。本次论坛由国家外国专家局、中国工程院机械与运载工程学部、中国航天科技集团公司与我校联合主办,我校宇航科学与技术协同创新中心承办,旨在为两国科学家、工程技术专家提供一个广泛交流科研成果和最新进展的平台,进一步加强各领域高端人才、科技项目的合作与交流。论坛还邀请了中国航天科技集团公司、中国航天科工集团公司、中电集团公司、西安交通大学、哈尔滨市外国专家局等单位150余位专家及技术人员深入交流。国家外专局、中国航天科技集团公司、中国工程院机械与运载工程学部、黑龙江省人力资源和社会保障厅、哈尔滨市外国专家局相关领导,副校长郭斌、安实、徐殿国等参加活动。论坛期间,亚历山大·杰尼索夫院士受聘我校兼职教授。与会领导、专家参观了哈工大博物馆和部分研究所、实验室。

开幕式现场

周玉校长致辞

国家外国专家局副局长张亚力致辞

亚历山大·杰尼索夫院士致辞

【八月】

15日 《哈工大报》刊登《首届空间科学与技术国际学术研讨会在哈尔滨工业大学举行》的消息。据报道，由中国宇航学会深空探测技术专业委员会主办，哈尔滨工业大学深空探测基础研究中心、宇航科学与技术协同创新中心承办的中国宇航学会深空探测技术专业委员会第十二届学术年会暨首届空间科学与技术国际学术研讨会在哈尔滨工业大学举行。大会主席、副校长邓宗全和校长助理曹喜滨出席会议。本次大会围绕深空探测技术发展中的基础、应用和前沿问题开展广泛的学术交流研讨，全面展示了国际深空探测领域所取得的最新研究进展和成果。同时作为首届空间科学与技术国际学术研讨会，与会专家学者围绕深空探测领域所面临的机遇、挑战、未来发展方向以及如何加强科研合作和技术转化进行了深入研讨。作为国内深空探测界规模最大、涉及领域最广、学术水平最高的学术盛会，此次会议共有来自各国高等院校、科研院所、企事业单位共计56家机构的200多名代表出席。

17日 《哈工大报》刊登《第十七届全国晶体生长与材料学术会议在校举行》的报道。据报道，8月11日—15日，由中国硅酸盐学会晶体生长与材料分会主办，我校和长春理工大学承办的第十七次全国晶体生长与材料学术会议在我校召开。副校长韩杰才出席会议并致辞。本次会议旨在总结和交流自上届会议以来我国晶体材料领域的最新研究成果,展示不断涌现的新产品、新技术、新设备和新工艺,促进人工晶体材料在高技术领域中的广泛应用。本次会议得到了国家自然科学基金委员会的大力支持和晶体学界、材料学界同仁的热烈响应。共有来自全国高校、科研院所、企事业单位共计134家机构近600名代表出席。会议还邀请了美国、俄罗斯等国家和地区的大学及研究机构的专家参会。大会共收到投稿488篇,设立大会邀请报告7个、大会论坛主题邀请报告5个、专题邀请报告87个、口头报告146个、张贴报告243个。大会分别设立晶体生长基础与数值模拟,半导体器件及应用,激光和非线性光学晶体,压电、铁电、闪烁和其他功能晶体,光子、声子晶体和超构材料,晶体结构、缺陷和表征,新材料、新方法、新器件,纳米晶态材料,产业化晶体材料及设备等9个分会进行交流讨论。会议期间还举办了新技术、新产品与新仪器成果展览以及人才交流活动。31家展商参展。本次会议评选出12篇优秀青年报告奖,与会嘉宾和领导为获奖人员颁奖。

学术会议现场

开幕式

分会场报告

25日 《哈工大报》刊登《第24届国际信息系统发展会议在校召开》的报道。据报道,8月25日,由我校主办的第24届国际信息系统发展会议在科学园国际会议中心308室召开。校长助理甄良、国际信息系统发展会议国际指导委员会委员亨利·林格出席会议并致辞。本次会议以"信息系统在医疗管理中的应用"为主题,旨在搭建信息系统领域研究和发展的平台,交流信息系统领域中的最新研究成果,相互借鉴成功经验与方法,把握信息系统领域的发展趋势,推动信息系统和电子健康研究的快速发展。来自美国、德国等18个国家60多名知名学者、专家、企业人士,围绕信息系统对医疗机构的社会影响、信息系统与医疗教育、技术辅助临床决策、移动医疗系统和应用等专题进行讨论。我校经管学院院长叶强担任会议主席,党委书记鞠晓峰担任会议组织委员会主席,郭熙铜教授担任会议项目主席。会议共接收35篇论文,这些论文将被国际信息系统协会数据库收录。据悉,国际信息系统发展会议在知名的核心会议排名报告中已经多年处于A排名之列,并已成为信息系统协会的附属会议。该会议在国内外具有重要的影响,得到了国内外信息系统领域知名学者的认可、支持与广泛参与。会议主要关注信息系统领域的方法、基础构建以及教育挑战,致力于缩小工业、学术界和社会生产生活之间的差距,推进信息系统领域的深化发展。会议自1988年起,已经在意大利、英国、美国等国举办了23届。

开幕式现场

合影留念

26日 《哈工大报》刊登《2015年第二届"空间等离子体科学研究装置"建设国际评审会在哈召开》的报道。据报道,来自美国加州大学伯克利分校和洛杉矶分校、哥伦比亚大学、普林斯顿大学、东京大学、瑞典空间物理研究所、北京大学、台湾中央大学、中科院等离子体物理研究所、核工业西南物理研究院等国内外知名高校和科研机构的专家、学者30余人齐聚我校,共同参加2015年第二届哈尔滨工业大学"空间等离子体科学研究装置"建设国际评审会。黑龙江省副省长胡亚枫、哈工大校长周玉出席会议并致辞。"空间环境地面模拟装置"是国家重大科研基础设施之一,也是我校大科学工程重点项目。此次会议由我校大科学工程专项建设指挥部主办,会议旨在邀请国内外专家对目前系统的物理设计提出意见,使之优化设计,更加充分地支撑科学目标的实现。会前,校长周玉会见了前来参会的美国普林斯顿等离子体研究所所长Stewart Prager、台湾"中研院"地球所李罗权院士等专家学者。

【九月】

17日 《哈工大报》刊登《我校主办第七届管材内高压成形国际会议》的报道。据报道,由我校主办的第七届管材内高压成形国际会议于9月9日至11日在西安召开。来自德国、日本、韩国、澳大利亚、泰国等国家的80余位学者就管材及板材液压成形理论、技术、装备等领域的前沿学术问题进行了深入交流。我校材料学院院长苑世剑教授担任大会主席,材料工程系主任刘钢教授担任组织委员会主席。德国科隆应用技术大学克里斯托夫·哈特教授、日本东京都立大学真锅键一教授、韩国国立金乌工科大学韩修智教授、我校材料学院何祝斌副教授做大会特邀报告。日本东京大学栗山幸久教授和中国台湾中山大学黄永茂教授主持大会报告环节。参会者围绕管材内高压成形技术、高强材料管材热成形技术、板材成形技术、管材弯曲技术等领域的前沿热点问题进行了分组交流与讨论。与会代表还参观了陕西重型汽车集团和汉德车桥公司的热冲压、焊接及装配生产线,进一步交流与探讨合作机会。本次会议由我校金属精密热加工国家级重点实验室承办,得到了西安交通大学、金属挤压与锻造装备技术国家重点实验室的协助以及中国塑性工程学会、日本塑性工程学会、韩国塑性工程学会等单位的支持。

会议现场

【十月】

22日 《哈工大报》刊登《2015年电子元器件辐射效应国际会议在哈召开》的报道。据报道,10月19日至21日,2015年电子元器件辐射效应国际会议(ICREED2015)在哈召开,副校长任南琪、郭斌出席会议并致辞。此次会议由中国核学会辐射物理分会发起,我校主办,强脉冲辐射环境模拟与效应国家重点实验室,模拟集成电路国家级重点实验室和山东航天电子技术研究所共同承办。会议中方和外方主席分别由郭斌、美国范德比尔特大学肯尼斯·加乐威教授担任。本次会议针对电子材料、元器件、电路及系统等的辐射效应开展了深入的学术交流与讨论,内容涉及空间辐射环境下电子材料、器件及系统的辐射损伤效应和机理、加固途径及评价技术等。本次会议参会人员160余位。其中,来自美国、德国、意大利、俄罗斯及国内的17名知名专家和学者做了大会特邀报告,36名学者做了大会口头报告,40余位学者进行了展板展示。10月18日,参会的外方和中方专家就我校大科学工程"空间环境地面模拟装置"中的器件离子辐照研究系统建设方案进行了评审,并就下一步工作提供了指导性意见。我校空间环境材料行为及评价技术国家级重点实验室领导与美国、德国、意大利及俄罗斯的参会专家就合作开展电子元器件辐射效应与机理研究,以及两年后再一次合作主办国际会议事宜进行了深入探讨并达成了共识。会议期间,任南琪会见了参会的意大利帕多瓦大学副校长亚里山德罗·帕卡内拉,双方就科研合作、学生交流等方面合作进行了沟通与交流。

会议现场　　　　　　　　　　　　交流

23日　工业和信息化部网站刊登《2015年世界建筑史教学与研究国际研讨会在哈工大举行》的报道。据报道，会议以"新媒体时代下世界建筑历史教学与研究"为主题，聚焦于数字化、信息化时代的建筑史教学及多元化、多学科交叉下的建筑史研究。相关领导出席研讨会并致辞。国内外45所高校的专家、学者和研究生参加了研讨会。来自美国明尼苏达大学、爱尔兰都柏林大学、意大利都灵理工大学、清华大学、同济大学、天津大学等国内外高校的专家学者做主题发言。与会专家学者还就"世界建筑史教学研究"和"世界建筑史理论研究"做专题报告。

【十一月】

9日　《哈工大报》刊登《能源及生物技术纳米材料学术研讨会在校召开》的报道。据报道，11月2日至4日，能源及生物技术纳米材料学术研讨会在科学园国际会议中心召开。来自国内外的多位学者分别做了大会特邀报告和口头报告。校长助理甄良出席开幕式并致辞。研讨会由美国化学会《ACS应用材料与界面》主编、美国佛罗里达大学柯克·尚策教授发起，我校青年教师徐平、宋波、徐成彦、杜耘辰组织，得到了我校、国家自然科学基金委、美国化学会、齐齐哈尔大学、江苏省如东县政府的资助。会议针对纳米材料在能源和生物技术中的应用开展了深入的学术交流与讨论，内容涉及锂离子电池、太阳能电池、光催化、电催化、生物技术等。本次会议有100余位参会人员，其中，柯克·尚策教授、《物理化学快报》杂志主编卡马特教授、《ACS应用材料与界面》杂志副主编费舍尔教授、美国西北大学法拉赫教授、美国北卡大学帕帕尼古拉斯教授及美国威斯康星大学金松教授做了大会特邀报告。11月5日，旨在为学生、博士后和教师的职业生涯提供指导的"美国化学会校园行"活动首次来到黑龙江。美国化学会《ACS核心科学》副主编、复旦大学赵东元院士，卡马特教授，柯克·尚策教授，费舍尔教授等在活动中心201为来自全省各高校的400余名师生做了主题报告，就如何发表文章、撰写项目申请书等与现场师生进行了交流。美国化学会是化学领域的一个专业组织，成立于1876年，现有163 000余位来自化学界各个分支的会员，是世界上最大的专业学会组织之一，每年举行两次涵盖化学各方向的年会。

研讨会现场（一）

研讨会现场(二)

"美国化学会校园行"活动现场

2016年 交流与合作大事记

【一月】

8日 工业和信息化部网站刊登《哈工大澳大利亚研究中心成立》的报道。据报道，为加强中国与澳大利亚的文化教育合作与交流，推动哈尔滨工业大学与澳大利亚高校在语言、文化、教育、科技、经济等不同学科进行深度合作，在澳大利亚驻华大使馆等部门的支持下，哈工大澳大利亚研究中心（以下简称中心）揭牌仪式在校举行。哈工大副校长任南琪在揭牌仪式上致辞。他指出哈工大与澳大利亚很多知名高校在众多领域有着十分密切的联系和合作。中心的成立开启了哈工大跟澳大利亚高校之间合作的新篇章，希望中心能够为哈工大国际化人才培养发挥积极作用。澳大利亚驻华使馆一等秘书凯利·勒得朗姆女士在发言中表示，中心的成立将会推动哈工大与澳大利亚高校之间的深度合作，不断拓宽和加深双方学术、文化的交流，也将为促进中澳两国经济、科技、人文等方面的沟通与合作做出积极贡献。任南琪与凯利·勒得朗姆共同为哈工大澳大利亚研究中心成立揭幕。来自澳大利亚驻华使馆、中国澳大利亚研究基金会、中国澳大利亚研究会、哈尔滨市外事侨务办公室的相关人员出席启动仪式。

【四月】

25日 《哈工大报》刊登《学校举行系列活动庆祝首个中国航天日》的报道。据报道，4月24日，84岁高龄的航天学院刘暾教授为前来我校参观的中小学生带来了一场题为"中国的卫星"科普讲座，该项科普教育活动是我校举行的庆祝首个中国航天日系列活动之一。活动中，来自全省多所学校的中小学生先后参观了航天馆、启天科创基地、启极实验室，亲手操作了航空模型，参与四轴飞行器竞技赛，观看了火箭发射和滑翔机飞行表演，并有大学生志愿者现场解答各种疑惑，普及航天知识，启迪航天梦想。当天上午，主题为"中国航天梦·工大航天情"的纪念中国航天日青年座谈会在活动中心320举行。省青年五四奖章获得者、航天学院教授吴立刚，航天学院青年教师魏承，小卫星团队代表、团干部代表、学生干部代表、国防生代表以及研究生支教团代表围绕航天精神的内涵、哈工大与中国航天的深厚情缘和如何在实践中创新等话题畅谈了认识、体会和看法。校博物馆在微信公众平台推出了"人物"专栏，介绍了孙家栋、胡世祥校友与"东方红一号"卫星的故事，得到了师生的关注、转发和点赞。我校研究生支教团在四川、陕西、云南、西藏4个支教地和哈尔滨同步开展"中国航天梦·工大航天情"主题航天知识科普宣传活动，通过讲座、宣讲、图片展等方式在支教地普及航天知识，让更多的人了解哈工大与中国航天的紧密联系。校院两级学生会组织、航天学院、材料学院、化工与化学学院也通过座谈会、知识竞赛、图片展、专家报告等形式,普及航天知识、传承航天精神,畅谈中国梦、航天梦、工大梦。威海校区也开展了庆祝首个"中国航天日"主题活动。校区天文爱好者协会组织成员参观了移动博物馆展,通过讲解深入了解哈工大为中国航天所做的贡献,同时听中国空间技术研究院载人航天总体部副主任设计师、威海校区首届十佳大学生获得者岳荣刚介绍了我国载人航天的最新进展。同学们还连线校本部天文爱好者协会,同威海实验一小的孩子们一起以视频直播的形式参观了航天馆,并带领孩子们零距离触摸了放在主楼的火箭模型,在孩子们心中种下了"中国梦、航天梦"的种子。

中小学生和家长参观航天馆

刘暾教授做科普讲座

航模表演

研究生支教团宣传航天科普知识　　威海校区学子接受校史和航天精神教育

【五月】

17日 《哈工大报》刊登《纪念"5·17"世界电信和信息社会日大会在校举行》的报道。据报道,5月17日,由黑龙江省通信管理局、我校共同承办的纪念"5·17"世界电信和信息社会日大会在活动中心举行。省通信管理局局长刘茂先,我校党委副书记、副校长张洪涛出席活动并讲话。刘茂先在讲话中指出,今年世界电信和信息社会日的主题是"提倡ICT创业精神,扩大社会影响",他表示,随着大数据、云计算、物联网等新技术新业务的不断加速演进,迎来了万物互联的时代,互联网发展迈入了一个全新的境界,越来越成为人们学习、工作、生活的新空间和获取公共服务的新平台。张洪涛在讲话中介绍了我校的基本情况。他表示,通过本次活动,哈工大和黑龙江省通信管理局将进一步深化合作,共同为国家的电信和信息事业添砖加瓦,希望同学们以社会发展进步为己任,努力学好专业知识,积极投身电信和信息事业,成长为有能力、有担当、有责任感的哈工大人。会上,省通信管理局副局长姚家康对《2015黑龙江通信业发展白皮书》《2015黑龙江省互联网络发展状况统计报告》和《推动电信监管转型　优化行业发展环境》新闻报道汇编的出版发行进行了推介。北京邮电大学教授吕廷杰、任子行网络技术股份有限公司董事长景晓军和我校大学生创业企业哈尔滨燃卓科技有限公司负责人分别做了主题演讲。来自全省通信行业和社会各界400余人参加大会。

大会现场

【六月】

29日 《哈工大报》刊登《我校承办第十三届空间人工智能、机器人和自动化国际会议》的报道。据报道,6月20日至22日,由中国国家航天局主办、我校承办、中国航天科技集团公司空间技术研究院协办的第十三届空间人工智能、机器人和自动化国际会议(i-SAIRAS 2016)在北京召开。国防科工局总工程师、国家航天局秘书长田玉龙,我校副校长邓宗全等出席会议并致辞。校长助理、机器人技术与系统国家重点实验室主任刘宏担任会议主席。会议由美国航空航天局(NASA)、欧洲空间局(ESA)、德国宇航中心(DLR)、日本宇航探索局(JAXA)、加拿大航天局(CSA)共同组织举办,是该领域的顶级国际会议,中国国家航天局今年首次主办该会议。会上,展示了我国在空间在轨服务、空间装配与制造、月球与深空探测等领域取得的一系列成果,发布了我国未来15年空间机器人发展路线图。来自美国、德国、日本、加拿大等10余个国家的航天机构官员、学者,围绕空间机器人发展现状、未来思路和研究计划等进行了深入交流研讨。

与会代表合影留念

【七月】

12日 《哈工大报》刊登《第二届中乌科技论坛在校举行》的报道。据报道,由中国外国专家局、工业和信息化部、乌克兰国家科学院、乌克兰技术科学院主办,我校承办的2016中乌科技论坛于7月5日至7月7日在校举行。80余位乌克兰院士、专家和300余位中国专家、科研人员参加论坛。黑龙江省副省长孙尧,大会中方主席、副校长韩杰才院士,大会乌方主席、乌克兰技术科学院瓦西里·马列比尼院士,国家航天局国际合作司副司长余琦在开幕式上致辞。乌克兰驻华大使馆一等秘书阿尔乔姆·罗日杰斯特文斯基宣读乌克兰驻华大使奥列格·焦明先生为本次论坛发来的贺信。大会执行主席、副校长安实与乌克兰技术科学院秘书长特提亚娜卓尔妥夫斯卡共同为哈工大-乌克兰技术科学院技术交流中心揭牌。中心将致力于加强双方技术合作与技术创新,促进双方学者的深入交流,打造中乌学术交流合作领域的重要平台。大会执行主席、副校长郭斌主持开幕式。国家外国专家局经济技术专家司项目处处长陈宇等出席开幕式。在3天的论坛中,中乌双方专家学者通过大会主题报告、分组报告、项目对接等方式,就电子、材料、能源多个领域的前沿科学方向和问题进行了深入研讨,积极推动中乌两国科技项目交流与合作。

论坛开幕式

黑龙江省副省长孙尧致辞

大会中方主席、副校长韩杰才院士致辞

大会乌方主席、乌克兰技术科学院
瓦西里·马列比尼院士致辞

国家航天局国际合作司副司长余琦致辞

乌克兰驻华大使馆一等秘书阿尔乔姆·罗日杰斯特文斯基宣读
乌克兰驻华大使奥列格·焦明先生贺信

哈工大－乌克兰技术科学院技术交流中心揭牌

【八月】

5日 《哈工大报》刊登《我校承办载人航天领域最高水平学术大会 知名专家学者共话载人航天事业发展》的报道。据报道，8月4日至5日，由中国载人航天工程办公室主办，我校和《载人航天》编辑部等单位承办的第四届载人航天学术大会在校召开。来自载人航天相关领域的院士、专家、学者等学术界与工程界240余位代表齐聚冰城夏都，共同探讨人类载人航天事业发展前沿，交流载人航天技术领域最新学术研究成果。中国载人航天工程总设计师周建平院士，副总设计师郑敏、周雁飞，中国工程院院士江东亮、戚发轫，校长周玉出席开幕式。中国载人航天工程办公室副主任杨利伟主持开幕式。周玉在开幕式上致辞。他代表学校欢迎与会嘉宾与代表，并对相关领导、专家多年来对我校科研工作的信任、支持和帮助表示感谢。载人航天学术大会是我国载人航天领域最高水平的学术会议，每两年举办一届，是加强载人航天学术交流与技术合作、推动工程创新发展的重要举措。本届会议由中国科学院长春光学精密机械与物理研究所、沈阳自动化研究所、中国电子科技集团公司第四十九研究所、福建神六集团有限公司协办。大会以"立足地月空间技术创新，推动载人航天持续发展"为主题，共收到相关论文282篇。经过学术委员会专家评审，共评选出优秀论文21篇。大会邀请载人航天工程各系统总指挥、总师代表，主要研制单位代表，相关高校教授等12位专家学者做了学术报告。大会设总体与共性基础、健康保障与人因、应用与服务操作、结构与建造、控制与信息、推进与能源6个分论坛，80篇入选大会论文的作者针对载人航天发展前沿技术进行了分组交流研讨，其中包括我校航天学院、机电学院、能源学院、化工与化学学院共6篇论文。副校长邓宗全，校长助理曹喜滨、刘宏出席会议。

大会开幕式

中国载人航天工程总设计师
周建平院士致辞

校长周玉致辞

中国载人航天工程办公室副主任
杨利伟主持开幕式

与会嘉宾为优秀论文获奖者颁发荣誉证书

大会报告

【九月】

29日 工业和信息化部网站刊登《中国大陆首个IEEE女性工程师分会（哈尔滨）在哈工大成立》的报道。据报道，该分会是中国大陆第一个IEEE女性工程师分会。首任分会主席、副主席分别由哈尔滨工业大学电信学院副研究员贾敏、电气学院副教授俞洋担任。女性工程师分会（哈尔滨）是IEEE下属的专业技术组织之一，旨在为女性工程师和女性科学家提供交流与发展的平台，提高女性学者和技术人员在学术和技术领域的影响力。该分会的成立将进一步加强东北地区女性学者和工程技术人员的科研和技术交流。IEEE成立于1884年，学会拥有36万余名会员，分布在全世界150多个国家和地区，是全世界最大的跨国专业学会。其专业范围覆盖整个信息技术领域，包括电力、计算机、通信、海洋学、遥感、工业应用、光电子等专业。学会每年出版100多种学报、杂志等，召开300多场国际学术会议，制定多种技术标准，是世界上信息技术方面最具影响力的学会。

【十月】

10日 工业和信息化部网站刊登《英国皇家工程院院士受聘哈工大讲席教授》的报道。据报道，英国皇家工程院院士华盛顿·欧文（Washington Yotto Ochieng）院士访问哈尔滨工业大学，受聘哈工大讲席教授，并做客科学家讲坛，为师生做了题为"面向天基的无缝定位技术——应用、技术和挑战"的报告。哈工大副校长任南琪会见华盛顿·欧文院士，副校长丁雪梅为他颁发聘书。华盛顿·欧文院士在讲座中指出，目前全球定位系统已经在多模式交通导航、工程尺寸控制、通信网络同步、大地测量和资产管理等多个领域广泛应用。他从GPS的局限性开始，带领师生进行了一次穿越定位导航技术25年发展历程之行，与大家讨论了GPS技术与地面系统、空间数据库和先进的用户定位算法集成，重点介绍了地面无线电定位和传感器技术、新的GPS信号和新的天基系统（如北斗），详细讲解了这些技术如何为人们提供高性能的定位服务。哈工大国际合作部、交通学院相关负责人参加会见和聘任仪式。

【十一月】

15日 工业和信息化部网站刊登《哈工大校长参加全球高校领导力革新峰会》的报

道。据报道,哈尔滨工业大学校长周玉出席了新加坡国立大学苏州研究院举办的全球高校领导力革新峰会,并受大会邀请做了题为"大学与工业界的合作关系"的报告。周玉从全球的技术创新引入话题谈到,高等学校特别是研究型大学与行业产业力量的互动合作是提升自主创新能力、适应科技经济一体化趋势的必然要求,行业和高校的相互促进与共同发展成为新形势下两者关系的典型特征。他回顾了哈工大的发展历程、与工业界的历史渊源关系,介绍了哈工大目前与国内大型企业、地方政府的产业合作和学校成果转化情况。周玉指出,推动校企深度合作,必须把握大学与行业产业的互动规律,以企业需求为驱动、以大学支持为源头、以政府引导为组织者和平台,同时有公平的规则作为保证,才能很好地打通基础研究、应用开发、成果转移与产业化链条,打破技术成果转化壁垒。与会代表对于哈工大和工业界的成功合作给予高度评价。本次峰会是由新加坡国立大学和上海交通大学联合发起,淡马锡国际基金会支持,来自国内外24所大学的校长和代表参加了会议。

28日 东北网刊登《哈尔滨工业大学三名教授当选国际电气与电子工程师协会会士》的报道。据报道,国际电气与电子工程师协会(IEEE)公布了2017年度新当选的IEEE会士(Fellow)名单。记者从哈尔滨工业大学获悉,哈工大徐殿国教授、段广仁教授、张立宪教授因在电力电子与电力传动、控制系统设计与应用、切换系统控制领域贡献卓越而当选。哈工大近年来十分重视国际学术影响力提升,通过多种举措引领广大教师走向国际舞台,在国际组织上有位置、在国际交流中有声音、在国际学术领域有话语权。2007年,作为IEEE下属学术组织的IEEE哈尔滨分会在哈工大成立,负责东北地区IEEE学术活动。2016年,中国大陆首个IEEE女性工程师分会在校成立。IEEE是目前世界上电气与电子工程技术研究领域中最著名、规模最大的跨国学术组织,也是全世界最大的跨国专业学会,有160多个国家和地区约40万会员和39个专业分会。IEEE会士是IEEE授予会员的最高荣誉,每年评选一次,每次当选人数不超过会员总数的千分之一。

【十二月】

27日 《哈工大报》刊登《我校承办IEEE国际生物信息学与生物医学大会》的报道。据报道,12月15至18日,由IEEE协会举办,我校计算机学院、生命学院承办的IEEE国际生物信息学与生物医学大会在深圳召开。本次会议举行了4天的主会场报告,举办了"生物信息学中的高性能计算"等21个主题的分会场研讨会,190余名国内外生物信息专家学者做了学术报告,350名国内外生物信息学与系统生物学专家学者交流了前沿科研工作。计算机学院院长王亚东教授担任大会主席,生命学院蒋庆华教授担任组织委员会主席。IEEE国际生物信息学与生物医学大会是生物信息学和生物计算领域的专业旗舰会议,已经在中、美、欧轮流举办9次。

会议现场

26日 中国日报网刊登《哈尔滨工业大学首届国际青年学者神舟论坛举行》的报道。据报道,此次论坛在哈工大博物馆举行。本次论坛以"海纳百川,凝聚新的八百壮士"为主题,邀请到了来自哈佛大学、耶鲁大学、剑桥大学、牛津大学、帝国理工学院等89所全球顶级名校和著名学术机构的100位青年才俊齐聚美丽的冰城哈尔滨,共谋发展。哈尔滨工业大学党委常务副书记熊四皓教授、副校长韩杰才院士、副校长安实教授、副校长徐殿国教授,科学与工业技术研究院常务副院长付强,人事处处长慕永国,大会特邀嘉宾,航天学院马晶教授、生命科学与技术学院院长黄志伟教授,各学院院长、书记、教师代表等出席了论坛。论坛开幕式由徐殿国副校长主持。宇航、机电与能源、信息与通信、土木与建筑、材料与化工化学、环境与生命、数理、经济与管理、人文与社会等9个分论坛分别举行,围绕各自领域国际科学前沿展开了深入的交流与讨论,通过学术报告和座谈,充分促进海内外青年学者的合作与交流,畅谈创新创业,共同发展。

论坛现场

26日 工业和信息化部网站刊登《哈工大两位教授被授予中国电子学会会士称号》的报道。据报道,中国电子学会公布了2016年度新一届中国电子学会会士,哈尔滨工业大学电信学院孟维晓教授、机电学院陈维山教授被授予会士称号。本年度共有23位科学家当选中国电子学会会士,其中包括5位两院院士。中国电子学会会士是电子学会的最高级别会员,每年评选一次,不接受个人申请。会士当选有严格的申报条件,要求在电子信息科技领域成绩卓著、学术造诣较深,并有重大贡献。

  30日 工业和信息化部网站刊登《哈工大首届国际青年学者"神舟"论坛举行》的报道。据报道,2016年12月25—26日,以"海纳百川,凝聚新的八百壮士"为主题的哈尔滨工业大学首届国际青年学者"神舟"论坛在校举行。来自哈佛大学、耶鲁大学、剑桥大学、牛津大学、帝国理工学院等89所全球顶级名校和著名学术机构的百位青年才俊齐聚冰城,共谋发展。哈工大党委常务副书记熊四皓在开幕式上致辞,代表学校向参加国际青年学者"神舟"论坛的海内外学者表示欢迎和感谢。论坛历时两天,举行了宇航、机电与能源、信息与通信、土木与建筑、材料与化工化学、环境与生命、数理、经济与管理、人文与社会等9个分论坛。与会学者围绕各自领域国际科学前沿做了专题报告和学术研讨,与哈工大相关学科教师展开深入交流。国际青年学者"神舟"论坛旨在邀请海内外杰出青年学者,就国际科技前沿及热点问题、个人职业发展规划展开交流和讨论,以促进学科交叉、学术创新及交流合作,并通过哈工大这一人才高地,海纳百川,汇聚世界英才,服务国家战略和龙江发展,让广大海内外青年学者投入实现中华民族伟大复兴中国梦的事业中来。

2017年 交流与合作大事记

【一月】

3日 工业和信息化部网站刊登《哈工大承办第十二届中国电推进技术学术研讨会》的报道。据报道,来自相关高校、科研院所和产业部门等60余个单位的专家学者围绕电推进技术发展前沿问题展开思想交锋,共同研讨电推进技术理论发展和应用前景。中国空间技术研究院戚发轫院士出席会议。哈工大能源学院于达仁教授主持开幕式,并做题为"磁屏蔽霍尔推力器技术"的特邀报告。与会专家学者分成8个专题论坛进行了充分交流。本次会议共收到投稿150篇,参会代表230余人,投稿数和参会人数均创电推进技术学术研讨会开办12年来新高。

20日 尚七网刊登《首届国际学生微纳卫星技术论坛在哈尔滨工业大学召开》的报道。据报道,1月14日至15日,首届国际学生微纳卫星技术论坛在哈尔滨工业大学召开。来自新加坡国立大学、印度理工大学、华沙理工大学、清华大学、北京大学等国内外著名高校的50余名师生参加了论坛。哈尔滨工业大学学生微纳卫星团队负责人、2015级博士生韦明川在报告中介绍了"紫丁香一号""紫丁香二号"的基本情况和设计理念。航天学院硕士生蒋万程、机电学院硕士生张文星在报告中就小卫星三轴气浮台全物理仿真、低冲击分离装置等方面的研究情况做了说明。浙江大学、清华大学等国内外高校的参会者也先后做了报告。交流阶段,与会师生围绕微纳卫星研制过程中的技术实现、创新实践、学生培养和未来发展等话题进行了深入探讨。据悉,2015年9月20日,我校学生微纳卫星团队自主研发的"紫丁香二号"纳卫星在太原卫星发射中心成功发射。"紫丁香二号"是我国首颗由高校学子自主设计、研制、管控的纳卫星。该学生团队自主研发的"紫丁香一号"属于比利时冯卡门流体动力研究院联合欧空局等机构所提出的QB50项目,现已完成载荷集成和卫星交付工作,将于2017年第一季度择机发射。

【五月】

3日 工业和信息化部网站刊登《哈工大副校长任南琪参加全国高校引智工作会议并做典型发言》的报道。据报道,国家外国专家局在京组织召开全国高校引智工作会议,哈尔滨工业大学副校长任南琪参会并在会上做了题为"汇聚天下精英,以引才引智和科技创新助推学校'双一流'建设"的典型发言。国家外国专家局副局长周长奎、教育部科技司巡视员高润生出席会议并讲话。共有来自国内百余所高校的100余名代表参会,我校、北京大学等 6 所高校在会上做典型发言。本次会议旨在引导全国高校深入贯彻落实习近平总书记关于引进外国人才和智力工作系列重要讲话和中央引才引智工作综合性指导文件精神,增强引智工作在推进创建"世界一流大学和一流学科"建设进程中的服务能力。

全国高校引智工作会议会场

19 日　工业和信息化部网站刊登《中国智利两国元首见证哈工大与合作伙伴联合实验室谅解备忘录签署》的报道。据报道,在"一带一路"国际合作高峰论坛期间,国家主席习近平和智利总统米歇尔·巴切莱特见证了《大唐电信国际技术有限公司、哈尔滨工业大学与智利康赛普西翁大学关于建设 ICT 联合实验室的谅解备忘录》的签署。大唐电信科技产业集团总裁童国华、哈工大校长周玉和康赛普西翁大学代表、驻华使馆公参卡洛斯·帕拉在见签仪式上签署备忘录。同时,哈工大与康赛普西翁大学还签署了合作框架协议。从 2016 年 11 月开始,哈工大开始与大唐电信国际技术有限公司共同策划该项目,经过智利驻华使馆推荐,和智利康赛普西翁大学合作,在哈工大和康赛普西翁大学分别建设配套实验室,在大唐国际建设一个研究中心,并以此为基础,三方在移动通信、卫星通信、行业信息化等方面开展科技合作、人才培养和产业合作。上月,三方就建立联合实验室一事达成一致协议。在京期间,周玉还访问了大唐电信科技产业集团,并与童国华进行了会谈。

22 日　工业和信息化部网站刊登《第三届中俄双边 CVD 金刚石高层论坛在哈尔滨工业大学召开》的报道。据报道,航天学院和俄罗斯科学院普通物理研究所联合主办的第三届中俄双边"CVD 金刚石的趋势和挑战:制备、性能和先进应用"高层论坛暨第一届新型宽禁带半导体探测器国际学术会议在校召开。俄罗斯科学院院士维塔利·科诺夫和我校党委副书记、副校长张洪涛分别致开幕词,并为"金刚石材料国际联合实验室"揭牌。会议以金刚石材料研究为主题,包括金刚石晶体生长、激光处理、掺杂及金刚石色心、纳米晶薄膜、高能粒子/射线金刚石探测器等。来自中国、俄罗斯、意大利的专家学者们,就在相关领域取得的最新成果与合作进展进行了集中展示和交流。会议期间,专家们还参观了哈工大博物馆、机器人研究所、复合材料与结构研究所。

会议现场　　　　　　　　　　　　　揭牌

【六月】

20日　《哈工大报》刊登《2017阿斯图中俄智能制造国际会议在校举行》的报道。据报道,6月15日至18日,由中俄工科大学联盟、我校和俄罗斯鲍曼国立技术大学主办,机电学院和机器人技术与系统国家重点实验室承办的2017阿斯图中俄智能制造国际会议在校举行。来自联盟内11所高校百余名师生参加会议。

本次论坛以"智造改变未来"为主题,中俄高校专家分别就机器人与制造技术、制造中的人工智能、工业设计方法与工具4.0、制造与服务中的大数据分析、智能工厂和工业物联网等前沿热点问题做了主题发言和报告,并就中俄两国未来人工智能合作、创新型制造业升级发展等相关问题进行了深入交流与研讨。会议期间还举办了阿斯图中俄智能制造博士生论坛。

大会现场

【七月】

5日　新华网刊登《八位知名科学家"受聘"哈工大　全球遴选生命科学领域年轻"PI"》报道。据报道,八位来自中国、美国、英国、荷兰等国家的院士科学家正式受聘哈工大生命中心SAB(科学指导委员会)。未来5年,将在全球范围遴选生命科学领域年轻科学家"PI(项目负责人)"。受选后,哈工大生命中心将为每名项目负责人提供1 000万元人民币的科研资金,用于项目启动和研究。此次受聘的八位科学家分别是中国科学院外籍院士、脑科学卓越创新中心主任蒲慕明,中国科学院院士施一公,美国国家科学院和美国艺术与科学院双院院士Dinshaw J. Patel,英国皇家学会(FRS)院士James HNaismith,美国国家科学院院士James Chen,荷兰皇家科学院院士Arnold Driessen,美国国家科学院院士吴皓,美国艺术与科学院院士施杨。当天,八位科学家组成的哈工大生命中心科学指导委员会直接开始了对首批9名候任"PI"的面试工作。中新网记者在现场了解到,此次参与面试的"PI"平均年龄仅为35岁,是从来自哈佛、剑桥等世界名校的100多名生命科学年轻学者中遴选而出;未来五年,哈工大生命中心每年还会向全球发出此类邀请;"PI"一经选任,哈工大将在5年内提供1 000万元人民币资金用于项目研究。

【九月】

14日 工业和信息化部网站刊登《哈工大校长参加东方经济论坛第六届高等教育合作APEC国际会议》的报道。据报道,东方经济论坛(Eastern Economic Forum)第六届高等教育合作APEC国际会议在俄罗斯符拉迪沃斯托克远东联邦大学举行,哈尔滨工业大学校长周玉出席会议并做了"中俄高等教育合作的历史现状与未来展望——以哈工大为例"的主题发言。来自亚太地区13个国家和地区的国际组织代表、政府官员、大学校长、高等教育专家及相关研究机构学者汇聚一堂,共同探讨教育全球化发展的最新动态,深入挖掘在全球性问题决策过程中大学所发挥的关键作用。第六届高等教育合作APEC会议延续了2012年至2015年在俄符拉迪沃斯托克举办的国际教育论坛,旨在促进亚太地区教育系统一体化,加强教育合作交流机制构建,实现信息资源互联互通。哈工大国际合作部代表参加上述活动。

30日 《哈工大报》刊登《第三届中乌(中国 – 乌克兰)科技论坛在校举行》的报道。据报道,9月25日至27日,第三届中乌(中国 – 乌克兰)科技论坛在校举行。国家外国专家局科教文卫专家司副司长王嵩,大会乌方主席、乌克兰技术科学院院士瓦西里·马列比尼,大会执行主席、副校长郭斌出席论坛开幕式并致辞。副校长安实与乌克兰国家科学院库灿·尤里院士共同为哈工大 – 乌克兰国家科学院联合创新中心揭牌。中乌(中国 – 乌克兰)科技论坛创立于2015年6月,旨在为中乌科学家搭建一个以学术交流为载体,技术人才互通有无、科技合作精准对接的开放平台。本次论坛由中国外国专家局、工业和信息化部、乌克兰国家科学院、乌克兰技术科学院主办,我校承办。来自航天、材料、机械、能源、电子等领域的60余位乌克兰院士、专家和国内多所高校的近300名专家学者围绕"创新发展 合作共赢"这一主题进行了深入交流与研讨。论坛期间,我校相关领域专家学者与来自乌克兰国家科学院、乌克兰技术科学院、哈尔科夫国立大学、基辅国立大学等乌方专家,就双方在新材料、新能源、装备制造、电子信息、农业科技等领域开展项目合作进行了对接。第三届中乌科技论坛在校举行。

会议现场

【十月】

28日 中国网刊登《第十九届"二十一世纪的计算"国际学术研讨会在哈工大举行》的报道。据报道,"计算机界的诺贝尔奖"图灵奖获得者等多位世界级计算机领域专家与近1 600名高校师生分享了计算机科学热点领域的最新学术研究成果,共同探索"人工智能的未来之路"。黑龙江省副省长孙东生,哈尔滨工业大学校长周玉,微软全球资深副总裁、微软亚太研发集团主席兼微软亚洲研究院院长洪小文出席会议并致辞。微软全球资深副总裁、美国计算机协会院士彼得,图灵奖获得者、电气电子工程师学会及美国计算机协会院士约翰·爱德华·霍普克罗夫特,美国人工智能学会院士丽萨·盖图尔,德克萨斯大学奥斯汀分校计算机科学系教授兼人工智能实验室主任雷蒙德·穆尼,美国计算机协会院士滕尚华,洪小文分别做了主题报告,分享了各自在人工智能领域的最新学术理念、研究成果和微软对于人工智能研究的独特观点和技术创新。其间,大会举行了"微软学者"奖学金颁奖典礼,共有10位博士生获此殊荣。

黑龙江省副省长孙东生致辞

周玉校长致辞

微软全球资深副总裁、微软亚太研发集团主席
兼微软亚洲研究院院长洪小文致辞

大会现场

【十一月】

1日 工业和信息化部网站刊登《哈工大承办的第十五届世界厌氧大会在京召开》的报道。据报道,由国际水协会(IWA)主办,哈尔滨工业大学和清华大学、中国科学院生态环境研究中心、国际水协会厌氧专业委员会中国分会联合承办的"第十五届世界厌氧大会"在北京国家会议中心举行。哈工大副校长任南琪院士致开幕辞。世界厌氧大会是国际水协会重要的系列大型专业会议,第十五届世界厌氧大会的主题是"迈向可持续发展"(Towards a More Sustainable World)。大会围绕厌氧技术在废水以及固废处理中的政策导向、技术应用和前沿技术等进行了交流,下设了10个专题,16个大会特邀报告。国际水协会厌氧专业委员会中国分会成立于2013年,由哈尔滨工业大学、清华大学、同济大学等20余所高校和中科院研究所30余名专家学者共同倡导组成,旨在形成我国厌氧生物技术科研与产业的专业联盟,搭建中国与其他国家之间的学术交流和市场转化平台,满足国内日益增长的技术需求和市场需求,从而推动循环经济和低碳经济快速发展。

3日 工业和信息化部网站刊登《图灵奖获得者受聘哈工大名誉教授》的报道。据报道,图灵奖获得者、美国工程院、科学院院士,康奈尔大学计算机科学系教授约翰·爱德华·霍普克罗夫特受聘哈尔滨工业大学名誉教授仪式在哈工大举行,哈工大校长周玉为霍普克罗夫特教授颁发聘书。周玉代表哈工大对霍普克罗夫特教授的到来和成为哈工大的一员表示热烈欢迎,希望其充分发挥个人国际影响力和在计算机、人工智能、大数据等领域的研究优势,助推哈工大相关学科的科研创新、人才培养、师资队伍建设、国际合作交流等工作取得更多卓越成果。霍普克罗夫特教授对哈工大悠久的历史和取得的瞩目成就给予高度评价。他表示非常荣幸成为哈工大名誉教授,今后将发挥自身优势和作用,在哈工大发展建设进程中贡献力量。

周玉校长为霍普克罗夫特教授颁发聘书

7日 工业和信息化部网站刊登《中科院外籍院士、美国科学院院士受聘哈工大生命科学中心科学指导委员会委员》的报道。据报道,美国国家科学院院士、中科院外籍院士、北京生命科学研究所资深研究员、美国德克萨斯大学西南医学中心生化系讲席教授王晓东来哈尔滨工业大学访问,为哈工大师生做了题为"细胞程序性死亡通路及其治疗意义"的报告。哈工大校长周玉会见了王晓东教授,并为其颁发"科学家讲坛"主讲嘉宾聘牌、生命科学中心科学指导委员会委员聘书。报告中,王晓东教授详细阐释了蛋白激酶RIP3和它的底物分子MLKL引起细胞坏死的分子机理及其发现过程,并与在场师生分享了其实验室关于RIP3-MLKL介导的雄性生殖系统细胞坏死性凋亡在促进雄性生殖器官衰老中所起重要作用的最新研究成果。最后,王晓东教授以自身科研经历勉励在场师生。

【十二月】

18日 新浪网刊登《卓越大学联盟第八次校长联席会议暨2017年校长论坛在哈尔滨工业大学深圳校区召开》的报道。据报道,此次校长论坛的主题为"新时代、新卓越:世界一流大学建设的中国特色之路",9所高校的校长们分别阐述在世界一流大学建设中各校的特色发展之路,共同探讨高校的发展机遇和承担的历史使命。北京理工大学校长胡海岩、重庆大学副校长孟卫东、东南大学常务副校长王保平、大连理工大学校长郭东明、哈尔滨工业大学校长周玉、华南理工大学校长王迎军、天津大学副校长胡文平、同济大学副校长吴志强、西北工业大学党委副书记张骏出席论坛并做专题报告。哈工大党委副书记、副校长张洪涛,副校长安实和其他联盟成员高校的相关负责人及校区师生代表共300余人参加论坛。深圳市副市长吴以环出席本次论坛并致辞。校长联席会上,周玉作为2018年度轮值主席接受授旗,会议听取了2017年轮值主席郭东明做的联盟年度工作总结,审议通过了《卓越大学联盟2018年工作计划》,推选并通过了东南大学作为联盟2019年轮值主席高校。

卓越大学联盟(E9)成员高校校领导出席活动

卓越大学联盟 2017 年校长论坛现场

30 日　东北网刊登《哈尔滨工业大学举办第二届国际青年学者神舟论坛》的报道。据报道,30 日上午,哈尔滨工业大学第二届国际青年学者神舟论坛开幕式举行。来自牛津、剑桥、哈佛、耶鲁、普林斯顿等国际顶尖学府的 100 位青年学者参会。本次论坛以"才聚神舟,放飞梦想"为主题,分为主论坛和 9 个分论坛,旨在通过主论坛宣讲、参观,分论坛报告、座谈等形式搭建起交流合作平台,与青年学者一道共谋发展大计,共话青春梦想。

哈尔滨工业大学校长周玉致辞(东北网记者　霍枭涵摄)

与会青年学者（东北网记者　霍枭涵摄）

开幕式现场（东北网记者　霍枭涵摄）

  31日　工业和信息化部网站刊登《哈工大举办国际青年学者神舟论坛》的报道。据报道，为将活跃在国际学术前沿、满足国家重大战略需求的一流青年科学家、学科领军人和优秀青年学者凝聚在龙江。30日，哈尔滨工业大学举办第二届国际青年学者神舟论坛。哈工大相关负责人向来自牛津、剑桥、哈佛、耶鲁、普林斯顿等国际顶尖学府的100位青年学者宣讲哈工大以及我省的人才政策，与青年学者共谋发展大计。本届论坛以"才聚神舟，放飞梦想"为主题，分为主论坛和9个分论坛，将通过主论坛宣讲、参观，分论坛报告、座谈等形式搭建起交流合作平台，让参会青年学者了解和关注哈工大与黑龙江，最终加入哈工大，留在黑龙江，助力国家创新驱动发展和东北老工业基地振兴。

2018年　交流与合作大事记

【一月】

12日　《哈工大报》刊登《第十二届海峡两岸工程材料研讨会在校召开》的报道。据报道,1月12日至13日,第十二届海峡两岸工程材料研讨会在校召开。会议由中国机械工程学会主办,中国机械工程学会材料分会、我校和先进结构功能一体化材料与绿色制造技术工业和信息化部重点实验室共同承办。校长助理甄良出席开幕式。本届会议共收到台湾新竹清华大学、台湾大学、成功大学等11所高校,大陆清华大学、浙江大学、中科院等27所高校和科研院所的学者、技术人员和研究生提交的参会摘要72份。中国汽车工程研究院马鸣图研究员、新竹清华大学杜正恭教授、成功大学丁志明教授、我校材料学院郑明毅教授做大会特邀报告。与会代表围绕先进结构材料、先进功能材料、表面工程3个主题在分论坛中进行了交流。海峡两岸工程材料研讨会最初由中国机械工程学会材料分会和台湾地区高校共同组织发起,并于2002年在台湾大学举办了首届会议。16年来,该研讨会已成为两岸工程材料学科领域开展学术交流研讨、实现两岸资源共享、增进两岸同胞感情的良好平台,为共同开发更加优异的材料及材料应用技术水平提升做出了重要贡献。

研讨会现场

与会代表合影

【四月】

8 日 工业和信息化部网站刊登《哈工大教授获颁欧洲科学与艺术院院士称号》的报道。据报道,欧洲科学与艺术院 2017 年新当选院士颁奖典礼在奥地利萨尔兹堡举行。哈尔滨工业大学冷劲松教授受邀参加,并正式获颁欧洲科学与艺术院院士证书。欧洲科学与艺术院(European Academy of Sciences and Arts)是一个位于奥地利萨尔茨堡的跨学科学术组织,涵盖人文科学、医学、艺术、自然科学、社会科学、法律及经济、技术及环境科学等共 8 个范畴,致力于讨论当前不同学科领域及文化相关研究问题,也致力于促进欧洲跨国对话和交流。2017 年共有 84 名来自世界各国的科学家当选新院士。

12 日 工业和信息化部网站刊登《哈工大教授当选新一届国际水协会厌氧专家组主席》的报道。据报道,专家组选举产生了由来自世界各国的 19 名专家组成的新一届管理委员会。哈尔滨工业大学环境学院王爱杰教授当选管理委员会主席,成为国际水协会厌氧专家组设立以来担任该职务的首位中国学者。此外,学校邢德峰教授当选管理委员会成员和东亚区域唯一代表。2013 年,国际水协会厌氧专业委员会中国分会在学校宣告成立,中国工程院院士任南琪当选首任主席。多年来,学校环境学院在厌氧技术研究领域一直处于国际前列,开创了乙醇型产氢发酵技术与理论,在废水碳氮硫同步脱除与资源化、微生物电化学技术与理论和难降解有机废水生物处理技术与理论方面等研究和工程应用方面取得了一系列具有国际影响力的标志性成果。

25 日 《哈工大报》刊登《中国航天科技教育校长论坛在校举行》的报道。据报道,作为 2018 中国航天日系列活动之一,4 月 23 日,由中国宇航学会、中国航天基金会和我校共同主办的第二届中国航天科技教育校长论坛在活动中心 301 举行。来自全国各地近 300 所知名中学的校长、教师代表和航天领域的专家学者齐聚一堂,共话"新时代新高考教育创新及特色发展"。国防科技工业局总工程师、国家航天局秘书长田玉龙,中国人民解放军航天员大队特级航天员刘伯明少将,俄罗斯联邦宇航员联合会副主席、RKKE 航天中心副主任、宇航员帕维尔·弗拉基米罗维奇·维诺格拉多夫,中国航天科技国际交流中心副主任、中国航天科技教育联盟秘书长周岫彬,中国工程院院士秦裕琨,我校副校长丁雪梅及兄弟院校、航天院所相关负责人等出席论坛开幕式。开幕式上,由中国航天科技教育联盟和我校共同发起的"紫丁香计划"衔接课程正式启动。"紫丁香计划"是中学和大学的衔接计划,旨在利用哈工大的优质教育资源,对中学生进行教育与引导,形式包括衔接课程、项目学习、共建实验室等。课程分为大学基础类、专业认知类和升学指导类3大版块。我国英雄航天员刘伯明、俄罗斯资深航天员帕维尔先后上台致辞,并与现场师生进行了互动交流。中俄航天员和与会嘉宾一起为"中国青少年科普卫星星座工程"03星研制单位太原市进山中学校师生代表授旗。论坛期间,秦裕琨院士做了题为"哈工大规格与航天精神"的大会报告;来自北京大学、山东青岛二中、山西省太原市教育局和航天科工集团二院的4位专家学者围绕"新高考改革""航天科技特色教育"等分别做了主旨报告;来自航天科技教育联盟和国际教育机构的代表聚焦中小学航天科技教育和创客创业做了专题报告。与会代表还就"基础教育创新与特色发展""新高考形势下中学面临的问题与思考"等主题进行了深入研讨与交流。

论坛现场

"紫丁香计划"衔接课程启动

中外航天员与现场师生互动交流

"中国青少年科普卫星星座工程"03星授旗仪式

【八月】

27日 哈工大电气学院网站刊登《第十届精密工程测量与仪器国际学术会议(ISPEMI2018)成功举办》的报道。据报道,由国际测量与仪器委员会(ICMI)、国家自然科学基金委员会(NSFC)、中国计量测试学会(CSM)和中国仪器仪表学会(CIS)联合主办,哈尔滨工业大学、国际测量与仪器委员会(ICMI)、中国计量测试学会计量仪器专业委员会等承办,SPIE、昆明理工大学、北京信息科技大学、合肥工业大学等协办的第十届精密工程测量与仪器国际学术会议(ISPEMI2018)于8月8日—10日在云南昆明成功举办,会议围绕先进/智能制造中的"超精密测量技术、创新仪器技术与精密工程"等前沿热点问题展开研讨。中国工程院院士、哈尔滨工业大学精密仪器工程研究院院长谭久彬教授担任大会主席并主持会议。国际测量技术联合会(IMEKO)主席、英国皇家工程院院士、伦敦城市大学Ken T V Grattan教授,大会合作主席、英国皇家工程院院士、牛津大学Tony Wilson教授,中国工程院院士、北京大学程和平教授等国际著名学者出席大会。大会合作主席Tony Wilson院士和昆明理工大学副校长束洪春教授等先后在大会开幕式上致辞。共有来自中国、美国、英国、德国、法国、韩国、俄罗斯、日本、新加坡、中国台湾、中国香港等11个国家和地区的280余名代表参加会议。国际测量联合会主席Ken T V Grattan院士、北京大学程和平院士、美国密歇根大学Steven Cundiff教授、美国波士顿大学M. Selim ünlü教授、法国CREATIS主任Olivier Beuf教授、英国考文垂大学Nigel M. Jennett教授、中国台湾阳明大学Fu–Jen Kao教授、日本大阪大学Satoshi Kawata教授、德国联邦物理技术研究院(PTB)Christian Rothleitner博士、海克斯康制造智能全球产品市场经理廖鲁等10位国际著名专家学者做了大会特邀报告。会议共组织了16个分会、口头报告104篇、专题邀请报告53篇、张贴报告140篇。研讨内容还涉及仪器理论与方法学、新原理仪器与系统、超精密传感技术、先进光学加工与测量技术、微/纳制造与测量技术、激光测量与仪器技术、显微成像与仪器技术和光电仪器技术等前沿方向和仪器学科领域重大热点问题。本次会议收到论文290余篇,收录论文244篇。国际光学工程学会(SPIE)作为本系列会议的协办单位,论文全部收入SPIE出版的论文集,并由EI全部收录。大会程序委员会评选出优秀论文奖5项。

大会主席谭久彬院士致辞并主持会议

大会合作主席Tony Wilson院士致辞

专家研讨

提问交流

【九月】

7日 新浪网刊登《哈工大正式加入北极大学联盟》的报道。据报道,北极大学联盟代表大会(2018 UArctic Congress)在芬兰奥卢召开。哈尔滨工业大学正式成为具有投票权的北极大学联盟成员。本次代表大会共有21个机构申请加入北极大学联盟,其中15个来自北极成员国,6个为非北极成员国,哈工大是4个非成员国申请高校之一。在进行北极大学联盟新成员甄选答辩后,北极大学联盟主席宣布哈工大全票通过,正式成为具有投票权的北极大学联盟成员。加入北极大学联盟将推动哈工大北极生态环境保护研究和北极研究人才培养,为加强与北极大学联盟成员单位的国际交流合作提供重要平台,助力"双一流"学科建设。哈工大"北极环境与生态国际联合研究中心(IJRC-AEE)"副主任、首席科学家、环境学院李一凡教授及团队成员、学校相关部处代表等一行6人参加本次会议。

19日 《哈工大报》刊登《第四届中乌科技论坛举行 专家学者共谋中乌科技合作发展》的报道。据报道,为进一步加强中乌双方在前沿探索、成果转化、人才交流等方面深入合作,共同寻求在"一带一路"框架下的科技合作新机遇,9月16日至18日,以

"创新 合作 开放 共享"为主题的第四届中乌(中国－乌克兰)科技论坛在我校活动中心举行。副省长聂云凌,乌克兰国家研究基金会理事、乌克兰国家科学院院士捷季安娜·普里克纳,大会乌方执行主席、乌克兰技术科学院院士库灿·尤里,大会中方执行主席、副校长郭斌出席论坛开幕式并致辞。开幕式前,聂云凌会见乌克兰专家。本次论坛由工业和信息化部、国家外国专家局、乌克兰国家科学院、乌克兰技术科学院主办,我校承办。来自航天、材料、电子、能源等领域的50余位乌克兰院士、专家和国内多所科研机构、高校的200余位专家学者参加论坛。中乌(中国－乌克兰)科技论坛创立于2015年6月,已连续成功举办3届,为中乌科学家搭建了一个以学术交流为载体、技术人才互通有无、科技合作精准对接的开放平台,有力推动了项目快速落地,增进了两国人民友谊。省科技厅厅长张长斌、省人社厅副厅长何衍春等出席大会开幕式。会议由大会中方执行主席、乌克兰技术科学院外籍院士邱景辉教授主持。

开幕式现场

【十月】

9日 工业和信息化部网站刊登《哈工大校长出席首届国际工程教育论坛并做主题报告》的报道。据报道,第一届国际工程教育论坛(IFEE 2018)在清华大学举行。中国工程院院长李晓红,中国工程院主席团名誉主席、联合国教科文组织国际工程教育中心顾问委员会主席周济,联合国教科文组织北京办公室主任欧敏行,联合国教科文组织国际工程教育中心主任吴启迪,世界工程组织联合会候任主席龚克,中国机械工程学会理事长李培根等出席论坛。哈尔滨工业大学校长周玉应邀出席论坛,并做了题为"工程教育的挑战与应对"的主题报告。本届论坛以"工程教育创新发展"为主题,围绕工程教育的挑战与一流工科建设、产学研合作新模式、工程实践能力培养、面向可持续发展的工程教育、人工智能与工程教育创新、国际合作与工程教育创新、工程教育创新实践、创新创业教育、工程伦理教育、工程教育的多样性等议题展开了全球性对话。50余位专家学者、企业代表参与分组演讲和讨论,150余名专家学者参加论坛。

16日 《哈工大报》刊登《对海监测与信息处理工业和信息化部重点实验室第一届学术委员会第二次会议暨海洋探测及信息处理技术研讨会在校召开》的报道。据报道，我校刘永坦院士、我校对海监测与信息处理工业和信息化部重点实验室学术委员会主任王永良院士、航天工程大学周志鑫院士、我校副校长韩杰才院士出席会议。在学术委员会上，韩杰才代表学校致辞。与会专家学者就学术方向、平台建设、资源整合、实验室建设等方面献计献策，提出意见及建议。刘永坦院士在总结发言中表示，感谢专家提出的宝贵意见和建议，实验室全体成员要凝心聚力、开拓进取、接续奋斗，进一步凝练研究方向，加快实验室建设。在研讨会上，王永良院士、中国电科集团公司第54研究所吴巍研究员、国家海洋局第一海洋研究所张杰研究员、清华大学任勇教授、上海交通大学袁斌副教授、哈尔滨工程大学方尔正教授、我校张钦宇教授分别做了大会特邀报告。研讨会由对海监测与信息处理工业和信息化部重点实验室主办、我校电信学院电子工程技术研究所承办。

王永良院士主持会议

副校长韩杰才院士致辞

周志鑫院士发言

刘永坦院士做总结发言

23日 《哈工大报》刊登《第一届中俄（中国－俄罗斯）科技论坛在校举行》的报道。据报道，10月15日—17日，国家外国专家局、工业和信息化部、俄罗斯科学院共同主办，我校、俄罗斯科学院化学物理问题研究所和莫斯科罗蒙洛索夫国立大学（以下简称莫大）

共同承办的第一届中俄(中国－俄罗斯)科技论坛在校举行。中华人民共和国科学技术部党组成员夏鸣九、黑龙江省科技厅副厅长石兆辉、黑龙江省人力资源与社会保障厅副厅长何衍春、我校副校长任南琪等出席大会开幕式,并在开幕式前会见了8名俄罗斯科学院院士/通讯院士代表。任南琪和纳斯梅扬诺夫有机元素化合物研究所所长、俄罗斯科学院院士穆扎法洛夫·阿济兹分别作为中方及俄方大会主席在开幕式上致辞。会议签署了中俄联合仿真平台备忘录。本次科技论坛以"科学密集型技术:从探索到应用"为主题,旨在为中俄科学家搭建一个以学术交流为载体,技术人才互通有无、科技合作精准对接的开放平台。论坛共邀请来自俄罗斯科学院、俄罗斯科学院化学物理问题研究所、莫大等科研院所院士、专家48人,涵盖了化学与材料、能源、生物与电子信息、数学等多个领域。开幕式后,来自俄罗斯的院士和专家做了大会报告。本次论坛在核能、化工等领域达成了合作意向。同时在能源与动力方面,任南琪代表哈工大签署了由俄罗斯化学物理问题研究所、莫大计算研究中心、莫大物理化学工程系等俄方三家单位共同参与的中俄联合仿真平台备忘录。双方拟在中俄联合仿真平台上就并行仿真模型与算法,多相多物理场热－流－质传递计算模型建立、优化及开发等方面开展深入合作研究。

签署中俄联合仿真平台备忘录

会见现场

合影

开幕式上俄方大会主席致辞　　　　　　　　我校副校长任南琪致辞

开幕式前与俄方8位院士合影

【十一月】

29日　《哈工大报》刊登《2018年全国固体力学学术会议在哈召开》的报道。据报道,杜善义院士、谢礼立院士、方岱宁院士、王铁军教授和吴林志教授担任本次大会主席。黑龙江省副省长孙东生在开幕式上致辞,并邀请与会专家积极为黑龙江省的科技创新出谋划策。中国力学学会理事长、中国科学院院士杨卫教授,中国科学院院士、北京理工大学方岱宁教授,中国科学院院士、北京大学魏悦广教授,中国科学院院士、南京航空航天大学郭万林教授,中国航天科技集团有限公司科技委常委、中国工程院院士周志成研究员,国家自然科学基金委员会办公室主任孟庆国研究员,数理科学部常务副主任董国轩研究员,中国科学院院士、副校长韩杰才出席会议。本次会议由中国力学学会固体力学专业委员会和国家自然科学基金委数理科学部主办,黑龙江省人民政府协办,哈尔滨工业大学、哈尔滨工程大学、中国地震局工程力学研究所、哈尔滨理工大学和特种环境复合材料技术国家级重点实验室联合承办,宁波大学力学与工程科学系、黑龙江省力学学会和黑龙江省复合材料学会为支持单位。会议主题是"固本求新,顶天立地",设置了34个主要的学术议题。会议吸引了来自全国120多所高校2 000余名专家学者和研究生代表参会。

孙东生副省长讲话

大会主席、杜善义院士致欢迎辞

韩杰才院士致欢迎辞

杨卫院士讲话

29日 工业和信息化部网站刊登《哈工大教授当选英国皇家化学会会士》的报道。据报道,哈尔滨工业大学化工与化学学院、城市水资源与水环境国家重点实验室成员韩晓军教授当选为2018年度英国皇家化学会会士(Fellow of the Royal Society of Chemistry,FRSC)。英国皇家化学会成立于1841年,是世界上历史最悠久的化学学术团体,也是最有影响的国际权威学术机构之一。根据专家推荐,学会每年遴选英国及国际上在化学科学研究领域取得杰出成就和为推动化学科学发展做出卓越贡献的科学家为其会士。

【十二月】

29日 《哈工大报》刊登《海内外青年学者齐聚神舟论坛 共话建功立业新时代》的报道。据报道,12月28日上午,以"凝聚新的'八百壮士',建功立业新时代"为主题的第三届国际青年学者神舟论坛在博物馆礼堂开幕。来自牛津、剑桥、哈佛等国际名校的近百位青年学者应邀参会。校长周玉致辞。周玉在致辞中对各位青年学者的到来表示热烈欢迎,并希望世界各地胸怀远大梦想的青年才俊,通过神舟论坛了解哈工大、热爱哈工大、加盟哈工大,搭乘哈工大的发展列车,成为学校发展路上的参与者和贡献者,与哈工大一道建功立业新时代,成就国家和民族的希望。副校长韩杰才在科研工作报告中全面介绍了学校发展历史、科研地位以及科研发展创新环境保障。副校长安实在报告中系统阐述了学校师资队伍建设的传统与特色、体制与机制。他表示,希望广大青年才俊选择哈工大,加入这个有理想、敢担当、有信念的群体,在基础研究、应用研究和高新技术成果转化等方面大展宏图、大有作为。优秀青年教师代表李隆球教授和王大为教授在发言中讲述了自己在哈工大的成长、发展经历和心得体会。来自剑桥大学的罗炳程博士和来自哈佛大学的王亮博士代表与会青年学者发言,感谢学校为年轻学者提供了一个高水平和跨学科的学术交流平台。副校长徐殿国主持开幕式。开幕式后,与会校领导与青年学者代表进行了座谈交流,现场解答了大家提出的问题。12月28日下午至29日,宇航、机电与能源、信息与通信、土木与建筑、材料与化工化学、环境与生命、数理、经济与管理、人文与社会9个分论坛相继举行。参会学者与相关学科负责人、教师代表进行了深入交流。

论坛开幕式

周玉校长致辞

韩杰才副校长做报告

安实副校长做报告

徐殿国副校长主持开幕式

座谈交流

论坛现场

2019年 交流与合作大事记

【三月】

21日 工业和信息化部网站刊登《哈工大鲍曼工学院揭牌成立》的报道。据报道，哈尔滨工业大学与莫斯科鲍曼国立技术大学合作成立的哈工大鲍曼工学院揭牌仪式在哈工大博物馆礼堂举行。哈工大副校长丁雪梅与莫斯科鲍曼国立技术大学教学副校长谢尔盖·科尔舒诺夫共同为哈工大鲍曼工学院揭牌。黑龙江省教育厅副厅长王淑云、哈工大副校长任南琪、莫斯科鲍曼国立技术大学外事副校长米哈伊尔·库兹涅佐夫见证揭牌仪式并致辞。哈工大鲍曼工学院为双方联合设立的公办全日制学院。同时在联合办学过程中，依托中俄工科大学联盟，双方共同招纳中俄盟校师资，融合两国优质科技人才资源，创新阿斯图工科精英人才培养模式，助力中俄联合校园建设，为区域社会经济发展提供强有力的人才支撑和智库保障，为深入推进东北振兴和深化中俄全面战略协作伙伴关系做出更大贡献。

揭牌

黑龙江省教育厅副厅长王淑云致辞

副校长任南琪致辞

【四月】

4日 《哈工大报》刊登《第五届先进设计制造青年论坛在校举行》的报道。据报道，由先进设计制造青年论坛组委会发起，我校机电工程学院、机器人技术与系统国家重点实验室、先进焊接与连接国家重点实验室和微系统与微结构制造教育部重点实验室联合承办的第五届先进设计制造青年论坛于3月29日至31日在学校邵馆举行。副校长刘宏到会致辞。会议以先进设计制造为主题，共邀请了来自清华大学、上海交通大学等高校和研究机构的70余位机械学科优秀青年人才参会，围绕机械学科国际学术前沿问题、国家重大需求及行业技术发展等议题开展了深入交流和讨论，为机械设计与制造领域优秀青年学者提供一个促进合作、推动创新、相互学习的学术交流平台。据悉，先进设计制造青年论坛是面向机械学科优秀青年学者的全国性学术会议。自2012年国家自然科学基金委设立优秀青年科学基金项目以来,机械学科共有71位青年学者获批该项目,本次会议有42名优秀青年科学基金项目获得者(其中,杰出青年科学基金获得者2人、长江学者1人)出席。会后,代表们参观了哈工大博物馆和宇航空间机构及控制研究中心。

现场

副校长刘宏致辞

12日 《黑龙江日报》刊登《哈工大机器人创新中心在新加坡成立》的报道。据报道,哈工大机器人集团股份有限公司(HRG)与新加坡淡马锡理工学院(TP)共同合作成立 TP-HRG 机器人创新中心,并在新加坡举行揭牌仪式。双方将以此为平台和载体,开展机器人及自动化领域项目研究与开发,为企业人工智能化提供整体方案。哈工大机器人集团相关负责人表示,此次 TP-HRG 机器人创新中心成立意义重大,哈工大机器人集团将着力通过新加坡运营中心(HRG Singapore Holdings Pte Ltd.)立足新加坡面向东南亚地区持续拓展海外业务,并与当地企业和院校开展紧密合作。将深入新加坡制造业、物流业、医疗保健业及服务业等领域,实现哈工大机器人集团的机器人及自动化、人工智能等技术在东南亚推广利用,助推龙江和中国的机器人技术走向世界。

20 日　深圳新闻网刊登《以 STEM 教育为方向哈工大牵手美国密歇根大学组建联合研究中心》的报道。据报道,2019 国际 STEM 教育深圳峰会暨全国著名中学校长论坛在哈工大(深圳)举行,峰会上哈工大与美国密歇根州立大学签署战略框架协议,双方将根据协议联合组建哈工大-密歇根中国 STEM 研究中心。记者从哈工大(深圳)获悉,这是国内外高校首次以 STEM 教育为主题建立的联合研究中心。STEM 教育理念是集科学(Science)、技术(Technology)、工程(Engineer)、数学(Math)于一体的综合教育。作为科学技术部(国家外国专家局)与深圳市人民政府共同主办的第十七届中国国际人才交流大会的重要组成部分,由科技部国外人才研究中心主办的国际 STEM 教育深圳峰会旨在引进与整合国际优质教育资源,搭建政府、企业、高校、中学间的交流平台,共同探索创新型人才培养模式与途径。

论坛现场

哈工大与美国密歇根州立大学代表签署STEM研究中心战略框架协议

【七月】

1日 《哈工大报》刊登《第十五届中国青年科技奖颁奖大会暨青年科技人才论坛在校举行》的报道。据报道,6月29日下午,第十五届中国青年科技奖颁奖大会暨青年科技论坛在我校活动中心301报告厅举行。全国人大常委会原副委员长、中国老科学技术工作者协会会长陈至立,中国科协党组书记、常务副主席怀进鹏出席会议,并为第十五届中国青年科技奖获奖者颁奖。全国政协人口资源环境委员会副主任齐让,中国科协副主席、中国科学院院士沈岩,中国科协副主席、中国科学院院士袁亚湘,参加中国科协年会的部分院士,黑龙江省委常委、组织部部长陈安丽出席论坛。颁奖仪式由共青团中央书记处书记李柯勇主持。中组部人才工作局副局长牛伟宏宣读《第十五届中国青年科技奖表彰决定》。我校吴晓宏教授获中国青年科技奖特别奖,姜波教授、黄志伟教授获中国青年科技奖。青年科技人才论坛由清华大学副校长薛其坤院士主持。中国科协党组成员兼机关党委书记、组织人事部部长王守东,我校校长周玉院士分别致辞。第一届中国青年科技奖获奖代表、中国疾病预防控制中心主任高福院士,第五届中国青年科技奖获奖代表、我校常务副校长韩杰才院士分别做专题报告。来自黑龙江、吉林、辽宁的青年科技人才代表、企业家代表和我校师生代表等参加活动。论坛上,与会嘉宾围绕东北振兴尤其是黑龙江全面振兴、全方位振兴,吸引人才、培养人才、留住人才以及我省如何实现创新驱动发展等问题进行了研讨。

大会现场

李柯勇主持颁奖仪式

牛伟宏宣读表彰决定

为获奖代表颁奖

王守东致辞

周玉致辞

薛其坤主持论坛

高福做报告

韩杰才做报告

现场互动

16日　中国网刊登《马云参观哈工大　与黑龙江政府签署战略合作协议》的报道。7月16日下午,阿里巴巴集团董事局主席马云出现在哈尔滨工业大学,参观了校园。当晚,黑龙江省人民政府同阿里巴巴集团签署了数份战略合作协议,双方将借助阿里巴巴在数字经济领域的优势,共同建设"数字龙江"。

马云参观哈工大

【八月】

1日 哈工大航天学院网站刊登《第四届高超声速流与防热材料耦合传热传质研讨会在哈尔滨成功召开》的报道。据报道,2019年7月26—28日,由哈尔滨工业大学复合材料与结构研究所和中国空气动力研究与发展中心超高速所联合举办的第四届高超声速流与防热材料耦合传热传质研讨会在哈尔滨万达融创嘉华酒店成功召开。会议旨在增强高超声速流与防热材料耦合传质传热领域间的学术交流,探讨工程中存在的关键科学技术问题。中国空气动力研究与发展中心超高速所所长柳森、副所长陈德江,军科委三位领域专家国防科技大学白书欣教授、罗振兵教授、清华大学冯雪教授,航天科技十一院1所所长艾邦成,航天科工三院301所总师汤龙生,航天科技一院10所副总师杨红亮及航天科技五院、航天科工四院等来自全国20多所高校、科研院所的90余位专家出席本次会议。哈尔滨工业大学科学技术研究院副院长吴洪兴、航天学院院长孟松鹤教授分别致开幕词。会议期间,清华大学冯雪教授、国防科技大学白书欣教授与罗振兵教授、北京交通大学黄海明教授、复旦大学黄吉平教授,中国空气动力研究与发展中心超高速所王国林研究员等十五位专家做了会议邀请报告。会议围绕高温风洞视觉系统、烧蚀性热防护材料的飞行验证、高超声速飞行器降热减阻、极端环境气动光学效应、热超构表面防热技术等多个内容展开了热烈的讨论与深入的交流。

第四届高超声速流与防热材料耦合传热传质研讨会参会人员合影

6日 中国复合材料学会网站刊登《空天动力复合材料及应用专业委员会2019年度学术会议成功召开》的报道。据报道,2019年7月18至20日,由中国复合材料学会空天动力复合材料及应用专业委员会主办、哈尔滨工业大学特种环境复合材料技术国家级重点实验室承办,以"先进树脂基复合材料及应用"为主题的年度学术会议在广东肇庆成功召开。会议邀请了众多国内外专家及学者做学术报告,内容含碳纤维、芳纶、PBO 纤维、新型树脂基复合材料等多种材料在航天航空、自动化及智能化制造等领域的运用,为学术和技术交流提供平台。2019 空天动力学术会议旨在推动树脂基复合材料先进结构设计和制备技术的发展和更高技术成熟度的航空航天工程应用,促进学术交流和技术创新,促进树脂基复合材料成果转化。本次会议开幕式由哈尔滨工业大学特种环境复合材料技术国家级重点实验室主任赫晓东教授主持。首先由会议名誉主席、我国著名力学和复合材料专家、中国复合材料学会荣誉理事长杜善义院士致辞。随后由中国复合材料学会副理事长侯晓院士致辞,最后由肇庆市副市长陈家添致辞。

会议现场

21 日 《哈工大报》刊登《我校承办"辐射与材料基础交叉研究"学术论坛》的报道。据报道,由我校空间环境材料行为及评价技术国家级重点实验室承办的"辐射与材料基础交叉研究"学术论坛在邵馆 204 会议室召开。应我校材料学院张晓东副教授邀请,来自国内有关高校和研究院所的 50 余位师生参加论坛。我校与武汉大学签署合作协议,双方将在相关领域开展全面合作。论坛期间,武汉大学物理学院副院长陈志权教授、我校微纳米研究中心主任刘绍琴教授、武汉大学物理学院院长助理任峰教授、我校材料学院材料科学系主任王玉金教授、我校空间环境材料行为及评价技术国家级重点实验室副主任吴宜勇教授分别做了题为"正电子湮没谱学与材料微观结构""基于纳米材料增强的肿瘤多模式成像及治疗研究""离子束技术在能源材料领域的应用研究""材料科学在核能及核辐射领域的研究进展"和"航天材料新需求与辐射效应研究进展"的大会报告。与会师生围绕辐射与材料基础交叉研究的前沿问题进行了充分交流。

论坛现场

21日 《哈工大报》刊登《我校承办第22届电机与系统国际会议》的报道。据报道，我校承办的第22届电机与系统国际会议(ICEMS 2019)在哈尔滨举行，来自中国、韩国、日本、澳大利亚、美国、英国、瑞士、瑞典等20个国家和地区的1 200余名代表参会。我校校长周玉出席开幕式并致辞。大会主席、副校长徐殿国，中国电工技术学会(CES)副理事长梁曦东，日本电气工程师学会工业应用协会(IEEJ-IAS)大崎博之教授，韩国电气工程师学会电机与能量转换系统协会(KIEE-EMECS)金钟俊教授和来自IEEE工业应用学会(IEEE IAS)的前主席汤米·塞巴斯蒂安博士分别在开幕式上致辞。电机与系统国际会议聚焦电机与驱动控制系统及其应用，旨在为来自世界各地的学术、研发和产业界人士提供一个展示和分享国际最新学术动态和技术成果的平台。本次会议围绕永磁电机及其驱动、能量转换装置、变压器、特种电机、磁场分析等多个领域，举行了大会主旨报告、专家论坛、演讲展示、海报展示等学术交流活动。大会共收到论文摘要投稿1 670篇，录用全文1 129篇，参会交流论文全部由EI数据库收录。会议共评选出104篇优秀论文。会议期间还举行了工业展览，有13个企业分别展出了电机及其驱动、仪器、器件等工业产品。

开幕式现场

周玉讲话

相关活动

21日 《哈工大报》刊登《我校承办第四届航空宇航科学与技术学科高峰论坛》的报道。据报道，8月15日至16日，由第七届国务院学位委员会航空宇航科学与技术学科评议组、中国工程院机械与运载工程学部、中国航空学会和中国宇航学会联合主办，我校承办的第四届航空宇航科学与技术学科高峰论坛在哈举行。

中国工程院院士杜善义、于本水、冯培德、吴伟仁、吴光辉、王振国，中国科学院院士魏奉思、李应红，中国空气动力研究与发展中心主任范召林、北京理工大学教授崔平远等出席开幕式。本届论坛主席、我校副校长曹喜滨在开幕式上致辞。

会议现场

作为中国工程院机械与运载工程学部学术活动之一，航空宇航科学与技术学科高峰论坛已成功举办三届，先后在长沙、南京、西安举行。本届论坛以"立德树人育英才、筑梦空天新时代"为主题，来自全国31家航空宇航相关高校及研究院所的专家学者齐聚一堂，共同研讨航空宇航科学与技术学科的建设目标和发展方向，探寻新时代背景下航空宇航学科的使命和未来。开幕式由论坛执行主席、我校航天学院院长孟松鹤主持。西北工业大学副校长张卫红代表学科评议组做年度工作报告。开幕式上揭晓了2019年航空宇航科学与技术学科全国优秀博士学位论文评选结果，包括我校郑艺裕撰写的《火星进入轨迹设计、优化及制导方法研究》在内的5篇博士学位论文获此殊荣。王振国院士、李应红院士和上海飞索航天设备技术有限公司首席执行官薛孝补分别为获奖者颁发证书和奖金。论坛期间,中国航天科工集团公司科技委顾问于本水院士、中国探月工程总设计师吴伟仁院士、北京航空航天大学冯培德院士、哈工大(深圳)空间科学与应用技术研究院院长魏奉思院士、中国商用飞机有限责任公司副总经理吴光辉院士、我校孟松鹤教授、北京航空航天大学杨超教授分别做大会特邀报告。来自南京航空航天大学、北京理工大学、中山大学3所高校的专家学者先后做大会交流报告。与会专家学者还实地考察了我校相关实验室。

颁奖

24日 《哈工大报》刊登《智慧能源与动力国际论坛召开》的报道。据报道,8月20日,由我校主办、能源学院承办的智慧能源与动力国际论坛在哈召开。副校长徐殿国,中国动力工程学会特别代表、哈电集团科技管理部部长助理武君,中国电机工程学会代表、清华大学李政教授致辞。中国工程院院士秦裕琨,欧洲科学与艺术院院士、《Applied Energy》期刊主编严晋跃出席论坛开幕式。本次论坛主题为智慧能源与动力,下设主论坛和智慧发电、智慧能源、智慧供热、智能动力4个分论坛以及深哈合作能源投资论坛。近300名国内外能源领域专家学者及企业代表参会,来自5个国家的46名专家学者围绕智慧能源系统设计与运行、能源转型时代的教育发展、氢能源利用的安全问题、生物质供热产业研究、5G助力能源动力行业发展等议题进行交流研讨。与会代表还就智慧能源动力产业发展、前沿技术、学科建设、人才培养等多维度课题通过平行论坛和分论坛形式进行深入研讨。我校于达仁教授、刘金福副教授、方修睦教授分别做了题为《能源转型时代的教育发展》《智慧能源动力的工业大数据分析应用》《智慧供热的内涵及目标探索》的报告,受到了与会人员的热切关注。论坛期间,召开了中国动力工程学会自控专业委员会2019年年会。

徐殿国致辞

武君致辞

李政致辞

论坛现场

【九月】

5日 《哈工大报》刊登《中国工程院采油工程国际工程科技战略高端论坛暨第二届微纳米机器国际会议召开》的报道。据报道,由中国工程院、国家自然科学基金委员会、中国微米纳米技术学会和哈工大主办的中国工程院采油工程国际工程科技战略高端论坛暨第二届微纳米机器国际会议在哈尔滨举行。我校校长周玉、副校长安实出席本次会议。本次会议由刘合院士担任大会主席,福田敏男院士、约瑟夫·王教授、皮尔·费舍尔教授、我校李隆球教授担任大会共同主席。中国工程院工程管理学部主任胡文瑞院士,我校校长周玉院士,约瑟夫·王教授,福田敏男院士分别致开幕辞。大会主旨报告会上,皮尔·费舍尔教授、约瑟夫·王教授、福田敏男院士、雷蒙德·卡普拉院士、李隆球教授等分别做报告,9个报告围绕微纳米机器新型动力源、微纳米传感与测试、微纳米机器人生物体内应用、微纳米机器应用新领域等主题展开。会议按微纳制造、微纳驱动、微纳操作、微纳执行器、微纳传感、微纳米技术工程应用等研究热点设15个分会场,分会场的58个报告围绕相关话题展开深入讨论。本次会议面向微纳机器,围绕光、电、磁、超声、生物以及混合等微纳机器人驱动原理开展研讨,着眼于微纳机器人的应用领域层面,分析其未来在生物工程、医药工程、采油工程、动力工程等应用领域中潜在的关键问题和挑战，重点讨论微纳机器人的混合驱动原理、方向精确调控以及微操作等，为微纳机器人在生物医疗领域、环境监测领域、微纳米孔隙检测以及微货物运输与信息传递领域的应用提供了借鉴。来自中国、美国、加拿大、英国、日本、西班牙、以色列等20个国家和地区的微纳工程、采油工程、医药工程、动力工程领域的300余位专家、学者参会。

校长周玉致开幕词

会议现场

24日 《哈工大报》刊登《中国生态环境产教联盟第二次大会暨第二届高峰论坛在校举行》的报道。据报道，来自国内57所环保科研院校、65家环保企业的200余名代表出席大会和论坛。中国工程院院士任南琪在开幕式上表示，中国生态环境产教联盟的成立是促进校企合作、产教融合的重要举措，有利于推动人才培养供给侧和产业需求侧结构要素全方位融合，培养一批适合中国环保行业未来发展的高素质人才。会议期间，来自中国生态环境产教联盟、中国环境保护产业协会、教育部高等学校创新创业教育指导委员会、北控水务学院、河北环境工程学院和我校的专家学者做了报告和主题演讲。8位来自各大环保企业、高校的专家，分别就如何促进产教融合深入落地、产教融合机制创新、人才培养、科研成果转化等议题进行了卓有成效的互动和分享，提出了相关促进产教融合发展的建设性意见。会议还为新加入联盟的理事单位授牌。

24日 《哈工大报》刊登《首届显微仪器技术国际高层论坛举行》的报道。据报道，由中国工程院主办，中国工程院信息与电子工程学部和我校联合承办的首届显微仪器技术国际高层论坛在北京举行。中国工程院副院长陈左宁院士、清华大学金国藩院士先后在大会开幕式上致辞。我校精密仪器工程研究院院长谭久彬院士担任大会主席并主持会议。论坛分为主论坛大会报告、分论坛研讨和圆桌论坛，来自英国、美国、德国、澳大利亚、日本、奥地利、瑞士、中国等10个国家和地区的220余名代表参加会议。上海理工大学顾敏院士，《自然光子学》(Nature Photonics)主编奥利弗·格雷登(Oliver Graydon)博士，清华大学戴琼海院士，深圳大学特聘教授迈克尔·萨默克(Michael Somekh)院士，美国宾夕法尼亚大学耶鲁·高盛(Yale E. Goldman)院士，美国加州大学洛杉矶分校詹姆斯·金泽夫斯基(James Gimzewski)院士、艾多安·奥兹坎(Aydogan Ozcan)教授，牛津大学马丁·布斯(Martin Booth)教授等8位国际著名专家学者在主论坛做大会特邀报告。同济大学李同保院士、北京大学程和平院士等一批国际知名科学家、技术专家和企业家参加论坛,共同探讨和交流了显微领域的发展趋势、重大发展问题、最新进展、重大应用需求以及产业发展战略等重大问题。分论坛分为8个分会场、55个分会邀请报告,16位国内外知名专家学者担任分会场主席。分论坛的专家学者结合显微仪器技术各个分支方向,交流了重大研究进展与突破、目前存在的重大科学问题与关键技术问题、具有发展优势的新技术路线,探讨了因学科交叉衍生出的新原理、新技术和新方向,并对该领域未来10年的发展趋势与特点、新的应用背景和可能产生的新突破进行了探索与研判。论坛还以圆桌会议形式进行战略研讨,由谭久彬院士主持。专家学者、企业代表近百人共同探讨了显微仪器科学与工程科技发展战略和仪器产业发展战略,就未来显微科学研究、显微仪器共性核心技术攻关、显微仪器创新链与产业链构建、显微仪器产业与背景产业需求的有效对接、显微仪器产业生态环境营建、宏观发展战略和建立显微仪器产业联盟等问题进行了深入探讨,并达成了初步共识。

现场

27日 《哈工大报》刊登《2019哈尔滨国际医工交叉高峰论坛在校举行》的报道。据报道,此次论坛以"干细胞仿真制备及临床应用"为主题在我校活动中心301举行。来自海内外的百余位专家、学者和行业代表参会,围绕干细胞产业升级革命、助推龙江细胞治疗产业化展开研讨。黑龙江省科协主席赵敏出席会议。我校副校长刘宏、哈医大副校长孙长颢、哈尔滨新区松北区委常委甄长瑜、省科协副主席刘福先后在开幕式上致辞。多位国内外资深学者与行业专家进行专题演讲,聚焦干细胞及再生医学技术与高端制造工程技术相融合,探讨干细胞与免疫治疗的创新理论和解决路径。本次论坛由我校和哈尔滨医科大学、黑龙江省科学技术协会共同主办,旨在搭建国际开放性创新与合作平台,有机整合国际技术资源、资本和产业要素,加强"产学研医"成果深度转化,为哈尔滨对接引进全球生物医学领域先进技术项目与人才,推动黑龙江自贸区的合作交流,引领国际前沿医工交叉技术的产业转化与创新发展。市科技局、市科协、哈尔滨市新区等相关负责人,黑龙江省工研院院长、我校科工院院长付强等参加论坛。

论坛现场

【十月】

9日 《哈工大报》刊登《第七届智能材料与纳米技术国际会议召开》的报道。据报道,此次会议在哈尔滨召开。副校长刘宏出席开幕式并致辞。会议由我校、特种环境复合材料技术国家级重点实验室主办,亚太智能和纳米材料委员会、中国复合材料学会智能复合材料专业委员会协办,来自美国、英国、日本、韩国、澳大利亚、新加坡、新西兰、比利时和中国等10余个国家和地区的近500位专家学者出席了会议。智能材料与纳米技术国际大会涵盖激励响应材料与结构、形状记忆聚合物及其复合材料、结构健康监测和无损评价、振动控制和能量收集、驱动器和变形结构、纳米材料、新型复合材料与结构、4D打印技术、智能材料的力学行为、超材料、智能表面和界面、多功能材料、智能结构的设计、力学和应用等多个领域。本次会议荣誉主席为杜善义院士,会议共同主席为冷劲松教授、南京航空航天大学熊克教授、我校深圳校区仲政教授、浙江大学曲绍兴教授。来自我国、美国、澳大利亚等国家的8位院士和专家学者应邀做了大会邀请报告,30位智能材料与纳米技术领域知名专家做了大会邀请报告。

副校长刘宏出席开幕式并致辞

会议现场

最佳学生论文奖金奖颁奖　　　　　　　　智能结构大赛金奖颁奖

【十二月】

29日　《哈工大报》刊登《首届全国车桥耦合振动及其应用学术研讨会在校举行》的报道。据报道,此次会议由我校和黑龙江省院士工作办公室主办,在哈尔滨召开。来自全国60余所高校、20余家企事业单位的300多位代表参会。组委会主席、我校交通学院院长谭忆秋主持开幕式。我校副校长郭斌代表学校致辞,重庆大学杨永斌院士和美国路易斯安那州立大学蔡春声教授担任大会主席。开幕式上,杨永斌结合自身研究工作,对车桥振动研究领域的未来发展方向进行了展望。会议邀请国内外知名学者共进行9场大会主旨报告、68场分会场特邀报告和学术报告,议题包括车桥耦合振动试验与数值仿真、基于车桥振动的结构损伤识别、车桥系统性能评价、交通环境振动、风浪车桥耦合振动及地震作用下车桥系统安全评价等多个方面。与会专家学者围绕车桥耦合振动及工程应用的相关热点问题和关键技术开展了深入研讨交流。

大会现场

30日　《哈工大报》刊登《第四届国际青年学者神舟论坛在校举行》的报道。据报道,12月28日至29日,以"百年工大　缘聚神舟"为主题的第四届国际青年学者神舟论坛在校举行。来自剑桥大学、帝国理工学院等世界知名学府的百余位青年学者相聚哈工大,畅谈发展,共话梦想。28日上午,论坛开幕式在活动中心101举行。校党委副书记、副校长安实,副校长曹喜滨、刘宏出席论坛开幕式。开幕式由刘宏主持。安实在开幕式上做了题为"百年工大 缘聚神舟"的大会报告,并表示,学校始终向全世界优秀青年学者敞开大门。希望大家加入哈工大,共同建功立业新时代。曹喜滨代表学校致辞,对各位青年学者的到来表示热烈欢迎。他希望广大青年学者能够加入哈工大、热爱哈工大,成为"中国特色、世界一流、哈工大规格"百年强校建设历程中的参与者和贡献者。科学技术研究院院长朱嘉琦做了科研工作报告,全面阐述了我校科研传统和优势特色。我校优秀青年教师代表王家钧教授和宗影影教授先后发言。剑桥大学博士后李超和帝国理工学院博士生张帆代表与会青年学者发言。12月28日下午至29日,宇航、机电与能源、信息与通信、土木与建筑、材料与化工化学、环境与生命、数理、经济与管理、人文与社会9个分论坛相继举行。与会学者与我校相关学科负责人、教师代表进行了深入交流,部分青年学者表达了来校意向。

论坛现场

安实做报告　　　　　　　　　　　　　曹喜滨致辞

第五编　深化交流广泛合作　扩大国际学术声誉

刘宏主持开幕式

朱嘉琦做报告

第六编

聚势赋能服务地方 助力龙江全面振兴

城市孕育大学,大学滋养城市。服务地方经济社会发展是高水平大学回馈社会支持、推动社会进步的重要途径。新中国成立后,哈工大"八百壮士"胸怀对祖国的满腔热忱和振兴国家的抱负,艰苦创业、克服重重困难为哈工大乃至全国高等教育界创设了一批新兴学科和一个基本适应当时国民经济建设需要的教学科研体系。20 世纪50 年代,哈工大就与107 个工厂协作完成了460 多个项目,赢得美誉。同时也在哈尔滨建立了工具所、焊接所等一批研究所,并一直与黑龙江省内的各类工业企业合作,为黑龙江省成为我国重要装备制造业基地奠定了坚实的基础。

近十年来,哈工大深入贯彻党的十八大、十九大精神,把世界一流大学建设与龙江全面振兴相融合,依托立足航天、服务国防、长于工程的办学优势,以科技创新支撑国家战略实施,以科技创新引领地方经济发展,充分发挥依托哈工大建设的黑龙江省工业技术研究院为中心的环哈工大科技服务创新集群,在学校优质科研资源集中的装备制造、材料、电子信息、土木这4 个领域,与黑龙江省老工业基地改造、工业与信息化技术发展相融合,努力做好"三篇大文章",努力担当好龙江科技创新的排头兵,努力服务龙江全面振兴、全方位振兴新局面。

依托大科学工程,推动战略性新兴产业的发展。学校以东北三省唯一的国家重大科技基础设施"空间环境地面模拟装置"和载人航天与探月、微小卫星制造等国家大科学工程开展为机遇,推进航天、机器人、小卫星、新能源、新材料、信息安全、装备制造等领域世界一流的科技成果转化,形成前沿产业业态,推动龙江战略性新兴产业的发展,被誉为"龙江第一技术创新源泉"。

依托科研特色优势,引领地方产业科技创新。学校依托科研优势,积极探索产学研合作机制,融入黑龙江省创新体系建设,一大批科研成果在黑龙江省、哈尔滨市企业得到转化,增加了企业产品的附加值,提高了企业的竞争优势,促进了省市科技和产业发展。学校还充分发挥科研优势,打造了机器人、焊接、大数据和环境等有规模、有品牌的战略性新兴产业集团,引领、支撑区域的产业结构调整。同时通过与省内企事业单位开展技术合作、设立许可、转让专利等方式,不断深化与哈飞、哈电、东安、东轻、大庆油田等大型国有企业的合作。据统计,近十年学校为黑龙江省80%以上大中型企业承担过技术改造和技术服务项目,大大推动了黑龙江省企业的技术升级和改造水平。学校还紧紧抓住龙江的资源优势,与地方企业在石墨烯、龙江山珍、生物制剂等方面开展密切合作。

依托科研平台优势,助力产学研合作新模式。学校紧紧抓住"大众创业、万众创新"的发展机遇,在省市政府的支持下,按照"高起点谋划、高技术导向、开放式办园、市场化运行"的建设思路,深化科研体制机制改革,搭建双创平台,激发科技成果转化活力。依托哈工大建设的黑龙江省工业技术研究院为中心的环哈工大科技服务创新集群,实现了市场引导、资本对接、条件保障、产品开发、人才配套等全方位成果转化服务支撑,将创新链和产业链紧密联结,同时发挥金融资本加速放大作用,多方位填补成果转化的中间地带,形成"学校+平台"的创新创业双引擎。黑龙江省工业技术研究院,被誉为"龙江第一技术创新源泉",现已成为龙江科技创新的耀眼名片。研究院与黑龙江省教育厅、黑龙江省科技厅和哈尔滨市科技局、黑龙江省工业和信息化厅,分别打造"装备制造技术创新研发平台""黑龙江产业技术创新战略联盟""哈尔滨市产业技术联合体"和"黑龙江高新技术产业化战略联盟",这些平台形成的产业化项目,已在地方经济发展中发挥了重要引领性作用。

习近平总书记在十二届全国人大四次会议黑龙江代表团参加审议时强调,"龙江要向高新技术成果产业化要发展""向选好用好各方面人才要发展;要扬长避短、扬长克短、扬长补短,向经济建设这个中心聚焦发力,打好发展组合拳。"① 以习近平总书记讲话为指引,以全面融入、服务龙江为己任,学校充分发挥人才聚集、科研成果显著的优势,创新体制机制,发挥产学研联盟实效,在人才培养和科学研究中突出社会服务的职能,全力推动地方经济的发展。学校充分发挥依托哈工大建设的黑龙江省工业技术研究院为中心的环哈工大科技服务创新集群,打造符合黑龙江区域特点,集技术研发、整合集成、转移与扩散于一体的高水平工业技术研究与支撑平台。同时,学校还通过快速推进哈尔滨市科技创新城、哈工大松北高新技术研发中心的建设,为黑龙江省全面振兴、全方位振兴提供了快速发展建设的动力,实现了一个又一个"厂校合作红旗飘,满城都说工大好"的完美演绎。

---

① 新华网《习近平参加黑龙江代表团审议:全面振兴决心不能动摇》。

2010年 服务龙江发展大事记

【一月】

4日 《黑龙江日报》刊登《哈工大正在对马铃薯薯渣进行细菌培养》的报道。报道介绍,由哈尔滨工业大学生物工程研究所承担的省科技厅攻关重大专项项目"生产淀粉废弃物(薯渣)生物技术处理技术与资源化处理"已完成生产实验,将在全国1 000多家马铃薯淀粉企业中进行推广。据悉,该研究成果可以大规模地将马铃薯薯渣转化为细胞蛋白饲料,可彻底消除马铃薯淀粉生产过程中造成的土壤、水体和大气污染,有效避免马铃薯淀粉企业对环境污染的影响,同时项目生产的细胞蛋白饲料和微生物菌体能够直接应用于畜牧业、农业等行业,带来直接经济效益。

4日 新华网刊登《松花江污染科研项目通过省级鉴定》的报道。报道介绍,由中国工程院院士、哈工大副校长任南琪主持的省科技攻关重大项目"松花江流域水生态环境污染控制集成技术与工程示范"通过省级成果鉴定。该项目的完成有助于科学认识松花江流域的水体污染现状,为国家水体污染治理与控制提供翔实的基础数据。该项目于2007年立项,是课题组继国家科技攻关"松花江水污染应急科技专项"后,主持完成的关于松花江流域水体污染问题的又一重大科研项目。该课题基于地理信息系统建立了多类别预警信息数据库和松花江流域点源污染监测与预警响应平台,提出多目标、多级别的安全预警方案、应急对策和相应的保障措施,为黑龙江省各级政府提供松花江流域水体污染管理的战略决策和系统支持。来自省科学技术顾问委员会的专家组听取了课题负责人的汇报,审查鉴定材料,同时考察了示范工程。经过认真审议和讨论,专家组一致认为,该课题完成了计划任务书规定的各项指标和内容,在同类研究中达到了国际先进水平。

13日 《哈尔滨日报》刊登《电站锅炉立体分级低氮燃烧技术取得突破》的报道。报道介绍,由哈尔滨工业大学自主研发的"立体分级低氮燃烧技术的研究与应用"项目,日前在哈通过省科技厅主持的专家鉴定。立体分级低氮燃烧技术是在电站锅炉内通过组织垂直方向的空气分级燃烧、水平方向上的燃料分级和空气分级燃烧形成立体分级低氮燃烧。该技术适用于我国电站锅炉采用的主流煤粉燃烧技术-四角切圆直流燃烧方式和所燃用的煤种。该技术适合我国煤质差、煤质波动大的国情,避免传统分级燃烧技术会使锅炉燃尽变差、产生高温腐蚀或结渣等负面影响,初投资费用低、不增加运行成本,是我国燃煤发电锅炉降低 NOx 排放的首选。该项目在立体分级燃烧技术上有突破,鉴定委员会认为该技术达到了国际领先水平,且具有重大的社会效益和经济效益,是环保减排、造福人类的好技术。

5 日 黑龙江新闻网刊登《鸡西电业局融冰新方法试验成功》的报道。报道介绍,鸡西电业局与哈尔滨工业大学联合研发的"基于并联电容补偿无功电源的输电线路升温及融冰方法研究"在 220 千伏密山变电所实地试验成功。该技术成果已向国家知识产权局申报专利并获得受理。我省昼夜温差大,冬季低温严寒,输电线路处于覆冰临界值的时间较长。由于受到输电线路的覆冰厚度设计限制,海拔 300～1 000 米地区的线路抗冰能力低,导致黑龙江公司线路在每年秋冬、冬春交替季节易发生覆冰倒杆塔事故。鸡西电业局与哈尔滨工业大学联合研究出高压输电线路融冰新方法,即利用并联补偿电容器的无功电流,在线路末端注入覆冰输电线路进行融冰。应用并联电容补偿无功电源升温融冰对电网正常运行影响小,方法相对简单,现场操作容易掌握和控制,有较强的实用性。

15 日 黑龙江新闻网刊登《哈国际会展中心获得建筑设计大奖》的报道。报道介绍,由中国勘察设计协会主办的"全国建筑设计行业六十周年优秀建筑设计作品评选"结果揭晓,由全国勘察设计大师、哈工大建筑设计研究院院长梅洪元主持设计的哈尔滨国际会展体育中心获"建筑设计"大奖。这是继第六届詹天佑土木工程大奖、第四届中国建筑学会建筑创作佳作奖等重大奖项外,哈尔滨国际会展体育中心项目获得的又一项大奖。哈尔滨国际会展体育中心在建成之初,创造了中国最大的穹顶、最大的玻璃幕墙等多个国内建筑之最。

21 日 《哈工大报》刊登《科学发展中积蓄科技生产力 我校服务龙江经济再结硕果》的报道。报道介绍,在深入学习实践科学发展观的过程中,我校通过落实高教强省规划、探索产学研合作机制,不断支持创新要素向企业聚集,并依托建设黑龙江省工业技术研究院,切实将科技转化为现实生产力。去年我校获得来自黑龙江省的科研经费达 1.27 亿元,较 2008 年的 7 400 万元增长近一倍。我校牵头成立黑龙江省工业技术研究院,已形成了"政产学研金介"相结合的一体化联盟框架结构,是建设创新型省份、探索产学研合作机制的创新之举。研究院直属于省政府,依托我校具体建设,是一个企业、科研院所和其他高校参与、政府驱动、市场引导、企业化动作、具有独立事业法人资格的研究开发机构,也是支持我省区域经济和行业发展的技术研发、集成创新、技术转移与技术服务的工业技术研发平台。黑龙江省工业技术研究院有 3 条建设主线,第一条主线是以省教育厅为政府驱动的黑龙江装备制造技术创新研发工程平台,旨在服务企业技术改造、创生高新技术企业。第二条主线是以省科技厅、哈尔滨市科技局为政府驱动的黑龙江产业技术创新战略联盟和哈尔滨市产业技术联合体,旨在组建一批黑龙江高新技术产业发展的创新战略联盟,搭建产学研合作平台,全面提升黑龙江省自主创新能力与核心竞争力。第三条主线是以省工信委为政府驱动的黑龙江高新技术产业化战略联盟,旨在促进具有自主知识产权的科研成果转化,转变发展方式、增强科技创新能力,提升发展区域创新能力。到2011年,黑龙江省工业技术研究院将形成一个开放、竞争、交叉、融合,服务于我省科技和产业发展的国际一流水平的科研平台,更好地服务"八大经济区"和"十大工程"建设。

【三月】

2日 哈尔滨新闻网刊登《哈工大教授新技术可实现路面自动融雪》的报道。报道介绍,哈尔滨工业大学交通科学与工程学院谭忆秋教授的《橡胶颗粒路面抑制路面结冰技术》一书获得华夏英才基金资助。谭忆秋教授的最新科研成果"有机盐路面"技术,可使路面在无人清雪的情况下实现无积雪,保障人车出行安全。此技术今年将在哈尔滨市或大庆市投入使用。"这种沥青路面可以使用在城市内的特殊路段,比如十字路口、人行斑马线处和桥梁的上下坡等处,减少雪后车辆打滑现象。"

15日 《哈工大报》刊登《油田含油污水深度处理与资源化利用项目研究成果国际领先》的报道。报道介绍,由大庆油田有限责任公司、我校和大庆石油学院共同承担的省科技攻关计划重大项目"油田含油污水深度处理与资源化利用"通过了我厅组织的专家鉴定。鉴定委员会专家一致认为,该项研究成果整体水平达到了国际领先水平,研究成果对大庆油田高含水后期开发和可持续发展具有深远的重大意义。该项目以大庆油田特低渗透油层油田开发和3次采油技术(聚合物驱和三元复合驱)应用过程中产生的含油污水为研究对象,以达到满足油田开发所需要的回注水水质控制技术指标为研究目标,从采出水水质特性的相关机理研究入手,研究出适合于特低渗透率油层采出水处理和三元复合驱采出水处理,并达到相应回注水水质控制指标要求的处理设备及其处理工艺技术,以及采出液和采出水处理配套高效处理剂(絮凝剂和破乳剂),实现了其采出污水的全部回注,达到资源化的利用,为大庆外围特低渗透油田的有效开发和三元复合驱油技术的推广应用提供了可靠的技术保障。目前应用该项目研究成果已建处理量为5 000 m^3/d 的特低渗透率油层采出水处理试验站1座,新建处理量为3 600 m^3/d 的三元复合驱采出水处理试验站1座。

26日 中国金属加工在线刊登《哈工大推进制造装备关键技术研发》的报道。报道介绍,在哈尔滨工业大学面向黑龙江省科技和产业发展需求、进一步推进"产学研联盟"模式的实践中,尤其值得一提的是装备制造技术创新研发工程平台的构建工作。该平台整体规划建设7个子平台,一期建设选择了"制造装备关键技术""机器人及机电一体化成套装备技术""能源与节能装备技术"3个子平台的10个研究方向进行重点建设,进而创生10个与黑龙江省企业合作的技术改造项目和原创性高科技产业化项目。实际上,哈工大构建"产学研联盟"模式的重点正是为了加强在装备制造、新材料、新能源、电子信息和国防航天等高新技术产业领域,与黑龙江省企业的科研合作。目前,哈工大与齐重数控装备股份有限公司合作的重型车床类数控机床数字化设计制造技术研究项目、与齐齐哈尔二机床厂合作的重型数控铣镗和重型数控锻压设备关键技术研究项目,将为中国重点项目和重大工程的建设提供国产的关键设备,打破高档重型数控机床,以及大型、特大型零件加工所需重型数控机床主要依赖进口的局面,带来巨大的社会效益。

23日 工业和信息化部网站刊登《哈工大获哈西公路客运综合枢纽站项目设计权》的报道。在哈西公路客运综合枢纽站项目规划及建筑方案评审和竞标中,哈工大建筑设计研究院提交的创作方案成功脱颖而出,并受到有关专家的一致好评。哈西公路客运综合枢纽站占地面积4.3公顷,总建筑面积5.37万平方米。该项目为国家一级客运枢纽站,预计建成后日发送旅客2.6万人次,日发班车1 000台次,将成为哈尔滨综合交通运输枢纽的重要节点及哈尔滨市的门户新地标,同时也将大大改善哈尔滨市公路客运场站规模不足、设施落后、布局不合理的现状。哈工大建筑设计研究院提交的方案设计在满足公路客运综合枢纽站使用功能的前提下,主要体现了"以人为本"的设计思想。该方案设计倡导建设高效、绿色、节能、具有哈尔滨门户特色的公路客运综合枢纽站。来自国内规划、交通、建筑等方面的7位专家对哈西公路客运综合枢纽站征集规划及建筑方案进行了评审。

【九月】

24日 中国教育网刊登《哈工大五项工程设计荣获黑龙江优秀工程设计奖》的报道。报道介绍,由黑龙江省优秀勘察设计评选委员会组织的二〇一〇年度黑龙江省优秀工程设计评选中,哈尔滨工业大学有五项工程获奖。本年度优秀工程设计一等奖空缺,哈尔滨工业大学有三个项目荣获二等奖:由苗业、于海涛、赵玉峰、赵松波、彭晶、高鹏、赵培江、李铁军设计的作品《中国海洋大学综合体育馆》,由吴信德、周峰、杨小微、吴莹、田刚、王岩、季强、张传义设计的作品《大冬会亚布力国际广播电视中心》,由吴爱民、刘晶、王洪国、刘忠威、袁静、刘慧、孙丽、逄毓卓设计的作品《哈尔滨工程大学图书馆》;两个项目荣获三等奖:由刘晶、孙丽、范浩、袁静、刘慧、付东辉设计的作品《省地矿局地质科研综合楼》,由梅洪元、曲冰、晏青、王哲、贾君、邹波设计的作品《东软国际软件园(河口园区)Ⅰ期》。

【十二月】

25日 搜狐网刊登《哈工大"寒地建筑技术研究与推广"获省长特别奖》的报道。报道介绍,黑龙江省人民政府正式下发文件,授予64名科技成果突出并在我省经济建设和社会发展中取得重大经济效益和社会效益的有功人员黑龙江省省长特别奖,哈工大梅洪元、陈剑飞、张小冬、付本臣、焦洋等因"寒地建筑技术研究与推广"项目获此殊荣。黑龙江省省长特别奖是对在我省经济建设和社会发展中取得重大经济效益和社会效益的有功人员的特别奖励,旨在调动广大专业技术人员的积极性和创造性,加快先进技术的研究与应用,促进科技成果转化。此次黑龙江省省长特别奖对全省13个项目共64名有功人员进行了奖励。哈工大"寒地建筑技术研究与推广"项目经过学校严格遴选推荐、省人力资源和社会保障厅考核、专家评审、省长审定,最终脱颖而出获得黑龙江省省长特别奖,是哈工大致力于服务地方经济建设、助力地方科学发展的缩影。

2011年 服务龙江发展大事记

【四月】

19日 工业和信息化部网站刊登《哈工大研究的节能型通风系统应用于哈地铁建设》的报道。报道介绍,以哈尔滨工业大学市政环境工程学院姚杨教授为负责人的研究团队经过刻苦攻关,成功研制出适用于寒冷地区冬季地铁车站的节能型通风系统。据悉,该系统已通过哈尔滨地铁办组织的专家论证并应用在哈尔滨地铁一期工程中。该系统是"十一五"国家科技支撑计划项目"城市地下空间建设技术研究与工程示范"的子课题"城市地下空间环境质量保障技术研究"系列成果之一。该课题由哈尔滨工业大学牵头,参与单位有中国建筑科学研究院、清华大学、上海建筑科学研究院、上海大智科技发展有限公司、广州大学等高校、企业和科研院所。该系统有效利用了地铁内部散发的热量,提高了能源利用效率,既节约能源,又保护环境,对我国其他高寒、高纬度地区城市地铁环控系统的方案研究有重要的参考价值。

20日 《哈工大报》刊登《科技创新助力龙江发展 我校产学研合作再结硕果》的报道。报道介绍,3月29日,哈尔滨市创新型城市建设表彰奖励大会在友谊宫召开。我校被授予"在哈科研单位产学研合作创新先进集体"称号。这是继2010年年底我校荣获"全省推进'八大经济区'和'十大工程'建设先进单位"表彰后,再次受到省市表彰,彰显了我校在服务龙江经济发展与推动哈尔滨市创新型城市建设方面的作用与贡献。为了进一步加强产学研合作,促进科技成果转化与产业化,3月31日,黑龙江省科技厅厅长赵敏率科技厅、财政厅、省编办、工信委等相关部门领导组成的省政府专题调研组来我校调研座谈,围绕科技创新、科技成果转化及产业化、黑龙江省工研院建设等内容与我校教师进行了深入交流和探讨。调研组认真听取了与会者提出的意见和建议,并表示将进一步研究具体措施,使我校科研成果更好地转化为服务龙江发展的动力。近年来,我校积极探索产学研合作机制,融入我省创新体系建设,一大批科研成果在黑龙江省、哈尔滨市企业得到转化,增加了企业产品的附加值,提高了企业的竞争优势,在促进省市科技和产业发展方面做出了贡献。仅"十一五"期间,我校与省内企业、高校、院所合作或者承担"863"计划、科技支撑计划200多项,经费总数3亿余元,为我省企业发展提供了长期技术储备。同时学校为我省80%以上大中型企业承担过技术改造和技术服务项目,大大推动了我省企业的技术升级和改造。

【六月】

2日 全球纺织网刊登《哈工大碳纤维复合材料技术获突破》的报道。报道介绍,一片树叶大小的碳纤维材料,重量不到同样大小铝合金材料的一半,强度却高出一倍。这项在哈尔滨工业大学科技园内诞生的最新成果标志着国产碳纤维复合材料技术取得突破。在哈尔滨市科技局的牵头下,在该领域有着科研优势的哈尔滨工业大学参与到哈尔滨市国产碳纤维复合材料应用产业联合体中,并得到该市450万元的科技经费支持。通过联合攻关,联合体掌握了一批第一手基础应用数据,取得了关键性技术突破,产品可部分替代进口。

2日 《黑龙江日报》刊登《校企联手培养LED人才》的报道。报道介绍,哈尔滨工业大学、哈尔滨工程大学等高校,及哈尔滨海格科技、哈工大固态电子等部分我省半导体照明产业骨干企业共同达成"黑龙江省LED人才培养基地"建设协议的情况。报道称,LED企业普遍缺乏研发人员和工程技术人员,是制约黑龙江省LED产业发展的一个瓶颈。在日前召开的全省LED产业人才培养校企合作研讨会上,专家一致认为,黑龙江省并不缺乏LED人才,关键是怎样建立有效的培养人才、留住人才、使用人才的机制。省生产力促进中心将整合哈工大、哈工程、哈理工(LED光电工程研究中心)、黑龙江资讯技术职业学院等有关院校的教育资源,搭建LED人才培养平台,优先为LED骨干企业推荐和输送毕业生,同时借助高校的研发人才和设备为企业提供新产品开发、工艺设计等外包服务,企业也将为大专院校和科研院所提供学生实习的场地和条件,推动黑龙江省LED人才培养基地建设,为产业发展提供支撑。

9日 《黑龙江经济报》刊登《七台河与哈工大进行战略合作》的报道。报道介绍,6月3日,七台河市人民政府——哈尔滨工业大学战略合作签约仪式在哈尔滨举行。哈尔滨工业大学校长王树国、七台河市委书记张宪军、省科技厅常务副厅长杨廷双出席签约仪式并致辞,七台河市委常委、常务副市长刘文波与哈尔滨工业大学副校长郭斌共同签订了《七台河市人民政府与哈尔滨工业大学战略合作框架协议》。

20日 《哈工大报》刊登《在服务龙江发展中再谱新篇——我校以科学研究推动地方经济发展扫描》的报道。报道介绍,6月3日,七台河市委书记张宪军一行15人来校访问,与我校签订了《七台河市人民政府与哈尔滨工业大学战略合作框架协议》。这是全省科技成果转化落地专项行动的一项重要成果。协议的签订将促进双方的合作向全方位、多层次、多领域发展,培育带动战略新兴产业,提升七台河市自主创新能力,为黑龙江省经济服务。近年来,我校在产学研结合与科技成果产业化方面的探索一直走在全国高校的前列。从先进制造与信息化领域、新能源与节能技术领域、化工和新材料技术领域,到环境保护与公共安全领域、土木建筑领域、生物技术领域,都有我校的科技成果在龙江经济发展中落地开花。

【七月】

20日 《黑龙江日报》刊登《我省第一个国家工程实验室燃煤污染物减排实验室成

立》的报道。报道介绍,燃煤污染物减排国家工程实验室综合实验楼建成,它标志着我省第一个国家工程实验室正式启动运行。据介绍,燃煤污染物减排国家工程实验室将重点在低氮氧化物燃烧,低投资、低成本、资源化烟气脱硫,高性能、低成本除尘,燃煤污染物一体化(联合)脱除,燃煤污染物监控技术等5个方向上进行深入研究。该实验室是燃煤污染物减排核心技术研发创新平台,将按照燃煤发电产业发展不同阶段的需求,研发具有自主知识产权的核心技术和共性技术,并开展成果转化;同时它也是技术转移扩散和人才培养基地,国际合作的窗口,产业政策和行业相关标准的研究机构。

2012 年 服务龙江发展大事记

【一月】

29 日 东北网刊登《哈工大党委坚持"三创"主题 助推龙江腾飞》的报道。报道介绍,多年来,哈工大党委坚持以创业的精神、创新的举措、创优的标准引领全校师生员工积极投身于世界一流大学建设和龙江经济社会发展,形成了创先争优的系统办法和浓厚氛围,为"八大经济区""十大工程"和高教强省建设做出了贡献。哈工大坚持"创业、创新、创优"为主题的创先争优活动取得了丰富成效,各项事业蓬勃发展,学校学科实力和学科水平得到大幅提升,继材料科学、工程学、化学、物理学进入全球前 1% 的研究机构行列之后,计算机科学学科也进入了前 1% 行列,学校进入英国《泰晤士高等教育》2011—2012 年度全球大学排行榜前 400 名。学校先后荣获"全国五四红旗团委""全国五一劳动奖状""全国先进基层党组织"和工信部"一提三优"工程特别优秀学校等称号,中央创先争优领导小组负责人批示学习哈工大经验。

【三月】

23 日 《黑龙江日报》刊登《哈尔滨市携手哈工大促科技成果转化》的报道。报道介绍,2012 年 3 月 22 日,哈尔滨市政府与哈尔滨工业大学签约,正式开展市校合作试点工作。哈市政府将先期投入 1 000 万元,以哈工大为试点,联合成立"促进科技成果转化和产业化中心",探索市校股权投资为主的项目落地机制、高等院校为主的项目筛选机制和市校联合项目推进机制,引导和支持高等院校更多的科技项目和成果落户哈尔滨。哈市政府与哈工大签订协议,市政府将投入 1 000 万元,双方联手打造一个以哈工大为主的科技成果转化平台。哈市要利用这个平台,把哈工大的科研成果集中起来,面向全市、全省、全国发布项目和政策信息。同时,将金融机构也吸引到这个平台上,进而形成支持科技成果转化的全新机制。科技成果转化的前提条件是项目必须落户在哈尔滨。下一步,哈市将总结这方面的经验做法,逐步升级做大做强这样的平台,力争把在哈的大学大所和科研机构的科技成果都吸引到类似的平台上,加速科技成果转化,实现互利共赢、共同发展。

【五月】

7 日 《哈工大报》刊登《我校与中航工业哈轴签约成立航空轴承联合技术中心》的报道。报道介绍,5 月 3 日上午,哈工大-中航工业哈轴航空轴承联合技术中心成立签约仪式在北京举行。校党委书记王树权出席仪式并讲话,副校长韩杰才代表我校与中航工业哈轴签约。签约仪式由中航发动机公司总经理庞为主持。韩杰才与中航工业哈轴总经理马国恩共同签订了"关于成立航空轴承联合技术中心(UTC)的合作协议"。根据协议,将发挥哈轴的行业优势和哈工大的学科配套、智力资源等优势,共同解决长期制约航空业发展的轴承技术难题,并通过战略布局和前瞻性基础研究,实现航空轴承的可持续创新发展。协议约定双方将成立实体单位,开展航空轴承技术基础研究、关键产品开发、快速反应试制等,并力争建成国家级工程技术研究中心。黑龙江省科技厅厅长赵敏、中航工业集团公司副总经理吴献东分别致辞。签约仪式上,中航工业哈轴董事长庞军介绍了哈轴对提升航空轴承技术能力、设立联合技术中心的实际需求;我校机电学院王黎钦教授介绍了哈工大的航空轴承技术优势、联合技术中心的技术支撑和前期轴承研发的相关情况;中航发动机公司总工程师李勇从轴承发展背景角度介绍了航空轴承技术发展的战略意义。黑龙江省科技厅副厅长郭大春,中航发动机公司副总经理刘泽均,哈尔滨市高新技术开发区招商局局长张余智,我校科工院、机电学院和材料学院代表等一同参加了签约仪式。

韩杰才副校长代表我校与中航工业哈轴签约

校党委书记王树权讲话

【七月】

8日 《黑龙江日报》刊登《哈工大 科技助力龙江腾飞》的报道。报道介绍,哈尔滨工业大学以"服务龙江"为己任,注重发挥高水平人才和高技术聚集优势,积极服务于地方经济社会发展,为推动我省企业进步与壮大、改善民生、保护生态环境等做出了重要贡献。仅"十一五"期间,学校就与省内企业、高校、院所合作或者承担"863"计划、科技支撑计划200多项,为我省80%以上大中型企业承担过技术改造和技术服务项目,科技成果转化为地方创造的经济效益达到数十亿元。今年3月29日,哈工大被授予"在哈科研单位产学研合作创新先进集体"称号。这是继2010年哈工大荣获"全省推进'八大经济区'和'十大工程'建设先进单位"表彰后,再次受到省市表彰。2009年我省与哈工大成立的省工业技术研究院取得了丰硕成果。工研院发挥多年产学研合作经验和优势,目前已整合产业化项目前期开发资金近2亿元,吸引社会资本30.7亿元,年均服务我省企业100余家,培育了50余项符合国家和黑龙江产业发展规划和产业结构调整的项目。截至2011年12月,这些技术支撑的相关产品为我省企业带来新增工业产值已经达到180.6亿元人民币。工研院建设的"动力装备技术创新服务平台"是科技部"十二五"首批建设的国家级技术创新服务类平台,通过为企业提供一流公共服务,促进东北老工业基地从"生产加创新阶段"向"产业创新阶段"过渡。目前,该平台年均服务黑龙江省企业82家,技术交易额年均超过2 000万元。

【十月】

18日 国家石油和化工网刊登《哈尔滨工业大学联合承担的耐腐蚀螺杆泵定子橡胶研究项目通过成果鉴定》的报道。报道介绍,大庆油田力神泵业有限公司和哈尔滨工业大学联合承担的黑龙江省科技攻关项目耐腐蚀螺杆泵定子橡胶研究项目,日前通过成果鉴定。该项目研发出耐二氧化碳和硫化氢的螺杆泵定子橡胶,选用耐水、耐酸、耐气助剂取代二苯苄胺与噻唑锌盐设计了定子橡胶配方,提高了材料的耐老化及耐腐蚀性能。在此基础上优化出了定子橡胶配方及工艺条件,并进行了工业化放大试验。该成果为螺杆泵应用于复杂油田井况领域提供了新的技术方案,有助于实现高温腐蚀井况下螺杆泵采油的国产化。

【十二月】

13日 哈工大新闻网刊登《哈工大与电站锅炉企业签新约 可用秸秆当燃烧物》的报道。报道介绍,哈工大与鑫北源电站设备制造公司就"130 t/h高温高压燃生物质低倍率循环流化床锅炉"项目在阿城区实现合作签约,这也是全市科技创新大会后第一个落实的科技项目。副市长张显友参加了签约仪式。利用植物废弃物的"生物质直燃"发电技术在国外已得到广泛应用,目前我国生物质锅炉多引自国外。但因进口锅炉对燃烧物要求较高,因此燃烧的有效率大幅下降。哈工大科研人员经过20多年的研发,完成了对稻壳、木屑、玉米秸秆、稻秆、麦秆等的燃烧试验,发现通过一种全新的锅炉燃烧技术,可将含水率在45%以下的生物质燃尽,而该锅炉的价格仅为进口锅炉造价的1/3,该锅炉进入市场开发环节后,逐渐取代进口锅炉已成必然。据了解,此次高校技术与电站锅炉企业实现对接后,所投产的新型锅炉市场前景十分广阔。

2014年 服务龙江发展大事记

【三月】

25日 《哈工大报》刊登《我校牵头的严寒地区绿色村镇建设项目取得重要进展》的报道。报道介绍,3月23日至24日,由我校牵头承担的"十二五"国家科技支撑计划"严寒地区绿色村镇建设关键技术研究与示范"项目推进会在校举行。科技部、省科技厅相关领导,我校科工院相关负责人出席会议并讲话。该项目由我校建筑设计研究院、建筑学院等单位共同承担,全国工程勘察设计大师、我校建筑设计研究院院长梅洪元担任项目负责人。项目启动一年来,项目组对黑龙江、吉林等地典型村镇进行了大量的调研、测试,开展了相关技术实验与论证分析,确定了因地制宜的严寒地区绿色村镇建设关键技术研究方案;在产业技术、共性技术和公益性技术研究方面取得了重大关键突破。项目研发及集成了畜禽粪便前处理装置、吸附地下水中金属元素的梯级反应装置等新装置10套。此外,项目组在新疆地区建成严寒地区绿洲村镇建筑板材生产线1条,取得了良好推广效果。会议还邀请中审亚会计师事务所高级会计师杨涛做了国家科技支撑计划课题资金管理培训。

25日 工业和信息化部网站刊登《哈工大赫晓东教授团队获黑龙江省省长特别奖》的报道。报道介绍,2013年黑龙江省省长特别奖表彰大会日前在哈尔滨召开,全省10个团队获奖。哈尔滨工业大学以赫晓东教授为带头人、王荣国教授为责任教授的"高性能树脂基复合材料"团队名列其中。该团队在碳纳米管接枝碳纤维复合材料表面修饰及优化设计、基于工艺可实现的精密缠绕理论与缠绕仿真技术等方面开展了大量的基础理论研究工作,相关成果在许多著名的国际期刊上发表,引起国际上的广泛关注。这些基础理论的研究成果为航空航天用轻量化碳纤维复合材料压力容器的制备与相关任务配套提供了技术支撑。团队与哈尔滨玻璃钢研究院、哈尔滨天顺化工科技开发有限公司、黑龙江省科学院石油化学研究院等28家科研院所和企业进行了广泛合作;在哈南工业新城建立了产、学、研、用一体的黑龙江省复合材料产业基地,创造了显著的经济效益和社会效益。

26日 世铝网刊登《中铝东轻公司与哈尔滨工业大学签订战略合作协议》的报道。报道介绍,中铝东轻公司与哈尔滨工业大学签订了战略合作协议。这是双方多轮交流、友好协商的结果,也是双方优势互补、推动长期战略合作的重要举措,标志着双方合作进入了新阶段。据了解，作为我国重要铝镁合金材料研发保障基地和我国知名高等院校，东轻公司与哈尔滨工业大学在航天、航空、轨道交通、汽车等多个学科与领域有着广泛的合作基础。双方将在超高速、超高强、超高温条件下所使用的铝镁合金、铝钛合金等材料研究方面开展深度合作，共同用好哈工大材料科学与工程学院、黑龙江省工业技术研究院，以及东轻公司技术中心、现场生产等技术资源，共同促进双方的发展和我国铝镁合金技术的进步。

【五月】

21日 《哈工大报》刊登《全国政协副主席、致公党中央主席、科技部部长万钢一行考察黑龙江省工业技术研究院》的报道。报道介绍，5月20日，全国政协副主席、致公党中央主席、科技部部长万钢率调研组成员蒋作君、杨邦杰、曹鸿鸣、苏波等一行到黑龙江省工业技术研究院考察调研。黑龙江省委常委、省委统战部部长赵敏，我校党委书记王树权等陪同调研。万钢高度评价了省工研院的科研实力与水平，并对其今后的发展寄予厚望。副校长郭斌向万钢一行介绍了省工研院的基本情况。万钢一行观看了省工研院在航天技术、机器人及智能装备、超精密加工及测试、新材料及材料加工、能源及动力装备、环保与资源综合利用等领域的科技成果展，并参观了先进污染控制技术与装备研究平台和省工研院孵化的哈尔滨同和光学精密机械有限公司。参观现场，万钢不时地询问相关情况，还饶有兴致地戴上力反馈手套，感受机器人灵巧手各关节力反馈的状态。中共中央统战部、科技部、工业和信息化部、财政部、致公党中央、国家发改委有关同志和有关专家学者等参加调研。

考察现场

考察调研

【十二月】

30日 工业和信息化部网站刊登《哈工大与大庆市签署全面科技合作框架协议》的报道。报道介绍，哈尔滨工业大学与黑龙江省大庆市科技成果对接活动12月25日在该校举行。黑龙江省科技厅副厅长于立河，大庆市委常委、副市长关忠良和哈工大副校长郭斌出席。郭斌与关忠良共同签署了大庆市与哈工大全面科技合作框架协议，5家大庆企业与哈工大相关学科专家签署了成果转化项目协议。郭斌说，多年来，哈工大与大庆在科技、人才等方面开展了广泛合作，取得了一系列经济社会效益。目前，哈工大在省委省政府等部门的支持下，正在全力打造黑龙江省工业技术研究院和哈工大机器人集团两大平台，其目的就是更好地服务地方经济发展，增强地方企业的科技创新能力和核心竞争力。会议期间，大庆市科技局发布了大庆产业相关需求，哈工大机电学院、电气学院、市政学院、化工学院相关教师与企业进行了现场对接。黑龙江省科技厅，大庆市相关职能部门、企业界代表，哈工大工业技术研究院和相关学院负责人参加会议。

2015年 服务龙江发展大事记

【一月】

9日 工业和信息化部网站刊登《哈工大机器人集团公司揭牌成立》的报道。报道介绍,哈尔滨工业大学机器人集团公司1月6日在哈尔滨经开区揭牌成立。黑龙江省委副书记、省长陆昊,副省长、省国资委党委书记胡亚枫,哈尔滨市委副书记、市长宋希斌,校党委书记王树权出席揭牌仪式。哈工大机器人集团公司由黑龙江省政府、哈尔滨市政府和哈工大联合成立,致力于开发全球领先的机器人产品,打造产业发展新模式,加快推进黑龙江省机器人及智能装备产业发展,提升产业核心竞争力,促进产业优化升级,更好地使黑龙江机器人技术优势转化为经济优势。该集团公司将以哈工大在机器人和智能装备领域所具备的技术优势为基础,立足龙江,协同全国,面向世界;通过持续的自主创新,在工业机器人、服务机器人、农业自动化、智能物流、节能环保智能装备、锻铸智能成套装备、食药生产智能成套装备、轮胎生产智能成套装备、智能成套装备生产等九大产业方向上提供独有技术、核心零部件、领先产品及完整的行业技术解决方案,全方位满足国民经济重点领域对机器人及自动化技术为核心的高端智能装备的需求。

【四月】

8日 中国日报网刊登《核能系统仿真国际联合研究中心落户黑龙江省》的报道。报道介绍,由哈尔滨工业大学能源学院和法国科瑞泰达公司联合创建的核能系统仿真国际联合研究中心揭牌仪式在哈尔滨举行。该中心将致力于核电站领域虚拟系统仿真的国际联合研究,并将助力我国建立最安全的核电站操作标准。据了解,该中心将依托合作双方的研究项目与技术优势,主要开发研究适用于核工程训练和研究的软件工具、应用于核电站主控室硬盘操作的人机接口和相应的软件工具,同时还将研究制定最安全的核电站操作准则和最优化的核电站系统设备与控制系统的设计准则,并为中国核工程教育计划中仿真模拟系统的应用提供广阔的平台。据了解,科瑞泰达公司是一家有30多年历史、在能源运输行业全球领先的仿真模拟培训和工程模拟器的供应商,在核能、热能、液压和网络技术方面处于世界领先水平。

【七月】

3日 黑龙江省人民政府网站刊登《赵敏为高校工委统战部"同心协力基地"揭牌》

的报道。报道介绍,6月26日,高校工委统战部"同心协力基地"揭牌仪式在江北创新城黑龙江省工业技术研究院举行,省委常委、统战部部长赵敏,省政协副主席、民盟省委主委赵雨森,省委统战部常务副部长王恒军,省委高校工委书记、教育厅厅长徐梅,哈尔滨工业大学党委书记王树权,哈尔滨市委常委、统战部长王铁强等出席仪式并为基地揭牌。揭牌仪式由省委统战部副部长郭龙川主持。高校工委统战部在省委高校工委的正确领导下,与黑龙江省工业技术研究院合作,共同打造省级"同心协力基地",该研究院依托哈尔滨工业大学,为龙江区域经济和行业发展的技术研发、集成创新、技术服务和科技成果转化提供支撑平台,现已初具规模。高校工委统战部利用该研究院现有的优势和资源,组织动员高校党外专家及高端高层次科技人才进驻基地,加快高科技成果在黑龙江转移转化;利用高校统战成员海外联系广泛的独特优势,做好招商引资、技术咨询服务等方面工作,整合高校统战资源,共享基地创新成果,直接为龙江经济发展服务,现已被省委统战部授牌为省级基地。

揭牌仪式

17日 《哈工大报》刊登《哈工大焊接产业集团成立》的报道。报道介绍,7月16日上午,由黑龙江省政府、哈尔滨市政府和我校联合成立的哈工大焊接产业集团启动仪式在哈尔滨市经济技术开发区举行。黑龙江省委副书记、省长陆昊,副省长、省国资委党委书记胡亚枫,哈尔滨市委副书记、市长宋希斌,校党委书记王树权、校长周玉出席启动仪式。陆昊、宋希斌、王树权共同按下标志集团正式成立的启动球。周玉、胡亚枫等分别致辞。哈工大焊接产业集团是继今年1月哈工大机器人集团成立之后,由省政府推动、依托我校成立的第二个高新技术企业集团。集团主要依托先进焊接与连接国家重点实验室、国家级工业焊接自动化技术研究应用中心,以焊接装备、材料、结构可靠性评价等高端产品和技术为基础,立足龙江,协同全国,面向世界,通过持续的自主创新和成果转化,提升产业核心竞争力,为高端激光焊接装备、先进焊接材料、机器人搅拌摩擦焊、电子束焊接、表面工程、数字化及智能化、咨询服务等领域提供行业解决方案。集团将紧密结合黑龙江省经济增长模式的发展布局,致力于将我校焊接技术及人才优势转化为产业优势,培育和发展一批经济效益明显的品牌产品和具有较强市场竞争力的科技型企业,形成对我省经济结构调整和产业升级的有效支撑。黑龙江省、哈尔滨市、经开区有关部门负责人，副校长韩杰才、郭斌、徐殿国，在哈高校、科研院所、合作企业代表，我校相关单位负责人及教师代表参加启动仪式。

陆昊、宋希斌、王树权按下启动球

【十二月】

16 日　工业和信息化部网站刊登《哈工大与齐齐哈尔市政府签署战略合作协议》的报道。报道介绍，2015 年 12 月 14 日，齐齐哈尔市委副书记、市长孙珅一行来哈尔滨工业大学洽谈校企合作事宜。哈工大校长周玉与孙珅代表双方签署战略合作协议。校党委常务副书记熊四皓主持签约仪式。齐齐哈尔市政府、科技局、工信委主要负责人，哈工大相关学科专家代表、科工院相关负责人参加仪式。

31 日　哈工大新闻网刊登《2015 年哈工大十大新闻》的报道。其中第 7 条为《哈工大机器人集团等成立"龙江第一技术创新源泉"作用凸显》。报道介绍，学校发挥组织化推进优势，抓源头、促融合、重转化，深化产学研合作，加快科技成果转化，围绕我校产业技术集中领域加强空天科技创新研究院和省工业技术研究院建设，新建了哈工大机器人集团、哈工大焊接产业集团、哈工大激光通信有限公司、哈工大雷达信息科技有限公司。据不完全统计，仅在哈尔滨市就成立企业 81 家，4 家企业上市，解决就业 1.2 万人，被黑龙江省政府誉为"龙江第一技术创新源泉"。

2016年 服务龙江发展大事记

【四月】

15日 东北网刊登《哈高新区与哈工大产业化项目签约激光通信有望实现民用速度比4G快10倍》的报道。报道介绍,14日,哈尔滨科技创新城举行了"哈高新区与哈工大产业化项目签约仪式",多项国家级科学工程项目在高新区落地投产,高新技术的成果也将在本地实现转化。省长陆昊、副省长胡亚枫、省政府秘书长李显刚、哈尔滨市长宋希斌、副市长曲磊等省市领导出席了仪式。签约仪式上,哈高新区与哈工大签署空间环境地面模拟装置入驻协议,作为"国家重大科技基础设施"(又名"国家大科学工程"),"空间环境地面模拟装置"是由哈工大联合中国航天科技集团公司提出拟在"十二五"期间进行布局建设的一项国家重大科技基础设施,该平台的建设,标志着我国航天领域唯一的,也是我国东北地区首个重大科技基础设施建设项目正式落户龙江。该项目将建设具有国际一流水平的空间综合环境模拟条件平台,实现我国空间科学与技术原始创新能力与水平的重大突破。该平台全部建设目标周期约5年,设施拟建在黑龙江省哈尔滨科技创新城,哈尔滨市政府将提供36.15万平方米建设用地,建设及装备总投资估算约为20亿元。

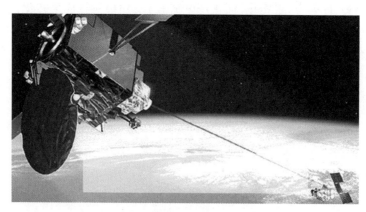

国家级项目空间模拟装置落地冰城

18日 激光网刊登《哈工大激光通信科技成果产业化》报道。报道介绍,今年两会期间,习近平总书记参加黑龙江代表团审议时强调,要向高新技术成果产业化要发展。

4月14日,哈高新区与哈工大再掀合作高潮,以实际行动进一步促进高新技术成果产业化。2016年4月14日,谭立英教授与哈高新区签约,带领其团队在哈尔滨科技创新城组建哈工大卫星激光通信技术股份有限公司,通过研制不同系列、不同用途的卫信激光通信终端,抢占天地一体化信息技术生产领域高端。谭立英教授认为:"哈工大的很多科技成果都在科技创新城产业化,可以说有很好的合作基础。而且就在我们选址建设厂房的旁边有两个大型的实验室正在建设,非常有利于把科研与生产结合起来,是我们这类企业落地的理想场所。"谭立英教授说,哈尔滨科技创新城已经构建了科技成果产业化的良好生态环境,而且哈高新区的服务也非常好,仅三天时间就帮助她们完成了公司的注册。科技牵线,让哈尔滨工业大学和哈尔滨形成发展合力,为这座城市的经济发展注入澎湃的科技推动力。

【五月】

4日 光明网刊登《6家哈工大产业化落地项目入驻哈尔滨高新区》的报道。根据报道,近日,哈尔滨高新技术产业开发区与哈尔滨工业大学举行产业化落地项目签约仪式,哈高新区与哈工大牵手6年后,签署全面战略合作协议。仪式上,哈高新区与6家哈工大重点产业化落地项目成功签约。同时,哈工大空间环境地面模拟装置国家重大科技基础设施签约入驻哈高新区,标志着我国航天领域唯一的,也是我国东北地区首个重大科技基础设施建设项目正式落户黑龙江。哈工大空间环境地面模拟装置国家重大科技基础设施项目,是国家重大科技基础设施中长期规划中的重点项目,项目总投资超过20亿元,占地面积约为36万平方米。哈高新区党工委书记李四川表示,这次双方全方位、多领域、大体量的合作将使高新区的产业、区位和生态优势与哈工大的人才、科技及品牌优势进一步实现深度紧密对接,最终实现高度双赢。据介绍,目前哈工大在哈尔滨科技创新城总投资规模已达100亿元。2013年,依托哈工大建设的黑龙江省工业技术研究院落户科技创新城,短短两年时间,实现转化科技成果74项,孵化企业55家。

【九月】

26日 《黑龙江日报》刊登《哈工大小卫星:六度耀太空 落地惠民生》的报道。报道介绍,落实习总书记两次针对黑龙江的重要讲话精神,哈工大技术、市场双拳出击,依托卫星技术研究所核心技术团队成立了哈工大卫星技术有限公司,将根据遥感、通信、GPS定位等不同民用用户的需求进行小卫星的生产发射,打造具有天地一体化设计、研制、集成和运营服务能力的航天高新技术企业,成为我省新旧动能转换的"潜力股"。这六颗小卫星它们分别是"试验一号""试验三号""快舟一号""快舟二号""紫丁香二号""吉林一号"。经过20年的求索与积淀,哈工大卫星技术研究所积累了丰富的微小卫星研究和工程研制的技术基础,完全掌握了微小卫星平台的核心技术,包括星载电子系统、COTS器件可靠应用、高精度卫星控制、微小卫星总装集成与测试等。形成了200公斤量级微小卫星平台,可用于遥感、通信、技术试验等领域,并建立了完整的微小卫星研制的管理规范和质量保障体系。同时,卫星技术团队在人才素质、创新能力、攻关能力、协同意识、团队精神等方面都提升到了一个新水平,先后获批国防科技创新团队、科技部重点领域创新团队。

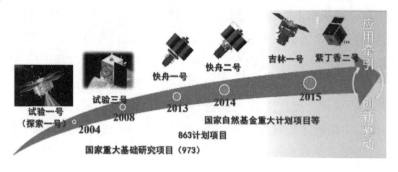

哈工大小卫星

2017年 服务龙江发展大事记

【一月】

13日 黑龙江省科技厅公布《关于公布第一批通过备案科技企业孵化器和众创空间的通知》。通知介绍,为进一步落实全省创新创业和众创空间、孵化器建设工作会议精神,加快科技企业孵化器和众创空间发展,满足大众创业、万众创新的新需求,根据《黑龙江省人民政府关于促进科技企业孵化器和众创空间发展的指导意见》《黑龙江省科学技术厅关于印发〈黑龙江省科技企业孵化器和众创空间备案服务暂行办法〉和开展科技企业孵化器和众创空间备案的通知》要求,我厅对159家申请备案的孵化器和众创空间进行了审核,对拟备案的进行了公示。由我校牵头的黑龙江省工研院资产经营管理有限公司成为第一批通过备案的111家孵化器和众创空间之一。

41	黑龙江龙科企业孵化器	黑龙江省龙科企业孵化器有限公司	孵化器	科技创新城创新三路800
42	黑龙江龙职科技企业孵化器	黑龙江龙职科技企业孵化器有限公司	孵化器	哈尔滨市南岗区学府路7号
43	黑龙江省电子技术科技企业孵化器	黑龙江省科帆电子实业开发公司	孵化器	哈尔滨市香坊区(原动力区)文治三道街2号
44	黑龙江省电子商务科技企业孵化器	哈尔滨智能电力光学设备有限公司	孵化器	科技创新城创新一路2305号
45	黑龙江省工研院资产经营管理有限公司	黑龙江省工研院资产经营管理有限公司	孵化器	科技创新城创新创业广场9号楼中源大道14955号1单元412室
46	黑龙江省林业科技创业中心	黑龙江省龙林科技企业孵化器有限责任公司	孵化器	哈尔滨市南岗区哈平路134号
47	普智科技企业孵化器	黑龙江普智科技企业孵化器股份有限公司	孵化器	哈尔滨市道里区尚志大街160号
48	阳光水工业科技孵化器	哈尔滨阳光水工业有限公司	孵化器	哈尔滨市松北区科技二街1111号

【三月】

6日 《哈工大报》刊登《我校与哈尔滨市深入推进市校合作》的报道。报道介绍,3月3日,哈尔滨市委常委、常务副市长康翰卿带队来校调研,就深入推进市校合作进行座谈交流。校长周玉、副校长安实参加调研。周玉在讲话中感谢哈尔滨市多年来对哈工大发展建设给予的大力支持。他表示,哈工大坚决贯彻落实习近平总书记2016年两次针对龙江振兴发表的重要讲话精神,准确把握大学与区域发展互动规律,自觉发挥"龙江第一技术创新源泉"作用,着力推进"一带一圈"创新创业园区建设,在与国家重大战略同频共振、与区域发展良性互动中实现自身快速发展与校地合作共赢,在为地方建设提供技术支撑和人才支撑的同时也形成了学校独有的办学特色。他希望市校携手，深化合作，共同助力龙江走向全面振兴，实现哈尔滨市经济腾飞。康翰卿在讲话中感谢哈工大多年来对哈尔滨市发展建设做出的重要贡献。他表示，市政府将积极协调，尽快解决学校提出的困难和问题，深入推进市校合作，全力助推哈工大建设世界一流大学，共同为区域发展做出更大贡献。座谈会上，我校就"双一流"建设思路、市校科技与产业合作情况、大科学工程进展情况、中俄联合校园建设情况做了专项汇报。会上，双方就市校合作的具体问题进行了交流，就我校提出的部分热点、难点问题，市科技局局长李志杰、市人社局局长刘志军、南岗区委书记梁野等给予现场解答。调研期间，康翰卿一行参观了空间光通信技术研究中心和自动化测控技术研究所，详细了解我校科技成果及产业化情况。市发改委、财政局、国土局、规划局和我校相关单位负责人、专家学者参加调研。

座谈交流

校长周玉讲话

康翰卿讲话

参观

【四月】

17日 凤凰网刊登《冰城政策引领 高校创新潮涌》的报道。报道介绍,教育部科技发展中心日前公布《至2016年底有效发明专利排名前50名高校》榜单,哈工大凭借5 007件专利排进三甲,位列清华大学和浙江大学之后。取得此成绩的背后,主要是来自于以下方面的推动。一是为了激发教师们的创新活力,哈工大以人事制度改革为突破口,完善人才引进和培养体系,设置了创新创业岗,允许教师保留编制离岗创业,提高科研人员科技成果转化的奖励比例,鼓励教师以创业实现科技创新价值,无形资产作价入股奖励比例不低于70%。二是哈工大还在创新上注重与市场结合,依托黑龙江省工业技术研究院、大学生创新创业园、国家大学科技园,采取"学校+平台"的人才发展双引擎联合发力,将创新和产业紧密结合。学校挖掘科技成果产业化的巨大潜力,相继成立机器人集团、焊接集团、卫星激光通信集团、雷信科技4家高新技术企业,机器人集团已陆续推出共计20多类100余种产品。2016年,哈工大以"机器人及智能装备"产业领域入选"国家专利协同运用试点单位",成为全国8所首批试点高校之一,为工业和信息化部所属唯一入选高校。三是哈工大坐落于南岗区,近年来,南岗区大力扶持平台建设促进高校科技成果落地,进一步激发了高校专利发明动能。四是,地方政策软性支持,鼓励高校创新创业发展。近两年,国家和哈尔滨市各种利好政策密集发布,让高校科研工作者看到了专利发明的春天。

【六月】

22日 中国网刊登《哈工大:通过转化成果成立129家企业》的报道。报道介绍,哈工大是首批进入国家"211工程"和"985工程"建设的大学之一,工科在全球大学中排名第七,在国内大学中排名前三。近10年,哈工大获得国家科学技术奖67项,在全国高校排名第二位。该校积极参与了国家16个重大科技专项中的14项,在航天、机器人、小卫星、装备制造、新能源、新材料等领域取得了一批重大标志性成果。"十二五"以来,哈工大累计授权发明专利6 081项,有效发明专利拥有量5 007件,居全国高校第三位。专利转让、实施许可206项。通过学校转化成果成立的企业129家,3家企业成功上市(挂牌)。哈工大科技研发投入多,特别是去年该校来自企业的研发投入在全国高校中排名第一,目前哈工大年均为企业提供技术服务1 500项左右,合同金额超过3亿元,技术支撑开发的新产品年新增产值超过20亿元。2013年,经黑龙江省政府批准,依托哈工大建设了黑龙江省工业技术研究院。目前依托省工研院在孵企业96家,孵化毕业企业18家。合作天使等各类投资基金68家,为孵化企业融资12.4亿元。

28日 哈尔滨新闻网刊登《改革体制机制激发创新活力 全面打通科研成果转化通道》的报道。报道介绍,27日,省委常委、市委书记王兆力到哈尔滨工业大学调研科技成果转化和产业化工作。他说,要坚持创新驱动发展战略,充分发挥哈尔滨大学大所云集、科研实力雄厚的优势,瞄准主攻方向,以体制机制改革激发科技创新活力,推动更多科技成果就地转化。要把创新精神、企业家精神和工匠精神结合起来,打通科技成果转化通道,推动传统动能改造升级、新动能成长壮大。市委常委、秘书长王文力参加调研。王兆力先后到哈工大机器人集团、黑龙江省工业技术研究院、哈尔滨新光光电科技有限公司、哈工大科技园,了解企业发展、项目研发、成果转化、实现产业化,以及推动科技进步情况。王兆力强调,哈尔滨市委、市政府将全方位支持大学大所建设,相关部门也要转变作风、改进工作,全力帮助哈工大等在哈高校、科研院所解决发展中遇到的问题,确保件件有回音、事事有着落。

【八月】

5日 中国网刊登《哈工大机器人树起"龙江智造"金字招牌》的报道。报道介绍,2014年12月22日,由省政府、哈尔滨市政府、哈尔滨工业大学联合组建的哈工大机器人集团(HRG)在哈尔滨成立。两年多来,HRG按照"总部+事业部+项目公司"的管控模式,已经吸引几十个团队加盟,发展控股子公司10余家。共推出20余类、100余种高新技术产品,申报专利320项,成为我省乃至全国机器人与智能制造行业的排头兵。2015年11月23日,"2015世界机器人大会"在京开幕,成立未满"周岁"的HRG一经亮相便惊艳了国人,不仅展区面积为大会之最,数十款机器人及众多智能化设备产品参展,也成为展会一大亮点。HRG从成立之初就定下了"立足龙江、协同全国、面向世界"的远大目标,并秉承"一批全球领先的产品,一支全球领先的队伍,一个全球领先的模式"的发展理念,把"技术+"和"品牌+"作为发展主线,开始在全国实施战略布局。HRG现在以哈尔滨为总部,在天津、合肥、苏州、中山、成都设立了基地;在北京、重庆、上海、深圳、西安等地设立了业务中心。2016年5月,HRG还在美国大华盛顿地区成立海外事业部总部,下辖华盛顿和硅谷两个办事处;在德国慕尼黑、日本和韩国等国际机器人产业发达地区设立办事处。经过两年多的建设,HRG现有员工1500余人,平均年龄34岁。其中博士生70人、硕士生269人、本科生644人。此外,HRG还与国内外高校、科研院所及企事业单位开展合作,储备技术人才。

【九月】

11日 中新网刊登《哈电集团与哈工大企校联合为黑龙江添新动力》的报道。报道介绍,哈尔滨电气集团公司(以下简称"哈电集团")于11日对外发布消息,该公司与哈尔滨工业大学(以下简称"哈工大")在哈尔滨签署了战略合作协议。企校双方作为行业的佼佼者将强强联合,本着"优势互补、资源共享、务实求效、合作共赢"的原则,发挥各自的优势,在科学研究、技术创新、应用推广、产业合作、人才培养和国际交流等方面开展深度合作,建立互相支持、互相依托、共同发展的战略伙伴关系,更好服务国家发展。在签约仪式上,哈电集团党委书记、董事长斯泽夫和哈工大校长周玉分别致辞。中国工程院院士秦裕琨对双方战略合作给予了高度肯定。哈电集团与哈工大的战略合作协议的签订,是一个新起点,为双方开启了新的征程。哈电集团与哈工大的强强联合,将为黑龙江增添新的动力,助推地方经济的发展,助力龙江更好服务国家战略。我们祝愿,更期待着哈电集团与哈工大企校合作结出丰硕的成果,成为企校合作的典范。

20日 《黑龙江日报》刊登《哈工大、哈工程制度创新先行 科技成果"三权"改革模式将复制推广》的报道。报道介绍,19日,在哈尔滨市召开的科技成果"三权"改革经验交流会上确定,哈尔滨市将复制推广哈尔滨工业大学、哈尔滨工程大学在科技成果转化上的制度性成果。科技成果转化过程中涉及的"三权"(使用权、处置权和收益分配权),是制约科技成果转化的"最先一公里"。2016年,哈尔滨市在全国率先行动,与哈工大开展了市校合作第二轮试点工作,围绕科技成果转化"三权"改革进行积极探索和尝试。经过一年多的探索和实践,目前哈工大已设置了创新创业型教师岗位,扩大了股权激励比例,建立了以成果转化效益考核为重点的绩效考核评价办法,出台了工资保留、身份保留、职称保留和工资正常晋升等鼓励教师持科技成果创业的改革措施。而为了解决科技成果转化的资本对接难题,哈工大与88家投资机构建立了联络合作关系,为科技成果转化搭建技术-资本对接平台,其中天使投资基金12支。在试点中,哈工大和哈市科技局对黑龙江省工业技术研究院(简称"省工研院")、哈尔滨工业大学国家大学科技园、哈尔滨工业大学大学生创新创业园的建设给予了大力支持,为科技成果的转化培育、初创企业孵化、企业加速提供了充足的空间。截至目前,省工研院创办企业98家,有93家落户哈市,其中奥瑞德、工大软件实现上市,清源环境装备、新光光电、金涛科技进入上市筹备阶段。未来,哈尔滨市将深入实施(哈工大)市校科技合作第二轮试点,以推动"三权"制度改革政策在哈工大、哈工程落地为重点,在政策、资金和服务等方面改革创新、先行先试,并形成可复制、可推广的制度创新成果,适时在其他大学大所推广。

【十月】

11日 中国经济网刊登《[为了总书记的嘱托]黑龙江:创新增活力 振兴添动力》的报道。报道介绍,2016年5月25日,习近平总书记来到哈尔滨科技创新创业大厦,考察黑龙江省高科技成果转化工作,并对在场的科技工作者热情鼓励,亲切嘱托。一年过去了,在总书记的嘱托和鼓励下,黑龙江全省的科技创新成果日益丰硕,人才队伍建设逐渐壮大,创新创业氛围愈加浓厚。哈尔滨工业大学科学与工业技术研究院常务副院长付强说:"那是我与总书记第三次握手。""总书记对我们寄予殷切厚望,使我们的方向更明确、干劲更足了。"哈工大支持教师离岗或在岗从事成果转化和产业化工作,培育壮大了哈工大机器人集团、焊接集团、利剑集团、大数据产业集团等8家"新字号"高新技术企业,吸引汇聚全球千余名高端人才,年销售收入达30多亿元,学校持股总值近百亿元。黑龙江省以哈尔滨科技创新创业大厦为龙头,重点建设了高新技术成果展示交易、科技资源共享、新兴产业研发、科技企业孵化等7个子平台,强化创新链和产业链、服务链、资金链对接,"动车组"效应凸显。目前,大厦共吸引大型企业研发中心、科技服务类机构、科技投融资机构和科技型中小企业数量近百家。

【十一月】

16日　人民网刊登《张高丽在黑龙江调研时强调:深入学习贯彻落实党的十九大精神　深化改革加快东北等老工业基地振兴》的报道。报道介绍,11月14日至15日,国务院副总理张高丽在黑龙江调研。张高丽到黑龙江工业技术研究院成果展示中心,察看哈工大卫星激光通信科技公司等高科技企业产品,了解产学研结合推动创新发展情况。

2018年 服务龙江发展大事记

【九月】

3日 人民网刊登《哈工大马铃薯淀粉废弃物加工新技术达到国际领先水平》的报道。报道介绍,哈尔滨工业大学举行马铃薯淀粉工业废弃物资源化生物技术中试展示发布会,公布"马铃薯淀粉工业废弃物资源化生物技术",该技术是全球唯一利用生物技术对马铃薯淀粉工业废渣和汁水资源化处理的高新技术,将有助于黑龙江省及国家马铃薯产业发展。黑龙江省是马铃薯生产大省,但传统工艺下,马铃薯生产加工过程中会产生大量废弃物,不但是资源浪费,也会造成环境污染。而淀粉加工是提高马铃薯附加值,增加农民收入,实现"粮头食尾"的重要途径。针对马铃薯淀粉加工废弃物的环境污染问题,哈工大生物工程中心成功研发出"马铃薯薯渣与汁水资源化生产单细胞蛋白工艺",并形成专利技术"马铃薯淀粉工业废渣废水资源化生物技术"。该技术实现了马铃薯淀粉工业废渣废水到细胞蛋白饲料的生物转化,从根本解决了薯渣和汁水处理难题,填补了国内外利用薯渣生物发酵生产细胞蛋白饲料技术的空白。目前,该技术项目已被列入国家环保部高新技术推广名录,达到国际领先水平。

【十一月】

20日 《黑龙江日报》刊登《在焊接领域播撒梦想的种子》的报道。报道介绍了首届"龙江科技英才"获得者、哈尔滨万洲焊接技术有限公司董事长、我校材料学院博士生万龙扎根龙江、服务龙江、建功立业的奋斗故事。报道记录了万龙带领团队在短短3年时间内,在焊接领域不断创新创业的事迹。截至2017年,哈尔滨万洲焊接技术有限公司已获得2 000万元投资。这些资金成为公司迅速壮大的基石,公司的技术得以迅速发展。迄今为止,公司已经做出东北三省第一台二维搅拌摩擦焊机、第一台精密测温仪,并与齐齐哈尔第二机床厂达成了联合生产大型搅拌摩擦焊机的合作意向;随着公司的发展,万龙针对第一代产品完成了焊具的全面升级换代,技术成果转化已走上正轨。公司一期5 000平方米智能制造基地已于2017年2月投产。

【十二月】

4日 《哈工大报》刊登《我校与佳木斯市政府签署全面战略合作协议》的报道。报道介绍,11月30日,佳木斯市委书记徐建国,市委副书记、市长邵国强一行来校,与我校就深化校地合作事宜进行座谈并签署全面战略合作协议。校党委书记王树权出席座谈会。徐建国在讲话中指出,市委市政府希望与哈工大在校地合作中,共同推动哈工大在智能制造、电子信息、环保、新材料、新能源、生物、食品工程等领域的技术成果在佳木斯落地转化,开展人才交流,建立共建共享、融合发展机制,为龙江全面振兴、全方位振兴做出积极贡献。王树权在讲话中指出,主动服务国家重大需求、服务地方经济社会发展是哈工大多年来始终秉承的办学传统。哈工大有信心携手佳木斯市进一步把科技优势转化为经济发展优势、把教育优势转化为人才兴省优势,为龙江振兴、东北振兴持续贡献哈工大力量。佳木斯市委副书记、组织部长张晓燕,佳木斯市委常委、秘书长、统战部长邱士林,佳木斯市政府副市长田雨,市直主要部门负责人,企业代表,我校副校长韩杰才、郭斌,校长助理彭远奎,相关部门负责人和专家代表参加座谈。

座谈会现场

佳木斯市委书记徐建国讲话

佳木斯市委副书记、市长邵国强介绍市情

校党委书记王树权讲话

双方签署全面战略合作协议

参观哈工大博物馆

  6 日 哈尔滨市工信委将拟确认的 8 家 2018 年度小型微型企业创业创新基地名单进行公示。由我校牵头的黑龙江省工研院资产经营管理有限公司入选。

29日　黑龙江省科技厅公布《黑龙江省科学技术厅关于公布2018年度技术转移示范机构绩效考评结果及第六批黑龙江省技术转移示范机构名单的通知》。为贯彻落实《黑龙江省促进科技成果转化条例》《科技部等九部委振兴东北科技成果转移转化专项行动实施方案》(国科发创〔2018〕17号)、《黑龙江省技术转移体系建设实施方案》(黑政发〔2017〕16号),高质量建设我省技术转移机构,服务全省高新技术成果产业化工作,经省科学技术厅组织审查,由我校牵头的黑龙江省工研院资产经营管理有限公司被列入第六批黑龙江省技术转移示范机构名单。

序号	类别	单位名称
1	省级	哈尔滨医科大学科技成果转移转化中心
2	省级	黑龙江省工研院资产经营管理有限公司
3	省级	黑龙江省农业科学院科技成果转化中心
4	省级	哈尔滨市食品产业研究院科技成果转移转化中心
5	省级	黑龙江省水利水电勘测设计研究院科技成果转移转化中心
6	省级	黑龙江湾云计算技术有限公司
7	省级	黑龙江金城医学检验所有限公司
8	省级	黑龙江广茂投资发展有限公司
9	省级	黑龙江圣邦投资咨询有限公司

2019 年 服务龙江发展大事记

【二月】

2 日　东北网刊登《市校携手共建工大智谷　王兆力出席哈尔滨市政府与哈工大签约仪式》的报道,报道介绍,1 日,哈尔滨市政府与哈尔滨工业大学共建工大智谷签约仪式暨中俄联合校园建设工作推进会在哈工大举行。这是继去年签署《加快世界一流大学建设推动哈尔滨市振兴发展合作协议书》之后,市校加强合作取得的又一重大成果。省委常委、哈尔滨市委书记王兆力出席签约仪式并讲话。依据协议,哈尔滨市将已搬迁的哈尔滨焊接研究所原址所在地无偿划拨给哈工大,用于市校共建工大智谷。按照工大智谷功能定位,将实现创新创业、成果孵化、技术交易三大部分功能,建设国家双创示范基地、国家机器人创新中心、人工智能研究所、黑龙江省工业技术研究院、技术交易中心五大平台。工大智谷共建协议的签署和中俄联合校园建设工作的推进,是哈工大推进"双一流"建设和服务地方经济社会发展的务实举措,对提高哈工大科研水平和科技成果转化能力,促进地方高新技术产业、战略性新兴产业加快发展和引进留住高精尖人才具有重要意义。哈尔滨市长孙喆、哈尔滨工业大学校长周玉出席签约仪式。

11 日　工业和信息化部网站刊登《哈工大与哈尔滨市政府签署合作协议　共建工大智谷》的报道。报道介绍,日前,哈尔滨市人民政府与哈尔滨工业大学共建工大智谷签约仪式暨中俄联合校园建设工作推进会在哈工大行政楼举行。黑龙江省委常委、哈尔滨市委书记王兆力,市委副书记、市长孙喆,哈工大校长周玉出席会议。为了进一步发挥哈工大作为黑龙江省第一技术创新源泉的作用,促进哈尔滨市全面振兴发展,市委、市政府以无偿划拨的方式,将原哈焊接所南岗所地址用于建设工大智谷,全力支持学校建设以人工智能技术研发与产业化为主的创新型新兴产业综合体,建立并完善适应创新创业、可复制推广的科技成果转化体系,打造高校科技成果转化服务机构样板。按照工大智谷功能定位,将实现创新创业、成果孵化、技术交易三大部分功能,建设国家双创示范基地、国家机器人创新中心、人工智能研究所、黑龙江省工业技术研究院、技术交易中心五大平台。会上,哈工大建筑设计研究院进行了关于中俄联合校园设计方案的汇报。哈尔滨市政府主要负责人和学校相关部门负责人参加会议。

【四月】

12 日　《哈工大报》刊登《我校与黑龙江省机场管理集团签署战略合作框架协议》的报道。报道介绍,我校与黑龙江省机场管理集团有限公司(以下简称"省机场集团")签署战略合作框架协议。双方将在平台建设、科学研究、人才培养等方面开展多层次、多领域合作。签约仪式在行政楼333会议室举行。省机场集团总经理王岩忠、副校长曹喜滨出席签约仪式。王岩忠在致辞中介绍了省机场集团的发展现状和规划目标。他表示,希望通过双方深入合作,共同培育形成推动东北振兴战略的新动能,提升企业创新能力和行业竞争能力,助力省机场集团创新发展和哈工大"双一流"建设,共同助推国际航空枢纽建设,为服务民航行业和地方经济社会发展做出更大贡献。副校长曹喜滨在致辞中表示,此次合作对双方未来的发展具有战略性意义。双方将利用各自领域的丰富经验与资源,发挥高校和民航企业的集成优势,积极响应"振兴东北"国家战略,打造优势互补、合作共赢的创新发展平台,以学校的高水平研究成果和人才培养服务省机场集团战略发展需求,扩大学校在民航行业和国内外的影响力,共同服务国家相关产业建设和地方经济社会发展,在"一带一路"建设中发挥更大作用。黑龙江省工研院院长、我校科工院院长付强主持签约仪式和座谈会。省机场集团相关部门负责人,我校相关单位负责人、相关学院教师参加签约仪式。签约仪式结束后,双方就如何落实合作协议内容进行了座谈交流,并就具体合作项目进行了对接。

会议现场

王岩忠总经理致辞

曹喜滨副校长致辞

签约

【十一月】

7日 黑龙江省科学技术协会网站刊登《中国科协海智计划工作基地授牌仪式在哈尔滨新区(黑龙江省工研院)举行》的报道。报道介绍,11月5日,中国科协海外智力为国服务行动计划(简称"海智计划")哈尔滨新区工作基地授牌仪式在黑龙江省工业技术研究院举行。这是中国科协海智计划在黑龙江省设立的第一个工作基地。黑龙江省科协党组成员、副主席刘福为基地授牌并讲话。黑龙江省工研院院长付强、松北区副区长丁伟分别致辞,松北区工业信息科技局局长张余智主持授牌仪式。哈尔滨市科协党组书记、副主席王凯甲,黑龙江省工研院副院长辛瑞杰,省科协学会学术部、组织人事部、市科协学会学术部负责人,第21届中国科协年会"中国(哈尔滨)海外人才创新创业大赛"(简称"海智大赛")参赛落地项目代表参加授牌仪式。

仪式现场

25 日 科技部火炬中心发布关于2019年度拟确定为国家级科技企业孵化器名单的公示。为引导科技企业孵化器高质量发展,推动创新创业上水平,发挥国家级科技企业孵化器的示范引导作用,根据《科技企业孵化器管理办法》(国科发区〔2018〕300号)的相关标准和要求,2019年经各省级科技主管部门评审推荐,火炬中心组织专家审核,现将拟确定为国家级科技企业孵化器的197家机构予以公示。由我校牵头的黑龙江省工研龙创孵化器入选。

吉林	26	科大讯飞(长春)人工智能专业孵化器	吉林科讯信息科技有限公司
黑龙江	27	齐齐哈尔高新区创业中心	齐齐哈尔高新区创业中心
	28	东北石油大学科技园	黑龙江省东北石油大学科技园发展有限公司
	29	黑龙江工程学院大学科技园	黑龙江黑工程科技园发展有限公司
	30	黑龙江省工研龙创孵化器	黑龙江省工业技术研究院

部分入选名单

【十二月】

30 日 《哈工大报》刊登《我校与国网黑龙江电力签订战略合作框架协议》的报道。报道介绍,12月27日,我校与国网黑龙江电力有限公司签订战略合作框架协议。国网黑龙江电力有限公司董事长、党委书记李永莱,总经理、党委副书记朱薪志,副总经理李长林,我校校长周玉、副校长曹喜滨等出席签约仪式。根据协议,双方将充分发挥各自优势,在电力保障、科研合作、产业合作、人才培养、学术交流等方面开展全方位合作,主要包括:合作开展清洁能源发展及消纳、电力现货市场交易等重大课题和区块链、大数据、人工智能等泛在电力物联网领域关键技术研究;围绕国家电网公司"三型两网、世界一流"战略目标,重点在智能电网安全稳定运行、电网企业经营管理等领域加强合作等。签约仪式前,国务院国资委研究中心特聘专家、我校经管学院博士生导师金家飞教授做了"物联网时代下的创新与变革"专题讲座;周玉一行来到调度控制大厅,听取了黑龙江电网总体概况、电网运行特点、主要工作开展情况以及下一步重点工作等有关情况汇报。国网黑龙江电力有限公司有关领导,学校相关部处、学院负责人和教师代表参加签约仪式。

签约仪式

后 记

五月的哈工大校园,丁香开醉,生机勃勃。2020年,母校迎来了百年华诞。在100年漫长的发展历程中,学校前进的每一步都见证了大学发展与国家富强、民族复兴、人民幸福的休戚与共。哈工大人一直过得很充实,走得很坚定。2010年九十年校庆到今天,又一个十年过去了。十年弹指一挥间,九十年校庆的场景还依稀在眼前,记得我和同事们在那一时刻都满怀激情,以"功成不必在我,功成必定有我"的决心,相约一定要在百年校庆中再立新功。十年间,全球科技创新呈现出新的发展态势和特征,学科交叉融合加速,前沿领域不断延伸。如何保持我校科研发展优势,抢占未来科技发展先机,向学校交上一份优异的答卷,成为我和同事们压在肩头沉甸甸的责任。习近平总书记曾经说过:"山越高越难爬,车越快越难开。"①在学校党委的坚强带领下,这十年,我们敢想善为、埋头苦干,对于打开世界一流大学科研新局面有了更加深刻的认识;这十年,我们积极探索、敢于担当,紧紧抓住世界新一轮科技革命带来的历史机遇,发现和培育新的科研生长点;这十年,我们勇做先锋、扎实推进,服务国家创新驱动发展战略、服务国民经济主战场;这十年,我们扎根龙江大地、助力全面振兴,为区域经济转方式调结构注入了新动能;这十年,我们不断改革、直面问题,用刀刃向内的勇气优化制度和管理流程,只为科研人员可以心无旁骛做研究。

2010年到2019年这十年,是学校科研工作承前启后的十年,更是科研水平迅猛提升的十年,科研工作的各个领域都取得了突破性进展。从学校科研发展史的角度看,有太多值得记录的人与事和值得我们永久回忆与思考的精神财富。时值母校建校100周年,遂产生了策划出版《倍道兼程——哈工大百年校庆之十年科研纪实》(以下简称《十年科研纪实》)的想法,但深知开展这项工作实非易事。因为个人力量有限,又恐给同事们本已繁重的工作增加压力和负担。庆幸的是,我的想法得到了同事们的充分理解和大力支持,也得到了学校的肯定与允许,这激发了我编好这本纪实的决心。将近十年我校科研工作取得的进展和事迹汇集起来,是为了纪念母校百年校庆这一重要的节日;另外,也是为了给学校的历史交一份答卷,供后人检视和研究。

2019年,在哈尔滨工业大学科学与工业技术研究院全体同仁的努力下,我们成立了专项项目课题组,启动《十年科研纪实》的编撰工作。持续一年的筹备给我们提供了总

---

① 习近平.干在实处 走在前列[M].北京:中共中央党校出版社,2018:2.

结、反思学校十年科研发展工作，展望新时代前进方向的契机。本书将认真遵循求真原则，书中列入的新闻报道和相关统计数据，既是为了有助于读者能更清晰地了解哈尔滨工业大学近十年科研发展的全貌，也是为了使全书尽可能地发挥"富集"工作史料的作用。有必要指出，由于客观条件和搜集能力的局限，可能会有资料遗漏的情况，在此也请学校的同事们及各界朋友提供资料线索和批评指教，我们将在以后的修订中予以改正。

来校学习工作已三十多年，长期从事科研管理服务工作，见证了母校科研发展从一个胜利走向另一个胜利。回顾近十年推进我校科研发展工作的思考、探索和实践，我深深感到，十年科研工作成绩的取得，是学校党委正确领导的结果，是全校科研工作者共同努力的结果。这是一段令人无法忘怀的工作经历。"合抱之木，生于毫末；九层之台，起于累土。"①《十年科研纪实》为我们记录下哈工大发展历程中这一特定的历史阶段，将引领着我们走过岁月的长河。感谢一直关心和支持哈工大科研工作的各级领导、组织和朋友们！感谢一直坚守和努力拼搏在科研创新一线的我校广大科研工作者们！感谢一直给予我理解和辛苦工作的同事们！

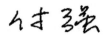

2020年5月于哈工大科学园

---

① 老子，《老子·第六十四章》。